國家出版基金資助項目

中國琉球文獻史料集成

【第五卷】

賀聖遂 李夢生 主編

賀聖遂 李夢生 張喆
秦潔 賀詩菁 熊輝 校點

寧波出版社
復旦大學出版社

第五卷目録

琉球入學見聞録

〔清〕潘相 撰

校點説明

《琉球入學見聞録》四卷，清潘相撰。

潘相，字潤章，號經峰、雲逵，湖南安鄉人。乾隆二十三年（一七五八）以拔貢生考充武英殿校書，乾隆二十五年奉旨教習琉球官生。其間中式順天鄉試，二十八年成進士。二十九年官生學成歸國，外任山東福山縣知縣。著有《周易尊翼》等。

潘相在國子監教習琉球官生四年，兩次引見，均蒙高宗詢及琉球事，因搜集有關琉球文獻，與在學官生鄭孝德、蔡世昌等切磋討論，撰成此書，故取名「琉球入學見聞録」上呈。書前二卷以琉球本土事爲主，尤詳於琉球語言文字、誦讀方法及文化典籍；第三卷以琉球學生留學中國情況爲主，凡師生、廩餼等逐一交待，尤詳於課程、學規；末卷藝文則兼及中國使臣及琉球官員在琉球有關題詠，以及官生在華習作，其中夾帶了不少潘相自己的詩文及同僚間唱和。

潘相撰本書之緣起及本書之特點，在《凡例》中作了概括：「編修臣徐葆光之《中山傳信録》、侍講臣周煌之《琉球國志》留心考證，頗稱詳明。臣兹與入學陪臣鄭孝德、蔡世昌同居四年，逐條覈問，又參閲其國人程順則等所編諸本，頗多同異，用是頻加考訂，别爲義例。其文較簡，其事亦該……至於入學事例，則廣蒐博輯，録其奏牘，記其廩賜，志其族姓，凡教學矩規，進呈詩賦，及各藝文之係乎其地其事其人者，亦以類附入。」可見本書於「入學事例」下力尤勤，足以補前人之闕；而於琉球本國事，因非親臨，琉球官生亦皆二十餘歲之初學，故無太多進步，即於琉語部分，頗多建樹，後亦爲黄景福《中山見聞辨異》指出多處不足。其於琉球史實，更無法比肩前此使臣汪楫、徐葆光，與同時周煌較，更欠嚴謹。開篇言嘉靖四十年倭入琉球，執王及群臣，實萬曆年事，即此可見一斑。然正因書中内容爲中琉兩國師生切磋而得，不少前人所述簡略處，經本書考證，則可視爲定論。

本書日本早稻田大學藏有乾隆二十九年（一七六四）序刊本，書中凡「寧」字均刓去「心」字，知刷印於道光朝或以後，今以之標點。原書殘破處，儘量參引用資料補入，於記前事錯訛，或與前人所記有異處，除明顯誤字，皆一因其舊，不作訂正。書前李光時跋及王鍾泰識語係爲潘相所作時文集所作，此次爲刷印者迻入，今仍其舊。

（李夢生）

目録

琉球入學見聞録序

陸宗楷

嘗聞越裳之馴雉北飛，《外傳》備徵其事；肅慎則風牛南偃，《家語》詳列其文。終古所藏珍於九鼎，充國之學通乎四彝。是以航海梯山，著《山海》之經於域外；何異觀風問俗，登風俗之書於寰中。非矜一家之言，皆洽同文之治也。仰惟盛朝之德化遠被無垠，聖主之懷柔誕敷有截。伊琉球之蕞爾，霑雨露之湛斯。覘出日以來賓，望蒼雲而入貢。峰飛成怪，無事於五丁；波静不揚，更平於九版。請遣陪隸，受業成均。非如典屬國之在秦，主其侍子；大鴻臚之於漢，典厥朝儀而已。潘子潤章，珪璧其躬，珠璣在抱。慎簡教鐸，荷俞允於九重；時切提撕，歷晦明者四載。請益請業，弟子既日異月新；載筆載言，先生亦膏焚晷繼。惟兹斆學之半，已觀記載之全。殫厥編摩，匯爲卷帙。然使馳思六合，逞辭八荒，極奇士之才情，肆文人之筆墨。魍魎魑魅，蒐剔禹圖；驪騄騂騮，鋪排穆傳。洞胷穿背，何關舞羽兩階；毫彘羬羊，奚當獻琛重譯。則齊諧誌怪，既荒渺而無稽；即鄒衍談天，亦空虚而不用。今觀制作，具有體裁。首重恩施，先登錫爵。龍衮鷩冕，輯圭荒服而遥；鳳翥鸞翔，焕彩海隅而外。貢獒西旅之國，任土亦憫艱辛；賜楮南越之邦，厚往頻施德意。星躔所指，歷歷都拱北辰；地軸無多，在在胥歸王會。於是仿洪疇之衍八政，次於五行；師周室所頒六等，施於庶位。從宜從俗，漸染中華；爲兵爲刑，申明小邑。凡斯鉅典，備載宏編。若夫考土訓誦訓於地官，合圖與書而畢録；列大行小行於司寇，驗形與聲之攸分。蟲篆鳥章，如見踬阮之迹；齊登楚穀，皆因封域而殊。詎必倉頡之所遺，不待象胥而後諭。然後備陳教款，詳列學規。試驗婆心，但觀苦口。一隅可反，儼見其負牆；三瀆何妨，彌殷於養正。前此談經座北，泮林揚芹藻之休；今兹吾道行南，海嶠有絃歌之化。固作書之宗旨，極記事之周詳。至其終以詞章，不遺吟咏。來王來享，氐羌至而頌聲盈；如霆如雷，淮徐集而雅詩作。雖採風十五國外，亦繼響三百篇中。洵可謂綱則有綱，物從其類者矣。或謂見聞之義不可無疑，必涉歷之所經庶著述之非妄。不知賦天門於閶闔，詎必身親；記帝軌於羲軒，匪關目擊。考言詢事，但使聞其所聞；按部就班，何異見所未見。是以時當奏績，入對殿廷。近咫尺之天顔，邀再三之清問。受也如響，語焉必詳。得自心稽，非同耳食。乃知五嶽可以卧遊，豈其天台不能遥賦。劉歆若遇，應登《七略》之書；郭璞如逢，定有重申之註矣。年家眷年生仁和陸宗楷鳧川氏序，時乾隆甲申八月之朔。

跋

李光時

吾師安鄉潘經峰先生蚤歲貢成均，以終養還家教授，壹心窮經古者二十年。已而捧檄入都門，受知觀補亭、陸𣈶川，奏薦教琉球國入學官生。舉順天闈，成進士，文名燥蓺林，涖民齊魯，三預分校，氣類感召，所得士盡老宿，擬墨全稿，無知不知皆傳誦，奉爲楷模。嘗語學人，讀書惟以《小學》、《近思録》爲四子六經階梯，史則篤好《史記》、《漢書》，古文惟韓、柳，顧自慚未能卒業。民事餘閒，孜孜披吟不稍輟。所著《周易尊翼》、《周禮撮要》、《春秋尊孟》、《禮記釐編》等書，皆寢饋欽定諸經，務於深造自得。《琉球入學見聞録》、《曲阜縣志》本史法編載一國一邑事實，恭紀聖天子治教德威，傳示無極，其文不在諸史後。用功深者收名遠，讀先生制義，其亦知所從來也夫。戊戌春日，受業濟寧李光時跋。

識語

王鍾泰

始聞吾師刊制義倣馮夔颺稿例，懼列師友於旁行爲不敬，因不書評閱姓字。茲虞外人弗知也，乃命鍾泰倣古人師友記跋其尾。定師文者國子監則有總憲吉林觀公、保，補亭。今司農三韓全公、魁，穆齋。大司馬仁和陸公、宗楷，晁川。司成桐城張公。裕犖，樊川。鄉試則有武進閣部劉文定公、綸，繩菴。宗伯鐵嶺介公、福，受茲。今少宰嘉善謝公。墉，金圃。會試則有金匱大司寇秦文恭公、蕙田，味經。今大宗伯吉林德公、保，定圃。大司徒錢塘王文莊公、際華，白齋。今太常卿大庾戴公。第元，筤圃。而陸公、王公尤嚴去取，慎評隲，與秦公皆有序文。一時朝夕論辨最密契者，永嘉張顒齋、元觀。桐城張函暉、若霍。江陰金志遠、鑑。浦江戴桐峰、望暐。侯官林心芝、人樾。善化張潄渠、汝潤。辰陽李麓堂、衡一。湘潭張度西，九鉞。視家居時陽湖黃芝園、宮。湘鄉黃揆一、宜中。澧州黃伯稅、棠。同里熊南湖。腴。切磋琢磨，更專且久。以是數百篇止存九十餘首，一首或再四改竄者蓋三十餘年矣。甲申以後，歷官齊、魯，殫心民事，不復事時文，而分校三科，偕寅僚事主司學使，接本房士，及諸州縣歲科童試十餘次之執贄請業者，輒意興勃勃不自禁，又得若干首。時則今湖北撫軍揭陽鄭公、大進，謙基。今司空奉天徐公、績，樹峰。今山東撫軍長白國公、泰，拙齋。清苑朱公、岐，克齋。桐城姚公、鼐，姬傳。丹陽吉公、夢熊，渭崖。烏程費公、南英，道峰。新安汪公、永錫，曉園。休寧黃公、軒，小華。蕪湖韋公、謙恒，約軒。任邱李公、中簡，文園。仁和孫公、廷槐，芥園。蔡公、應彪，崧霞。歸安潘榕堂、汝誠。錢塘周衢尊嘉猷。俱交口稱譽。文中總評、旁批皆諸老手書，若金壇閣部于文襄公、敏中，耐圃。江夏總憲崔公、應階，吉升。制府訥殷富公、明安。方伯吴江陸公，耀，朗甫。及孔止堂、繼汾。孔紅谷繼涵。民部皆止以經學相往復，拔貢師錢唐倪公國璉，樾疇。及受業師以蚤世未及見門弟子名較多，均未載其題跋，惟琉球官生鄭孝德、紹衣。蔡世昌汝顯。以曾捐留梓費，因命附之。庚子秋日受業福山王鍾泰識。

凡例

臣謹按：隋大業元年，海帥何蠻上言：海上有烟霧狀，不知幾千里，乃流求也。流求之名始見於此。由隋以後，招之不服，伐之亦不服，其事實之見於歷代史者，薦紳先生蓋難言矣。自明初始通朝貢，遣子入學，漸染華風，稍變舊習。至於聖清受命，威靈震疊，文教誕敷，皇綸三錫，宸翰叠頒，定兩年一貢之令，沛三次入監之恩，百有二十餘年，其國之政俗，沐浴聖化，烝烝然日進於雅，視朝鮮國殆弗讓焉。臣嘗歷考册封使臣於還朝之日皆有使録進呈，顧以嚴程匆卒，語言難通，見聞既少，諮詢亦略，率多踵舊因訛之患。惟國朝編修臣徐葆光之《中山傳信録》、侍講臣周煌之《琉球國志》，留心考証，頗稱詳明。臣茲與入學陪臣鄭孝德、蔡世昌同居四年，逐條覈問，又參閲其國人程順則等所編諸本，頗多同異，用是頻加考訂，别爲義例。其文較簡，其事亦該。蓋以志昭代聲教無外之盛，俾來學之士不昧於其自也。至於入學事例，則廣蒐博輯，録其奏牘，記其廩賜，志其族姓，凡教學矩規，進呈詩賦，及各藝文之係乎其地其事其人者，亦以類附入，令遠國君臣感九天之雨露，聽六館之鼓鐘，悦周孔而化夷蠻，永永年代，共被文明，而後之北學者亦有所考信，毋病於闕遺焉。總四卷，凡〔千〕〔十〕萬言，皆就所見所聞而類次之者，故名之曰「琉球入學見聞録」。

紀實之編必有圖繪，兹謹繪星野圖、國都圖、島嶼圖、封舟圖、針路圖、傳經圖，所以定分度，辨疆域，記安瀾，志同風也。其他名勝多屬鋪張，器具亦爲瑣屑，見聞未確，毋寧闕如。

諸録序次義例不一，臣以爲琉球王爵由天朝遣使册封，故首封爵。厚往薄來，我國家柔懷之典，近古未有，故次以錫賚，而土貢附焉。九州内外，皆吾保章氏掌其星土，故括分野、輿地等目曰星土。册封使臣由閩省開洋至琉球，非盡球地也，故名之曰星槎，而島蹟附之。奉正朔，受封典，該國王禮儀最肅，故謹度次之。佐其王守土者有官吏，故爵禄次之。其君與臣治之養之教之，因其地而風俗以成，故田賦、食貨、制度、祀法、兵刑、風俗次之。紀風俗之同，故次以書籍。記風俗之異，故次以土音、字母、誦聲，而教條附之。自舜天以後，世多令辟，故次以賢王，而良吏民附之。自此以後，皆入學事矣。凡入學必請於朝，議於部，故奏疏重焉。學有食用，故次以廩給。學有祭酒，有司業，有博士等官理其事，有教習專其教，子弟自明及今有姓氏可考，故次之曰師生。在學四年，嚴其規，解其疑，故次之曰教規，曰答問。至於進呈詩賦及一切唱酬紀序之篇，皆足志盛典，賡和聲，故以藝文終焉。

諸録所載，舉我列聖及我皇上盛典列於隋、唐、元、明之後，甚非體制，茲一以本朝爲主，大書特書，至前代事實則帶叙於逐目小引之中，亦無掛漏。

琉球土音，上承咨問，《傳信録》所載甚多謬誤，《琉球國志》並削之不録，茲令官生逐條辨析，正其訛舛。至其字母四十有七，亦詳細審問，備列於篇，蓋亦諭言語協辭命之意也。

琉球書籍諸録不載，誦讀之聲則適其國者皆未之聞見。今就官生所攜之書，從人所誦之聲，分别記録，用見言語不通，心理自同。其法司所著教條亦附載一則，以廣異聞。

入學事例諸録既略，檔案亦多遺，今特詳加蒐輯，以志皇仁，並欲請將此書存貯國子監典籍廳，造入交代册内，庶後來有所遵守，易於辦理。

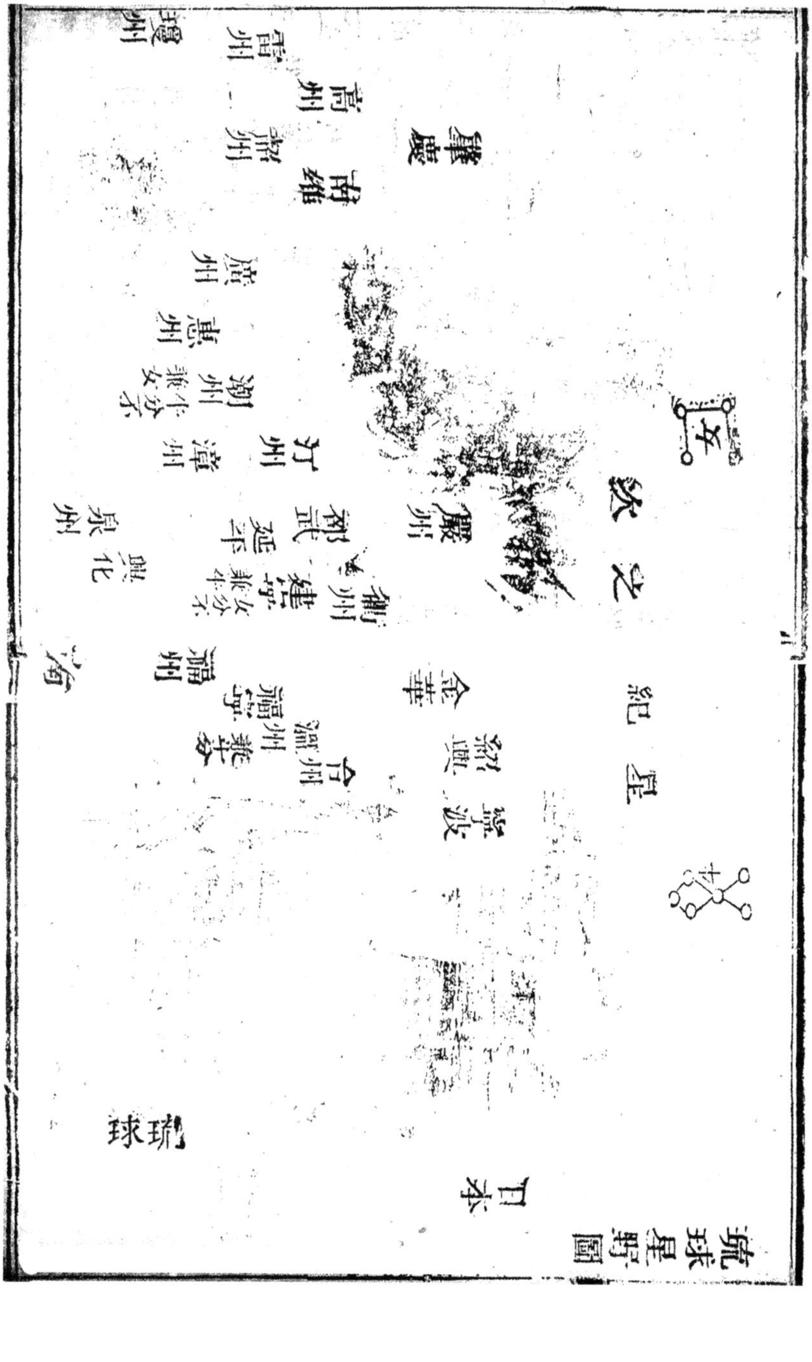
琉球星野圖
日本
星紀之次
女
牛
寧波
紹興
金華
嚴州
衢州
台州
溫州
兼牛女分
福寧
福州
建寧
邵武
延平
兼牛女分
汀州
漳州
潮州
兼牛女分
惠州
廣州
肇慶
南雄
高州
韶州
雷州
瓊州
興化
泉州
海
琉球

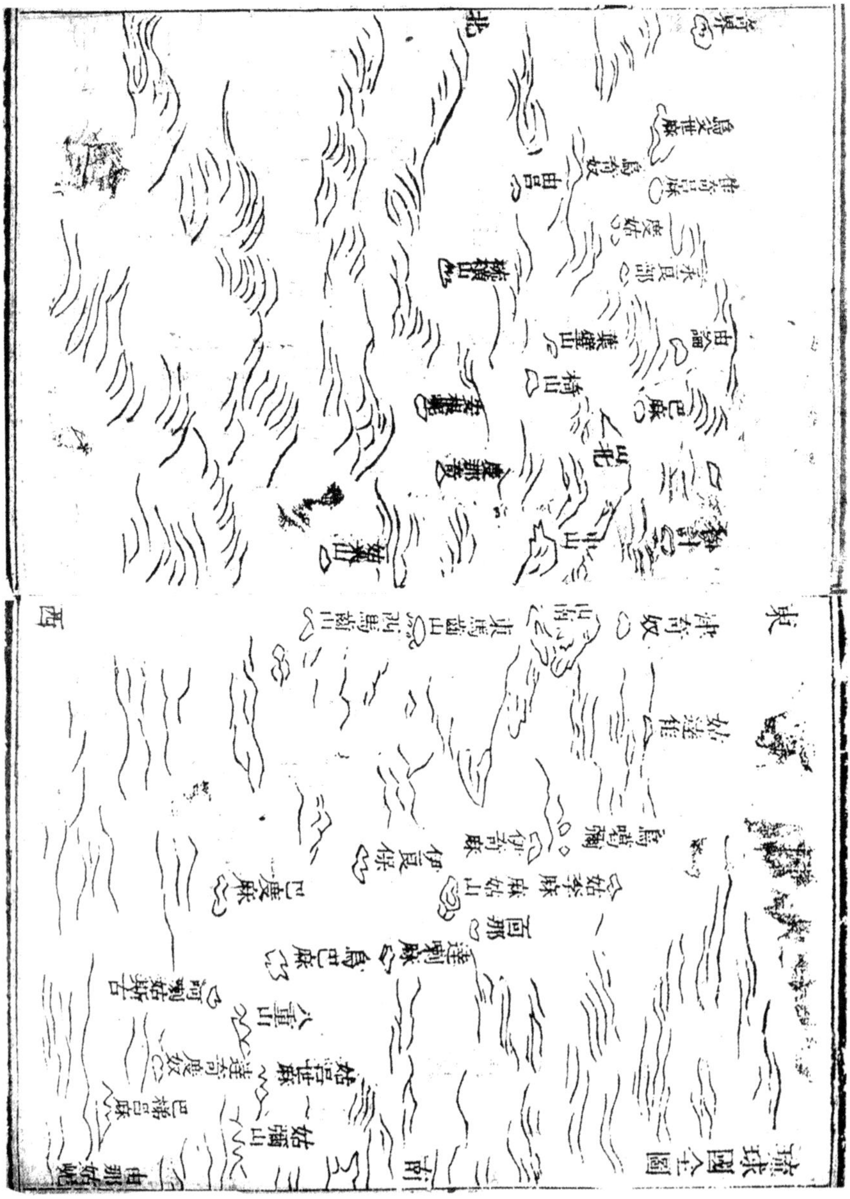
琉球國全圖
東
西
南
北

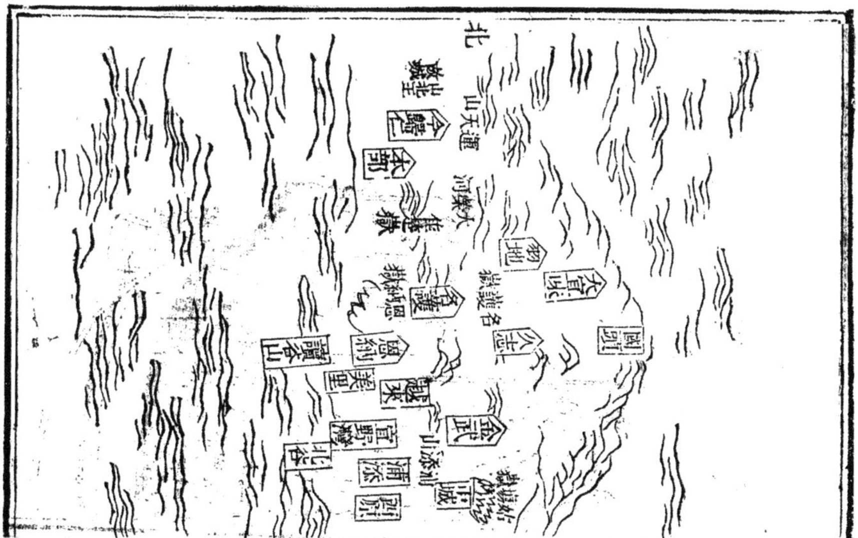
琉球國都圖
中山
南山
北山
東
西
北

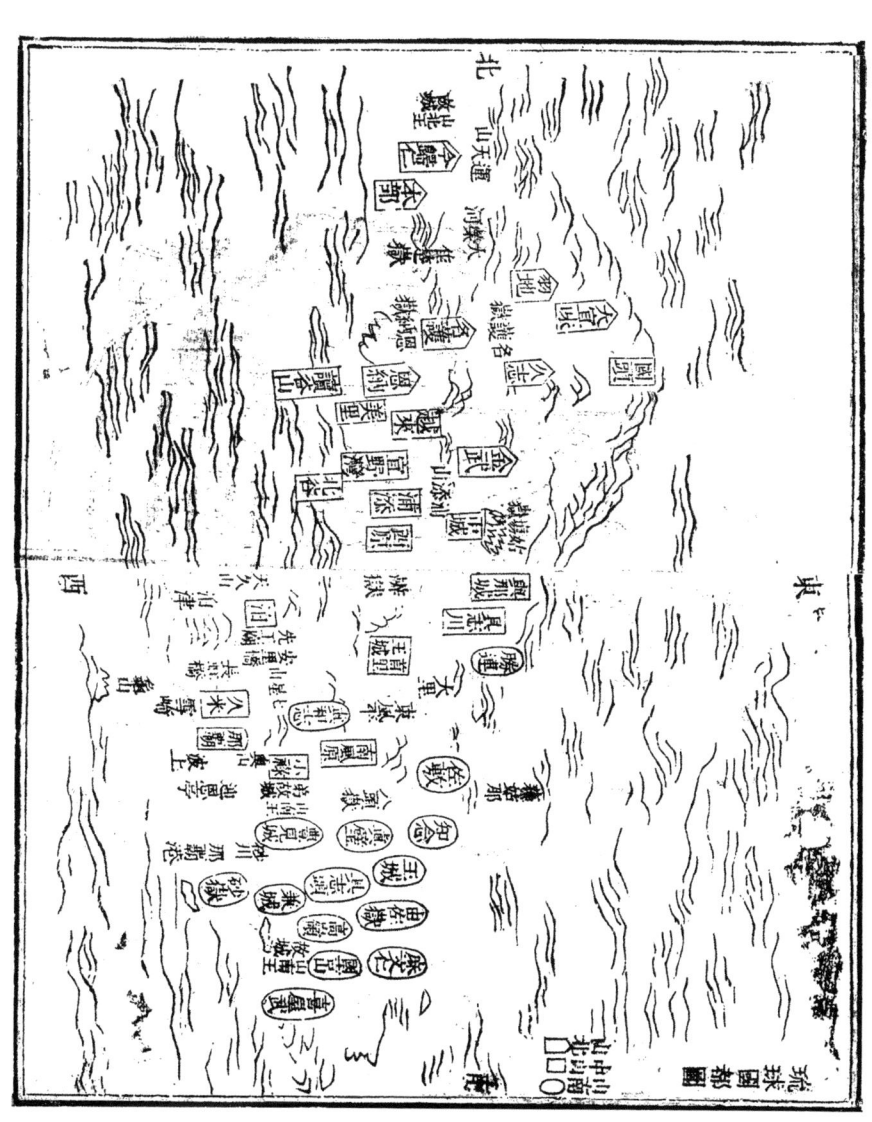

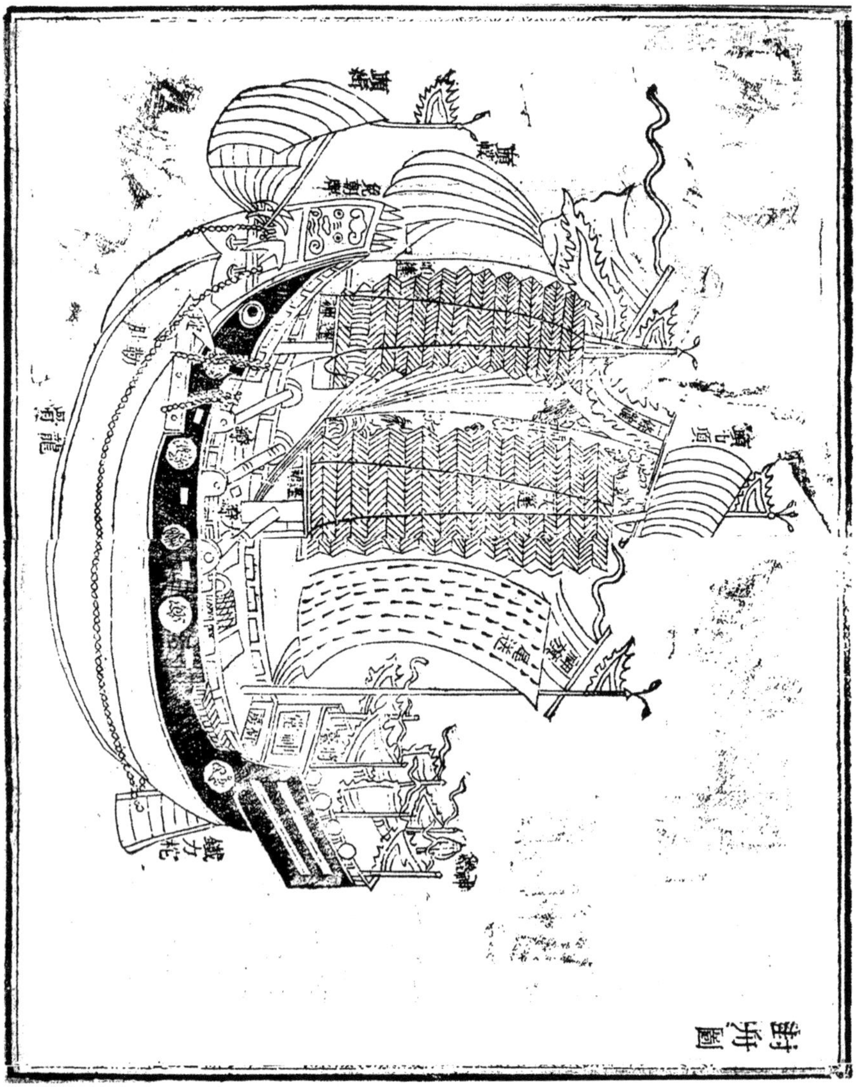

封舟圖

玻璃漏圖

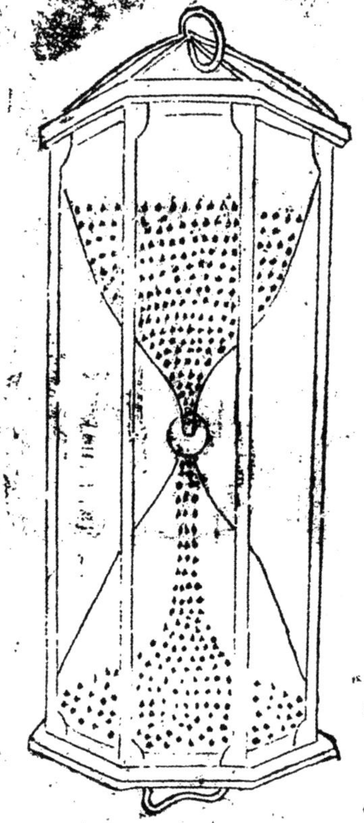

羅星圖

八方定位

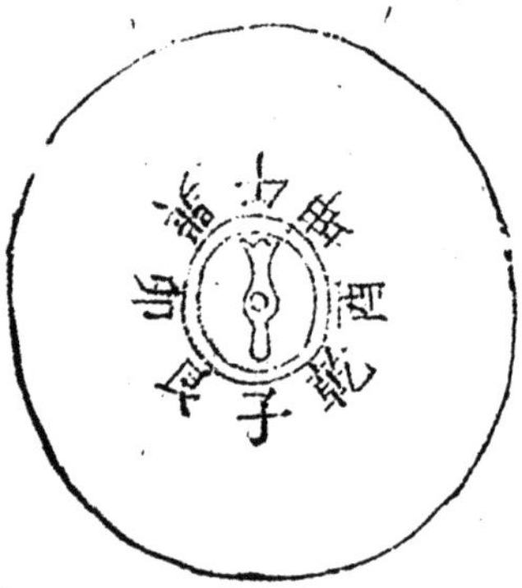

二十四向定位

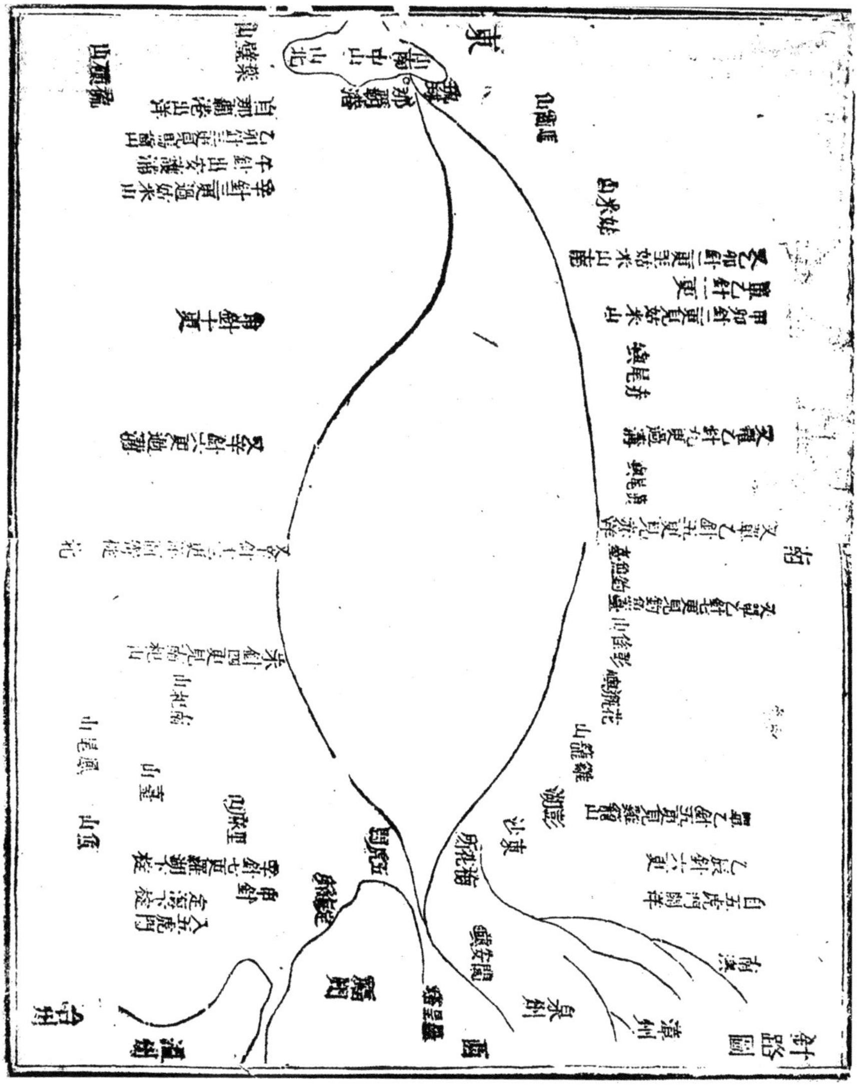

針路圖
東
中山
南山
北山
那霸港
姑米山
赤尾嶼
釣魚臺
彭佳山
花瓶嶼
雞籠山
臺灣
福州

採用書目

欽定明史　大清會典　淵鑒類函　大清一統志　隋書　南史　唐書　宋史
元史　明實録　明一統志　明會典　韓文考異　柳子厚集　杜佑通典　資治通鑑
朱子綱目　朱子文集　朱子遺書　鄭樵通志　馬端臨通考　歷代儒先語録　太學
志　國學禮樂録　福建通志　寰宇記　廣輿記　廿一史約編　池北偶談　朱竹垞
集　明陳侃使録　高澄操舟記　郭汝霖使録　蕭崇〔業〕使録　夏子陽使録　胡靖記
録　張學禮使録　中山紀略　汪册使疏鈔　中山沿革志　使琉球雜録　海東吟稿
林册使竹枝詞　海册使使琉球詩　徐册使中山傳信録　使琉球詩　周册使琉球國志略
集事淵海　贏蟲録　星槎勝覽　職方外紀　殊域周諮　天經或問　天文大成　朝野
僉載　四譯館考　鄭若曾日本圖纂　高麗史　高麗通鑑　高麗史略　海東諸國記
日本東鑑即吾妻鏡　越嶠書　安南志略　琉球各經書刻本以後皆琉球書　中山世纘圖　中
山世鑑　閩遊草　官制考　指南廣義　執圭堂草　觀光堂草　澹園集　要務匯
編　四本堂集　五雲堂集　何文聲集　鄭利賓集　翠雲樓集　中山詩匯集　鄭孝德
太學課藝　蔡世昌太學課藝

琉球入學見聞録卷一

封爵

西旅貢獒，越裳獻雉，皆令各守爾宇，永作屏藩。琉球僻處海南，僅如彈丸黑子，自宋、元以後，始有統系可譜，禪革互乘，姓氏迭更，獨思德金王即尚圓王，又神主稱龍慶雲君。有國傳世十餘，歷年二百，至於尚貞王以後，益有令聞。蓋由我列聖之寵靈，我皇上之威德，柔懷撫綏，俾其與國咸休，永世無窮也。抑聞該國素稱守禮之邦，其亦篤於仁義，奉上法自全，以爲蕃衛者歟？臣嘗按其圖記，考其世次。其國初名流虬，《中山世鑑》云：隋使羽騎尉朱寬至國，於萬濤間見地形如虬龍浮水中，名曰流虬。隋唐及宋曰流求，《隋書》云流求居海島中，王姓歡斯，名渴利兜，國人呼王爲可老羊，王妻曰多拔荼。《唐書》云流鬼，韓、柳集皆稱流求。元曰瑠求，《元史》：瑠求在漳、泉、福州界，與澎湖諸島相對。明定爲琉球國。洪武五年詔稱「爾琉球」。厥初一□□□□□太荒，自成夫婦，曰阿摩美久，生三男二女，長男曰天孫氏，爲國主始，次爲諸侯始，三爲百姓始。天孫氏傳二十五代，歷一萬七千八百有二年，荒遠不可信。今斷自舜天始。舜天者，日本人皇後裔，大里按司朝公子也，爲浦添按司。宋淳熙十四年，天孫氏世衰，逆臣利勇弑其君而自立，舜天討之，諸按司奉舜天即王位，五十一年卒。子舜馬順熙嗣，十一年卒。子義本嗣，十一年讓位，隱北山，國人立天孫氏裔英祖爲王，四十年卒。子大成嗣，九年卒。子英慈嗣，五年卒。子玉城嗣，玉城無道，諸按司不朝，國分爲三，玉城號中山王，大理按司稱山南王，今歸仁按司稱山北王。玉城二十三年卒，子西威嗣，十四年卒，國人廢其世子奉浦添按司察度爲中山王。察度者，浦添間切謝那村奥間大親子也，明洪武五年遣行人楊載齎詔諭之，王遣弟泰期奉表貢方物，中山始通於上國。已而山南王承察度、山北王帕尼芝亦各來貢，中山、山南皆各遣子入學。洪武三十一年始賜中山王及臣下冠服。中山王察度在位四十六年卒，子武寧遣使訃告，永樂二年遣行人時中諭祭察度王，詔武寧襲爵。是後易世請封，中朝皆遣正、副使封之。武寧無道，有山南王佐鋪按司思紹之子尚巴志者興義兵攻山南、山北，并滅武寧，遂奉其父思紹爲王，遣使以武寧之喪來告，稱爲其父。成祖賜祭武寧，詔思紹襲爵，仍稱中山王，到今因之。思紹在位十六年卒，子巴志嗣，初賜尚姓。尚巴志十八年卒，子忠嗣。五年卒，子思達嗣。五年卒，子金福嗣。四年卒，子泰久嗣。七年卒，子德嗣。九年卒，子世子幼，國人廢之，奉尚圓爲王。圓字思德金，生於北夷伊平，即葉壁山。其先莫可譜，或曰義本隱北山，圓其後也，或曰葉壁有古嶽名天孫嶽，圓故天孫氏裔也。圓生有異瑞，長爲内間里主，累轉御瑣側，德盛民歸，擁而立之。圓立七年卒，弟宣威攝位一年，奉圓之子真爲王。五十年卒，子清嗣。二十九年卒，子元嗣。十七年卒，子永嗣。十六年卒，無世子，國人立尚真王孫懿之子寧爲王。寧神主曰康翁。嘉靖四十年倭入琉球，執王及群臣以歸，留二年不屈，歸復位，前後在位三十二年卒，無世子，國人立尚豐。神主曰宗盛。豐爲尚永弟尚久之子，立二十年卒，子賢嗣。賢神主曰秀英。七年卒，弟質嗣。質神主曰直高。時爲我皇清受命，順治五年戊子歲，聖人出而逆亂平，四海内外悉主悉臣，琉球尤先諸屬國歸順，於是恭承册命，斥堠南荒，歲事恪修，永膺爵服矣。兹故謹録列聖及我皇上錫封之典如左：

順治六年，琉球國王世子尚質差官奉表納款。十一年，遵敕諭繳前明敕印，請册封，命兵科愛惜喇庫哈番張學禮、行人司行人王垓充正副使，賜一品麟蟒服，給儀仗、馳驛，許隨天文生一人、南方醫生二人，賫詔書一道、鍍金銀印一顆，往至福建造海船，以將弁二、兵二百從，因海氛未靖，不至而復。聖祖仁皇帝御極，譴責學禮等，復遣行。康熙二年至國宣詔，敕封質爲琉球國中山王，詔仍順治十一年，敕則康熙元年也。康熙七年，王質在位二十一年卒，世子尚貞嗣。康熙二十一年，貞請封，命翰林院檢討汪楫、中書舍人林麟焻充正、副使。允楫等請，頒御書，許帶修船匠役隨行，製祭文二道祈報海神，並給俸二年。二十二年六月至國，諭祭故王尚質，宣詔敕封貞爲琉球國中山王。康熙四十八年，王貞在位四十一年卒，嫡孫尚益嗣。三年卒，世子尚敬嗣。康熙五十六年，敬始告其曾祖與其父之喪，並請封。五十七年六月，命翰林院檢討海寶、編修徐葆光充正副使往。五十八年六月至國，諭祭故王尚貞、尚益，宣詔敕封敬爲琉球國中山王。乾隆十六年，王敬在位三十九年卒，世子尚穆嗣，遣使告哀。越三年，遣使請襲封。二十年五月初七日，命翰林院侍講全魁、編修周煌充正副使往。二十一年七月初八日至國，諭祭故王尚敬，宣詔敕封穆爲琉球國中山王。

錫賚 土貢附

《采菽》之詩，天子錫諸侯以路車、乘馬、元衮及黼，猶曰「雖無予之」、「又何予之」，而厥貢厥篚，歲有常制。古先哲王，柔懷群辟，率以厚往薄來爲常經。若乃四夷底貢惟服食器用，不貴異物，不寶遠物，誥誡尤諄諄焉。顧其錫予之數，獻納之文，書缺有間矣。琉球自明初來，王朝元旦，慶天壽，謝敕諭，賀登極，進香有儀，册東宫有賀，請封、謝封有禮，遣子入學有例，一歲之内再至、四至，後乃定其年限，成化十一年定爲二年一貢。簡其傔從。宣德元年定正副使來京許從二十人，餘悉留閩給待。成化十一年令來人止許一百，多不過加五人，正貢外不得私附貢物并途次騷擾。其錫予之典，有常賜，有特賜。臣考之洪武七年，賜琉球王《大統歷》及文綺紗羅，正、副使、通事、從人皆有賜。九年，命刑部侍郎李浩齎賜文綺、陶鐵器，且以陶器七萬、鐵器千就其國市馬，旋因該國不貴紈綺，賞賚多用磁鐵。自洪武十年至崇禎十二年，凡遣使入貢入謝一百八十餘次，燕賜胥如常例。其特賜者若十五年，賜幣帛有加，命尚佩監御路謙送來使。十六年，賜王鍍金銀印、幣帛七十二疋。賜山南王亦如之。二十五年，賜閩人善操舟者三十六姓，以便往來。今止存金、梁、鄭、林、蔡五姓。又萬曆間賜毛、阮二姓。萬曆時王曾附奏云：洪武間賜閩人三十六姓，知書者授大夫、長史，以爲朝貢之司，習海者授通事，總爲指南之備。三十一年，賜王冠帶及臣下冠服。永樂元年，遣使賜絨錦綺幣，又賜冠帶衣服。二年，遣行人時中祭察度王，賻布帛，又賜新王冠服。宣德元年，王遣使進香長陵，賜海舟一。三年，加賜王金織紵絲紗羅、絨錦。七年，命行在工部給王使漫泰來結制海舟一。正統元年，賜《大統曆》並王及妃白金、綵幣。六年，命遣還東影山往他國市貢物遭風之通事沈志良等。景泰五年，賜鍍金銀印。天順元年，賜鈔貫。王遣貢言本國王府失火，延燒倉庫銅錢，請照永樂、宣德間例所帶貨物以銅錢給賜。禮部言銅錢係中國所用，難以准給，宜將估計鈔貫照舊六分京庫摺支生絹，其四分行文福建布政司收貯紵絲、紗羅、絹布等物，依時值關給。從之。成化十年仍以紗絹酬其自貢物值，貢使沈蒲志等乞如舊制摺給銅錢，不許。成化十一年，賜立皇太子詔，王及妃錦幣。十四年，遣使册封王尚真，賜冠服、金鑲犀帶，王及妃綵幣。弘治三年，令增來京人員五名，增口糧二十名。十六年，命福建守臣收養廣東所送該國收買貢物遭風漂泊之吴詩等一百五十二人。嘉靖十三年，弛貢使在京五日一出之禁。從朝鮮國王李懌請也。四十二年，敕褒王送還内地漂流人口，賜鏹幣。隆慶三年、五年，再賜敕褒王送歸日本掠去内地人口，賜銀幣。自後送還被掠人口皆獎賞如例。萬曆四年，命如例給賞貢使外，每五日另給雞、鵞、米、麪、酒、果。二十三年，命優恤遣還該國飄風之哈那等。典亦渥矣，然而航海獻馬、貢物，多非土產，察度王入貢之物，據《中山世鑑》云：貢物有馬、刀、金銀酒海、金銀粉匣、瑪瑙、象牙、螺殻、海巴、櫂子扇、泥金扇、生紅銅錫、生熟夏布、牛皮、降香、速香、檀香、黄熟香木、香蘇木、烏木、胡椒、硫黄、磨刀石。至乃令收買於滿剌加國、爪哇國，出入萬里，颶颱之中，頻遭飄溺，力亦稍絀焉。恭逢我列聖及我皇上受天景命，君臨萬邦，一視同仁，恩綸頻錫，賚予稠叠，令勿貢馬，勿貢非其所產，謝恩之貢，准作正貢，屢輟貢期，弗令僕僕，而官生入學，於廪給外又有遺歸之賞，有加恩之賞，有錫類之賞，湛恩汪濊，度越萬古，炎徼君臣，益深感激，恪共典禮，歷久彌虔，臣故恭紀於篇，用昭皇仁浩蕩，穹天博地，凡有血氣，莫不涵濡也。

順治六年，尚賢弟尚質遣使入朝，賜緞錦紬紗羅三十，妃二十，賞正副使紬緞表裏及通事、從人緞紬表裏各有差。進貢人數毋過一百五十人，許正、副使從人十五名入京，餘俱留閩聽賞。十一年，封王尚質，賜王印一，緞幣三十疋，妃緞幣二十疋。康熙四年，令琉球貢物之飄溺梅花港口者免其補進。五年，令貢非土産勿進，瑪瑙、烏木、降香木、香象牙、錫速、丁香、檀香、黄熟香皆免貢。貯硫黄於閩庫。二十年，令琉球止貢硫黄、紅銅、海螺殼，餘貢免進。金銀罐、金銀粉匣、金銀酒海、泥金彩畫屏風、泥金扇、泥銀扇、畫扇、蕉布、苧布、紅花、胡椒、蘇木、腰刀、大刀、鎗、盔甲、鞍、絲綿、螺盤俱免進。二十一年，賜王及妃文幣共五十疋，錫故王銀絹並賜諭祭，御書「中山世土」四字賜之。二十四年，加賜王緞二十，共表裏五十。二十八年，允進貢兩號船人數可二百名，免接貢船税，合三隻之例。三十一年，賜入學官生梁成楫等歸國，禮部奏准賞給筵宴一次，各賞雲緞紬布等物，乘傳厚給遣歸。三十二年，免貢海螺殼。是後定常貢熟硫黄一萬二千六百斤、紅銅三千斤、白剛錫一千斤，外有加貢無定額。四十一年，颶風壞回貢船，漁人撈救柯那什、庫多馬二人，令官贍養，附二次貢舟回國，并飭督撫舩船令堅固，以副矜恤遠人至意。四十六年，該國進貢船附送内地飄風商民一十八名回籍。五十二年，令養該國飄風難夷三十名於閩省之柔遠驛，附貢舟回國，後沿爲例。五十八年，封王尚敬，賜王文幣三十匹、妃文幣二十匹。五十九年，王遣王舅向龍翼、紫金大夫程順則入貢，謝封，加貢金鶴等物。徐録金鶴二，銀座全。盔甲一副，護手、護臁全。金靶鞘腰刀二，銀靶鞘腰刀二，黑漆靶鞘腰刀二十，黑漆靶鞘衮刀十。黑漆洒金馬鞍一，轡鐙全。金彩畫圍屏四，扇五百，土綿二百，紋蕉布二百，土苧布一百，白剛錫五百斤，紅銅五百斤。舊例有胡椒，今缺，以剛錫代之。六十年加賜王緞疋，正副使以下各加賞有差。雍正元年，貢船頭號人員衝礁覆没，奉旨二號船貢物令來使帶回，准作進貢京師，仍令督撫即賞給起程。二年，召見王舅翁國柱於乾清宮，御書匾額「輯瑞球陽」四字，賜王玉緞等物。

法瑯爐瓶盒一分，白玉盒一對，漢玉玦一件，白玉鎮紙二件，三喜玉盃一件，青玉爐一件，白玉提梁礶一件，漢玉螭虎筆洗一件，青玉三喜袍插一件，白玻璃大碗四，白玻璃蓋碗六，磁胎燒金法瑯有蓋靶碗六，青花白地龍鳳蓋碗十二，青花白地龍鳳蓋鍾十，藍磁碟十二，霽紅碟十二，霽紅碗十，填白八寸盤十二，緑龍六寸盤二十，青花如意五寸盤二十，青團龍大碗十二，五彩宮碗十四，緑地紫雲茶碗十，紫檀木盒緑端硯一方，棕根盒緑端硯一方，上用緞二十疋。又賞翁國柱銀一百兩，上用緞八疋。又卹病故官生蔡宏訓銀三百兩。四年，召見紫巾官向得功於乾清宮，賜王玉緞等物。内造緞二十疋，玉方鼎一件，玉雙龍水注一件，漢玉方壺一件，玉五老雙壽杯一件，玉異獸花插一件，玉荷葉盤一件，玉龍鳳方盒一件，玉螭虎雙壽碗一件，玉雲喜巵一件，玉磬一架，白玻璃碗四，藍玻璃蓋碗六，青龍紅水七寸盤十二，霽紅白魚七寸盤二十，青花如意五寸盤二十，緑地紫雲茶碗十，青龍暗水大宮碗十二，五彩蟠桃宮碗十四，霽紅盤十二，霽紅蓋碗十，霽藍盤十二，紅龍高足有蓋茶碗六，青花龍鳳蓋碗十二，青花龍鳳蓋鍾十，法瑯爐瓶盒一分，紫檀木盒緑端硯一方，杏木盒緑端硯一方。又賞得功内造緞八疋，銀一百兩。通事官緞四疋，銀三十兩。令沿途加賞供給，准以王謝恩加貢之物作六年正貢。六年，入學官生鄭秉哲等呈請歸養，禮部奏准遣歸，照都通事之例，賞給大彩緞各二疋，裏各二疋，毛青布各四疋，跟伴二名亦照例賞毛青布各四疋，禮部賞給筵宴一次，兵部給勘合驛馬。奉旨官生等每名加賞内庫緞二疋，裏二疋，從人等每人著加賞緞各一疋。

八年奉旨將該國是年貢物准作十年正貢，十年貢物准作十二年正貢，十一年不必遣使前來。十年賞王舅向克濟玉磁器物。黄玻璃瓶一對，紅玻璃瓶一件，緑玻璃瓶一件，白玉筆擱一件，白玉雙龍觥一件，漢玉雙喜杯一件，紅瑪瑙水盛一件，牛油百福壽盒一件，銅法瑯花瓶一件，銅法瑯茶盤一件，瓊石荷葉觥一件，青緑鼎一件，彩漆小圓盤八件，哥窑四繫花囊一件，藍磁瓶一件，霽紅瓶二件，霽青膽瓶二件，哥窑瓶一件，官窑雙管瓶一件，填白雙圓瓶一件，彩紅磁小瓶一件，青花磁桃式盒一件，五彩套盃一副，五彩酒鍾四件，洋紅酒鍾四件。乾隆四年，敕獎王遣使慶賀之忠藎，御書「永祚瀛壖」匾額賜之，并賜王及妃文綺等物。六年，以王謝恩禮物准作七年正貢。七年，以進貢禮物准作九年正貢。十五年，王遣官送回内地飄風人民，奉旨褒嘉賜王緞十四疋，并著督撫優賞其官吏。十六年，貢船附送内地飄風民三十九人，奉旨於常例外加賜王緞十四疋，并優賞其官伴。十九年，封王尚穆，賜詔敕文幣如往例。二十二年，王遣使謝封，加貢金鶴等物，如前例准作下次正貢。二十四年，王遣官生入學，附貢圍屏紙三千張、細嫩蕉布五十疋。二十六年，官生恭慶皇太后萬壽，叩迎安輿，奉旨賞每人緞四疋、貂四張。二十九年，官生等還國，奉旨著照雍正六年之例，加恩賞給。

星土

臣按：《周禮》「保章氏掌其星土」，疏云：「蠻貊島夷皆係於揚州分野。」琉球固島夷也，《隋書》云：「國居海島之中，當建安郡東，水行五日而至，土多山洞。」《元史》云：「國在漳、泉、福州界，與澎湖諸島相對，西南北岸皆水。」《中山世鑑》云：「宋景定五年，西北諸島始貢於中山。咸淳二年丙寅，北夷大島亦來朝。元延祐元年，國王玉城嗣位，世衰政廢，內爲色荒，外爲禽荒，諸按司不朝，國分爲三。大理按司據佐敷、知念、玉城、具志頭、東風平、島尻、喜屋武、摩文仁、真壁、兼城、豐見城十一國，據此該國於其村縣亦稱國。稱山南王。今歸仁按司據羽地、名護、國頭、金武、依江大、宜味、恩納七國，稱山北王。中山惟有首里、玉城、那霸、泊、浦添、北溪、中城、越來、讀谷山、具志川、勝連、首里三平西平、南平、真平地。等數國。明洪武庚午，南夷宮古島、八重山島始入貢中山。永樂癸卯，尚巴志始平山南、山北，國合爲一，仍稱中山王。」顧其星野之度，地輿之圖無傳焉。康熙五十八年，聖祖仁皇帝初遣精習理數之內廷八品官平安、監生豐盛額偕册使海寶、徐葆光同往測量，定其分度次舍，葆光更留心記覽，考其疆域，觀其形勝，去疑存信，繪圖以獻。三十九府棋列於中，三十六島星羅於外，北恃葉壁、尾閭控其後，敵虞落漈；漈即尾閭也。臺灣淡水外亦然。南憑那霸、馬加鎮其前，舟懼衝礁，詳見後。洵海表之鉅藩也。恭讀列聖詔書，皇上敕諭，皆屢諄命國王祇承寵眷，永延宗社，長作屏藩，乾坤覆載之恩，河山有誓，方兹褊矣。從兹扶桑守土，益勵忠純，北拱星垣，南綏島嶼，世世享王，恭承我聖天子之丕顯休命。

琉球分野與揚州、吴越同屬女牛，星紀之次俱在丑宮。舊測北京北極出地四十度，福建北極出地二十六度三分。今測琉球北極出地二十六年度三分三釐，地勢在福州正東偏南三里許。舊測福建偏度去北極中線偏東四十六度三十分，今測琉球偏度去北極中線偏東五十四度，與福州東西相去八度三十分，每度二百里，推算徑直海面一千七百里。凡船行六十里爲一更，自福州至琉球姑米山四十更，計二千四百里。自琉球姑米回福州五十更，計三千里，乃繞南北行，里數故稍爲紆遠耳。始知從前動稱萬里者，皆臆度也。

按夏子陽録云：以一統輿圖視之則在東南，以閩省視之則在閩之東北，故去必仲夏，乘西南風，來必孟冬，乘東南風。然册使多用乙針，直指姑米，遥度中山，又似實居艮方，謹俟知者。

國分三省，中山爲中頭省，山南爲島窟省，山北爲國頭省。三省共分三十五府，府土名間切，府各有所屬村縣，曰村頭，土名母喇。首里及附近之府曰泊，曰那霸，曰久米，皆官民所居，無土田，俱不入間切之數。首里屬村縣二十一：崎山、金城、内金城、新橋、赤平、儀保、西儀保、末吉、山川、新川、殿川、寒川、大中、鳥崛、汀白次、赤田、姑場川、桃原、當藏、真和地、立岸。泊土音土馬爺，一字三音。屬村縣二：東境、西境。那霸屬村縣六：東縣、西縣、泉崎、若狹町、辻山、辻音失汁，一字兩音。渡地。久米条字土音苦念搭，一字三音，今訛爲久米。屬村縣四：東門村、西門村、北門村、南門村亦名大門村。四村皆洪武中所賜閩人三十六姓之居，不他徙，故名唐營，亦稱營中，後改名唐榮。久米而外，三十五府。一曰真和志，屬村縣十二：識名、國場、牧志、天久、松川、與儀、龜田、安里、湊川、古波藏、仲井間、上間。一曰南風原，屬村縣七：宮平、津嘉山、内嶺、本部、喜屋武、讀如腔，三字一音。神里、平川。一曰東風平，屬村縣十九：東風平、富盛、志多伯、世名城、友寄、高良、山川、名同首里。宜壽次、當銘。一曰西原，屬村縣十六：幸地、小橋川、安室、桃原、名同首里。我謝、翁長、平郎、小那霸、棚原、末吉、名同首里。石嶺、嘉斗刈、小波津、與那城，與與那城府同名。吴屋。一曰浦添，屬村縣十一：浦添、伊祖、牧港、安波茶、澤岻、屋富祖、城間、西原，與西原府同名。内間，名同西原。勢理客、前田。一曰宜野灣，屬村縣十二：宜野灣、謝名、普天間、新城、具志川，與府同名。城田、嘉數、安仁屋、伊佐、喜友名、野嵩、我如古。一曰中城，屬村縣十九：中城、姑場、熱田、當間、島袋、粤間、和宇慶、屋宜、津灞、安谷屋、伊集、渡口、喜舍場、添石、瑞慶覽、新垣、安里，名同真和志。中順、比嘉。一曰北谷，屬村縣十二：北谷、濱川、砂邊、野國、野里、玉代勢、屋良、桑江、嘉手納、平安山、伊禮、前城。一曰讀谷山，屬村縣十二：讀谷山、高志保、喜名、宜間、渡具知、大灣、伊良皆、渡慶次、波平、長濱、瀨名霸、根波。一曰勝連，屬村縣十：勝連、神谷、比嘉、名同中城。平敷屋、平安名、内間，名同浦添。新垣，名同中城。龜島、濱村、南原。一曰與那城，屬村縣六：仲田、平安座、安勢理、上原、池宫城、伊計。一曰越來，屬村縣十：越來、照屋、安慶田、湖屋、上地、諸見里、山内、宇慶田、大古迴、中宗根。一曰美里，屬村縣十八：嵩原、高原、恩納、石川、古謝、伊波、野原、松本、田里、楚南、比屋根、與儀，名同真和志。宫里、知花、池原、嘉手苅、登川、山城。一曰具志川，屬村縣十五：安里，名同真和志。上江洲、宇堅、祝嶺、中嶺、天願、高江洲、田場、田崎、安慶名、江洲、大田、榮野比、川畸、兼嘉段。以上屬中山省。其隸山南省者一曰大里，屬村縣十七：與那原、與古田、湧稻國、板良敷、仲程、與那霸、稻福、上與那原、大城、宫城、古堅、目取真、島袋，名同中城。南風原，名同南風原府。高宫城、真境名、當真。一曰玉城，屬村縣十一：玉城、中村渠、富里、絲數、垣花、富名腰、前川、當山、和名、奥武、志堅原。一曰豐見城，屬村縣十七：豐見城、饒波、長堂、翁長，名同西原。

真玉橋、盛島、奥平、高嶺、儀保、名同首里。我那霸、渡嘉敷、高安、伊良波、名嘉地、田頭、保榮茂、嘉數。名同宜野灣。一曰小禄，屬村縣十一：小禄、上原、當間、名同中城。翆宮城、土音翆爲五十，宮爲誐，城爲五十姑，三字六音。大嶺、儀間、湖城、具志、多加良、安次嶺、赤嶺。一曰兼城，屬村縣十：兼城、座波、照屋、名同越來。嘉數、名同宜野灣。豐見城。波平、武富、安波根、絲滿、潮平、志茂田。一曰高嶺，屬村縣五：大城、名同大里。真榮里、國吉、與座、屋姑。一曰佐敷，屬村縣八：佐敷、新里、屋比久、手登根、外間、津波古、與那嶺、小谷。一曰知念，屬村縣十：知念、敷名、久手堅、山口、鉢嶺、久高、外間、名同佐敷。知名、安座真、下敷屋。一曰具志頭，屬村縣六：具志頭、波名城、中座、喜納、新城、名同宜野灣。與座。名同高嶺。一曰麻文仁，屬村縣五：麻一作摩。麻文仁、米次、石原、松嶺、小渡。一曰真壁，屬村縣八：真壁、田島、真榮平、絲洲、宇榮城、古波藏、名同真和志。新垣、名同中城。名城。一曰喜屋武，國極南，邊海。屬村縣五：喜屋武、名同南風原。上里、福地、山城、名同美里。束邊名。其隸山北省者曰金武，屬村縣五：金武、宜野座、奥松、漢那、祖慶。一曰恩納，屬村縣九：恩納、安富祖、名嘉真、山田、真榮田、仲泊、古良波、谷茶、富津喜。一曰名護，屬村縣九：名護、屋部、世富慶、安和、喜瀨、幸喜、松堂、許田、宮里。名同美里。一曰久志，屬村縣十一：久志、松田、邊野古、嘉陽、宜作次、瀨嵩、汀間、松濱、田榮良、川田、宇富良。一曰羽地，屬村縣六：池城、屋嘉、伊指川、真喜武、源河、謝敷。一曰今歸仁，屬村縣十一：今歸仁、親泊、謝名、名同宜野灣。中城、名同中城府。運天、崎山、名同首里。玉城、名同玉城府。平敷、仲宗根、吴我、天底、我部。一曰本部，屬村縣七：伊野波、浦崎、波久知、崎濱、瀨底、伊豆味，謝花。一曰大宜味，屬村縣五：屋嘉比、喜如嘉、田湊、根路銘、津渡。一曰國頭，屬村縣四：國頭、邊土名、伊地、宇郎。三省之外有屬島三十六。東四島曰姑達佳、譯爲久高。津奇奴、譯爲津堅。巴麻、譯爲濱島。伊計。譯爲池島。西三島一曰東馬齒山，屬間切一，渡嘉敷；名同豐見城。一曰西馬齒山，屬間切一，座間味，別有姑巴汛麻山；一曰姑米山，譯曰久米島，在國西四百八十里，産五穀、土綿、繭紬、白紙、蠟燭、螺、魚、雞、豚、牛、馬，由福州至國必針取此山爲準。屬間切二，安河、具志川仲里。西北五島，曰度那奇，譯曰度名喜島。安根岷，譯曰粟國島。椅山，譯曰伊江島。葉壁山，土名伊平屋島。硫磺山，一名黑島，置採硫磺數十家，其人目爲硫氣薰灼，皆如羊，不精明。相近有灰堆山、尤家埠、移山奥。東北八島，國人皆曰烏父世麻，過此爲土噶喇七島，土噶喇亦作度加喇。由論、永良部、度姑，譯曰德島。由呂、烏奇奴、佳奇呂麻、大島，即小琉球之地，屬二百餘村縣，物産最多，有四書、五經、唐詩等書。奇畍。亦名鬼界。此外又有口島、中島、諏訪瀨島、惡石島、臥蛇島、平島、寶島共七島，國人統呼之曰土噶喇，或曰即倭也，以非琉球屬島，故不載。南七島曰太平山、伊奇麻、譯曰伊喜間。伊良保、姑李麻、譯曰古裏間。達喇麻、面那、烏噶彌。西南九島曰八重山、烏巴麻、譯曰宇波間。巴度麻、譯曰波渡間。由姑那呢、譯曰與那國。姑彌、達奇度奴、譯曰富武。姑呂世麻、譯爲久里島。阿喇姑斯古、譯爲新城。巴梯呂麻。譯曰波照間。

臣按：汪楫録云：琉球國三省幅員可五六千里，東西長，南北狹。徐葆光謂其國里數以中國十里爲一里，今以中國里數定之，乃南北長四百四十里，東西皆見海。周煌《琉球志》從之，兩官生弗是也。至屬島則徐録謂水程南北三千里，東西六百里。前史所載高華、黿鼊諸嶼，今皆無其名。澎湖島與臺灣相近，并非球之屬島。彭家山、釣魚臺、花瓶嶼、雞籠山、小琉球、太平山等皆去中山省二三千里，而崑山鄭子若著《琉球圖》，乃圖於那灞港及歡會門之左近，舛謬甚矣。

星槎島蹟附

《周官》小行人之職，使適四方，必録爲一書，反命於王，以周知天下之故。漢、唐而後，尋源泛槎，始及於海外諸國矣。琉球自隋大業三年令羽騎尉朱寬入海求異俗，海帥何蠻與俱往，抵其國，語言不通，掠一人而返。明年寬復受命往撫之，不服。武賁將陳稜率崑崙軍人通語言者往，終不服，逆戰爲稜所敗，掠男女千人，嗣是遂絶。元世祖至元二十八年海船副萬户楊祥請以六千軍往降之，給金符齎詔以行，出海洋遽掠一山，軍小挫，未至瑠求引還。成宗元貞三年，福建省平章政事高興上言瑠求可圖狀，遣省都鎮撫張浩等往襲之，禽生口百三十人，抗命如故。明洪武五年，遣行人楊載齎詔至國，中山王察度及山南、山北王始皆遣使入貢。九年，遣刑部侍郎李浩就其國市馬。十五年，遣尚佩監奉御路謙送來使返國。永樂元年，遣行人邊信、劉亢齎賜絨錦綺幣。二年，遣行人時中立武寧。十三年，遣行人陳季芳封山南王。二十二年，遣行人周彝祭尚思紹。洪熙元年，遣中官柴山封尚巴志。宣德七年，復命柴山齎敕令王遣人齎往日本，諭其朝貢。明年，日本遂來朝。正統七年，遣給事中俞忭、行人劉遜封尚忠。十二年，遣給事中陳傳、行人萬祥封思達。景泰二年，遣左給事中喬毅、《殊域周咨》作陳謨。行人童守宏童一作董。封尚金福。六年，遣給事中嚴城、《殊域周咨》作李秉彝。行人劉儉封尚泰久。天順六年，遣吏科右給事中潘榮、行人司行人蔡哲封尚德。成化七年，遣兵科給事中管一作官。榮、行人司行人韓文封尚圓。弘治十七年，武宗登極，遣行人左輔頒詔至國。嘉靖十一年，遣吏科左給事中陳侃、行人司行人高澄封尚清。澄始有《操舟記》，侃始有使録。録云：十三年五月初八日自广以冉切。石放洋，共十八日至那霸。自九月二十日開洋，共九日至定海。及還朝，奏言海中值風濤之險，多藉神(休)〔庥〕，乞賜諭祭。從之。已而國王遣謝，且言侃等却餽金四十兩，上特命侃等收受。三十七年，遣給事中郭汝霖、行人李際春封尚元。汝霖使録云：四十年五月二十九日自梅花開洋，共十一日至那霸。十月十八日開洋，共十一日入五虎門。及還朝，諭聽汝霖等辭餽金四十兩，旋嘉其遠行著勞，各賜銀幣。萬曆四年，遣户科左給事中蕭崇業、行人司行人謝杰封尚永。崇業使録云：七年五月二十二日自梅花開洋，共十四日泊那霸港。十月二十四日開洋，共九日進定海。二十九年，遣兵科右給事中夏子陽、行人司行人王士楨、封尚寧。子陽使録云：三十四年五月二十四日自梅花開洋，共八日至那霸港。十月二十一日開洋，共十一日到五虎門。崇禎二年，遣户科左給事中杜三策、行人司正楊掄封尚豐。三策從客胡靖録云：六年六月初四日自梅花開洋，共六日到那霸港。十一月初九日開洋，共十二日到五虎門。封舟例以夏至後乘西南風至琉球，以冬至後乘東北風回福州。然北風凜烈，不比南風和緩，故歸程尤難。其回閩之最安吉者惟蕭崇業，乃以十月二十四日放洋，海船三老皆言無論冬至遲早，總以十月二十後東風順送爲吉，若冬至前後則風勢日勁，浪從船上過矣。正月颱颶最多，應期不爽，萬無行舟之理。二月則多霧，恐風順而遇山不見，反至逼山，且龍蟄時多出海，復有龍起船傍，水沸立二三丈之患。清明以後，地氣自南而北，則南風爲常。霜降以後，地氣自北而南，則北風爲常。反是颶颱將作矣。正、二、三、四月多颶，五、六、七、八月多颱。颶驟發而倏止，颱漸作而多日。九月則北風或至連月，俗稱九降風，間有颱起，亦驟全如颶。遇颶已危，遇颱難當。十月以後多北風，颱颶無定期，舟人視風隙以來往。凡颶將至，天色有黑點，急收帆嚴柁以待之，稍遲則殆矣。凡颱之將至，天邊斷虹見，若片帆者曰破帆，稍及半天，如鱟尾者曰屈鱟，若見北方者，比他方尤虐。又海面驟變，多穢如米糠，及海蛇浮游，皆颱颶之徵。十二月二十一日起風一日，應來年正月一月多風。二日應二月，後皆以次遞應。或一日風作一次二次，則來年所應之月颱亦一次二次，多亦如之，無不驗者。俗傳暴期不在本日則前後三日，又日值箕、畢、翼、軫四宿，亦主起風，皆宜避，不得謂誣也。渡海船二座，自五虎門至姑米山四十更，自姑米至定海所五十更。一更六十里，以沙漏定之。漏用玻璃瓶兩枚，細口大腹，一枚盛沙滿之，兩口對合，中通一線以過沙，倒懸針盤上，沙盡爲一漏，復轉懸之，計一晝夜約二十四漏，每二漏半有零爲一更。風緩船遲，雖及漏刻，尚不及更；風疾船速，未及漏刻，已逾六十里，爲過更也。又以木柹即木柴。從船頭投海中，人疾趨至梢，人柹同至，謂之合更；人行先於柹爲不及更；人行後於柹爲過更。船尾安用針盤羅星，以山爲準。自福州往琉球，出五虎門，取雞籠山、花瓶嶼、彭家山、一作平佳山。釣魚臺、黃尾嶼、赤尾嶼、姑米山、馬齒山諸山，皆偏在南。夏至取山北過，乘西南風，參用辰、巽等針，裒繞南行，以漸摺而正東，收入那灞港。自琉球回福州，出姑米山，取温州南杞山、臺山、里麻山一名霜山。諸山，偏在西北。冬至取山南過，乘東北風，參用乾戌等針，裒繞北行，以漸摺而正西，收入定海所，進五虎門。蓋福州、琉球雖地勢東西正對，然船身宜上不宜下，故前明封舟不至落北者，惟夏子陽，餘皆多用卯針，以致飄過北山，故《指南廣義》主用卯針之説不可信也，徐録、周志言之詳矣。欽惟我朝聖德，天威震疊，寰海神靈效順，凡四次乘槎之使，無不憑藉詔敕，履險若夷，從容成禮，無辱册命。且各訪其山川形勝，録爲一編，恭呈乙覽。臣故類輯於左，以見東風應律，海波安恬，洵非虚誣云爾。

順治十一年，命張學禮、王垓封王尚質。康熙元年始行，二年四月内登舟。舟長十八丈，寬二丈二尺，深二丈三尺。六月初七日梅花開洋。初九日過分水洋。十一日見巨魚如山。十二日過糠洋。自梅花七日不見山，十五日見北山。十九日泊伊蘭埠，地近龍潭，二龍見，大桅决，鐵箍失，二三轉至山南。二十五日次温鎮，抵那霸港。共十九日。十一月十一日冬至，十二日登舟，十四日開洋，過姑米山。十六日颶大作，桅半摺，霹靂斷桅。十八日勒索斷，柁浮。十九日風止起柁。二十一日異鳥集戰臺。二十三日見浙江山。二十四日到五虎門。共十一日。

康熙二十二年，命汪楫、林麟焻封王尚貞，用二鳥船。長十五丈，寬二丈六尺。六月二十三日開洋，雙魚導引，萬鳥迴翔。二十四日酉刻過釣魚臺。二十五日過赤嶼，薄暮祭溝。二十六日過馬齒山，至那霸港。計四日。十一月二十四日開洋，二十七日過姑米山。二十八日夜初颶大作，大桅鐵箍斷，十三頂繩斷，金栓裂尺餘。十二月初二日見南杞山。初四日泊定海。共十一日。

康熙五十八年，徐葆光、海寶封王尚敬，用商泊二。長十丈，寬二丈八尺，深一丈五尺。五月二十二日出五虎門開洋，出五虎門自此始。二十四日過米糠洋，二大鳥集桅。二十九日見葉壁山，回針東南，取讀谷山，收那霸港，六月初一日登岸。共十日。五十九年二月十六日開洋，日入見姑米山。十七日二龍見，水沸立。二十日過海。二十一日大霧，有鳥集桅。二十二日雙燕集桅。二十四日至魚山，日入至鳳尾山。二十七日見盤山，日入一更至臺山。二十八日夜颶作椗走。二十九日至霜山，日晡至定海所。共十五日。

乾隆二十一年，全魁、周煌封王尚穆，用民船二座。長十一丈五尺，寬二丈七尺五寸，深一丈四尺，加上柵六尺，前九艙，中八艙，後七艙，水櫃二，水桶二，共受水六百二十石。六月初十日出五虎門，過官塘進士門開洋，夜見雞龍山。十一日日入後見釣魚臺，連日俱有大魚夾舟左右，或三或四，又宿洋鳥繞檣而飛。十二日見赤洋，是夜過溝祭海。十三日見姑米山，姑米人登山舉火爲號，舟中以火應之。十四日姑米頭目率小舟數十牽挽至山西下椗。十五日又挽至山北下椗，距岸約三四里許。二十二日大風。二十四日風愈暴，夜四鼓大雷雨，椗索十餘一時皆斷，椗走，龍骨觸礁而搯，底穿，入水，倏見神火飛向桅末，焚招風旗而墜，又海面一燈浮來，若烟霧籠罩狀，衆悉呼曰「天妃遣救至矣」，須臾船身直趨向岸，一礁石透入船腹，不動亦不沉，乃得登岸。二十二年正月三十日開洋至馬齒山安護浦下椗。初四日出澳，過姑米山。初五日夜過溝祭海。初七、八、九日大霧不見山，寄椗。初十日早白虹見，霧開，見台州石盤山，午復大霧，白虹再見，東北風，起椗見温州南杞山。十一日至羅湖下椗。十二日收入定海所下椗。十三日進五虎門。

環島皆海也。海面西距黑水溝與閩海畍，由福建開洋至琉球，必經滄水，過黑水，古稱滄溟，溟與冥通，幽元之義。又曰東溟。琉地固巽方，實符其號。而黑水溝爲中外畍水，過溝必先祭之。東臨日本薩摩洲，《指南廣義》作要是麻。常與交市，一葦可航。北望野古，可直通高麗。南逼臺、澎，淡水後之溜山與葉壁後之漈水，同屬尾閭、沃焦之壤。而三十六島水中復有沙（舟）〔洲〕隱現斷續，若草蛇灰線，馬跡蛛絲。海潮之進退有度，朝而至者爲潮，夕而至者爲汐。《山海經》以爲海鰌出入，浮屠氏謂爲神龍變化。《抱朴子》以爲兩水相合相蕩而成，然必疾風暴雨始足以張其勢。盧肇以爲日出於海，衝激而成。《高麗圖經》謂天包水，水承地，地沉則水溢，地浮則水縮之。數説者皆未足深信。獨邵子以爲海潮者應月之喘息，余襄公以水之應月各從其度，二説爲是。故月臨卯酉則水漲於東西，月臨子午則水平於南北，福州與各省之潮皆然。獨琉球較福州每潮率後三辰，望日福州午時潮滿，琉球則滿以戌時，餘日因以遞遲。

三省之山曰崎山，上有望仙閣，下爲雩壇，壇側有茶亭，亭旁有石巖，又有堂曰東苑，汪楫書額。升簷山、石虎山、龜山、勒馬巖、萬松嶺、一名萬歲嶺，取嵩呼之義。泊山、天久山、奥山、鶴頭山、辻山舊演武場，女集在焉。波上、八月十八夜候潮於此，爲中山八景之一。雪崎山、有洞可憩，正、三、五、九月男女同至拜禱。龜山、在雪崎東北，與前同名。識名山、東苑八景之一。七星山、壺家山、中島、多蕉樹，爲中山八景之一。浦添山、姑塲山、即姑塲嶽。以上中山省。石火山、小禄山、儀間山、有垣花村，多米廩。大嶺、高嶺、山南王故城。國吉山、櫻島山。以上山南省。金武山、恩納山、名護山、一稱名護嶽。佳楚山、一名宇勝嶽，爲一國最高之峰。運天山。多稻田。以上俱山北省。屬島之山，凡島皆山，兹特於島中之小山著名者揭書其一二。清水山、菊花山、永名山，俱在大島。築山，在太平島，土名七姑山，上有碧于亭。金城山。在姑米，山松杉蔽天，下有甘泉瀉右崖直下如瀑布。以上外島。

水泉之利，有瑞泉，在王城歡會門内，鄭孝德等有記。龍潭、奇泉、吉泉、笠泉、泊津，西流入海。那霸港，首里西十里，直達大洋。港中流有巨石，名曰馬加，四圍皆鐵板沙，沙堅踰鐵，嵌空嵯岈，長沿乎海，潮長則没，舟誤觸輒碎，國人恃爲金湯。南北跨海築長堤，建兩炮臺。漫湖，即那霸港所停瀦處，水中一石甚奇聳，正對久米村。日泉、旺泉、天真泉、無漏溪，宋淳祐中有惡蛟爲害，義本王欲以宜野灣妻章氏祭之，其女真鶴捨身代母，感神滅蛟，王以女配王子。玉泉、祈雨處。饒波、玉湖、砂川、樂平泉、惠泉、芳泉、富藏河、諸喜泉、轟泉、手水、許田湖、大榮川、親川泉、獲劍溪、運天江，亦名運天津，舟多泊此。以上國中。白川、上行瀑，姑米山之瀑自下而上，盤踰山脊，乃旁溢四注。面那水、赤瀨、温泉。

橋梁之著者，龍淵橋、天女橋、觀蓮橋、臨海橋、泉崎橋，雙門拱月，皓魄澄虚，一碧萬頃，如玻璃世界，爲中山八景之一。金城橋、泊橋、真玉橋、石火橋、大里橋。

名勝之蹟

天使題爲八景，曰崎泉夜月、臨海潮聲、唐榮竹籬、龍洞松濤、筍崖夕照、長虹秋霽、城嶽靈泉、中島蕉園。又有迎恩亭，明洪武時武寧王建，爲迎詔之所。却金亭，爲明嘉靖册使陳侃建。息思亭，明嘉靖册使郭汝霖有《息思亭説》。灑露堂，在舊天使館内。東苑，在崎山，汪楫有記。茶亭、同樂苑、觀旭峰、神木、全宫、鐵馬台、翠巖、白金巖、龍洞，八景之一。金峰洞、嶮石、受釗山、山南故城，山南王子孫那姓居之。山北故城、山南王弟故城、佐敷殿、尚圓王舊宅、麻氏隱居、毛家園、澹園、蔡温别墅。碧放亭、山北王塋，在今歸仁運天村上，人呼百按司墓。尚圓王祖塋，在葉壁山，中有一山宛轉如游龍。中山王祖塋。在王城西南。張録云：塋中無塚，石阡鐫中山王祖塋。前五峰相對，左右有情，沙水相映，前山開曠。

謹度

小國之保邦在畏天，畏天則制節謹度，而不敢縱逸。琉球臣事中朝，世修職貢。前明制詞已稱爲守禮之邦，《池北偶談》云：册使奉命恭請俯賜御書，該國得「守禮之邦」四大字。誤矣。忠順可嘉，王城坊榜，厥額爛焉。況逢我國家文治遐敷，皇恩覃被，百數十年，舉九有八紘而甄陶之，一時蜃區蛟穴，儼類錦城，花嶼星棋，共環芳甸。君若臣之所以虔奉天朝者，幾於志敬而節具，志和而音雅，謹爾侯度，庶無愧云。

正朔遵奉時憲書，貢使未齎回之先，特設通事官豫依萬年書推算應用。書面有五十九字，云：琉球國司憲書官謹奉教令印造選日通書，權行國中，以俟天朝頒賜憲書，頒到日通事皆用憲書，共得凜遵一王之正朔，是千億萬年尊王嚮化之義也。冬至、元旦，王皮弁執珪，率陪臣北向遥賀皇上萬萬歲，行三跪九叩頭禮。皇上萬壽聖誕，王率陪臣北向祝如元旦禮。

二十一年册封禮：先是王世子承襲之三年，取具通國臣民結狀，遣貴臣齎表請封。禮部上其議，特命正、副使二員，賜東珠頂帽、一品麒麟服，初賜副使白澤，康熙五十九年均賜麒麟服。齎詔敕往，馳驛至閩登舟。行至那霸港，王世子遣貴臣來迎，舟數百引至却金亭，下搭浮橋，直接亭階，陪臣班列，儀仗鼓吹皆集亭左右，迎請龍亭登岸，衆官前導，王世子吉服跪迎道左。復至迎恩亭中香案前，行三跪九叩頭禮，恭請皇上聖躬萬安，使臣謹對聖躬萬安。禮畢，復導迎至天使館奉安詔敕、節印。王世子旋至館候問，使臣對拜，待茶畢送出。

諭祭：先一日，長史等官灑掃廟堂，設香案於廟中，司香二人，設開讀臺於滴水西首，設開讀位東南向，設故王神主位於露臺東首西向，設世子俯伏位於神主位之下北向，設世子拜位於露臺中北向，設衆官拜位於世子後之左右，設奏樂位於衆官拜位之下北向。次日黎明，法司以下官金鼓儀仗齊集天使館，參見畢，請龍亭進公館中堂，捧軸官捧諭祭文奉安龍亭内，綵亭二，載祭絹、祭銀。奏樂。引禮通官唱排班，各官行三跪九叩首禮畢，前導至安里橋。世子素衣角帶，率衆官跪於橋頭道左。龍亭暫駐，世子衆官平身，天使趨前，分立龍亭左右，引禮通官唱排班，世子率衆官行三跪九叩頭禮畢，世子前導，由廟東角門進，立故王神主側。龍亭進中門，至廟内中堂，天使左右立，宣讀官、展軸官由西角門入，至開讀臺下，東向立。司香者舉案置龍亭前，添香。世子上露臺，率衆官行三跪九叩首禮畢，復立神位下。捧軸官由廟東邊門進，天使授諭祭文，由中門出，上開讀臺，立案右，展軸官立案左。宣讀官就開讀位，世子率衆官俯伏於故王神位下，西北向。引禮通官唱主祭官就位，天使詣故王位前，上香獻爵，不行禮。

引禮官唱開讀。讀畢，引禮官唱焚帛，世子平身，至焚帛所，捧軸官捧謄黄加帛焚之。焚畢，捧軸官捧諭祭文由正中門入，奉安龍亭内。世子率衆官回露臺，行三跪九叩頭禮。謝恩禮畢，天使詣故王神位前行一跪三叩頭禮，世子率衆官俯伏神位側，禮畢，退班。世子捧神主由廟東邊門進廟内，安於東偏神座，出謝天使，行一跪三叩首禮，天使答拜。世子出更衣，天使易服。世子揖至前堂，天使居東，世子居西，皆四拜安坐。正使東首，副使西首南向，世子西首東北向，不設樂。世子親獻茶酒，天使辭，紫金大夫代獻，天使酬獻，世子亦辭，引禮通官代獻。席終，天使至滴水前升輿，世子下階揖别，衆官門外跪送。是日，世子遣官詣館謝天使。次日，遣官入城答謝。

册封：先一日，所司張幄結彩於天使館，備龍亭三座、綵亭二座，經過處皆結彩。造板閣一楹，爲闕庭，設於王殿庭中，中置殿陛，左右層階設御案五於闕庭中。中案奉節，左案奉詔敕，右案置印，邊左置賜王幣，邊右置賜王妃幣。設香案於闕庭前，設司香二人於香案左右，設世子受賜予位於香案之前，設宣讀臺於殿前滴水之左，設世子拜位於露臺之正中，設陪臣拜位於世子後左右層，列世子左右，並引禮官二員，衆官左右立贊禮官二員，陳儀仗於王殿左右，設奏樂位於衆官拜位之下。次日黎明，法司以下官皆吉服候於館外，金鼓儀仗畢備，天使啓門，參見畢，迎請龍亭入公館中堂，正使捧節，副使捧詔敕，捧印官隨行，各安奉龍亭中。捧幣官捧緞疋，置於左右綵亭中。奏樂，排班，衆官行三跪九叩頭禮畢，前導。世子率衆官伏迎於守禮坊外，龍亭暫駐，世子、衆官平身，天使趨前，分立龍亭左右。引禮官唱排班，世子率衆官行三跪九叩頭禮。接詔禮畢，世子前導入國門，立殿下，龍亭進至奉神門，執事者脱節衣，奉節授正使，奉詔敕授副使，奉印授捧印官，捧幣官分捧緞幣隨行至闕庭正中，各安奉御案上。引天使分立左右，捧詔官、捧敕官立殿陛下，宣讀官立開讀臺下，司香者舉香案於御案前添香，奏樂。引禮官引世子由東階升，衆官各就拜位，世子詣香案前，樂止。引禮官唱跪，世子衆官皆跪。引禮官唱上香，案右司香者捧香跪進於世子之左，世子三上香訖，平身，奏樂。引禮官引世子出露臺，就拜位，率衆官行三跪九叩頭拜詔禮畢，平身，樂止。副使詣前正中立，捧詔官、捧敕官由東階升，奏樂。副使取詔授捧詔官，取敕授捧敕官，高舉下殿陛，同宣讀官上宣讀臺，奉詔敕並置案上。引禮官唱跪，世子衆官皆跪。引禮官唱開讀，樂止，捧詔敕官以次對展，宣讀官讀畢。引禮官唱平身，世子衆官皆平身，奏樂。捧詔敕官各捧詔敕升殿陛，副使仍安奉御案上。捧詔敕官下東階，國王率衆臣行三跪九叩頭謝封禮畢，平身，樂止。天使宣制曰：「皇帝敕使賜爾國王及妃緞幣。」引禮官引國王由東階升，法司官隨行，至受賜予位跪，奏樂。正使取國王緞疋，副使取王妃緞疋，一一傳授國王。國王高舉，法司官跪接，傳置案上，畢，平身。引禮官引國王復位，率衆官行三跪九叩頭謝賜禮畢，平身，樂止。天使宣制曰：「清字篆文告成，另鑄新印，皇帝敕使賜爾國王領受。」引禮官引國王由東階升，法司官隨行，至受賜予位跪，奏樂。天使取印親授，國王高舉，法司官跪接，仍傳置案上，畢，平身。引禮官引國王復位，率陪臣行三跪九叩頭謝賜印禮畢，平身，樂止。引禮官引國王由東階升至香案前跪，請留詔敕爲傳國之寶。法司官捧前代詔敕一一呈驗，天使驗明，允所請，副使捧詔敕親授國王，國王平身，仍安奉御案上。法司官捧舊印授國王，國王跪授天使，仍併置御案上，奏樂。引禮官引國王復位，率衆官行三跪九叩頭謝恩禮畢，平身。正使取節，執事者加節衣，仍置御案上。詔、敕、印、幣法司官等捧入内殿，節案、舊印案仍設闕庭中，各派官員敬謹守護。國王請天使拜御書，引上殿閣，天使瞻拜禮畢。國王請天使更衣，同往北宫，奏樂，並四拜禮畢，安坐獻茶，一如前儀。席終，王前導至御案前，正使奉節，副使奉印，各安奉龍亭内。天使隨出奉神門，與國王揖别，各乘輿，王先行，率衆官出歡會門外，俟龍亭回過跪送。天使至，出輿，國王揖别，衆官皆跪送。是日，王遣官詣館謝。次日，天使遣官入王城答謝。越數日，王率群臣於府中北面謝恩。越二日，詣天使館拜謝。王戴皮弁，常服黑紗帽，旁斜展兩翅。服蟒衣玉帶，垂裳結佩，乘十六人肩輿，鼓吹八人，鳴金四人，方棍二人，紅隔路二人，旗十二人，鐵叉二人，曲鎗二人，狼牙鈎二人，長鈎四人，鉞斧四人，長桿鎗三十二人，月牙叉四人，雞毛帚十二人，馬尾帚二人，大刀二人，黄繖二人，花繖二人，看馬四人，提爐二人，黄緞團扇二人，緑珠團扇二人，印箱二人，衣箱二人，紅桿槍四人，長腰刀四人，黑腰刀二人，長砍刀四人，舊有武士戴銅假面，衣漆甲帶刀者數十人，今無。大掌扇一人，金爐二人，以下俱近侍小童手執，名察度奴示。金葫蘆二人，緑珠兜扇二人，小鵝毛扇四人，蠅拂二人，金漆匣二人。法司以下皆從行，紫帕二十人，黄帕百餘人。王經行之處，久米人列盆花數十種於泉崎橋隄上，繞以朱欄，刻木作麒麟形，題云「非龍非彪，非熊非羆，王者之瑞獸」。那霸人於下天妃宫前植大松數株，疊假山數堆，作白鶴二、子母鹿三四，池上結一大葡萄棚，池中浮水刻鯉魚數箇，竹欄環之，旁豎木坊，匾曰「偕樂坊」，柱懸一長板，題曰「鹿濯濯，鳥翯翯，牣魚躍」，王歸則撤之，王復出則復設如故。國王先至更衣處，差長史來稟。王轎至頭門，巡捕官跪請轎進至儀門，王欲下轎，巡捕官跪請如前。國王至滴水前下轎，天使進前迎接，一揖拱上大堂交拜，一跪三叩首禮畢，天使請國王更衣，揖讓登席，一如前儀。席終，王辭回，一揖，天使送至滴水，同一揖，國王上轎，一揖，天使亦一揖。王轎至儀門，巡捕官跪送。

宴使臣有七。諭祭、册封、中秋、重陽、餞别、拜辭、望舟。諭祭不奏樂，不簪花，天使、世子肅容堂上，各一席，隨弁左廡，國相陪之，從客右廡，紫金大夫陪之，俱各一席，皆高座。兩廂及堂左右，全半廪給、口月糧等分坐，以長史、大夫等官陪之。通事時在天使左右傳譯，不預席。册封奏樂、簪花，中秋演劇，重陽觀龍舟競渡，餞别如前。拜辭宴畢，王先至世子第中，更設小座，手奉三爵爲别。望舟宴畢，王面致金扇一握爲别。登舟後，王率陪臣詣迎恩亭恭送節印，跪請聖安，俱如前禮。隨遣法司、王舅齎表謝恩，於常貢外加貢物，又將屢次宴金二封共一百九十二兩具本請欽賜使臣收受。前兩次俱着收受，此一次不着收受。

天使初進館，陪臣分三班進謁，皆一跪三叩頭。白事必長跪，命坐賜茶。天使每日有供應極豐，王又遣紅帕察度奴示押送瑞泉水各二石，朔望及五、十兩日遣陪臣起居餽食，進謁如儀。隨弁一員有每日供應，又有全廪給、半廪給、口糧、月糧，各皆豐備，以待隨行員役。以上記封爵典例。

琉球入學見聞録卷二

爵禄

王臣公，公臣大夫，大夫臣士，天子經略諸侯，正封古之制也。顧古爵莫貴於公侯，今王亦爵也。琉球王爵錫自中朝，臣下之秩惟洪武間賜閩人三十六姓知書者授大夫、長史，以爲朝貢之司，習海者授通事官，爲指南之備。今可考者若程復、葉希尹，從國王之請，命以寨官，兼通事職；右長史王茂、左長史朱復，江西人。從王請命爲國相。他皆聽其自置，待屬國宜然也。臣就其官制考之，官雖有品，不必品有其人；官雖分職，不必職專其事。而班列不同，禄糈各别，蓋亦凛然名器之不假焉。

國王初嗣位稱權國事，請封見册使稱中山王世子，受封後始稱王。

王國之官有王子，總理一郡或二郡，或世領一郡，稱某間切按司。按司，一爲王子及貴臣遥領之按司，一爲各土著世業之按司。或授以朝列，或充王壻，皆令常居首里。王子按司不係品，有才德者授國相職。國相，左右二員，正一品。法司官，三員，從一品。紫巾官、紫金大夫，從二品。耳目官，四員，正三品。正議大夫加耳目官銜，從三品。吟味官，徐録作贊議。正議大夫，俱正四品。御瑣側、那霸官、中議大夫、長史、都通事、察侍紀官，俱從四品。正殿遏闥理官，正五品。副通事，從五品。正殿勢頭官，正六品。加勢頭官，從六品。里之子親雲上，正七品。筑登之親雲上，從七品。正殿里之子，士名察度奴示，正八品。里之子座，從八品。正殿筑登之，正九品。筑登之座。從九品。久米府設紫金大夫，四員。正議大夫、中議大夫、都通事官，又於紫金内選一人總理唐榮司，於正中議、都通内選二人爲長史，專主朝貢禮儀文移，兼治其府事，有大事則總理司集諸大夫會議裁決，皆久米秀才習漢文者任其職而遞陞之。各府舊制，遣按司涖治之，權重，兵争後改令聚居首里，遥領其地，歲遣察侍紀一員知其府事。屬島有世襲頭目，王給黄帽爲酋長，又遣中山黄帽官涖治之，名監撫使，三歲一易，土人稱之曰在番役。徐録有元侯、郡侯、郡伯、邑伯等官，今皆無之。禄糈三等，有俸米，按時給領，官罷則已；有采地，或一郡兩郡，或一邑數邑，或計畝，子孫以次遞減，至曾孫則不減，永爲世禄；有功米，俗訛稱切米。視功爲額，於俸米、采地之外加數百石，或數十石，有終其身者，有限其年世者，有永爲世業者。

田賦 食貨附

凡居民財必因天地寒煖燥濕、廣谷大川異制。琉球地居炎徼，常煖而少寒，隆冬無冰，霜雪希降，草木常青。蚊至冬不收聲。歲以十月布秧，五六月熟，七八月後多大風拔苗，故田止一種。米惟王族官家食之，小民止食番薯。厥田厥賦，均曰下下。自入貢中朝，藉以貿遷有無，供其國用。欣逢我列聖軫念窮藩，屢免方貢馬匹，弛海舶市貨之禁，物力更紓焉。至其土産之充貢獻、供投贈者，舉無足羅列。

浙閩人遇何樓所市，至舉以相訾謷曰琉球貨，其土性然也。然而曝日獻芹，情餘於物，又况猥瑣荒怪，出於山經海志之外，飛車砮矢，豹鼠鯷魚，固與昆刀火浣，均非可遺。觀月令，辨土宜，定田制，别賦役，考農功，察民用，凡鳥獸、草木、蔬果之爲食貨者悉附焉。

田有公田，有私田。王府公田，民耕之，輸米於倉，歲有常額。各官采地公田亦民耕之，官民均分，應派公費出於官，分之半不派民也。二項田俱不得賣買。私田則民所應募開墾者，每畝量納官米，聽爲世業，仍許賣買，價值甚昂，畝約二三百金。平時上下各食其土，無他誅求，易世請封，則豫派取各府暨屬島穀米、苧布，積數年以供宴犒諸用，事畢乃止。力役之法，每歲各地頭比户派定人數，有事按名受役，每人役二日，大事則盡役之。官府胥徒即種采地之人，視官秩爲多寡，月一更之。至雞豕薪米亦計米石之數，而以時供之。

穀之屬：稻、赤秔米、黄小米、黍、粱、麥，有三種。菽、麻、芝蔴、番薯。莖葉蔓生，瘠地可種，生熟可食，民以爲糧。〇按此物内地多有，徐録不知，乃以爲異産。

貨之屬：絲、粗黑。〇乾隆二十八年，國王奏求於内地照舊配買絲觔，禮部援例駁奏，奉旨特加恩許其買絲。棉，少出，價極貴。綢、土綢、繭綢。棉布、絲布、絲經麻緯，一名羅布。蕉布，縷芭蕉皮爲絲織之。麻布、各布皆花紋相間，綦組斕斒，亦用五色染之。草蓆、茶，間有出者。鹽、酒，國中出燒酒，味甚烈。太平山出紅酒，名太平酒。八重山出者名蜜林酒。土噶喇出醇酒，以米肌從女子口中嚼汁而成，形如乳酪，而味淡甘，埋之土中，經年取作燒酒，味醇無比。油、蠟、燭、櫻、糖、煙、扇、金，偶出。銀，作長條或彈子大，多自日本來，閩人謂之球餅。舊餅一兩抵紋銀八錢，新餅一兩抵七錢。錢、自鑄小錢，鉛鐵銅雜用，大不及鵝眼，無輪廓、文字，每貫一百，長寸許，或三十、或五十、或一百、一千皆各成貫，以紙封固，鈐之以印。亦有私鑄者。中國錢甚少，或曰常用日本寬永等錢。珠、螺蚌中間有之，圓而無光。蘇鐵、刀、漆器、石、珊瑚、松紋、硫磺、充貢物。紙、棉紙、清紙、護壽紙，又有花紙，可裱圍屏。筆。鹿毛爲之，管最短。

鳥獸、草木、蔬果往往與中國同，但獸無驢、騾、兔、獐與虎、豹、豺、狼、熊、羆耳。其異産則蔬之屬有紅菜、雞脚菜、麒麟菜、松露、辣蕎。果之屬有蕉實。芭蕉花開一穗數尺，紫紅色，瓣落結實如手指揸開，色緑，採而覆之以草糠則黄，味如薯而甘，名甘露。草之屬有雷山花、山蘇花、吉姑羅。植墻上可辟火，呼爲福禄木。木之屬有樫木、一名羅漢杉，木理堅膩，用之爲樑柱。福木、四時不凋，實如橘，可食。呀喇菩、葉紋對縷如織，中邊映日通明作金黄色，花似梅，實可榨油，與福木俱號君子樹。鐵樹、一名鳳尾蕉，又名海櫻櫚。葉勁挺對出如鐵，襹褷如鳳尾，根可爲粉糧。福滿木、地分木、梯沽、樹極高大，葉如柿，每葉抽作品字形，對節生，四月初開花，朱紅色，長尺餘，每幹直抽，攢花數十朵，花葉如紫木筆吐燄，出太平山。阿咀呢。連蔓堅利，可爲籓墻，葉可造蓆，根可絞索。竹之屬有觀音竹。叢生，長尺許，寬三四寸，紫色。禽之屬有古哈魯、麻石、烏鳳、恨煞、容葚、石求讀、莫讀史。魚之屬有佳蘇魚，以馬叉魚脊爲腊，泡以温水，包蕉葉中煨之，薄切成片，漬以清醬，頗可口。海馬。魚身馬首。介之屬有緑螺、大如盆如缸，常以充貢。寄生螺、小蟹生螺殼中，見火則半出，冷復入。海膽。背生刺如蝟，蠕蠕運行，可醃食。蟲之屬有四脚小青蛇。凡蛇皆毒，傷人立斃。按諸録異産最多，今僅録其最異者如右。

制度

先王之制荒服者王，其國之制度，胥聽其便，不强使同也。《隋書》稱琉球王所居曰波羅檀洞，塹柵三重，環以流水，樹棘爲藩。其時棟宇之制蓋猶未備，今則閈閎輪奐，階戺軒崇，於安奉詔敕、館舍使臣之所，尤加謹焉。至其衣冠簪纓，亦迥異卉服之舊。我朝朝會大典，諸屬國許各服其服，故王會有圖，服裝各别，懿乎鑠哉。《易·比》之五曰：「顯比吉。」其彖曰：「不寧方來。」稱是占矣。

王城在中山省之首里，周回三四里，有馬道，無雉堞。由萬松嶺東上數里許，衢道修廣，有坊，牓曰「中山」。道南有安國寺，對街爲世子第。中路砌石爲大墩，内植鳳蕉一叢。更進又一坊，牓曰「守禮之邦」，用萬曆中制詞語。道左有天界寺，寺西南爲王塋，對街爲大美殿。更進爲歡會門，即王府城也。高踞山巔，礪石砌成，削磨如璧，蒼黝磊歷，遠望如聚髑髏。《隋書》因其形似，誤謂王所居多聚髑髏其下。城外石崖上左刻龍岡，右刻虎崒。城四門，前西向，即歡會門；後東向，曰繼世門；汪録：世子嗣位由此門入。左南向，曰水門；右北向，曰久慶門。歡會上崖有門，西北向，牓曰瑞泉。徐葆光鐫「中山第一」四字於碑。左右甬道有左掖、右掖二門，通入王宫。更進有樓西向，牓曰「刻漏」。上設銅壺滴水。更進有門，西北向，爲廣福門，即王府門也。王殿在山頂，前爲奉神門，左右三門並峙，門與殿皆西向，取一時西拜，盡傾心之意也。殿九間，左右夾室各一間。殿前月臺建穹亭覆之，中階七級，石欄周護，雕刻花鳥頗工整。殿上有樓，爲御書樓，高敞壯麗，鉅梯當楹立，中奉聖祖仁皇帝御書，左奉世宗憲皇帝御書，右奉皇上御書。下爲王聽政之位，中壁懸上古伏羲畫卦像，龍馬負圖立其前，汪録作孔子像。絹色蒼古，微有剥蝕，非近代物。殿庭方廣數十畝，分砌三道，方磚鋪之。左廂北向爲南樓，牕盡垂簾，樓隅隙地畝許，錯植蟠松、鳳蕉于奇石之間，汪楫題曰「聽濤」。右廂南向爲北宫，匾曰「忠順可嘉」。亦用前制詞語。殿屋皆固樸，柱礎一間至用二十餘，屋梁甚低，以處山岡，防海颶也。世子府第在安國寺南，别有世子殿在中城。天使新館在那霸，去迎恩亭里許，面南，一倣中朝公廨。舊館在其西南，或云彌世公館。那霸又有公館二，爲管理那霸錢穀、訟獄二官之公所。姑米島亦有公館二。

冬至、元旦王皮弁執珪拜歲德，遥賀萬歲禮畢，登殿受群臣朝賀，如明制，就班一揖，跪，三拜，興，一揖，跪，又三拜興，又一揖。禮畢，各官易常服，王亦易寬博錦衣，戴五色錦帽，坐閣二層，衆官跪堦下，唱太平曲，卑者按拍和歌，尊者捧觴爲壽，王以等級賜酒肴。每月之望，賜諸臣茶，賜久米大夫以下茶酒。上元及王誕日皆如之。各官俱於王誕日計功升遷，有大慶增秩禄有差。凡王視朝，群臣皆具國服，搓手膜拜。過先王廟必令下馬行，百姓見官長過，男女皆脱屐伏道旁，俟過而後去。若官長坐過之，則兩手據地如蟻行。男子十五〔剔〕〔剃〕頂髮，惟留四餘爲小髻，前明時不剃頂髮，亦不戴網巾。插短簪一、耳挖一。簪王及妃皆以金，王龍頭，妃鳳頭，貴官起花金簪，次以金頭銀柱，又次銀，妻視其夫，民以銅，民婦以玳瑁，皆倒插髻中，翹額上。王冠烏紗帽，雙翅倒衝上向，盤金朱纓垂頷，又有皮弁，燕居亦裹五色錦帽。臣下之帽以薄桱木爲骨，蒙之以帕，前七層或九層，後十一二層，紅錦花最貴，紫次之，黄與紅又次之，緑爲下。醫官、樂工及官役着片帽，以黑絹爲之，漫頂下，簷作六稜。雨笠以麥莖及藤爲之。又有皮笠，黑漆其外而朱其裏。衣服，王著蟒袍，犀角白玉帶。官民衣服，男女皆寬博交衽，袖廣二尺許，長不掩指，缺其右襟之末。男女皆竪領，項上一鈕，胸右一帶。夾衣可兩面著，無鈕帶，名曰衾子。裏衣短小，古無襦袴，今皆有之。外衣男子束之以帶，别有大帶，長一丈四五尺，寬五六寸，圍於腰，以錦花爲最貴，次黄地龍蟠，次赤地龍蟠，次雜色花。七品至九品冠帶俱同六品。女人不設帶，兩手曳襟行。國維王著靴，貢使至中國始著，歸即去之。臣民無男女皆着草鞁，名曰三板，編細席草爲底，上横平梁，中盼寸繩，舉足入梁，納於拇指、二指之間。襪最短，及踝而止，别爲一竇棲將指着草鞁中。王肩輿倣中國，國相以下轎高不踰三尺，席地趺坐，四圍以席，遠望如籠榼。或用羅漢杉木，雕鏤金漆，錦邊繪裏，紗縠爲蔽，皆用兩人，以木杠貫其頂而擡之。

祀　法

明洪武八年附祭琉球山川於福建。我朝天威震叠，海嶽效靈，遣封諭祭，崇報彌隆，該國漸染文教，俎豆尼山，宫牆炳焕，前古未聞，而春秋祭享，龐亂不經。臣故列其祀法，欲俾式我儀章，正其紕謬，庶知祭法、祭統，毋僭毋瀆云。

王祭國中山川於社壇。十月下種，迎龍神像升龍舟，設壇祭。祈雨於豐見城之雨壇，又令官祈雨於首里崎山東苑内之雩壇。旱甚各寺令僧祈禱，王親詣躬禱。又有天尊廟，即雷神廟。亦祈雨之所。五六月收穫後，令各地方蜡祭。春秋祭始教樹藝之阿摩美久正，五、九月祭山海及護國神于辨嶽。王嗣位受封皆親祭辨嶽。又八頭嶺、佳楚嶽、名護嶽、恩納嶽皆有祠宇，與辨嶽稱爲五嶽。又有城嶽、有泉名旺泉，爲中山八景之一。姑場嶽、蘇姑那嶽、砂嶽，各有祠祀。關帝廟、水母廟皆歲致祭。文廟建於康熙十三年，在久米村泉崎橋之北，南向，紅墻朱扉，左右立下馬牌，内櫺星門三進，庭方廣十餘畝，上設拜臺。大殿三間，中奉聖像，又設木主兩旁，二龕設四配像及主，像各手一經。《詩》、《書》、《易》、《春秋》。中樑摹御書「萬世師表」匾一。五十六年復建明倫堂，又建祠祀啓聖並四配父，但啓聖神主尚仍公號。殿上未祀十二哲，亦未建兩廡祀先賢先儒。乾隆二十二年，經册使舉直省諸郡邑廟祀典制移咨國王，王乃命其臣以次崇祀如典禮。祭倣内地，其本國所無之祭品，以上品土産代之。三日齋，前一日演禮省牲。至期遣法司官祭文廟，紫金大夫祭啓聖祠，皆行三跪九叩頭，飲福受胙禮。

天妃封號肇自宋元，考《會典》，四海龍神各有封號，東海稱顯仁龍王之神，西海稱正恒龍王之神，南海稱昭明龍王之神，北海稱崇禮龍王之神，有司歲時秩祀，而天妃亦稱海神。康熙十九年，敕封海神天妃爲護國庇民妙靈昭應弘仁普濟天妃。二十年，允福建提臣萬正色之請，詔封昭靈顯應仁慈天后。五十九年，允册使海寶等之請，奉旨册封琉球，於怡山院祭天妃，並准地方官春秋致祭，編入祀典。乾隆二年，允閩督郝玉麟之請，欽定加封「福佑群生」四字。二十二年四月内，允册使〔全〕魁等之請，嗣後諭祭天后祈報文二道，書明天后封號，仍於怡山院天后宫致祭，加封護國庇民妙靈昭應弘仁普濟福佑群生誠感咸孚天后，别頒諭祭南海神祈報文二道，於江岸望祭。該國尤尊信，廟宇輝煌，一在那霸天使館東，曰下天妃宫；一在久米村，曰上天妃宫；一在姑米山，歲時致祭甚虔。歷封册使各有匾聯。

天孫氏長女曰君君，次女曰祝祝，爲國守護神。一爲天神，一爲海神。今寺院有三首六臂女神，手執日月，名曰天滿大自在天神，汪録云名辨戈天，崇祀特隆。

春秋祭先王廟，或親祭，或遣官。三日齋，樂用天孫太平歌。圓覺寺、天王寺、天界寺内，本宗香火，有時祭，有月祭，名蘭盆祭，三日齋。忌辰有特祭。朔望獻茶，先王廟舜天以下及本宗王位皆在焉。舜天居中，南向，餘分左右，東西向，共三十位。圓覺寺内奉祀本宗，尚圓居中，一龕正中，中左祀尚貞、尚益，中右祀尚能、尚敬。左一龕正中祀尚稷，左祀尚清、尚豐，右祀尚永、尚質。右一龕正中祀尚真，左祀尚元、尚賢，右祀尚寧。天王寺内亦於佛堂之左一龕奉祀尚稷、尚久，旁二主爲王妃。右一間四主，皆王妃。天界寺内奉尚懿神主，餘皆女神主，爲王妃及王姊妹之出嫁者。諸廟寺皆以僧守之。

兵刑

琉球負重洋之險，恃鐵板沙之堅，憑三首六臂、易水爲鹽、化米爲沙之天神，往往諱言師兵。顧其先世三王争强，日尋干戈。尚德王時，奇界島叛；尚真王時，八重山叛；尚清王時，烏父島叛，皆發兵攻討。迨尚寧王之世，見辱倭人，久乃釋歸。則知兵固未可廢也。至於刑章，視内地尤嚴，蓋亦有明罰敕法之意焉。

城池：惟首里礪石爲垣，高四五丈，廣四五里，倣内地麗譙爲内城，皆無雉堞。外間切及各島之以城名者，實無城郭也。那霸港口中流有巨石，名馬加，四圍皆鐵板沙，沙堅踰鐵，嵌空嵯岈，沿海皆然，潮長則没，舟誤觸無不碎者。南北沿海築長堤，兩砲臺並峙，聚兵守之。姑米山、馬齒山亦有砲臺，名烟臺，爲往來舟楫舉號火處。那霸見世館，土名親見世。每年犒屬島頭目酋長於館中，有罪者即於此決之，亦設兵防守。

國少鐵，盔甲與刀猶堅利，《隋書》云刀薄小，多以骨角助之。編紵爲甲，或用熊豹皮。諸矛戟皆脆弱。弓長七尺餘，卓地高齊屋簷，射可百餘步。箭較内地稍短，射必卓地，矢必扣於下方狹處，扣弦發矢皆用决拾如古制。火藥砲位多用銅鑄，備舟艦水戰之用。辻山旁有演武塲，武職有儀衛使、武備司，餘皆文官兼之。兵制倣古制，五家爲伍，五伍又各相統，親雲上、筑登之以下皆習弓箭。家有刀甲，有事則各領其民如百夫長、千夫長之屬。《隋書》：國有四五帥統諸洞，洞有小王統諸村，村有鳥了帥，並以善戰者爲之。有刀、稍、弓、箭、劍、鈹之器。王乘木獸，左右轝之而行，導從不過數十人。小王乘機鏤爲獸形。國人好攻擊，驍健善走，難死而耐創。諸洞各爲部隊，不相救助。兩陣相當，勇者三五人出前跳譟相詈辱，因相擊射，不勝則一軍皆走，遣人致謝，即共和解。取鬬死者共聚而食之，仍以髑髏陳王所，王賜之以冠，使爲隊帥。周録云：諸洞疑即今之間切，小王疑即按司，鳥了帥疑即庇椰之屬。

國中不設官廨，無聽訟之所。執法甚嚴，即貴倨如法司、紫巾官有犯亦抵法。止令坐地，不綁縛，輕則流徙太平山，錮之終身。長官之父子兄弟犯法者，不絲毫曲庇。民有罪者，大夫聞之法司，法司察其重輕，重者或刳其腹，輕者徙，皆不繫獄遲留。又輕則令自閉室中，不得出户，或三年，或二年，乃縱之。近亦設搒掠之具，然不甚施用。犯法重者多自刎、投環，不敢妄辨求生。犯淫者有夫之婦、有妻之夫皆死，鯀曠未滅。

死刑三：一凌遲，一斬首，一鎗刺。用木樁作十字架，綑手足，以鎗刺其心，死仍梟於樁，樁倒乃止。輕刑五：一流，有流至某島不准放還者，有限年令有改過，不悛仍徙遠島者，有縛重罪手足置於獨木小舟，配遣西馬齒山轉遞外島聽其漂没者。一曝日，一夾，一枷，輕者數十斤，重者至數百斤。一笞。竊盜最嚴，初犯笞若干，夾一次，曝日一次，再三犯遞加，或立斬，或立配流外島。

風俗

象寄鞮譯，皆有安居，和味宜服，利用備器。聖王修其教不易其俗，齊其政不易其宜。蓋於因之之中，寓化之之權焉。故曰：一道德以同俗。

琉球人形多短小似崑崙，今亦有魁梧俊偉者。首里、久米、泊、那霸四村尤多，姑米山亦有豐頤修髯之民。民質驍健，耐飢寒，任勞苦，儉而能勤，舊録作不勤，誤。貧而少盗，舊録作不盗，亦過。昔年道不拾遺，夜不閉户，誠如張録，今不然。渾朴而有等。職官之家或彌旬茹蔬，女力織作，較耕男爲勤。女年十五即針刺手指背，以墨黥之，歲歲增加，至中年黧然矣。或方或圓，如蟲蛇花卉之文。嫁娶以酒肴、珠貝爲聘，或男女相悦，便成匹偶，不治奩具，父母走送之壻家，衣仍白，國俗不諱也。男尚血氣，小不平則露齦裂眦，久不能釋，或相争即持刀剸之，旋引刀自剖其腹。屋卑矮無粉墁，多用研粉花箋及書畫表之。中間作神龕，立主，設香爐，貴家乃立祠堂。室内布細席，内裹草薦，以布爲緣，名曰脚踏棉。客至脱屐以進，坐皆席地，無椅桌，平等皆危坐，古之跪坐，今高麗亦然。或盤膝，卑幼跪伏於前，命之坐然後安坐。盤盂倣古俎豆，席不過六器、八器，每人一小桌，即妻子不同食。今亦不必然。器有水火罏，銅表錫裏，一置水，一置火，盛之以架，下二層黑漆奩三四事，中藏茗具，出遊則攜以隨。茶甌色黄，描青緑花草。烹茶之法，以茶末雜細米粉少許入碗，沸水半甌，用小竹帚攪之，起沫滿甌面爲度，以敬客。有吉慶事，親知具酒二壺相賀，有喪亦鄰里聚送。人死則浴之，纏以布帛，裹以葦草，棺制四尺許，屈屍足斂之。士家題木主，近多依倣《家禮》，民家木主以僧題，男曰圓寂大禪定，女曰禪定尼，無考妣之稱。墓皆穴山，亦或築以三和泥，既窆，壘以石。墓前女挂櫻葉片扇、白巾，男掛白布笠、立杖、草履、木屐，皆各插花筒，置香爐。舊俗常開函啓視，近亦革之。元旦數日拜賀。十六拜墓，是月女子爲擊毬及板舞之戲。二月十二日浚井，汲新水洗額。云可免病。三月三日作艾糕相餉。二、三兩月皆擇吉日祭麥神。五月五日競渡。六月擇吉蒸糯米飯相餉。兩月皆各擇吉祭稻神，祭未畢稻不敢入家。七月十三日夜列火炬門外迎祖神。十五盆祭畢，送之。八月初十、十五蒸糯米飯、交赤小荳相餉。白露先後三日，守天孫。九月放紙鳶。臘八日作糯米糕，裹以櫻葉相餉遺，名曰鬼餅，亦驅儺之意。二十四日送竈。正月初五迎竈。正、三、五、九月名吉月，婦女皆至沿海雪崎洞拜水神祈福。朔望婦女汲新潮獻竈，及天后宫前石神。渡海者家立長竿，置小木舟其上，桅柁帆櫓皆備，另作薄木片風輪五葉安舡首以候風，歸即撤之，蓋古五兩旗遺意也。

國人平時不稱姓，稱地名，祖父、子孫、兄弟皆同名。或充貢使、謁使者，旋乞姓名，書手版上。或國中集事則書其名於上，旁別注某子幾男。至有功王賜以姓，始敢稱姓。實則各有私姓。其圖譜藏於王城，以紫巾官入國史院者掌之，不僅首里、久米有姓也。然即二府人問以其親鄰之名氏，皆懵如，問以地名則隨口而對。言姓名則曰唐名，稱中國曰唐人，猶曰漢人。百姓有功，王賜之姓則爲士。

國無道士、尼姑，惟有僧。僧亦有秩，自房頭歷升法印至座師，而上人爲最尊。寺院若圓覺寺、天王寺、天界寺爲首里三大寺，此外有安國寺、仙江院、蓮華院、興禪寺、廣德寺、建善寺、慈眼院、天慶院、萬壽寺、手水觀、萬松院、大日寺、神宮寺、松壽院、臨海寺、護國寺、波上寺、廣嚴寺、海藏寺、法音軒、龍翔寺、善興寺、龍渡寺、普門寺、西福寺、東壽寺、東禪寺、清泰寺、聖現寺、神德寺、崇元寺、神應寺、松山軒、和光寺，或供辨才天女，即斗姥。或供佛及金剛等神，或以石爲神，無神像，許願皆奉一石禱之。僧識番字，亦識四書，作詩句。又有男巫、女巫。

土妓多衣紅衫，俗呼紅衣人，又曰侏𠌯。如華言傾城。其親戚兄弟仍與外客序親往來，良家婦行路上手持尺布以自別。騎馬男女皆不用鞭，官家女人騎馬擁領蔽面，多側坐鞍上，兩足共一鐙，人控徐行。市集無男人，俱女爲市。市物惟魚、鹽、米、菜及粗窳陶、木器，間有土織蕉棉布，亦極薄惡，價復不賤。道中無肩擔背負，凡柴薪、米豆累百觔者，女人悉以首襯草圈頂之，垂手曳袖，無偏墮者。

土音

臣欽惟我皇上建極考文，御纂《同文韻統》及《西域同文志》，凡遐方異域，重數譯而來者，莫不審音知義，令譯館諸生譯其字，達其志，琉球獨不與焉。臣於乾隆庚辰奉旨教習該國入學官生，癸未成進士，引見，皇上垂詢該國語音，臣未敢冒奏，仰體聖衷，益加考訂。及官生歸國事竣引見，皇上復垂詢再三，臣一一陳奏，天顔和霽，荷蒙録用。謹分門別類，編爲一册，以俟諭言，語之象胥，亦以誌顧問之恩榮也。

稱皇上、朝廷皆同内地。稱册使曰阿几噶加那子。稱國王曰倭急拿敖那，又曰哭泥華。妃曰倭男札喇。又稱王曰御主加那志，妃曰御妃。女人稱妃曰倭男札喇加那子，琉球曰烏古逆呀。又稱王曰兄嘉那實，王妃曰翁那嘉辣，王子曰阿樓瓜，公子曰呀吉哩。

天文類

天廳　日虚　月此吉　星弗失　風哈子　雨阿霉　雷堪理　雲窟木　雪欲吉　電福禮　霜失木　下雨阿霉福的　下雪欲吉福的　霧哈絲蜜　露七欲　霞噶喀泥　雹阿那禮　明日阿雜　起風噶子弗吉　天陰廳窟木的　天晴廳花力的　天河廳哈阿拉　後日阿撒的　大後日欲哈阿撒的

地理類

地齒　土齒至　山牙嗎　川哈哇　江哈哇辣　河哈哇　海勿蜜　水媚吉　冰庫兀利　路蜜至　岸倭喀　石伊石　井喀　泥毒露　沙息拉　灰懷　磚十吉哈拉　瓦喀辣　遠徒撒　近恥喀撒　長那喀撒　短因夾撒　前麥　後窟使　左虚答歷　右蜜吉歷　上哈蜜　下使木　東熏喀失　西逆失　南閩那蜜　北及答

府麻吉歷　村母拉　州收　里撒毒　橋花失　過水蜜子哇答已　行船混利酷兀已　渡混利哇搭已　琉球地屋其惹　巴麻讀問　泊土馬爺　辻失汁　久米苦念搭　喜屋武腔

時令類

春花魯　夏那即　秋阿吉　冬弗欲　冷灰撒　熱阿子撒　陰因　陽藥　晝虚魯　夜攸陸　朝阿撒　晚邦　時土吉　氣其　年土失　節失子　正月芍倭刮止　二月膩刮止　三月三刮止　四月失刮止　五月共刮止　六月六骨刮止　七月失止刮止　八月瞎知刮止　九月空刮止　十月蕁刮止　十一月蕁亦止刮止　十二月蕁膩刮止　初一之搭之　初二福子戞　初三之搭之密戞　初四之搭之唷喀　初五之搭之一子戞　初六之搭之美戞　初七之搭之南喀　初八之搭之約喀　初九之搭之下古盧喀　初十之搭之突喀　十一蕁亦之泥止　十二蕁膩泥止　十三蕁三泥止　十四蕁育喀　十五蕁古泥止　十六蕁魯古泥止　十七蕁十之泥止　十八蕁滑之泥止　十九蕁酷泥止　二十瞎子喀　二十一瞎子喀止　二十二泥肉泥泥止　二十三泥蕁三泥止　二十四泥蕁蕁喀　二十五泥蕁古泥止　二十六泥蕁魯古泥止　二十七膩蕁失止泥止　二十八膩蕁滑止泥止　二十九膩蕁釅泥止　三十三蕁泥止

人物類

人虚毒　唐人馱樓周虚毒　大夫帖夫　長史察姑事　通事吐子　正使芍匙　副使呼匙　臣子聲喀

祖烏弗首　父烏吉喀奴屋牙　母烏那姑奴烏呀　兄西察　弟屋毒　子寡　女兒烏那姑寡　夫烏毒　妻吐止　婦唷美　孫烏麻喀　朋友盧失　你呀　我往　男烏吉喀　女烏那姑　親戚餵街　姊姑西察烏乃　妹屋毒烏乃　伯洗察渾局　叔屋多渾局　姪威　小孩子哇辣比　丈人思毒　壻土□　師父食芍，亦云夫子　徒弟波子人侍　醫生亦煞　僕塗末　丫頭烏那姑哇辣倍　客人恰谷　主人梯述　日本人亞馬吐虚毒　高麗人柯列虚毒　大烏灰撒　小枯撒　貧薰述　富喂格　親雲上牌金

人事類

作揖禮及　洗浴阿美的　上人洗面烏木的阿來　下人洗面此辣阿來　拳頭蹄子拱　打架蒙羅　脱衣輕花子的　殺枯魯止　醉威蒂　睡寧蒂　起來烏機的　疼呀的　行路阿之　等待麻之　病呀的　生亦吉之　死失直　傷風哈那失機　好求喇煞　不好挖煞　買科的　賣屋的　言語枯毒八　上緊走准姑亦急　夢亦悔　瘦挨的　肥快的　早起阿撒烏機　曉得失之　不曉得失藍　回去木毒利　坐識吉

宫室類

宫密牙　屋牙　門濁　户花失利窟齒　牕麻毒喀　墻哈吉　亭提　園逆哇　堦奇栽　瓦房哈喇弗吉牙

器用類

弓欲密　箭依牙　擔箭塔阿谷　木杓你不　脚踏棉蓐子　棹列　浴桶阿美塔阿谷　椅子依　風罏

哈子魯　戥子花喀依　天平廳平　刀和竹　刀鞘絲古撒耶　轎子喀谷　木套阿失雜　傘哈撒　床捫臧　燈吐盧　面桶此喇塔阿來　鍋那倍　鍋蓋那倍弗答　瓦礶哈阿美　掃箒和吉　缸弗你　筭盤述奴班　油盞思子吉　梳撒八吉　索此那　斧頭由吉　湯盆□□□□美　竹籠他吉踢依盧　筯花失　鎖賒洗　烟筒奇失禮　荷包呼作　茶鍾茶碗　飯碗翁班麽喀倚　銅礶壓光　蠟簽羅塔低　圍棋古　香爐柯盧　箱子滑谷　磁盤花止　木盤烏失吉　匣滑谷　水注梅子利　鏡子哈哈密　酒壺撒古並　女短簪因渣鐖花　女長簪那喀鐖花　酒杯煞喀子吉　象棋充機　甲欲魯依　盔哈不毒　弦子魯　鎗挨　盆大刺　瓶炳　桅花失辣　舵哈滯　櫓爐　絃三審　篷呼　帶烏比　書失木子　畫椅　字日　筆弗的　墨思密　紙哈比　硯息子利　扇子窩吉　屏風妙不　花瓶花那炳　香盒何以禮　玉帶塔麻烏比　金杯輕撒喀子吉

身體類

頭髮哈喇子　眉麻由　眼美　耳密密　鼻花納　舌失渣　口窟止　齒滑　鬚虛及　手蹢　脚盧煞身體魯　心氣木　頭科倍　奶耻　額虛渣衣　臍呼述　指頭威倍　腿木木

衣服類

衣服衾　帽膜子　帶烏必　褲子花喀馬　手巾梯煞之　被烏獨　帳子喀着　氊木身　枕媽寡　褥子

福冬　襪塔必　靴子寬古　鞋煞色　笠喀煞　汗衫毒□　綢亦周　緞動子　紗煞　羅羅　布奴奴　綿衣哇答一利衾　裙喀喀密

飲食類

□□酒煞機　煙塔八狐　油庵答　醬彌述　醬油芍由　米窟美　鹽麻叔　豆腐拖福　茶茶　肉失失　菜亞色　索面索閔　蒜灰魯　西瓜西刮　冬瓜失布衣　薑芍喀　黑豆枯魯馬閔　蕉實巴煞那衣　番薯番子母　荳芽菜馬米那　餅木之　魚亦由　蝦色　喫飯喀煞美

珍寶類

金枯喀泥　銀南夾　錢井　銅阿噶喀泥　鐵窟碌喀泥　錫息子　玉撻馬　石亦石　硫磺由哇　琥珀枯花古

通用類

甜阿媽煞　酸西煞　鹹什布喀喇煞　淡阿花煞　黃奇魯　紅阿喀煞　青窩煞　白失魯煞　紫木喇煞吉　黑窟魯煞　唸書西米那喇的　香哈巴煞　臭窟煞煞　說話木奴喀達里　不敢揚密撒　喜歡福古喇煞笑瓦喇的　啼那及　歌屋達　以上皆入學官生等所逐日口說而手書之者，與徐録多異。

字母

臣按：元陶宗儀云琉球進貢表文用木爲簡，高八寸許，厚三分，闊五分，飾以髹，釦以錫，貫以革，而横行刻字於其上，字體科斗書，今無是也。又云日本國中有字母四十七，能通之便可解其音義。其聯輳成字處彷彿蒙古字法，以彼字寫中國詩文雖不可讀而筆勢縱横，龍蛇飛動，恍有顛素之遺。此則琉球亦有然者，即汪録所謂皆草字無隸書也。其字筆自舜天時依日本國書制字母四十有七，名依魯花，略似中國切音三十六字母之意。或以二字爲一音，或以一字爲三音，或以三字爲一音，或以五六字爲一音。如「春色」二字，呼春爲「花魯」二音，則合書「八口」二字，即爲春字；呼色爲「依魯」二音，則合書「ィロ」二字，即爲色字，是二字爲一音也。如村名「泊」，與「泊舟」之「泊」並讀作「土馬伊」，則一字三音矣。村名「喜屋武」，讀作「腔」字，則又三字一音矣。又如「君」字之合「ユ丫」二字爲「ユ丫」，而讀爲「空」。或於字之上隅加兩點「丫」，如「廾」加二點爲「廾丫」，而讀爲「渣」；「ス」加二點爲「ズ」，而讀爲「凄」。有似平上去入圈破讀法，故四十七字可衍爲千百字，是此二點固可聯屬諸字，要非以此丫爲字，音媽，如徐録所云也。至字母之音，乃中國人所爲，與入學官生等所讀多不相符。如八本花之入聲，或置於一句之中而讀爲花猶不甚差，至一句之尾則讀作入聲矣。外若日讀摟而音者以爲魯，又讀樓而音者以爲奴；ヨ讀攸，ユ讀欲，而俱音爲夭；川讀白而音即，ム（謀）〔讀〕某而音木，シ讀實而音志，ヒ讀須而音蜚，モ讀莫而音毛，則大差矣。今故存其原本而附辨焉。

ィ依　口本音摟，誤作魯。八花　二義　木夫　人揮　卜都　千癡　川利　又本音樓，誤作奴。ル禄　ヲ鳥　ワ哇　力喀　ヨ本讀攸，誤作夭。夕達　レ力　ソ蘇　川本音自，誤作即。子你　十那　ラ喇　ム本音某，誤作木。ウ無　井沂　ノ奴　才烏　リ姑　乜耶　ㄟ馬　ケ基　フ呼　エ而　テ梯　ア牙　卄沙　キ基　ユ本音欲，誤作夭。乂霉　三米　シ本音實，誤作志。卫意　七本音須誤作蜚。モ本音莫，誤作毛。セ世　ス使

書籍

臣聞琉球文廟之兩廡皆蓄經書，例取久米村子弟之秀者十五歲爲秀才，十二歲爲若秀才，於久米大夫通事中擇一人爲講解師，教于學。月吉讀《聖諭》、《衍義》，三、六、九日紫金大夫詣講堂理中國往來貢典，察諸生勤惰，月課其藝，籍其能者備保舉。徐録謂秀才每年於十二月試之，《四書》題作詩一首，或八句或四句，能者以次遞升。實無此例。八歲入學者於通事中擇一人爲訓詁師，教之天妃宫。首里設鄉塾三，亦久米人爲之師。外村人皆讀其國書，即《法司教條》。學國字，以寺爲塾，以僧爲師。近日那霸等村亦多立家塾，讀經書，書多購於内地，但例不令攜廿二史等書，故史書略少。國王先後刊有《四書》、《五經》、《小學》、《近思録集解便蒙詳説》、《古文真寶》、《千家詩》，板藏王府，陳請即得。臣所見者有《四書》、《詩經》、《書經》、《近思録》、《古文真寶》，白文小註之旁皆有鈎挑旁記，本係鐫刻，非讀時用筆添註如諸録所云，亦未見有日本諸僭號也。又考《四譯館館考》云日本有《四書》、《五經》

及佛書、《白樂天集》，皆得自中國，未聞有宋儒之書，而球板《近思録》屢引《明一統志》、邱瓊山《家禮》、梅誕生《字彙》，乃似刻於明季者。蓋其三十六姓本係閩人，朝貢往還止閩動閲三歲，閩又有存留館，留館通事之從人多秀才假名入閩以尋師者，或寓閩數年而後歸，日與閩人爲友，故能知儒先之書，攜歸另刊，旁附球字，以便習球人讀法，非日本人所能，且遵用前明弘治、萬曆年號正朔，屢見於序文，亦必非倭人之書也。今故就所見之書，録其小異者如左，而該國人所著之書亦以類附焉。

書之傳注皆遵功令，字畫悉依監本，板大而紙堅，以校讐不精，時多訛字，亦或微有不同。如《書經》分爲十卷，虞二卷，夏一卷，商二卷，周五卷，取其篇幅之相稱也。以集傳爲集注，經文之下去音注，傳中之字有音注。如《堯典》傳内《説文》則雙行注云：「後漢許慎叔重作。」今文之下注云：「伏生所授，馬、鄭等所注。」古文之下注云：「孔壁所藏，安國所傳。後皆倣此。」又一本其刻最早，正文之傍有球字講義。

《詩經》無異文，但亦以集傳爲集注。

《四書》外簽有「文字訓點」四字。《論語·爲政》卷之末有聖像，上横額云：「萬古儒宗。」下贊云：「上律下襲，祖述憲章。高堅前後，日月宫牆。金聲玉振，江漢秋陽。今古一人，春秋素王。」前題「至聖孔子像」，後題「後學余象珍贊」。下繪聖像居中，旁繪四像，有室有几案，又有麒麟，上隅有「劉氏刻像」四字，旁聯云：「天地大，日月明，焕乎六經事業；宗廟美，百官富，巍然萬仞宫牆。」《雍也》卷之後有曾子像，上横額云：「一貫傳心。」下贊云：「戰兢成性，宏毅任仁。道發忠恕，學衍明新。一貫神悟，三省功深。杏壇木鐸，衣鉢傳真。」前題「宗聖公曾子像」，後題「後學余象珍贊」。下繪賢像，案上有「大學」二字，旁聯云：「《大學》宏綱，明德新民止至善；《孝經》要道，天經地義秉民彝。」下論之末有子思像，上横額云：「家傳道脉。」下贊云：「大哉聖道，至矣中庸。位育参贊，丕顯篤恭。川流敦化，費隱誠明。無聲無臭，君子中庸。」前題「衍聖公子思像」，後題「後學余象珍贊」。下繪賢像，案上有「中庸」二字，旁聯云：「大道現前，作述《中庸》新事業；聖祖在望，傳聞《詩》《禮》舊箕裘。」《大學》之末有朱子像，上横額云：「誠意正心。」下贊云：「義理精微，蠶絲牛毛。心胸恢廓，海闊天高。豪傑之才，聖賢之學。景星慶雲，太山喬嶽。」前題「徽國文公朱熹像」，後題「後學吴澄贊」。下繪賢像，旁聯云：「大道亘乾坤，閩南鄒魯一脉；聖德同日月，海内儒宗四家。」《孟子・公孫丑》卷之末有孟子像，上横額云：「命世亞聖。」下贊云：「學宗孔聖，名世自任。黜伯崇王，闢邪衛正。養氣知言，居仁由義。太山巖巖，壁立萬仞。」前題「亞聖公孟子像」，後題「後學余象珍贊」。下繪賢像，旁聯云：「闢異端功利之談，獨陳王道；發性善仁義之旨，有功聖門。」至《離婁》卷之末又有文昌君像，上額云：「文章司命。」贊云：「大道之宗，斯文之主。翼然焕然，炳矣蔚矣。黼黻帝王，經緯天地。烜烜精華，增光六籍。」後題「後學余象珍贊」。下繪神像，旁聯云：「冰鑑無私，三千禮樂皆翹首；文章有用，五百英雄待點願。」疑當作頭（頭）〔額〕。《萬章》卷之末又有一像，上横額云：「余明臺刻行。」下云：「四經六籍，承學宜知。字詳音反，畫辨差池。文場無誤，黨塾不迷。大魁天下，從此楷梯。」下繪人馬之像，几案上有「大魁四書」字，旁聯云：「芸館校讐，五夜藜光輝北極；儒林矜式，四方文教振中天。」臣按：官生等皆云《四書》刻於尚真王，在明正德之時，其來亦久矣。但球無科目，兼係海外一隅之刻，乃有「大魁天下」及「英雄待點（頭）〔額〕」等語。球人不祀文昌，乃有文昌像，其《古文真寶》亦云大魁，似内地有此本而球人依倣刻之，特旁添球字者。但其末一像即余明臺自述其刻書之功，明臺疑即象珍別號。《四書》繪像已爲不恭，又無復聖顔子像，稱子思爲衍聖公，且附文昌像，而至以己像殿之，贊及聯亦近鄙率，明時内地亦不應有此書，疑刻書時余明臺適爲册使從客，私妄以己意教之，而爾時球人不精校讐，又因之而加舛耳。

《近思録集解便蒙詳説》共二十四卷，上格雜引諸書，解釋下文，甚爲博雅，即跋語所謂「貝原氏備考、宇遯叟鼇頭」也。下格刻葉采集解之後，又刻球人解語，所謂「便蒙詳説」也。首一册據陪臣稱爲毛通事誤携以歸，故無由考其姓氏。其末卷有跋，題云「書便蒙詳説後」，其文云：「《近思録集解》行於海内也久矣，顧其爲羽翼者二，貝原氏備考、宇遯叟鼇頭考索精竅，當作覈。甚有益於讀書人矣。頃歲余亦妄以埜語解爲斯編。嗚乎！淺才薄識，訛舛固多，不敢曰並肩於二名公，聊以便童蒙耳。乙亥冬十月朔築當作梁。田忠謹識。」其後有「武陵書林」四小字，疑亦倣内地剞劂氏之爲而誤林爲陵耳。下格所刻如第二卷「誠無爲」白文朱注旁既附刻球字，後又有便蒙解云：ユ球庫字。レ球力字。通書二球義字。於テ球梯字。誠幾德ノ球奴字。章ト球都字。云凡ㄐ球蘇字。通書八球花字。圖説ト球都字。表裏ㇱ球務字。ナ球即字。シ球志字。志讀實。テ球梯字。言リ球利字。誠八天命ノ奴。性真□無妄ノ理ナ無爲ト八寂然トメ球霉字。動力球喀字。ズいス球使字。

加二點爲日字。蓋球字母四十七，又於字母不能盡之音則加二丷於上隅以讀之，徐録所謂聯屬諸音者也。卜云カ與喀字相似而音微高，故加八於隅以讀之。如シ志。一念モ球毛字，讀爲莫。心ノ奴。發ヲ梯。サ廿球沙字，又有與沙字相似之音而微異者則加丷於廿字之隅以別之。ル球禄字。時八夕球達字。タ與達字相似而微異，讀爲答。天性ノ奴。實理ノ三球米字。二球義字。テ梯。ス使。ユ庫。シ志。モ毛，讀莫。營三米。爲ス使。ユ庫。卜都。ナ那。戈基。ナ那。リ利。其本八花。真二義。メ霉　静ナ那。リ利。卜都。言ル禄。モ毛。亦ユ庫。ノ奴。意ナ那。リ利。註朱子曰：實理　性ノ奴。本體真實ノ奴。理八花。是天命ノ奴。自然ノ奴。三米。何ノ奴。人力ヲ務。以テ梯。作爲ス使。ル禄。ユ庫。卜都。了球你字。ラ梯。丷球力字。乜球耶字。此カ喀平聲。即千球痴字。人二義。在リ利。テ梯。太極ノ理ナ那。リ利。後皆倣此。

《古文真寶》輯於永陽黄堅，重定於三山林以正，序於至正丙午孟夏，盱江鄭本士文重刊於弘治十五年孟冬青藜齋寓雲中有斐堂。前後集二十卷，凡二十七體，三百十有二篇。前集二百四十五篇，後集六十七篇，所見者後集。上卷分辭、賦、説、解、序、記六類，連序七十四頁；下卷分箴、銘、文、頌、傳、碑、辨、表、原、論、書十一類，共七十六頁。其目録如《秋風辭》下一行注「前漢武帝」四字，二行注「七丁目」三字；《漁父詞》下一行注「屈平」二字，二行注「八丁目」三字。丁目者，頁也，後倣此。辭凡三，《秋風》、《漁父》、《歸去來》。賦凡六，《弔屈原》、《阿房宫》、《秋聲》、《前》、《後赤壁》、《憎蒼蠅》。説凡五，《師説》、《雜説》、《名二子説》、《稼説》、《愛蓮説》。解二，《獲麟》、《進學》。序六，《春夜宴集》、《昌黎文》、李漢。《送孟東野》、《送李愿》、《送薛存義》、《滕王閣》。記十二，《蘭亭》、《獨樂園》、司馬君實。《醉翁亭》、《晝錦堂》、《喜雨亭》、《岳陽樓》、《子陵祠堂》、《黄岡竹樓》、《待漏院》、《諫院題名》、《袁州州學》、《思誠記》。陳師道。箴五，《大寶》、程子《四箴》。銘五，《陋室》、《克己》、吕與叔。《西銘》、《東銘》、《古硯銘》。唐子西。文二，《北山移文》、《弔古戰場》。頌三，《得賢臣頌》、《大唐中興頌》、元次山。《酒德頌》。傳五，《五柳先生》、《郭橐駞》、《讀孟嘗君傳》。按以讀傳爲傳體，大誤。碑一，《韓文公廟》。辨二，《桐葉封弟》、《諱辨》。表三，《出師》、《陳情》。原二，《原人》、《原道》。論二，仲長統《樂志論》、《過秦論》。書五，《上張僕射》、《爲人求薦》、《答陳商》、《與韓荆州》、《答張籍》。

國人所著有《世纘圖記》、《中山歷傳世系》，編輯姓名系傳。王弟尚象賢著《中山世鑑》，久米人程順則著《中山集》、《閩遊草》、《燕遊草》、《中山官制考》、《指南廣義》，曾益著《執圭堂草》，蔡鐸著《觀光堂遊草》，鐸子温著《澹園集》、《要務匯編》，蔡文溥著《四本堂集》，蔡應瑞著《五雲堂集》，何文聲亦有詩集，徐葆光序之。金堅、鄭國觀有詩集，首里人周新命有《翠雪樓集》。

《指南廣義》皆漢文，不附球字，鐫於康熙四十七年，有自序，閩人陳元輔昌其序。載《海島圖》、《針路條記》、《傳授針法本末考》、《天妃靈應記》、《請天妃安享祝文》、《登舟祝文》、《入廟祝文》、《天妃誕辰及節序祝文》、《祭天妃儀注》、《周公指南地羅二十四位圖》、《定更數之法》、《開洋下針祝疏》、《風信考》、《逐月暴風日期》、《許真君傳授龍神行日出行通用吉忌日》、《論用往亡日百事吉日大吉時》、《行船通用吉忌日》、《逐月行船吉日》、《四時占候風雲准備緩急物件》、《潮汐論》、《月華出時訣》、《定寅時歌》、《太陽出没歌》、《太陰出没歌》、《定四正四隅之法》、《正隅對念法》、《二十四位順念法》、《觀星圖》、《四時調攝飲食雜忌養心窮理謹戒戲謔戒浪飲食禁作無益》、《河口柔遠驛記》、《重建天妃樓記》、《土地祠記》、《祭祠文》、《崇報祠記》，共五十九頁，皆誌入貢來去航海諸法，以志天朝福澤，海不揚波之盛。

《澹園集》七卷，鐫於乾隆丁卯等年，有自跋、紫金大夫曾恂德侯跋、閩人劉敬輿兩序。其目曰：客問録、家言録、圖治要傳、俗習要論、一言録、蓑翁片言、醒夢要論。內有《一心靈應圖》、《以心制氣圖》、《心氣争鬬圖》、《以氣制心圖》、《察俗要訣圖》、《左壁銘》、《右壁銘》，總數十萬言，皆依傍儒先，引述經史，諄諄教人去客氣、存本心。其自跋有云：「若非攻氣操心工夫，則聖經賢傳日致講論，實非我有。念後生墜於阱中，因著《澹園全集》，皆以攻氣操心爲本，以爲修治者登高之階。」其人其書，信海外之傑出者，但理多偏滯，詞亦淺率，虛字語助，尤不知所用，蓋由學無師承，而文法之不講也。《要務匯編》中有《重修南北砲臺記》，言甚有序，見藝文。

誦聲 附教條

臣按琉球讀書惟官生專學漢人誦習，其從人仍用其國之法，或依文順序，或顛倒錯雜，或二字相連，或逐字頓斷，或以其字母之字一爲正文、一爲餘腔，或又以數字爲正文、數字爲餘腔。且一虚字而有讀有不讀，一實字而於此於彼其讀不同。所刻之書或於白文小注之旁附鐫球字，正文或止刻勾挑及餘腔之字，即購得中國書亦照球刻添注。如讀「大學」二字爲「处夊本讀達，加八字讀爲裂。亻依。刂牙。力喀」，「之道」二字爲「ノ奴。三米。川即讀自。八八本讀花，此用四聲讀法，花入聲；音轄。」。此依文而兩字連讀法，八其餘腔也。先讀「明德」爲「メ霉。卜都。夕姑。ヨ烏。」，次讀上「明」字爲「ア牙。千癡。ラ喇。力喀。二義。ス使。口魯。二義。」，末讀「在」字爲「口牙。リ利。」，此倒讀及逐字頓斷法，ヨ烏。與二義。ス使。口魯。二義。皆餘腔也。「在止於」之「於」不讀，他處於「乎」等字又有讀者。「能静」之「静」讀爲「力喀。ラ喇。リ利。」，下「静」字又讀爲「力喀。二義。テ志音實。テ梯。」，此又一字而讀不同也。今載其刻本《大學節》於左，並其聖經全文、上論首章讀法詳録之，而以《教條》一段附焉。

大學之道在明明德在親民在止於至善

「大學」之中一直，之字一撇一點，「明德」「至善」之中各一直，教連讀也。三「在」字及「親」字各一勾，教後讀也。「明德」及「於至善」之上左右兩點，教先讀也。右傍附鐫二十一字，惟「親」傍上三字「アラ夊」爲正文，此外皆餘腔也。

大學之道　大學夘ィア力之道ノ三川八，總讀云列裂亻依ア牙力喀ノ奴三米川自八轄。在明

明德　明德メトタ明アチラカニスルニ在アリ，總讀云乂霉卜都夕姑ア牙千癡ラ喇力喀二義ス使ル祿二義ア牙リ利。在親民　民文三ヨ親アラタニスルニ在アリ，總讀云文達三米ヨ烏ア牙ラ喇夕達二義ス使ル祿二義ア牙リ利。在止於至善　至善ヱ韭ニ止トロ乙ロニリニ在アリ，總讀云ヱ志音實韭神二義卜都口魯乙馬口魯二義ル祿二義ア牙リ利。知止而後有定　止トルヱルユトヨ知シイテ而丫力三テ后ノ千定廿文乙ルユト有アリ，總讀云卜都ル祿乙馬ル祿ユ庫卜都ヨ烏ヱ志音實イ依テ梯ノ奴千癡廿沙文達ユ馬ル祿ユ庫卜都ア牙リ利。定而后能靜　定廿文乙テ而シカル后ノ千能エク靜シ以力ラリ，總讀云廿沙文達乙馬テ梯シ志力喀ル祿ノ奴千癡工夭音欲ク姑シ志以即力喀ラ喇リ利。靜而后能安　靜シ以力ニ三テ而シカル后ノ千能ユク安セソシ，總讀云シ志以即力喀二義シ志テ梯シ志力喀ル祿ノ奴千癡ユ夭ク姑乜耶リ蘇シ志。安而后能慮　安セリシテ而シカ三テ后ノ千能ユク慮ヨ兵八カリ，總讀云乜耶リ蘇シ志テ梯シ志力喀シ志テ梯ノ奴千癡ユ夭ク姑ヨ烏兵孟○合二字爲一字八花力喀リ利。慮而后能得　慮ヨ兵八カテ而シカル后ノ千能ユク得イ文リ，總讀云ヨ烏兵孟八花力喀テ梯シ志力喀ル祿ノ奴千癡ユ夭ク姑イ依文達リ利。物有本末　物以本末木ユ以有アリ，總讀云以哇木夫ユ馬以即ア牙リ利。事有終始　事以廿終始卫ヨシ有アリ，總讀云以哇廿沙卫意ヨ烏シ志ア牙リ利。知所先後　先後韭クスル所

トクヲ知シルト千八，總讀云𛀀神ク姑ス使ル禄ト都ク姑ヲ烏シ志ル禄ト都千癡八轙。則近道

矣　則スラ川千道三川二近个力三，總讀云ス使テ喇川哇千癡三米川即二義个其力喀シ志，矣

字不讀。古之欲明明德於天下者　古ィ二シ之ノ明德〆トク天下ヱ力明アチラカ二欲木スル者八，總

讀云イ依二義シ志ノ奴〆霉ト都ク姑ヱ廳力喀ア牙千癡ラ喇力喀二義木夫ス使ル禄八轙。

先治其國　先卄川其リィ國クニ治ヲ卄〆，總讀云卄沙川即リ蕪ノ奴ク姑二義ヲ烏卄沙〆霉。

欲治其國者　其リノ國クニ治ヲ卄〆ラ欲木スリ者八，總讀云リ蘇ノ奴ク姑二義ヲ烏卄沙〆霉

ラ梯木夫ス使リ利八轙。先齊其家　先卄川其リノ家ィ齊トトノ，總讀云卄沙川即リ蘇ノ奴ィ

依ト都ト都ノ奴。欲齊其家者　其リノ家ィ齊トトノ欲木スル者八，總讀云リ蘇ノ奴イ依ト都ト

都ノ奴木夫ス使ル禄八轙。先脩其身　先卄川其リノ身三ヲ脩ヲ卄〆ム，總讀云卄沙川即リ蘇

ノ奴三米ヲ烏ヲ烏卄沙〆霉ム某。欲脩其身者　其リノ身三ヲ脩ヲ卄〆二ト欲木スル者八，總讀

云リ蘇ノ奴三米ヲ烏ヲ烏卄沙〆霉二義ト都木夫ス使ル禄八轙。先正其心　先卄川其リノ

心ククルヲ夂夂ス，總讀云卄沙川即リ蕪ノ奴ク姑ク姑ル禄夂達夂達ス使。欲正其心者　其

リノ心ククル正夂夂ス欲木スル者八，總讀云リ蘇ノ奴ク姑ク姑ル禄夕達夕達ス使木夫ス使ル禄

八轙。先誠其意　先卄川其リノ意ィ力夂ノヲ誠乙クトニス，總讀云卄沙川即リ蘇ノ奴イ依力喀

ク姑ノ奴ヲ烏乙馬ク姑ト都ニ義ス使。欲誠其意者　其りノ意ィカクノヲ誠スクトニサラ欲木
スル者八，總讀云り蘇ノ奴ィ依力喀ク姑ノ奴ヲ烏乙馬ク姑ト都ニ義廿世テ梯木夫ス使ル禄
八轙。先致其知　先卄川其りノ知千ヲ致千八ムノ，總讀云卄沙以即り蘇ノ奴千癡ヲ烏千癡八
轙ム某ノ奴。致知在格物　知千ヲ致ムリ八物ムノユトニ格ィ夂ルニ在ァリ，總讀云千癡ヲ烏ム某
リ利八轙ム某ノ奴ユ庫ト都ニ義ィ依夂達ル禄ニ義卩牙リ利。物格而後知至　物ムノユト格
ィ夂ルラ而三カルヲヲ后ノ千知千至ィ夂ル，總讀云ム某ノ奴ユ庫ト都ィ依夕達ル禄テ梯シ志力喀
ル禄ヲ烏ヲ烏ノ奴千癡千癡ィ依夕達リ禄。知至而后意誠　知千至ィ夂テ而シカルヲ后ノ千意
ィカタノ誠乙クトァリ，總讀云千癡ィ依夕達テ梯シ志力喀ル禄ノ奴千癡ィ依力喀ク姑ノ奴乙馬
ク姑ト都卩牙リ利。意誠而后心正　意ィカ夂ノ誠乙クトァリ而シカノヲ后ノ千心ククル正夂夂ス，
總讀云ィ依力喀ク姑ノ奴乙馬ク姑ト都卩牙リ利シ志力喀ル禄ヲ烏ノ奴千癡ク姑ク姑ル禄
夂達夂達ス使。心正而後身脩　心ククル正夂夂シテ而シカル后ノ千身三脩ヲ卄スル，總讀云ク姑
ク姑ル禄夕達夕達シ志テ梯シ志力喀ル禄ヲ烏ノ奴千癡三米ヲ烏卄沙乙馬ル禄。身脩而后
家齊　身三脩ヲ卄乙テ而シカルヲ后ノ千家ィ齊トトノテ，總讀云三米ヲ烏卄沙乙馬テ梯シ志力
喀ル禄ヲ烏ノ奴千癡ィ依ト都ト都ノ奴テ梯。家齊而后國治　家ィ齊トトノテ而シカルヲ后ノ

千國クニ治ヲ井乙ル，總讀云イ依ト都ト都ノ奴テ梯シ志カ喀ル禄ヲ烏ノ奴千癡ク姑ニ義ヲ烏井沙乙馬ル禄。　國治而后天下平　　國クニ治ヲ井乙テ而シカルヲ后ノ千天下ヱカ平タイラカ，總讀云ク姑ニ義ヲ烏井沙乙馬テ梯シ志カ喀ル禄ヲ烏ノ奴千癡ヱ廳カ喀夕達イ依ラ喇カ喀。　自天子以至於庶人　　天子ヱシ自ユリ以ムテ庶人シヲニ於ニ至イ夂ル，總讀云ヱ廳シ志ユ天リ利ム某テ梯シ志ヲ烏ニ義ニ義イ依夂達ル禄。　壹是皆以脩身爲本　　壹イ是シ皆ニ十身ミ脩ヲ刀乙ムルヲ以ムヲ本ムト爲トス，總讀云イ依シ志三米十那三米ヲ烏井沙乙馬ム某ル禄ヲ烏ム某ヲ烏ム某ト都ト都ス使。　其本亂而末治者否矣　　其リノ本ムト亂ミ夂乙テ而シカシテ末ス治ヲ井乙ル者ノハ否アラ乙，矣字不讀，總讀云リ蘇ノ奴ム某ト都三米夕達乙カテ梯シ志カ喀シ志テ梯ス使ヲ烏井沙乙馬ル禄ノ奴ハ轆ア牙ラ喇乙力。　其所厚者薄　　其リノ厚ア川ヲスル所トカノ者千ノ薄ヲスヲシラ，總讀云リ蘇ノ奴リ牙川即ヲ烏ス使ル禄ト都カ喀ノ奴ム某ノ奴ヲ烏ス使ヲ烏シ志テ梯。　而其所薄者厚　　而ノカシラ其リノ薄ヲスヲスル所トカノ者ムノ厚ア戈八，總讀云シ志カ喀シ志テ梯リ蘇ノ奴ヲ烏ス使ヲ烏ス使ル禄ト都カ喀ノ奴ム某ノ奴ア牙戈基八轆。未之有也　　之クㇰ乙有アラ未乙夂，也字不讀，總讀云ク姑乙カア牙ラ喇乙カ夕達。

子曰　　子セノ曰ノ乡八ク，總讀云セ世ノ奴ノ奴乡玉八轆ク姑。　學而時習之　　學乙十ンテ而シカシテ時ツ戈之クリヨ習十ラフ，總讀云乙馬十那ン恩去聲テ梯シ志カ喀シ志テ梯ツ吐戈基ク姑リ利ヨ烏十那ラ喇フ窩。不亦説乎　亦乙夂説ヨロユハシカヨ不ザランセ，總讀云乙馬夕達ヨ攸ロ魯ユ庫ハ韈シ志カ喀ヨ烏ガ渣ラ喇ン恩去聲乜耶。有朋自遠方來　有アリ朋仏ヒ遠仁方杪自ヨリ來戈夂ロ，總讀云ア牙リ利仏吐ヒ磨去聲仁因杪波ヨ攸リ利戈基夂達ロ樓上聲。不亦樂乎　亦乙夂樂夂ノユ不ザランセ，總讀云乙馬夕達夕達ノ奴乙馬ガ渣ラ喇ン恩去聲乜耶。人不知　人ヒト知シラ不ズ，總讀云ヒ虚ト兜シ實ラ喇ズ凄。而不慍　而シカルヲ慍イカラ不ズ，總讀云シ實カ喀ル禄ヨ烏イ依カ喀ラ喇ズ凄。不亦君子乎　亦乙夂君コン子セ不ザランセ，總讀云乙馬夕達コン空セ世ガ渣ラ喇ン恩去聲乜耶。

《法司教條》一段云：人間之道與申者，孝行題目候。孝行與申者，諸士百姓共其身之行迹題目候。而家中人數其外親類縁者至迄，睦敷取合尤御奉公人者，國家之爲，何篇入精。亦百姓等者，家業無油斷，相勤各父母爲致安心候儀。孝行與申事候，若行跡不宜，或家中親族縁者之取合不睦敷，或遇奉公付而忠義之心立無之，或家業之勤致油斷，此樣之不届有之候而者，何分父母江衣食之類，結構相備候，共父母安心無之候，以此心得諸生百姓孝行之勤，可致執行事。

官生注云：「與申」，猶也者。「題目」，緊要也。「候」，矣字之意。「候而」，而字起下。「縁者」，朋友之類也。「至迄」，至於也。宜在句首而在句尾者，所謂虚字倒讀也。「敷」，語助也。「取合」，交接之意。「御奉公」，做官也。「國家之爲」，即爲國家也。「何篇」，不論何事也。「入精」，要盡心也。「油斷」，怠惰也。「候儀」，者字之意。「孝行與申事候」，上所謂孝行之事也。「付而」，猶居於也。如云居於御奉公也。「不届」，弊病也。「候而」者，如云矣焉者。「何分」，如云何等樣。「江」，猶於也。宜在父母上結構極好也。「相備」，奉上之意。「父母安心無之」，父母不安心也。積料度之意，宜在「父母安心」句上。「以此心得」如云把這樣心腸也。「可致執行事」，要衆人依此而行。

賢王 良吏民附

海外要荒，亦有異於其地之才，起而君長之，治其争奪，遂其生養，明其倫理，雖不必聞道，而撫我則后，莫之或殊，蓋由頻受天恩，叠承聖訓，敕諭獎勵，感荷奮勉，故能恪修職貢，殫力撫綏也。而奉使入朝，輔君定國，其臣亦與有勞焉。至於良士貞女，不迹而古，信乎人外無道，道外無人。采而輯之，皆足資勸懲云。

舜天，日本人皇後裔。父朝公爲大里按司。宋淳熙七年庚子，舜天年十五，屢有奇徵，後爲浦添按司。人奉其政，斷獄不違。值天孫氏世衰，逆臣利勇鴆其君而自立，舜天誅之，諸按司推奉即位，賞功罰罪，民安國樂，肇制文字。

英祖，天孫氏裔，惠祖世主孫。生有瑞徵，年二十通經傳，國人師事焉。長爲伊祖按司。宋寶祐初，義本王以群臣僉舉，命攝政。越七年，義本遜北山，國人立英祖。重農貴粟，庶政修舉，西北諸島及北夷大島相繼朝貢，國寖以强。

大成，英相世子。元大德四年嗣位，能以禮讓接物，以仁義措事，國治民安。

英慈，大成第二子。至元大初嗣位。爲治遵用舊章，疏通知事，深而有謀。

察度，父業農，質性純厚，天女來格，生察度。始爲浦添按司，有德惠，國人歸服。元至正中西威薨，世子幼，母妃亂政，衆廢世子，奉以爲王。災變日銷，國用豐饒。明洪武初遣行人楊載頒詔至國，奉貢歸誠，遠夷震慴，南夷宫古島、八重山島相率朝貢。太祖授以鍍金銀印，封爲中山王。王向慕文教，時遣子弟及國秀入監讀書。太祖賜閩人三十六姓以充朝貢譯使，文明日啓，倭人不敢嚮邇。

尚巴志，思紹子。初嗣父爲佐鋪按司，賞罰不違，視民若傷，南方諸島多歸之。山南王恃勝而驕，窮欲於人，朝暮遊宴，巴志合諸按司攻之，並攻山北，中山、山北王自殺，遂滅中山王武寧，而奉思紹爲王。已復滅山南王。自元延祐中國土三分，至是百餘載，爲明永樂之二十一年，復合爲一，猶號稱中山王，到今未改。賜尚姓自兹始。

尚圓，字思德，金伊平人。父尚稷爲里主。圓生有異瑞，年二十四渡國頭來仕中山。尚金福時始給黄帽，尚泰久時領主内間，民親愛之。時久旱苗槁，獨其田不雨而潤，民驚傳爲異。圓懼，載妻子隱避一十四年，德日懋。中山王聞其賢，召爲黄帽官，轉御瑣側，即今耳目官也。閭閻侃侃，萬事當理，德著民懷。尚德嗣位，多行不義，圓諫云：「君用財若無窮，殺人若不勝。」尚德怒，不聽，再避隱於内間。德卒，世子幼，衆欲立圓。圓曰：「世子在，孰敢奸此位乎？」衆殺世子於真玉城，迎圓，固讓不獲，乃至首里嗣王位。除其虐政，順民所喜，山林隱遯，隨材器使，遠近蠻夷皆歸心焉。

尚真，尚圓世子。天姿明敏，謙己受益，繼述父業，政刑咸備，治道大明，享國永年。

尚清，尚真王子。聰明智果，剛强英毅，能振其祖父遺緒，國中事多所興革，至今法守。東北屬國大島恃其險遠，朝貢屢絶，王遣將往征，守度如常。

尚寧，尚真孫。萬曆四十年倭入中山，襲執王以歸，留一年，不屈。倭酋慶長異之，曰：「有此氣節，無惑乎受天朝封號也。」卒放回。

尚質，尚賢弟。順治五年聞我世祖章皇帝定鼎燕京，喜中原有聖人出，即遣使歸誠，繳前明敕印，請册封。帝命册使至其國封之。

尚敬，字允中。恤農愛士，尤尊禮老成。國中政務皆親謀獨斷，歷久弗懈。濱海鹹鹵，王飭撥庫儲修砌隄岸，及那霸等處溝洫，民弗苦旱潦。山原高阪悉募民墾闢，栽種薯、麥、松、杉，聽爲世業。尊事天朝，職貢彌謹。護恤難商，絡繹相望，屢蒙敕諭獎勵。其奉母太妃克盡孝道。性習冲淡，不邇聲色，旁無姬媵，宜其民物安阜，膺爵最久云。

馬順德，官國頭按司。尚元王時，二大島弄兵，屢至那霸，王自往撫之，得疾危甚，順德籲天願以身代，果死，王疾瘳，官其子世廕國頭領主。

鄭（迵）〔迵〕，字利山。嘉靖中入太學，歸累官至法司。三十六姓爲法司，自（迵）〔迵〕始。萬曆間浦添孫慶長察度王後。興於日本，自薩摩洲舉兵入中山，執王及（迵）〔迵〕等歸，留二年，（迵）

〔迵〕不屈，死之。

蔡堅，久米人。官紫金大夫。始繪聖像，率鄉之紳士祀之。

尚象賢，尚質王從弟。聰明才俊，佐其侄尚貞王甚有功，著《中山世鑑》。

金正春，久米人。官紫金大夫。康熙間請王立文廟，卜地久米村中，鳩工庀材，越二年竣，塑聖像廟中，立四配，請令儒臣行釋奠禮。

程順則，字寵文，久米人。官紫金大夫。屢奉朝貢，歷著勤勞，請建啓聖祠，設學塾，立關帝廟。國中典制多其刱立，著述甚富，詳書籍條。

蔡温，字文若，久米人。讀書知信程朱，行必蹈矩規，殫心啓沃，裁定典制，王甚尊信之，擢任法司。連姻王府，入居首里，食數縣采地，世世襲，球之學人咸宗焉。著述甚多，詳書籍條。

蔡文溥，字天章。康熙間入學歸，以其所學教久米村及國人，人多化之。著《四本堂集》。久米又有曾益，字虞臣，蔡鐸，字聲之，温之父。蔡應瑞，字□□，鄭國觀，字利賓；首里有周新命，字熙臣，何文聲，皆以文行名。

長田，富盛按司侍士。富盛廉潔慈愛，爲絲數按司〔所併〕，夫人投岩死。其子小按司年十五，長田携至〔與座村〕，匿於從兄慶留庇椰所。絲數偵知，令侍士〔志堅原〕率兵搜捕。慶留有子名慶路子，生女乙鶴，年〔十五，請〕易小按司服，代其死。後長田復與慶留伺絲數〔上巳〕出郊戲馬爲樂，奉小按司同慶路子伏兵道〔側，要〕絲數殺之，復立小按司爲主。小按司以夫人禮祀乙鶴。

鶴壽，平良按司長子，聘保榮茂按司女乙達吕。鶴壽三歲母亡，未幾保榮茂亦卒，無子。鶴壽爲繼母所毒，瞽其雙目。平良又信繼妻言，欲離乙達吕婚，且放鶴壽於八頭山石穴中，斷其食。乙達吕感夢告其母，尋鶴壽歸，醫治之，雙目復明，因送還平良，告之故。平良悟，逐其繼妻，鶴壽泣請留其母，平良感其意，不加譴，迎乙達吕而使鶴壽繼保榮茂之後爲按司。

謝納，大謝名庇椰長子。大謝名爲高平良所鴆，納與其弟爲僧名慶運者，密謀報仇，殺高平良。有司憐其孝，特原之。

毛鶴、毛龜，中城按司父國鼎爲勝連按司阿公所譖，王即令阿公率兵殺鼎。鶴、龜時年十二三，適隨其生母往外家，聞變乃泣請於母欲復仇。母以二劍授之，二子步至勝連，伺阿公醉遊，刺殺之。

列女自乙鶴、乙達吕外，又有真鶴之捨身應募養母，感神滅蛟。大里按司妻之棄己子以救前室所生。前室子亦争死。豐姐之日懷夫骨誓不再嫁。許氏之矢志守節，剪笄辭聘。蔡氏之孀婦勤力積金，助修祖祠。皆有足傳者。

琉球入學見聞録卷三

奏疏

臣按：琉球入學始自明洪武二十五年，疏數不常，原無定例，世遠事久，亦無奏疏可考。至我朝康熙二十三年，遣使册封既畢，國王面求使者附奏，祈許子弟入學。使者還奏，天子允之。自後每遇册封，遂沿爲例。凡册使之奏，部臣監臣議准，一切保舉教習事竣保題之奏，國王遣送入學及請歸之奏，歸後謝恩之奏，此次請許官生一例迎駕之奏皆録焉。

康熙二十三年，禮部謹奏，爲奏聞事。據差還琉球國翰林院檢討臣汪楫、中書舍人臣林麟焻疏言，中山王尚質親詣館舍，云下國僻處彈丸，常慚鄙陋，執經無地，向學有心。稽明洪武、永樂年間，常遣本國生徒入國子監讀書，今願令陪臣子弟四人赴京受業。事下臣部，臣部咨國子監。據國子監臣咨覆查，《太學志》載洪武二十五年秋，琉球國王遣其子日孜等及陪臣之子入監，自是以後，至於隆、萬之際，凡十四五次來學。向慕文教，琉球於諸國爲最篤，國家待之亦爲最優。臣等覆查史載唐貞觀中興學校，新羅、百濟俱遣子入學。琉球自明初始内封，《會典》載大琉球國朝貢不時，王子及陪臣之子皆入太學讀書，禮待甚厚。又載洪武、永樂、宣德、成化以後，琉球官生俱入監讀書。今該國王尚貞以本國遠被皇仁，傾心向學，懇祈使臣汪楫等轉奏，願令陪臣子弟四人赴京受業，應准所請，聽其遣陪臣子弟入監讀書，俟命下之日，知會該國王可也。奉旨：依議。欽此。

二十九年，琉球國中山王臣尚貞遣使入貢，並以求遣官生歸國奏請。奏爲籲恩請許歸養，以廣皇仁事。據臣國入監官生梁成楫等啓稱，楫等於康熙二十五年遵旨同貢使進京入監讀書，抵今四載，感荷皇上優恤之恩，給以廩餼、衣服，楫等雖頂踵俱捐，天恩莫報。況學海之淵源深邃，聖朝之法制昭明，雖終身寢食其中，亦楫等所深願。但緣貢使毛起龍等入京，得接家信，知父母衰老，倚閭望切。楫等雖三冬之講究宜深，而一本之瞻依倍摯，此《陳情表》所以有「報劉日短」之語也。叩祈恩賜，具疏題請歸國等情。據此，該臣貞案：查康熙二十三年，蒙册封天使汪楫等題准，臣國陪臣子弟入監讀書，臣貞遵奉諭旨，業於康熙二十五年遣官生梁成楫等三人同貢使魏應伯進京，仰荷皇上令其入監讀書，月糜廩餼，季給衣服，正梁成楫感荷高厚，殫心誦讀之時也。但伊父前經節次入貢，萬里梯杭，罔辭勞瘁，今皆年老，奉養需人，臣貞亦當念之矣。且梁成楫等三人俱未有室，父母之願，人皆有之。況臣國人皆愚昧自成，楫等入監之後，臣貞望其返國，與臣言忠，與子言孝，以宣布皇上一道同風之化，更爲不淺。今據梁成楫等祈題請歸養等情，應否准其歸養，臣貞未敢擅便，伏祈睿鑒施行。

梁成楫等歸國之後，王又上謝表。表云：琉球國中山王尚貞謹奉表上言。伏以布教溢中華，設席闡洙泗之秘；覲光來異域，執經分泮水之光。《棫樸》篇中，時展縹緗歌夜月；杏花壇上，長垂衣帶拂春風。喜動儒林，歡騰海國。恭惟皇帝陛下，允文允武，乃聖乃神。王澤廣敷，措一代於利樂親賢之内；文風遥播，範四方於詩書禮樂之中。臣貞觀海有懷，望洋徒歎。眷中山而傾印綬，蟻封久叨帶紡之榮；入國學而奉典章，虎觀不遺駑駘之選。一之以聲音點畫，口誦心唯；教之以節義文章，耳提面命。況乎冬裘夏葛，授衣盡内府之藏；兼之朝饔夕飧，賜食悉天厨之饌。恩深似海，難忘推解之隆；澤沛如天，莫報裁成之大。雖三年國子，敢云得九邱八索之微言；而一介豎儒，猶幸聞四書五經之大旨。祇爲養親念切，君門上重譯之章；何意逮下恩殊，天闕賜（遠）〔還〕鄉之詔。歸而言忠言孝，咸知君父之尊；固當獻藻獻芹，聊表臣子之敬。伏願車書一統，玉帛萬方。有分土而無分民，到處珠璣生腕下；得大才乃得大用，何人錦繡不胷中。行見耳目股肱，不出圖書之府；亦使東西南北，無非翰墨之林矣。臣貞無任瞻天仰聖激切屏營之至，謹奉表稱謝以聞。

康熙五十九年七月内差回琉球國翰林院檢討臣海寶、編修臣徐葆光謹奏。爲奏聞事。臣等奉旨册封琉球，禮畢宴語，王令通事致詞云：本國僻處海外，荒陋成風。於康熙二十五年奉旨許遣官生阮維新、蔡文溥等三人入學讀書，今得略知文教，皆皇上之賜也。自此三十年來，無從上請。今幸天遣使臣至國，求照前使汪楫代請入學讀書舊例，陳明遠人嚮化之意。倘蒙諭允，得照前例，再遣官生入學讀書，則皇上文教益廣矣。臣等理合據辭繕摺代奏，伏候睿鑒施行。奉旨：該部議奏。欽此。禮部請題，爲奏聞事。禮科抄出差回琉球册封正使翰林院檢討海寶、副使翰林院編修徐葆光等奏前事等因到部。臣等查康熙二十三年差往册封琉球國王使臣翰林院檢討汪楫等將該國王尚貞所請令陪臣子弟赴京入監讀書等語轉奏到部，臣部照其所請議覆具題，奉旨依議，欽遵在案。今琉球國王敬傾心嚮化，既稱再請將官生入學讀書，則皇上文教益廣等語。應如所請，准其官生等赴京入學讀書，應行事宜，到日再議，具題可也。於康熙五十九年八月初三日題，本月初五日奉旨：依議。

雍正元年十月初九日琉球國中山王尚敬謹奏，爲聖朝文教廣被萬方，奉旨遣官生入太學讀書事。康熙六十年六月十三日，准禮部咨開，爲奏聞事。主客清吏司案呈，奉本部送禮科抄出該本部題前事，内開，議得册封琉球國王使臣翰林院檢討海寶、編修徐葆光等代臣奏稱本國云云等因，於康熙五十九年八月初三日題，本月初五日奉旨：依議。欽此。欽遵抄出到部，相應移咨琉球國王可也等因。奉此欽遵，隨於康熙六十一年十一月遣官生蔡用佐、蔡元龍、鄭師崇三人同貢使毛弘健等赴京入監讀書，不幸在海沉没。伏思臣敬業奉聖祖仁皇帝恩允，未應俞旨，今不敢違先皇遺旨，再遣官生鄭秉哲、蔡宏訓等三人偕慶賀正使王舅翁國柱等赴京入監讀書，誠俾海外愚陋子弟得以觀光上國，執經問字，踴躍之私，不啻臣身躬聆聖訓，舉國共沐天朝雅化於無窮，而我皇上文教被萬方益廣矣。外肅貢土産細嫩土蕉布五十疋、圍屏紙三千張，少佈涓滴微忱。爲此合具奏明，伏祈皇上睿鑒，敕部施行。臣敬無任戰慄惶恐之下至，謹具奏以聞。

雍正二年十二月十五日，禮部臣謹奏，爲請旨事。該臣等議得，國子監祭酒宗室伊爾登等疏，稱禮部劄送到琉球國陪臣子弟鄭秉哲、鄭謙等到監，臣等詢其聲音，粗通漢語，問其欲習何業，皆欲願學八股文字。臣等謹遵舊例，選取貢生李著俾之朝夕講解，學習文藝。臣監現今博士員缺未補，今派學正一員，暫行董率，俟博士到任，仍照例令博士專管，臣等不時稽察。至教習廪糧、咨部考職等項，應仍照官學教習之例等因，具題前來。查康熙二十七年琉球國陪臣子弟梁成楫、阮維新、蔡文溥等入監讀書，臣部議覆選取貢生一名，令其教習，派博士一員，專管董率，該監堂官不時稽察，致教習廪糧、咨部考職等項，俱照官學教習之例行等因具題，奉旨依議，欽遵在案。今琉球國遣到陪臣子弟鄭秉哲等入監讀書，應照二十七年之例，遴選貢生内文行兼優者一名盡心訓廸，派博士一員專管董率，該監堂官不時稽察，其教習廪糧、咨部考職等項，仍照官學教習之例遵行。其陪臣子弟鄭秉哲等居住房屋、四季衣服及食用等項，亦令該監堂官不時稽查，務各令得所，不致短少遲誤，以仰體皇上加惠遠人之至意。爲此具奏，伏祈睿鑒施行。謹奏。本月十七日奉旨：依議。欽此。

雍正八年十一月二十一日，琉球國中山王臣敬謹奏，爲恭謝天恩，肄業官生奉旨歸國事。竊照雍正七年四月初四日，准禮部咨，爲天恩之高厚靡涯，親年之衰邁日甚，乞請歸養，以遂烏私事。主客清吏司案呈，本部奏前事，内開，准國子監咨稱，據琉球國肄業官生鄭秉哲、鄭謙呈稱，秉哲等雍正元年奉旨入監讀書，於二年到京，就館四載以來，荷蒙聖澤優渥，賞給飯食、衣服、器用，虛縻無數。秉哲等嚮化敬業，霑被日深。當聖天子文教覃敷，愚蒙漸啓，從事經書，固欲窮其奥旨，傾心制義，略已學爲成篇。臣按：琉球不設科目，故不學制義，所欲講者《四書》、《五經》、《小學》、《近思録》，所欲學者詩與四六及論、序、記，而四六尤要。鄭秉哲等初入學時，不能聲明，至令舍其所學而學制義，三年歸國，一切惘惘，甚拂國王遣學之願。此次鄭孝德等到監，即將此告知，故專令讀正書，學古律、駢散各體，四年歸國，頗成章可觀。所願驅策駑駘，獲識昭明法度。近緣貢使毛汝龍等來京，接有家信，知雙親益衰，倚閭迫切。秉哲等葵誠就日，方瞻聖學之精微；鄉思隨雲，還仰皇仁之浩蕩。伏惟皇上孝治丕顯，錫類多方。垂念遊子戀親，定許遠人反棹。叩祈太宗師恩准，題請歸養，俾得奉侍晨昏。乞採將父將母之意，以宏教忠教孝之化。訓迪彝倫，無非至誨。秉哲等抵家，惟焚香頂祝天子萬年，且將天朝威儀，廣宣雅化焉。伏祈具題。據此，相應呈送貴部，應否題請之處，聽候貴部照例施行等因，呈送到部。查康熙二十七年琉球官生梁成楫等進京入監讀書，至三十年入貢。時該國王題請歸養，臣部議覆，照都通事之例賞賜筵宴，馳驛歸國在案。今鄭秉哲等雖未經國王題請，但懇祈歸養乃人子之孝思，且情詞懇切，甚屬可憐，應如所請，令其歸國。其歸時亦照都通事之例，賞給大彩緞各二疋、裏各二疋、毛青布各四疋，跟班二名亦照例賞毛青布各四疋。其賞賜之物，於該部移取在臣部賞給。仍筵宴一次，給驛令隨貢使毛汝龍等一同返國。俟命下之日，知會琉球國王可也等因。於雍正六年三月初二日交與奏事員外郎張文斌等轉奏。本日奉旨：官生等每人加賞内庫緞二疋、裏二疋，從人等每人著加賞官緞各一疋。欽此。欽遵到部，相應移咨琉球國王可也。爲此合咨前去，查照施行等因，准此。臣敬接讀部咨，仰知皇上以仁孝之性，宏錫類之風，令鄭秉哲等歸養，不獨二人闔門頂祝，即舉國臣庶感天朝曲成不遺之化，靡不歡聲載道矣。臣敬夙荷覆載，莫報高深，謹於常貢外另具嫩熟蕉布一百疋、圍屏紙五千張，順附貢使向克濟、蔡文河等齎捧表章，叩謝天恩外，理合具疏奏明。伏祈皇上睿鑒，敕部施行。臣敬無任戰慄惶恐之至，謹具奏以聞。按同日國王又具表謝恩，仍用康熙二十九年梁成楫等歸國國王尚貞表文，不贅録。

乾隆二十二年四月二十一日，翰林院侍講臣全魁、編修臣周煌謹奏，爲據詞代請事。臣等蒙恩簡用，遠使琉球，事竣將旋，中山王臣尚穆詣館宴送，令陪臣通事向臣等致詞云：海隅下國，叠被皇上宸翰，榮褒綸音寵錫。但僻處彈丸，荒陋成俗。向學有心，執經無地。先於康熙二十二年經懇前使汪楫等代請陪臣子弟四人入學讀書，奉部議准，遣官生阮維新等入學在案。嗣於五十九年，懇前使海寶等援例代奏，復蒙許遣。今幸天遣使臣至國，敢祈陳明遠人嚮化之誠，俾得再遣入學讀書，下國不勝悚企等語。臣等理合據詞繕摺代奏，伏候聖鑒，敕部議覆施行。謹奏。即日奉旨：該部議奏。欽此。

五月初一日，禮部謹奏，爲遵旨議奏事。乾隆二十二年四月二十三日，内閣抄出翰林院侍講全魁、編修周煌奏前事等因，具奏到部。查康熙二十三年，册封使臣翰林院檢討汪楫等、五十九年使臣翰林院檢討海寶等，事竣回京具奏，稱該國王懇求轉奏，令陪臣子弟入監讀書，經臣部覆准具奏，奉旨：依議。欽此。隨據該國王前後遣令官生到京，臣部並劄國子監讀書三年，遣令歸國各在案。今翰林院侍講全魁等既稱該國王尚穆嚮化輸誠，懇請許陪臣子弟入監讀書，應如所請，准其於應貢之年遣令來京，臣部劄行國子監肄業。俟命下之日，行文福建巡撫，轉行該國王遵照可也。謹奏。本日奉旨：依議。欽此。

乾隆二十三年十月十一日，琉球國中山王臣尚穆謹奏，爲奉旨遣官生入太學讀書事。乾隆二十三年正月初一日，准福建等處承宣布政使司開前事等因咨院行司。奉此。茲貢船回國，合就移知，爲此備咨貴國王，請煩欽遵查照施行等因。准此。臣穆蟻垤藩封，蝸居荒服，恭逢天朝文教廣敷，德澤遠施，今蒙隆恩俞允，俾陪臣子弟得入學執經，俯聆聖訓，不特臣穆感戴無窮，舉國人民亦歡躍忭舞矣。謹遣官生梁允治、鄭孝德、蔡世昌、金型四人，同貢使毛世俊等赴京入監讀書，外肅貢土産圍屏紙三千張、細嫩蕉布五十疋，少佈涓滴微忱。爲此合具奏明，伏祈皇上睿鑒，敕部施行。臣穆無任戰慄惶恐之至，謹具奏以聞。

乾隆二十五年正月二十三日，國子監臣觀保、全魁、陸宗楷、博卿額、吉泰、盧敳謹奏，爲請旨事。乾隆二十五年正月初十日，禮部劄送到琉球國陪臣子弟梁允治、鄭孝德、蔡世昌、金型四人到監讀書。臣等謹查雍正二年琉球國陪臣子弟鄭秉哲、鄭謙、蔡宏訓等入監讀書，經禮部議准，照康熙二十七年之例，選取貢生一名，令其教習，派博士等員管理，臣監堂官不時稽察，至教習貢生一切等項，俱照官學教習之例等因，遵行在案。今該國王送到官生梁允治等四人入監讀書，相應仍照舊例。臣等公同選得拔貢生潘相，湖南安鄉縣人，爲人老成，學業優長，俾之朝夕講解，教習文藝。又派得博士張鳳書、助教林人樾，俾之管理，臣等不時加謹稽察。至教習貢生一切等項，俱照官學教習之例，俟命下後，臣等移咨吏、禮二部存案。爲此繕摺具奏，伏候皇上睿鑒施行。臣等謹奏。本日奉旨：知道了。欽此。

乾隆二十六年十一月初一日，國子監臣觀保、全魁、陸宗楷、博卿額、張裕犖謹奏，爲請旨事。據琉球國肄業官生陪臣鄭孝德等呈稱，竊孝德等籍隸球藩，觀光帝里，蒙皇上教育生成，俾令肄業太學。孝德等親師取友，獲隨兩序衣冠；給館授餐，日聽大昕鐘鼓。百生榮幸，感勒五中。茲恭遇聖母皇太后七十萬壽，普天同慶。伏查舊例，太學肄業諸生俱得恭迎慈駕。今孝德等身依輦下，情切呼嵩，敬請一體行禮等語。臣等查該陪臣以外藩陪隸，現在肄業太學。皇太后萬壽慶典，臣等應率領諸生迎叩安輿，伊等懇請一體行禮，情詞肫切，理合奏聞請旨，如蒙俞允，請照朝賀之禮，令其用該國服色，合併聲明，爲此謹奏。奉旨：知道了。鄭孝德等著賞賜。欽此。

乾隆二十八年十一月二十六日，琉球國中山王臣尚穆謹奏，爲請遣入學官生歸國，以宣文教事。竊臣穆僻處彈丸，荒陋成俗。幸於乾隆二十一年，叨蒙天恩，册封事竣，天使將旋，臣詣館宴送，兼援舊例，懇求天使全魁、周煌代奏，陳明遠人嚮化之誠，俾得再遣陪臣子弟入學讀書，不勝悚企，已經天使回京代奏，荷蒙許遣，遵於乾隆二十三年遣官生鄭孝德〔等〕入監讀書，於二十五年入監在案。查康熙二十三年、雍正二年前後官生在監讀書，各三年而歸，亦在案。伏念官生鄭孝德等在監讀書已經四年，理應奏請歸國。爲此肅具疏章，特附貢使馬國器、梁煌等敬謹奏聞，請將官生鄭孝德等賜歸下國，則益廣宣皇上之文教，以成雅俗矣。伏祈睿鑒，敕部施行。臣穆無任惶恐屏營之至，謹具奏以聞。

乾隆二十九年二月初四日，國子監臣觀保、富廷、陸宗楷、張裕犖謹奏，爲琉球肄業陪臣回國，帶領教習引見事。乾隆二十五年正月初十日，禮部劄送琉球國陪臣子弟入監肄業，臣等查雍正二年禮部議准照康熙二十七年舊例選取貢生一名，令其教習，一切照官學教習之例遵行。隨公同選得湖南拔貢生潘相，爲人老成，學業優長，請以充補教習，移咨吏、禮二部存案備查。於乾隆二十五年正月二十三日具奏，奉旨：知道了。欽此。欽遵在案。今准禮部文稱，琉球國肄業陪臣已奉旨准其回國等因到監。查該教習中式乾隆二十五年舉人，中式乾隆二十八年進士，實心訓課，造就有方，在學四年，始終如一。相應照八旗教習之例，恭繕緑頭牌，將潘相帶領引見，或用爲知縣，或用爲教職之處，伏候欽定。奉旨後臣等行文吏部，請歸進士教習班銓選。爲此謹奏。本日帶領引見，奉旨：潘相著以知縣用。欽此。

廩給

漢唐外藩遣子入學，不過粗給廩餼。洎乎明代，琉球子弟來雍，始厚其賚予。臣嘗考前明《會典》，洪武二十五年賜中山國入學王子日孜每闊、八馬寨官子仁悅慈衣巾靴襪，並夏衣一襲、鈔五錠，秋又賜羅衣各一襲及靴襪、衾褥。賜山南王承察度入學從子三五郎尾及寨官子實他盧尾段賀志等如中山例。二十六年，賜中山國入學寨官子段志每夏衣、靴襪、秋衣各一襲，傔從各給布衣。二十九年，賜山南王歸省官生三五郎亹、實他盧尾白金、綵緞、表裏、鈔錠，又賜山南王入學寨官子麻奢理誠志魯三人并復來卒業之三五郎尾衣冠、靴襪。三十一年，賜中山國來謝昔年入學舊恩之官生姑魯妹鈔錠有差。永樂三年，賜山南國入學官生李傑衣服。四年，賜中山國入學官生石達魯等衣鈔有差。八年，皇太子賜入學官生模都古等巾衣、靴絛、衾褥、帳具，冬帝賜李傑等冬衣、靴襪。十年，賜中山官生懷德祖魯古夏布襴衫、絛靴。十一年，賜中山官生鄔同久等三人錢鈔，遣模都古等三人歸省，賜衣幣、鈔錠，給驛傳，留學者皆賜冬夏衣。十二年，皇太子賜琉球生益智每等羅布衣各一襲，及襴衫、靴襪、衾褥、帷帳，從人皆有賜，帝賜鄔同久等三人衣鈔。十四年，賜琉球生夏衣。成化十八年，令肄業南京國子監之琉球生蔡賓等有司歲給衣服廩饌如舊制。正德五年，賜南雍琉球生等衣廩等物如例。嘉靖五年，賜琉球官生蔡廷美等廩米薪炭及冬夏衣服。九年，給歸娶之蔡廷美等幣布有差。二十二年，給琉球歸娶官生梁炫等資糧驛騎。二十九年，處琉球生蔡朝用等於南雍光哲堂，歲時給衣物如例。萬曆八年，給南雍琉球生鄭週等衣糧如例。顧猶未周備也。惟我朝聖主湛恩汪濊，特命琉球官生光禄寺給食物，工部給衣服器用，户部給口糧、紙筆，日有餼，月有賜，季有賚，下逮傔從，纖悉曲盡。我皇上格外體恤，特命行文工部，應給物件俱著交内務府辦給，由是各衙門應給等項至豐且備。天恩浩蕩，難罄名言，詳志於篇，庶來者有以考焉。

康熙二十七年，琉球官生梁成楫等入學，禮部議准官生照都通事之例，每名日給雞一隻、肉二斤、茶五錢、腐一斤，椒、醬、油、菜等俱備。每年春、秋賜綿緞袍褂、紡絲紬褲各一，凉帽各一，靴、襪各一雙。夏賜紗袍褂、羅衫褲各一。冬緞面羊皮袍褂、綿襖褲各一，貂帽、皮靴、絨襪、被褥、席枕俱備，從人皆有賜。每月硃、墨、紙、筆銀各一兩五錢。

雍正二年十一月，琉球官生鄭秉哲等入學，禮部題准官生從人一切衣服食用俱照康熙二十七年題定賜梁成楫等之例。

乾隆二十四年，官生梁允治等十二月入京，二十五年正月初二日，禮部劄知國子監，二十三日本監選取教習奏聞，二月初八日禮部儀制司送官生入學，博士等官帶領謁廟、謁後殿及文公祠，入講堂拜師。

一、官生食用等項俱照康熙二十七年題准之例，每官生一名俱照進貢都通事之例，每日各給白米二升，跟役每人每日各給白米一升。國子監每季核算人數、小建總計若干石，移咨户部關領火倉白米。

一、官生食物，每人每日給雞一隻、肉二斤、茶葉五錢、豆腐一斤、花椒五分、清醬四兩、香油四錢、醬四兩、黄酒一瓶、菜一斤、鹽一兩、燈油二兩，跟役每人每日給肉一斤、鹽一兩、菜十兩。此次於乾隆二十五年二月初六日准光禄寺知照，内開，大官、珍羞兩署案呈，准國子監咨取官生食物等因前來。查乾隆二十一年七月内，經忠勇公傅奏准，將本寺交送内庭所用猪口肉斤、雞鴨鵝隻等項，交饍房辦理，所有公主、格格分例，景山咸安宫、太醫院等處外用差務，仍係光禄寺辦理。當經本寺行文各該處，將所用雞隻肉斤數目按月咨行本寺，核算摺價各該處持領，付寺給發，錢糧悉遵原奏辦理在案。今琉球官生梁允治等入監讀書，所有應食雞隻肉斤自應遵照奏准摺給之例，畫一辦理，相應行文貴監查照辦理。除將算開茶葉、黄酒、油、鹽、醬、菜等項本寺按依每月來文辦給外，至應給雞隻肉斤每月將伊等用過零總數目扣除小建、禁屠一併行文過寺，核算給發。錢糧於每月三九之期出具印領，赴寺支領。仍將本寺題定雞隻肉斤價值並應扣帶銷銀兩開單知照貴監查辦可也。准此。每月監領銀交官生等自用，至厨役火夫每月寺另給銀四兩五錢，聽其自雇。

一、官生住房撥西廂居之後一進五間，官生四人各住一間，中一間爲講堂。正廳三間，中一間設公座，爲堂官稽查之所；東一間教習居之；西一間貯食用之物。西耳房二間爲厨房，住厨役、火夫各一名。東耳房住各從人。下至湢浴、溷（側）〔厠〕莫不修備。每歲四月之朔，國子監行文内務府，府遣官役高搭前後凉棚二座，八月底自行撤回。

一、官生等用物，内務府廣儲司遵旨辦送。照雍正二年之例，加增應用錫燭臺四箇、錫燈臺四箇、錫茶壺二把、錫酒壺二把、黄銅面盆四箇、磁大碗二十箇、小碗二十箇、小盤十箇、碟子十六箇、茶鍾十六箇、酒鍾十箇、蓆子十領、白氈八條、高棹六張、滿棹四張、板橙六條、椅子八張、綿布門簾六箇、竹門簾六箇、盛書大豎櫃四箇、火盆四箇、廣鐵鍋二口、小磁盆六箇、水缸四口、連鈎扁擔水桶一副，其筷子、木杓、柳罐、笤帚、竹掃帚、鐵通條、鍋蓋、砂鍋、木瓢等物，皆各備具，木器、磁器如有損壞，監咨内務府，府仍隨時添補。每日應用煤炭，照例内務府煤炭局每日應送煤三十斤、白炭三斤，每月總扣若干斤，遣役送給。冬月至正月，每人每日各加送烤炭白炭五斤，十月底總計三月若干斤，遣役送給。

一、官生衣帽等項，内務府廣儲司遵旨辦給。官生每人冬季各給貂皮領袖、官用緞面細羊皮袍褂、紡絲綿襖、中衣各一件，染貂帽各一頂，鹿皮靴連氈襪各一雙。此次鹿皮靴改給緞靴。春、秋二季各給官用緞面杭紬裏綿袍、官用緞面紡絲紬裏綿褂、紡絲衫中衣各一件，絨緯涼帽各一頂，官用緞靴各一雙，馬皮靴各一雙。此次馬皮靴亦改給緞靴。夏季各給硬紗袍褂、羅衫中衣各一件。每年春季各給紡絲面布裏棉被、棉褥、紡絲頭枕各一分。跟伴四人，每年冬季各給布面老羊皮袍、布棉襖、中衣各一件，貉皮帽各一頂，馬皮幫牛皮靴、布棉襪各一雙。春、秋二季各給布棉袍褂各一件，夏季給單布袍、布衫中衣各一件，雨纓涼帽各一頂。每年春季給布棉被褥、頭枕各一分。此項物件内除庫貯者領取成做給發外，其庫無之粱貂帽、貉皮帽、絨纓涼帽、雨纓涼帽，交該辦買催總等每季按時買給。此項應給衣帽俱於每年二月、五月、十月内國子監按季出具印領，内務府照數遣官送給。

師生

《周官》掌教彝人有韎師、旄人、鞮鞻氏之職，皆大司樂總其成。明時琉球入學不設教習，其教法甚略。至我朝康熙二十七年，梁成楫等入學，上特命司成於肄業正途貢生中遴學行之優者奏舉一人爲教習，專司講解，派博士等官經理之，堂官不時加謹稽察，其猶周制之舊與？至於入學官生明初皆王子弟、寨官子弟，成化以後始遣三十六姓之人，今多不可考，謹就所見録之，尚冀後之人有以補其闕略云。

祭酒

常錫布，滿洲正紅旗人。康熙二十五年任。時琉球梁成楫等入學。

德白色，滿洲正紅旗人。二十六年任。

圖納哈，滿洲鑲白旗人。二十七年任。

王士禛，山東新城人。戊戌進士，十九年任。

李元振，河南柘城人。甲辰進士，二十二年任。

翁叔元，直隸永平衛籍，江南常熟人。丙辰進士，二十四年任。

曹禾，江南江陰人。甲辰進士，二十六年任。

汪霦，浙江錢塘人。丙辰進士，二十八年任。

臣按：《國學禮樂録》王士禛十九年任，二十二年以後已爲李元振，而《池北偶談》載梁成楫等於二十三年經使臣奏請入學，時士禛爲祭酒，咨覆禮部，不解何謂，謹闕之。

伊爾登，滿洲正白旗宗室。雍正元年任。時琉球鄭秉哲等入學。

塞楞額，滿洲正白旗人。己丑進士，二年任。

鄂宗奇，滿洲鑲藍旗人。壬辰進士，四年任。

正圖炳，江南婁縣人。壬辰進士，元年任。

王傳，江西饒州人。辛未進士，元年任。

張廷璐，江南桐城人。戊戌進士，三年任。

蔡嵩，江南南滙人。壬辰進士，五年任。

觀保，滿洲正白旗人。乾隆丁巳進士，十四年任，陞任後仍管監務。時琉球鄭孝德等入學。

全魁，滿洲鑲白旗人。辛未進士，二十四年任。

富廷，滿洲鑲藍旗人。丙午舉人，二十七年任。

陸宗楷，浙江仁和人。雍正癸卯進士，十一年任。

司業

宋古弘，奉天鑲白旗人。康熙二十五年任。時琉球梁成楫等入學。

彭定求，江南長洲縣人。丙辰進士，二十四年任。
董誾，江南吴江縣人。癸丑進士，二十四年任。
吴涵，浙江石門縣人。壬戌進士，二十八年任。
明圖，六十一年任。時琉球鄭秉哲等入學。
馬泰，奉天正白旗人。雍正元年任。
黄鴻中，山東即墨縣人。戊戌進士，元年任。
孫嘉淦，山西興縣人。癸巳進士，元年任。
彭維新，湖南茶陵州人。丙戌進士，三年任。
王蘭生，直隸交河縣人。辛丑進士，四年任。
莊楷，江南武進縣人。癸巳進士，五年任。
博卿額，滿洲鑲紅旗人。戊辰進士，乾隆二十四年任。時琉球鄭孝德等入學。
盧（殼）〔瑴〕，貴州人，進士，二十四年任。
吉泰，蒙古正白旗人。□□□□任。
張裕犖，江南桐城縣人。戊辰進士，二十六年任。

派董率官

張鳳書，雲南建水州人。壬戌進士，任博士。

林人櫆，福建侯官縣人。修道堂助教。

張若霍，江南桐城縣人。正義堂助教。

鄔鳳翊，廣西陽朔縣人。壬申進士，由教授陞博士。

教　習

鄭名闞，福建□□□人。康熙二十七年補教習，一年去。

徐振，浙江寧波縣人。拔貢生，二十八年補教習，三年咨部議敘以州同即用。

李著，湖北公安縣人。拔貢生，雍正二年補教習，數月去。

趙奮翼，陝西潼關縣人。拔貢生，三年補教習，事竣咨部議敘以知縣即用。

潘相，湖南安鄉縣人。乾隆六年拔貢生，二十三年考充武英殿校書，二十五年琉球官生鄭孝德等入學，經國子監奏充教習。本年應順天鄉試中式四十一名，二十八年會試中式三十五名。二十九年鄭孝德等還國，教習事竣，二月初四日本監帶領引見，奉旨：潘相著以知縣用。四月選授山東登州府福山縣知縣。

官　生病故官生附

日孜每闊八馬，中山王察度之子。或云從子。明洪武二十五年初遣入學，詔令工部建王子書房於監前以處之。歸之年闕。

三五郎尾，山南王承察度之從子。與日孜每闊八馬同年入學，二十九年歸，旋復來請卒業。

仁悦慈，中山王察度之舅。諸書作寨官子，或其父爲寨官也。并存之。隨中山王子入學。

實他盧尾段賀志，山南國寨官之子。隨山南王子入學。

段志每，中山國寨官子。二十六年入學。

麻奢理誠志魯三人，中山國寨官子。二十九年入學。

姑魯妹，中山國人。入學之年闕。諸録誤以姑魯妹爲女官生，荒誕殊甚。

李傑，山南國寨官子。永樂三年入學，踰三年歸。後倣此。各書又載永樂八年冬賜李傑等冬衣等項，是六年猶未歸也。未詳孰是。

石達魯，中山寨官子。永樂四年入學，凡六人，其五人闕。

模都古，中山官生。永樂八年入學，共三人，帝及太子厚其賜，禮部尚書吕震曰：「昔唐太宗興學校，新羅、百濟皆遣子入學，當時僅聞給廩膳，未若今日賚予周備也。」帝曰：「遠方慕中國禮義，故遣子入學，必足於衣食然後樂學。太祖高皇帝命資給之，著於《會典》，所謂曲成萬物而不遺者，安得違之？」十一年，模都古乞歸省，帝曰：「遠人來學誠美事，思親而歸亦人情。宜厚賜以榮之。」因賜衣幣及鈔爲道里費，給驛傳。其二人闕。

鄔同志久，中山國寨官子。永樂十一年入學，共三人，亦作三十人。餘人闕。

周魯，中山寨官子。據《池北偶談》載之。永樂十一年入學，共三人，其二人闕。

益智每，琉球官生。入學之年闕。

蔡賓，琉球國中山省久米村人。久米屬村縣四，曰東門村、西門村、北門村、南門村，亦名大門村，舊有普門寺，又名普門地，明洪武中以閩人三十六姓賜琉球王，命居此地，至萬曆時存而昌者止梁、鄭、蔡、金、林五姓。又續賜阮、毛兩姓，皆居久米，不他徙，故名唐營，亦稱營中，後改唐榮。代以村中最貴者爲總理唐榮司，專主朝貢事。賓之上世居閩省泉州府晉江縣，一曰南安縣。宋端明殿學士蔡襄之後。襄之裔孫崇奉命入琉球，傳四世至賓。賓字玉亭，成化十七年入學。二十二年國王請遣歸國，帝曰：「昔陽城在太學，諸生三年不歸國者斥之，矧遠人豈可長留不遣？其令即歸，以遂定省之私。」賓歸後，官長史。弘治元年賓隨貢使皮揚那等來京，上言成化中讀書南京國子監，今吏部侍郎劉宣時爲祭酒，特加撫卹，乞容赴宣所執贄謝。詔許之。武宗登極，賓又隨王舅亞嘉尼施等貢馬及方物，奏乞每歲一貢，禮部議琉球在昔朝貢不時，至成化十一年因使臣不法，敕令二年一貢。今因彼入貢違期，故爲此奏以飾非，宜勿聽。武宗特允之。賓奏乞自備工料修造貢船二隻，禮部議行鎮巡官驗實量修，不必改造。賓復奏，武宗曰：「令二船拆卸補造，勿過式也。」賓子進，字益亭，正德五年同五人入太學，歸國之年闕，官通事，其四人闕。

蔡浩，字乾亭，賓從兄寶之孫。嘉靖五年同蔡廷美、鄭富、梁梓四人入學，徐録作二年，疑誤。九年同歸國。

蔡廷美，字璞亭，浩從兄，官長史。嘉靖二十年，王遣使殷達魯等入貢，廷美與偕來。二十一年，廷美招引漳州人陳貴等駕船之國，適與潮陽船争利，互相殺傷，廷美乃安置貴等於舊王城，盡没其貲。貴等夜奔，爲守者所掩捕，多見殺。於是誣貴等爲賊，械送福建。廷美齎表將赴京陳奏，巡按御史徐宗魯會同三司官譯審别狀以聞，留廷美等待命。奉旨貴等違法通番，著遵國典重治。琉球既屢與交通，今乃敢攘奪貨利，擅殺我民，且誣以賊，詭逆不恭，莫此爲甚。蔡廷美本宜拘留重處，念素係朝貢之國，姑且放回，後若不悛，即絶其朝貢。令福建守臣備行彼國知之。

鄭富，字貴橋，其先福建福州府長樂縣人，明洪武中有鄭義才者奉命居琉球，官長史。義才字元橋，子孫世以橋爲字，十三世後始易之，猶蔡崇字升亭，子字盛亭，孫字輝亭，世世以亭爲字，十世後始易也。富爲義才六世孫，官爵無考。

梁梓之先福建福州府長樂縣人，明洪武中梁嵩字子江，奉命居琉球，官長史，梓其孫也，其次不可考。歸國後官長史，十九年中山王遣梓貢馬及方物，奏請造海舟四隻，許之。

梁炫，嘉靖十五年同四人入學，二十二年歸國。時炫等來學已踰七年。炫官正議大夫，充三十二年貢使。其三人無考。

鄭迵，字利山，義才九世孫，富從曾孫，都通事祿式橋次子也。嘉靖四十四年同梁炤等入學，歸國後累官至法司，以身殉難。其詳見良臣傳。

蔡燫，字耀亭，廷美長子，同鄭迵等入學，官都通事。

鄭週，字格橋，祿季子，迵、懷弟。萬曆七年同鄭迪、蔡常入學，歸國之年闕，官長史。

鄭迪，字憲橋，祿弟禮長子，官都通事。

蔡常，字心亭，廷美弟廷貴子，官無考。

梁成楫，字得遠，嵩九世孫。祖應材，字紹江，正議大夫。父邦□□□□正議大夫，充康熙二十一年貢使，生六子，成楫其三也。康熙二十七年同蔡文溥、阮維新入學，三十一年歸，官都通事。子二人，煌、烈。

蔡文溥，字天章，朝用四世孫。朝用子延，延子國器，器子應瑞、應祥，累世紫金、正議大夫，充貢使。應瑞有子五人，文溥爲長，篤志問學，著《四本堂集》，略見第二卷。累官紫金大夫。子其棟，孫功熙，俱正議大夫。

阮維新，字天受，其先福建漳州府龍溪縣人，明萬曆時有阮國字我萃者，與毛國鼎同奉命居琉球，官正議大夫，充萬曆三十四年謝封使，傳四世至維新，同梁成楫、蔡文溥入學，累官紫金大夫，充康熙五十三年貢使。

鄭秉哲字□□，迵弟達元孫。達子子孝，子孝子宗善、繼善，宗善子宏良，累世正議、紫金大夫。宏良有子五人，長秉均，康熙戊辰入學，摺桅卒，秉哲其第四弟也。雍正二年同鄭謙、蔡宏訓入學，六年歸。累官紫金大夫，充乾隆十三年貢使，又充二十二年謝封使。

鄭謙，字□□，父廷極，正議大夫，充雍正四年貢使。謙入學歸，官存留都通事，卒於福建館。

鄭孝德，字紹衣。祖士絢，正議大夫，充雍正四年貢使。父國觀，少有志趣，歲壬寅北學於閩，從江某遊，六年始歸。乾隆九年充朝京都通官，没於館，葬張家灣。乾隆十九年，孝德年二十，隨婦翁紫金大夫蔡宏謨入請封，乞省墓。二十五年入學，傷父志未就，晝夜刻厲，孜孜問學不怠，手抄《四書》《五經》儒先語，一衷於子朱子，尤玩味《小學》、《近思録》等書。善書法，詩文皆有規矩。臣題其座右曰：「欲爲海國無雙士，來讀天都未見書。」所以望其成者，固未有涯云。其弟孝思，隨孝德來學，二十九年二月卒於譯館。

蔡世昌，字汝顯，文溥弟，紫金大夫文河之孫，都通官文海之嗣孫，正議大夫光君之長子也。世昌入學時年二十四，與孝德相劘切，不欲專爲詞章學。臣有聯云：「人在海邦推俊傑，學從京國問淵源。」蓋記實也。其詞章亦稟承矩度，多可觀者。

蔡宏訓，文溥弟，文漢次子。同秉哲等入學，數日病卒，禮部請□户、工二部發好棺木一口、圍棺紅紬一疋，並擡夫、損繩等物送至張家灣利禪菴塋地埋葬，又特賜白金三百兩，以一百兩修墳，以二百兩附貢使帶回交宏訓母爲養贍之費。

梁允治，字永安，官外間親雲上。祖曰得宗，正議大夫，充康熙五十九年貢使。父錫光，官都通事。

允治知讀書即喜從蔡澹園問津，家故多書，日夜披吟忘寢食，遂以其意繪《身心性命圖》，又倣朱子《或問》法著《服制辨義》。乾隆二十二年，王選士入學，其大夫首舉允治。允治年二十九，於四人最長，初入謁即雍容有儀，執經書孜孜請問，日五七次不休，一句一字必求其至是，字義偏傍，聲音清濁，不毫毛放過，詩文亦可觀。居無何，金型卒，鄭孝德暨傔從皆染疫，允治偕蔡世昌日營喪務，料理諸醫藥，深夜猶奔事諸患者，不寢卧旬餘，忽一夜來請曰：「鄭孝德始知其妹夫金型之喪，將出視其棺，請呼工人再斸之。」旦日令允治董工事，遽卧答云：「生病甚，懼不起也。」驚視之，已脱形，急召院醫診視，百方救之，竟以四月十九日卒於館。

金型，字友聖。遠祖瑛，洪武中自福建奉命入琉球，累世昌熾，至型始入太學。年十九，資甚清，喜讀書。在閩購頒發諸經，晝夜閲之，忘寢餐，因積癆瘵，到監月餘，咨太醫院發數醫診治不效，泣曰：「生甫入學，遽若兹，無以報天朝及我王之德，貽老母憂，不忠不孝。」語已，復泣，不及他，遂卒，時庚辰歲三月十六日也。一切恩賜與梁允治並照蔡宏訓舊例奏准施行。

教規

昔在先民，教學有規，蒙以養正，炳若蓍龜。譯館三箴，於遠國諸生尤諄諄焉。

朱子《白鹿洞教條》云：父子有親，君臣有義，夫婦有别，長幼有序，朋友有信。五教之目。博學之，審問之，慎思之，明辨之，篤行之。爲學之序。言忠信，行篤敬，懲忿窒慾，遷善改過。修身之要。正其誼不謀其利，明其道不計其功。處事之要。己所不欲，勿施於人，行有不得，反求諸己。接物之要。

程、董二先生《學則》云：凡學於此者必嚴朔望之儀，謹晨昏之令。居處必恭，步立必正，視聽必端，言語必謹，容貌必莊，衣冠必整，飲食必節，出入必省。讀書必專一，寫字必楷敬，几案必整齊，堂室必潔凈。相呼必以齒，接見必有定。修業有餘功，游藝以適性。使人莊以恕，而必專所聽。

真西山《教子規》云：一曰學禮，恭敬順從，遵依教誨。與之言則應，教之事則行。毋得怠慢任意。二曰學坐，定身端坐，齊脚斂手。毋得伏盤靠背，偃仰傾側。三曰學行，籠袖徐行，毋得掉臂跳足。四曰學立，拱手正身，毋得跛踦攲斜。五曰學言，樸實語事，毋得妄誕。低細出聲，毋得叫喚。六曰學揖，低頭屈腰，出身收手，毋得輕率慢易。七曰學誦，專心看字，斷句慢讀，須要字字分明，毋得目視東西，手弄他物。八曰學書。專心把筆，字要齊整圓净，毋得輕易糊塗。

朱子《小學題辭》云：元亨利貞，天道之常。仁義禮智，人性之綱。凡此厥初，無有不善。藹然四端，隨感而見。愛親敬兄，忠君弟長。是曰秉彜，有順無强。惟聖性者，浩浩其天。不加毫末，萬善足焉。衆人蚩蚩，物慾交蔽。乃頹其綱，安此暴棄。惟聖斯惻，建學立師。以培其根，以達其支。小學之方，洒掃應對。入孝出恭，動罔或悖。行有餘力，誦詩讀書。咏歌舞蹈，思罔或逾。窮理修身，斯學之大。明命赫然，罔有内外。德崇業廣，乃復其初。昔非不足，今豈有餘。世遠人亡，經殘教弛。蒙養弗端，長益浮靡。鄉無善俗，世無良材。利欲紛拏，異言喧豗。幸茲秉彜，極天罔墜。爰輯舊聞，庶覺來裔。嗟嗟小子，敬受此書。匪我言耄，惟聖之謨。

程子《視箴》云：心兮本虚，應物無迹。操之有要，視爲之則。蔽交於前，其中則遷。制之於外，以安其内。克己復禮，久而誠矣。《聽箴》云：人有秉彝，本乎天性。知誘物化，遂亡其正。卓彼先覺，知止有定。閑邪存誠，非禮勿聽。《言箴》云：人心之動，因言以宣。發禁躁妄，内斯静專。矧是樞機，興戎出好。吉凶榮辱，惟其所召。傷易則誕，傷煩則支。己肆物忤，出悖來違。非法不道，欽哉訓辭。《動箴》云：哲人知幾，誠之於思。志士厲行，守之於爲。順理則裕，從欲惟危。造次克念，戰兢自持。習與性成，聖賢同歸。

朱子《敬齋箴》云：正其衣冠，尊其瞻禮。潛心以居，對越上帝。足容必重，手容必恭。擇地而蹈，摺旋蟻封。出門如賓，承事如祭。戰戰兢兢，罔敢或易。守口如瓶，防意如城。洞洞屬屬，罔敢或輕。不東以西，不南以北。當事而存，靡他其適。勿二以二，勿叁以三。惟精惟一，萬變是益。從事於斯，是曰持敬。動静弗違，表裏交正。須臾有間，私慾萬端。不火而熱，不冰而寒。毫釐有差，天壤易處。三綱既淪，九法亦斁。於乎小子，念哉敬哉！墨卿司戒，敢告靈臺。

朱子《學古齋銘》云：相古先民，學以爲己。今也不然，爲人而已。爲己之學，先誠其身。君臣之義，父子之仁。聚辨居行，無怠無忽。至足之餘，澤及萬物。爲人之學，爛然春華。誦數是力，纂組是誇。結駟懷金，煌煌煒煒。世俗之榮，君子之鄙。維是二者，其端則微。眇綿不察，胡越其歸。卓哉周侯，克承先志。日新此齋，以迪來裔。此齋何有，有圖有書。厥裔伊何，衣冠進趨。夜思晝行，諮詢謀度。絶今不爲，惟古是學。先難後獲，匪亟匪徐。我則銘之，以警厥初。

朱子《求放心齋銘》云：天地變化，其心孔仁。成之在我，則主於身。其主伊何？神明不測。發揮萬變，立此人極。晷刻放之，千里其奔。非誠曷有，非敬曷存。孰放孰求，孰無孰有。屈伸在臂，反復維手。防微慎獨，兹守之常。切問近思，曰惟以相之。

吕維祺介孺四譯館訓士三箴，其《言行總箴》云：心官則思，言行分職。謂士樞機，於斯樹極。匪樞胡運，匪機曷發。户弩猶然，士軏廼識。口則興戎，動或罔益。惟聖達時，退藏於密。知語知默，知動知息。其次克己，主敬宅一。非禮勿言，惠迪趨吉。閑邪存誠，爻象斯立。言滿寡尤，淑儀弗忒。六字之内，弗易厥質。思之思之，有物有則。思則得之，不思曷得？其《言箴》云：思言胡慎，曰忠與信。匪口是緘，惟心斯印。人心之靈，稟於至誠。物慾蔽之，欺僞叢生。厥口則言，厥心未然。信既遠義，易諾屢遷。言巧色令，是名爲佞。不信不忠，曷存厥性。厥性既非，衆惡斯歸。多言數窘，食言貌肥。我思動物，寧在鼓舌。所以至誠，豚魚可格。此非襲取，忠信是主。易訓進德，三復斯語。其《行箴》云：何以思行，蓋云篤敬。篤敬維何？主一而静。一則不雜，静則不競。天君守舍，百司從令。胡爲憧憧，朋從靡定。以二以三，乃縱乃横。浮薄長傲，失其性命。既潰厥堤，靡知所竟。我思古人，精義入神。天之明命，以物其身。上帝臨汝，如見大賓。静一無欲，乃敬乃篤。夫然後行，百行維穀。是故君子，必慎其獨。

朱子曰：讀經要反復精詳，方能漸見旨趣。誦之宜舒緩不迫，令字字分明，更須端莊正坐，如對聖賢，則心定而義理易究，不可貪多務廣，涉獵鹵莽。纔看過了，便謂已通，小有疑處，即便思索。思索不通，即置小册子，逐一抄記，以時省閲。切不可含糊護短，恥於質問，而終身受此黯暗以自欺也。起居坐立，務要端莊，不可傾倚，恐至昏怠。出入步趨，務要凝重，不可剽輕，以害德性。以謙遜自牧，以和敬待人。凡事切須謹飭，無故不須出入。少説閒話，恐廢光陰。勿觀雜書，恐分精力。早晚頻自點檢所習之業，每旬休日將一旬内書温習數過，毋令心少有放佚，則自然漸近道理，講習易明矣。

又示長子受之曰：早晚受業請益，隨衆例不得怠慢。日間思索，有疑用册子隨手劄記，候見質問，不得放過。所聞誨語，歸安下處思省，要切之言，逐日劄記。不得擅自出入，人來相見，啓稟然後往報之，此外不得出入一步。居處須要恭敬，不得倨肆惰慢。言語須要諦當，不得戲笑諠譁。凡事謙恭，不得尚氣凌人，自取恥辱。不得飲酒，荒思廢業。亦恐言語差錯，失己忤人，尤當深戒，不可言人過惡及説人家短長是非，有來告者，亦勿酬答。交遊之間，尤當審擇，雖是同學，亦不可無親疎之辨，皆當請於先生，聽其所教。大凡敦厚忠信能攻吾過者，益友也。其諂諛輕薄，傲慢褻狎，導人爲惡者，損友也。但恐志趣卑凡，不能克己進修，則益者不期疏而日遠，損者不期近而日親，雖有賢師長，亦無救拔處矣。

右先儒教學遺規，不能詳録，然得此而玩心焉，固終身用之不能盡也。竊念諸生地居炎徼，人慕華風，緣國典以陳言，邀天恩而入學，儒途遠大，經義淵深，問學宜勤，率由匪易。其各仰遵前軌，恪聽師言。有物有恒，毋蕩閑而踰檢；自卑自邇，庶行遠而登高。今將學中規條，開列於後。

一、每月朔望早起沐浴，正衣冠，候大人拜廟後，隨班拜廟，三跪九叩首。次拜後殿，三跪九叩首。次謁文公祠，一跪三叩首。已隨詣彛倫堂，上堂打三躬，退詣講堂打三躬。

一、未領衣冠時服該國冠服，已領之後即服所賜冠服。
一、每日早起沐浴正衣冠，詣講堂聽講《小學》數條。《小學》完講《近思録》。飯後講經數條、臨帖，燈下講四六古文各一篇、詩一首，次日背誦。
一、講書之時，諸生以齒序立，專心聽講。或有語言不通，意義未曉者，須再三問明。
一、聽講之後，各歸本位肄習。衣冠必整肅，出入必恭敬，行步必端莊，不得笑語喧嘩。
一、逢三日作詩一首，不拘古、律。逢八日作四六一篇，或論、序等類一篇。
一、跟伴須各自約束，不得恣其出入，聽其傲慢，有乖禮法。

答問

數年答問積成卷帙，於初入學數條亦足以見其大凡，録之於篇，以示心同理同，罔殊遐邇也。

問：學生之學以何者爲先？臣以爲學莫先於定趨向，故即其所明者而告之曰：邦畿爲萬國攸止之區，故中山僻處海南萬有餘里，而北拱神京，必自姑米開洋，柝更沙漏，經颶翻颱吼之險，晝夜一針，或兼旬，或十數日，始收帆乎榕城。已而由瓊河過錢塘，越金陵，歷山左，水陸之程四三月方抵畿輔，入廣寧門，止四譯館。乃欣覩天子聖德神功，仰觀宮闕之壯，城池苑囿之大，人物衣冠禮儀之盛，親賢士大夫之光耀，然後歎爲天下之大觀，而私心自慰曰：向之所志者，今乃得止於斯也。維諸生之於學也亦然。夫道之在天下雖有明晦絶續之不同，而道外無人，人外無道，極乎天覆地載之遥，苟有血氣，無不同此心而同此理，又况琉球近屬牛女星紀之次，與揚州、吴越同一分野哉！我皇上以堯舜之君，兼孔孟之師，肫諭太學士子，務以聖賢爲志，不溺於俗學、異學，與夫權謀、術數一切就功名之説，而聲教暨訖，一視同仁，弗忍窮徼絶島一處一人之晦盲否塞，特允諸生遵例入學，深恩厚澤，視前代之所以待乎新羅、百濟子弟者不啻什伯。諸生恭承天詔，負笈來學，學固在於先立其志也。程子曰：言學便以道爲志，言人便以聖爲志。故大學之道，端重知止。煌煌聖諭，諸大人師長之宣揚之者，提命諄切，六館數百人無不遵也，諸生豈能自外。且夫學者之病，大半在於以取利禄爲急務。今諸生世禄世官，富貴本所自有，奔競之習、得喪之念既不庸縈於懷來，其於學也甚易。誠能志於正學，先取《小學》立教，明倫敬身，稽古内外之篇，講習而服行之，得其培根達支之教，有以收其放心而養其德性。然後取《近思録》一書而誦讀之，而踐體之，凡夫求端用力、修己治人、辨異端、觀聖賢之道，皆能見其梗概，由是可以進究乎四子六經，而求聖賢之大全。蓋修身大法，備於《小學》，義理精微，詳於《近思録》。《近思録》者，四子之階梯；四子者，六經之階梯也。仰模範之甚近，念教規之至詳，竊不自知其庸陋，而願與諸生共勉之。

右端趨向。

問：下國習尚各有所宜，祈俯而教之，何如？曰：夫人函五常之性，乘五土之氣，故其材不一而其習各殊。幽、燕之沈勁，吴、楚之剽疾，囿於墟也。唐、魏之勤儉，鄭、衛之淫恣，染於俗也。古之聖人明於此，莫不以變習尚爲先務。故直寬剛簡，化以詩樂；沉潛高明，歸於正直。而南北强勇，必進之君子，以和其血氣心知，而約之於仁義中正。故曰司徒修六禮以節性，明七教以興德，齊八政以防淫，一道德以同風俗。方今堯文炳焕，萬國同書，象寄狄鞮，靡不一其心志而新其見聞。蓋聲教之漸被暨訖涵煦於百數十年之深者，不問海内外無大小咸風移而俗易也。諸生萬里來學，固將以去故而即新也，何習尚之狃焉。且夫古之所謂豪傑，必有轉風氣而不爲風氣轉之心。昔在勾吴，不齒上國，而言氏北來，獨傳禮教，遂使南方之學得其精華，江左風流，於斯爲盛。亦越陳良，荆蠻所産，而北學中國，丕變頹風，其流至於濂溪，生長衡疑，不由師傳，默契道體，肇開伊洛淵源。若夫洛陽舊俗，理學無聞，而二程繼起，獨肩斯文。及乎龜山還里，稱曰道南，數傳而徽國篤生，大成用集。到今八閩問學，猶傳正派，安溪、漳浦，遺徽堪仰。他如文翁好學而川蜀崇文，趙德爲師而潮陽知學。一國之風，一方之俗，莫不變於一人而傳於千載。故習尚非一成也，其所以漸之者然也。且即琉球論之。隋、唐以前，不通中土，史書所載，薦紳難言。近自明初入貢，漸染華風，繼之以國主好文，遣子入學，又繼之以三十六姓之往鐸，而士知禮義，然猶未曠然一變其俗也。自金大夫請祀先聖，程大夫請興學校，蔡法司傑然篤志正學，而國王尊之，國人信之，諸生亦因以知有宋、明及本朝儒先講學之書，視從前之習尚，不啻秦越人之不可共語。此豈有異故哉？理義同然而導之者善也。顧有書而不讀，猶書肆也。讀之而不得其趣，猶買櫝而還珠也。故欲求其新，先去其故。欲新一國之人，先新一己之心。而新乎人，非一時一世之事；新乎己，非一朝一夕之功。蓋變習尚者，非强有力弗能也。而力因乎識，識因乎學。學之道，非可兩是而並存之也。誠能屏除舊見，静坐終日，使此方寸之中凝然湛然，如山斯静，如泉斯清，而後徐徐以正書植之，以新義灌之，篤信力踐，弗怠數年，勿揀擇難事泛問如定夫，勿一日三次檢點如和叔，將優游漸漬，忽不覺其學識之大異於從前，而權度在心，雖賁育弗之奪也。有力如此，於以歸國而移易習尚弗難矣。昔康崑崙自服其琵琶之術，世莫己敵，及遇段師善本，而斥其邪雜，語之以十年不近樂器，忘其本領而後可與學入神之曲。故蒙今亦願諸生之忘其本領也。

右變習尚。

問：古今之書，充棟汗牛，學生輩苦不能多讀，何如？曰：夫讀書有要，非必徧觀而盡識也。不得其要，則雖識如安世，覽若正平，衹以誇多而鬬靡。苟得其要，則雖難熟如于嵩，善忘若陳烈，亦可漸積而有得。慨自秦火方炎，簡編爲燼，漢至孝惠，始除挾書之律，孝文以後，《書》出屋壁，《詩》始萌芽。至於建元，然後鄒、魯、梁、趙，頗有《詩》、《禮》、《春秋》先師，當此之時，一人不能獨盡其經，此雅彼頌，相合成編。洎魯共壞宅，古文初見，有逸《禮》三十九，《書》十六篇，及《春秋》左氏，猶復共相排擯，杜塞不學。故西漢諸儒，自匡衡、劉向、揚雄而外，皆罷老專究一藝。學《詩》者不知《書》，學《書》者不知《易》，學《易》者不知《春秋》，雖其專己守殘，見譏子駿，而余竊觀其行事，讀其文章，類皆稟經斷獄，酌雅修詞。由漢以後，書籍日富，五車四庫，詳志蓺文。及乎後唐明宗，初令印賣九經，得書甚易，藏書愈多，而士或束閣不觀，游談無根。即曰擁書萬卷，不假南面百城，而其人之言行亦或往往不及乎古，誠有如蘇文忠之所誚者。此其故何哉？不知讀之之法而多反爲累也。夫專務博記，非聖賢之所貴也。昔者上蔡謝子舉史成誦，明道以爲玩物喪志，謝子面赤耳熱，汗流浹背。明道又以爲此即惻隱之心，然謝子猶未心服也。一日見明道看史，亦復逐字逐句無所遺漏，然後恍然有悟，以爲爲己爲人之别，自後遂將此事接引博學之士。即朱子之論格物，雖有「一書不讀，便闕一書理道」之言，而究以窮天理、明人倫、講聖言、通世故爲先務。故誦《詩》而昧乎從政，雖三百亦徒多；窮《論語》而明於爲治，即半部不爲少。且夫讀書而精於别擇者，其書亦本不多也。韓昌黎自序所以用功，惟在辨古書之正僞，與雖正而不至焉者，昭昭然若白黑之分，故其生平於禮樂名物、陰陽土地、星辰方藥之書，未嘗聞而不求。而要必曰非三代兩漢之書不敢觀，誠辨乎僞也。辨乎僞則不但百家小説之爲僞也，即歷代名儒之集亦多僞焉。不但非聖賢之書之爲僞也，即四子六經之箋注亦多僞焉。不但異學雜學所傳之爲僞也，即如二程語録，游、楊、侯、尹之所記亦各純駁參半。且雖朱子之書，而《語類》、《或問》、《文集》與《大注》所定，前後殊解，彼此異説，後之人且復倒巔歲月，以爲晚年定論，是極正之書亦或有萬一之僞也。若夫詩文一途，其僞者常十之七，其正者常十之三。而中郎枕秘，惟有《論衡》；明允篋中，專批《孟子》。廬陵半生酷摹韓文，考亭末歲愛誦杜詩。古之人莫不博觀而約取，明辨而篤志。故曰專精之至，神奇自生。養叔治射，庖丁治牛，師曠治音聲，僚之於丸，秋之於奕，皆終身不厭，而無暇外慕，然後造其堂，嚌其胾也。君子多乎哉？請以爲諸生規。

右辨正僞。

問：書之正僞既聞命矣，其讀之也當奈何？曰：凡讀書有本原，有次序，有綱領，有要法。何謂本原？朱子曰：讀書之法，莫貴於循序而致精。致精之本，則在於居敬而持志。蓋心之虚靈，神明不測，一有不存，即視聽貌言不能自檢，未有不爲「仰面貪看鳥，回頭錯應人」者，安能反復聖言，參考事物，以求義理至當之歸？故曰：心要在腔子裏。心存則終日儼然，不爲物慾所侵，讀書窮理，夫安往而不通也。何謂次序？《大學》者群經之總會，規模廣大而本末不遺，節目詳明而始終不紊，其學之也宜最先。次《論語》二十篇，爲聖師言行之要。次《孟子》七篇，皆王道仁義之談。學之則有以識乎操存涵養之實，與夫體驗擴充之端，且知某章某句之爲格致誠正，某章某句之爲修齊治平。凡《大學》所總言者，二書皆分見之，而有以信其確不可易。至於《中庸》則聖門傳授之心法也。上達之意多，下學之意少。必《大學》、《論》、《孟》之既通，然後可以讀之，而見其爲實學。故不先之《大學》則無以提挈綱領而盡《論》、《孟》之精微，不參諸《論》、《孟》則無以發揮緼奥而極《中庸》之歸趣，若不會其極於《中庸》則亦無以窮神知化而建立天下之大本，經綸天下之大經，凡此皆朱子師弟之言，而後人所當服行者也。《四書》卒業，乃讀《五經》。《五經》如五常，《詩》屬仁，《禮》屬禮，《書》屬智，《春秋》屬義，《易》屬信，而貫乎四德。夫五行首木，四時首春。於人則性情之勃發而不能自已如春如木，故《詩》之爲教，常使人諷誦焉，而惻然悚然，有以動其自具之天良，於仁之功居多，而爲學人所宜先。三千三百，無不切於日用，横渠教人，莫急於此。《書》者古帝王治天下之大經大法也，學焉而盡其藴，則可以明理，可以處事。由是而習《春秋》，乃得見聖心裁制之義。故曰：諸經之有《春秋》，猶法律之有斷例也。又曰：諸經如藥方，《春秋》如用藥治病。至於《易》爲五經之源，仁義禮智皆統兼焉。故曰：乾元亨利貞。其讀之也必並乎諸經，其通之也倍後乎諸經。通經者又必通史，二十二史浩繁難記，涑水之《通鑑》、紫陽之《綱目》，先正課程，皆計日而兼讀之。力有不能，無寧舍馬而從朱。若夫讀書之綱領，須發諸書各卷首詳言之矣。要在博考乎諸儒，擂衷於考亭。即考亭之説《四書》，如《語類》、《或問》、《文集》、《小注》爲説不一，又必以《大註》之説爲定。但《大註》未易言也。朱子嘗云：某字字如秤停。又云：不用聖賢許多工夫，看聖賢的不出。不用某許多工夫，亦看某的不出。姑舉一二條言之。如同一「仁」字，或云「愛之理，心之德」，或云「心之德，愛之理」，或云「當理而無私心」，或云「無私心而當於理」，或云「人心」，或云「本心之德」，或云「心之全德」，移步换形，不可執一。又所引之説皆經更定，虚字語助，各有妙義。今試取程、張、范、謝、游、楊、侯、尹本書與之校對，始見其增減改换，文理密察，直如神禹之鑄鼎、周公之定禮，沉潛反復，久之有得，然後可以明聖傳之統，成衆説之長，擂流俗之謬。《易》之書經乎四聖而斷。以夫子之《易》即文、周之《易》，文、周之《易》即伏羲之《易》言，《易》之書約有百家而總以十翼爲主，以費直合傳解經爲有功，卒以學《易》可以無大過，是《易》爲人事切要之書也。和順於道德而理於義，窮理盡性以至於命，是《易》爲言性與天道之書也。以言者尚其辭，以動者尚其變，以制器者尚其象，以卜筮者尚其占，是聖人之用《易》其道有四也。居則觀其象而玩其辭，動則觀其變而玩其占，是君子之學《易》其道有四也。初爲本，上爲末，中四爻爲雜物撰德，要之觀其彖辭則思已過半，是學者之解《易》其大指惟一致也。不可離象數，不可厭事理，不可專説卜筮。一卦一爻之詞不可分某句爲象，某句爲占。讀卦辭不可於彖傳之外生一解，讀爻詞不可於象傳之外添一義。由是以考河洛先、後天之圖，莫不皆然，則中有主而不惑於聚訟矣。讀《堯典》便須知堯之爲君之所以大，其則乎天而民無能名者如何，其巍乎成功而焕乎文章者如何，舜禹之有天下而不與者如何，舜自受終以後其所以創制者如何，舊人但知言以攝位告，攝位二字亦非是。即位以後其所以無爲者如何。又若讀《堯典》便須知天文，讀《禹貢》便須察地理。舉一反三，是在善讀者。讀《詩》亦然。如讀《關雎》便須真見其哀樂，真見其不淫不傷，然後可與説《詩》。《春秋》傳爲按經爲斷，以傳考經之事迹，以經别傳之真僞，大抵無隱語，無凡例，不以日月爲褒貶，不以官爵名氏爲貴賤，未嘗許五霸，未嘗貴盟會，未嘗與齊、晉，未嘗黜秦、楚、吴、越，但不主諸儒先入之言，平心觀理，而聖人之情漸可意逆，朱子所謂「據事直書，其義自見」也。古禮之亡久矣，《周官》一書固爲禮之綱領，至其儀法度數，則《儀禮》乃其本經，而《禮記》、《郊特牲》、《冠》、《昏》等篇乃其義疏。朱子以《儀禮》爲經，取《禮記》及諸書之言禮皆附於本經之下，名曰《儀禮經傳通解》，喪、祭二禮勉齊續之，洵禮學第一書也，然學者仍以難讀置之。竊謂《禮記》雖傳先聖遺言，亦多附會之疵，其篇第失次，每篇之中又錯雜不倫，間倣朱子之法，用王氏以言冠者入冠義，言昏者入昏義之説，别爲凡例，篇以義序，文以類從，圖繪文左，使讀者便覽，並取禮制之大者附之，以補本記所不備，注則兼取漢、唐、宋、元、明之説，務從簡要，仍以《曲禮》爲第一。由小學而大學，故《少儀》、《樂記》、《射義》、《投壺》、《學記》、《經解》、《大學》、《中庸》、《儒行》、《坊》、《表記》次之。二十以後冠昏而有家室，故《冠義》、《深衣》、《昏義》、《哀公問》次之，《内則》、《大傳》又次之。家禮莫重於冠昏喪祭，故《喪大記》、《檀弓》、《問喪》、《問傳》、《小記》、《服問》、

《三年問》、《喪服四制》、《奔喪》、《雜記》、《曾子問》次之，《祭法》、《郊特牲》、《祭統》、《祭義》又次之。由家而鄉，故《鄉飲酒》次之。由鄉而邦國朝廷，故《王制》、《玉藻》、《明堂位》、《月令》、《文王世子》、《燕義》、《聘義》次之。然後終之以《閒居》、《燕居》、《禮運》、《禮器》、《緇衣》等篇，以統論禮之大凡，而各篇之中又各有次序條理，如珠聯而繩貫。《周禮》、《儀禮》亦倣此爲經傳撮要，禮之綱領其庶幾乎。至於讀之之法，以二書言，通一書然後及一書；以一書言，通一篇然後及一篇。字求其訓，句索其解，未得乎前則不敢求乎後，未明乎此則不敢志乎彼。先以熟讀，使其言若出於吾之口，繼以精思，使其意若出於吾之心。又必以心體之，以身驗之，從容默會於幽閒静一之中，超然自得於書言象意之表。凡儒先之所以教人者，千言萬語，大指實不外此，謹約記其所聞者以爲諸生勗焉。

右嚴課程。

琉球入學見聞録卷四

藝　文

紀實之餘，附諸撰述，非徒曰以文也。華祝嵩呼，臣民同願，而外藩子弟肄業，陳詩則億萬斯年，惟兹爲盛。揚聖皇之孝理，頌文母之慈暉。故録萬壽稱慶之篇。乘槎泛斗，隨事詠歌，既可考其禮儀，觀其名勝。而蛙聲鮫淚，時倣龍吟；片羽吉光，亦徵文藻。故録遊覽題咏之作。高麗問中立之起居，新羅重樂天之詩律。而鄉樹扶桑，浮杯萬里，其奉晁監、美智藏者多見於諸集投贈之篇，無分區域，亦勤宣聖德之意也。故録官師規誨之句、贈别之言。萬里來遊，四年授讀，簡其累句，存彼好音，人各一集，集各有引，戴德述懷，差可誦也。故復節録其月課之藝。凡律賦一，今古詩一百八十有三，序三，記四，表、箋、題詞六，彙爲一卷，用志聲教之盛，中外同文，庶後之覽者有以采焉。

賦

恭慶聖母皇太后七十萬壽賦以聖人之德無加於孝爲韻，謹序呈進。　潘　相

皇上御宇之二十有六年，歲在辛巳，十一月二十五日，恭逢聖母皇太后七十萬壽。純禧天錫，繁祉

日升。喜氣騰霄，歡聲動地。邃古以來未之有也。臣謹按《孝經援神契》曰：「天子之孝，曰就。」就之爲言成也。天子德被天下，澤及萬物，隨處成就，則其親獲安，故曰就也。又按《嘉樂》之詩曰：「保佑命之，自天申之。」言君子之令德日新則天之命之亦反覆眷顧之而不厭也。欽惟皇太后毓昊胎軒，包天育地。自詩書所載，太姒、太任，世嗣徽音，莫能比並，而天慈廣被，坤道長寧，穆處璇宮，祉福隆備。邇歲我皇上天威遠播，文德覃敷。奏五載之膚功，開八荒之壽域。既臣伊里，旋服大宛。月窟以西，天方之壤，莫不歸吾版籍，化我聲明。適逢我皇上五十松齡，祝鴻庥於永錫；旋欣皇太后七旬椿算，慶聖壽以無期。天開黄鳥之旗，千百國不漏河源海委；神捧元狐之籙，億萬歲長同華祝嵩呼。於是北變冰天，南諧燠地，扶桑出日，高柳生風，靡不覲鳳城，瞻螭陛，揚景爍，頌楨符。時則五老負圖，四靈咸畜。雨風從律，珠璧呈輝。甘露如飴，曉垂珍木；卿雲似蓋，朝映彤墀。諸福之物畢臻，可致之祥環集。蓋由聖人之孝，合九有以尊親而令聞不已；聖母之仁，載群生以博厚而純嘏有常。故天之佑安輿，而問俗過化存神；德有親而可久，教靡遠而不遵。燕然勒石，瀚海無塵。水記方流之玉，苑來朱汗之驎。彌天區而奉朔，統日域以稱臣。廓二萬餘里之疆索，撫三十六國之人民。皆奉慈寧之懿訓，叠上尊號，以恭伸爾乃民之質矣。天實相之，重光閱歲，長至紀時。晷漸添乎繡線，風乍解乎流澌。當嚴冬之凛冽，儼麗景之暄遲。復得乾初，函乾坤萬有一千五百二十之策；律維天統，肇律吕十有七萬七千一百之基。七秩遐齡，七政之運行獻瑞；三元首月，三才之寶道呈奇。光復旦兮，比升恒於二曜；熾而昌也，符悠久於兩儀。我皇上舜孝同心，堯仁比德。萬年受祜，衣龍衮以娱顔；五十慕親，侍金根而愉色。鸞笙象板，起十部於《簫韶》；鳳躍龍夔，陳萬方之玉食。延齡天酒，仙人之掌上常清；益壽神芝，玉女之牕前紛植。幔城魚貫，紛繞瑶堦；繡仗鴛排，共環紫極。諧歌謡於綺陌，智戴陳詩；效拜舞於清班，可汗述職。於是因歡心之攸洽，恢曩牒之所無。上錫光於百辟，下徧德於康衢。鈔給尚方，不遺野老；材羅蓝榜，尤拔耆儒。育泮林之棫樸，收滄海之遺珠。禮無廢而不興，需雲宴樂；情有微而必察，解雨涵濡。此其恩覃乎靡外，澤沛於無加。以垓垠臣附爲悦娱，以兆庶時雍爲尊養。以獸舞鳳儀進稱觥之頌，以天章雲漢摛介福之華。育物諴民，洵不外乎要道；則天因地，乃廣集乎休嘉。萃泰運之景釐，鐫璆難紀；極乾符之上瑞，鏤玉非誇。蓋以誠無不格，理本相於德；臻乎極盛，福積而有餘。被練中安，騰東華之瑞牒；含飴長樂，擁金母之瓊書。輝寳册於山河，如川方至；播徽稱於南朔，比日初舒。申命用休，承無窮之帝眷；既多受祉，歌難老於皇輿。乃知率土同歡，一人教孝。至仁必壽，允膺上壽之符；大德曰生，難罄長生之效。此固桃熟蓬萊，五百年花實未堪盡厥鋪揚；籌添瀛海，八千歲春秋不足與兹比較者也。微臣叨沐恩榮，觀光學校。識愧管蠡，辭慚體要。賡六館之謳吟，惟九如是則傚。用以頌颺畫陛之鴻禧，而欽仰紫宸之至教。

詩

聽海樓二首

前册使杜三策從客胡　靖

夜聽魚龍出水吟，一尊對月酒頻斟。寒濤噴灑連天雪，殘菊飄零滿地金。數曲歌縈孤客思，幾回夢繞故園心。平生浪跡知多少，此處夷猶可再尋。

文離遊況此來豪，萬頃波光入彩毫。潑墨烟雲龍出海，臨池朗月鶴鳴皋。浮槎欲泛天河斗，乘興猶疑雪夜舠。小飲中山渾是夢，不知身寄海天高。又杜三策句云：一帆多藉乘風力，萬里長懸捧日心。興來欲泛張騫斗，歸去羞言陸賈金。惜不見其全。

臨海寺聽潮二首

胡靖

蕭蕭蘭若海門懸，物古音奇漫紀年。時與濤聲相節奏，一天秋水月孤圓。

海邊寥廓白雲高，嶼色蒼茫映碧滔。忽送金聲風上下，如龍吼月和寒濤。

輔國寺觀海四首

胡靖

幾年觀海志，此日始登臨。浪湧千山雪，潮來一片霧。胸中吞地闊，眼底插天深。頓覺乾坤裏，波濤自古今。

數頃看無際，徘徊望莫從。微茫但一水，蕩漾是千峰。遂爾煩襟滌，逌然豪興濃。臨崖思大道，萬派總朝宗。

寺古依松竹，巉巖石筍懸。洪濤衝岸畔，乳燕巢峰巔。下上天成兩，東西水並圓。平臨增悵望，每歎說桑田。

蕩跡似何極，探奇絕險中。鼉鰲翻雪浪，海馬御天風。興與雲飛逸，情同鶴唳空。置身聊不邇，已比扶桑東。

圓覺寺古松

胡　靖

知是天工巧自栽，遥瞻海色迴蓬萊。孤根勁挺亭三尺，古幹横斜蓋一臺。夜静龍鱗明月照，天空鶴影倚雲來。菁葱已濕千年露，曾見三花幾度開。

諭祭中山王即事

册使汪　楫

海風激激馬蕭蕭，龍旆徐過真玉橋。國主望塵遥下拜，聖朝肯使尉陀驕。

三尺黄麻下閟宫，密雲靉靆日曈曨。陰膏著物無由見，盡在絪緼一氣中。

册封禮成即事

汪　楫

夜雨廉纖快曉晴，相看搓手賀昇平。海風不動秋風勁，吹作嵩呼萬歲聲。

龍跳天門下碧虚，光芒萬丈掩璠璵。强鄰一任誇多寶，敢把珍奇鬭御書。

紫巾黄帕繞丹墀，鼉響鯨鳴羽扇欹。獨上龍亭呼萬福，錦衣紗帽好威儀。

石城百尺擁王宫，渾樸規模自不同。巖壑迴環松影外，樓臺隱見海光中。

馬耕田歌

汪　楫

中山山多稻田寡，耕不見牛時見馬。曳犂負軛當町畦，編草絡頭泥没髁。噴沫徒憐氣凋喪，跼蹐安知材盡下。王良伯樂無時無，不待悲鳴淚先灑。側聞洪武開國時，曾來此地求騊驪。連檣累舶動千匹，購買不惜傾高貲。陟險衝波有底急，每繙舊史常懷疑。維時布衣起江左，涣號止及東南陲。壯士健兒悉騰踔，步卒敢向中原窺。圉人太僕但充位，登床厭穀皆虚詞。誰歟忽建鑿空計，外厩祇藉長風吹。飈飄遠致列雲錦，騎出奚窗熊與羆。永辭絶域騁皇路，寸長一技皆得施。不走沙塲縶畎畝，吁嗟爾馬生何遲。今制三年兩入貢，使者執鞭大夫控。天子垂裳顧曰嘻，此物何煩跨海送。異域從教寶驌驦，天家絶不求麟鳳。終老邱園何足惜，竟辱泥塗亦堪痛。吁嗟爾馬無自傷，不逢湯武逢虞唐。縱有龍媒四十萬，中山只作華山陽。

八月十七夜過波上候潮

汪楫

中山忽過中秋節，連宵對月鄉心切。客言十八潮生辰，萬里波翻定奇絶。我聞此語神爲王，隔夜傳呼啓門臬。海濱大都無障礙，望遠還須登嵽嵲。夷官遥指波上好，勝地佳名夙所悦。半夜騎馬到山脚，皎月繁星一時滅。天欹地側風怒號，列炬如林不得（熱）〔爇〕。歇鞍徒行杖馬箠，或作蹣跚或蹩躠。小憩争依石臺穩，冥坐只覺山根裂。神女擲沙群目閉，水怪搏風萬夫咽。擬凭絶壁窺蛟宫，轉類乘車入鼠穴。不分空濛都晦昧，真慚勝遊成尲尬。昌黎默禱衡雲開，東坡密詠廬峰列。顧我胡能匹二公，正直感通同一轍。摩空誰將銀燭晃，掠波恍見金蛇掣。須臾天地還舊觀，放眼依然對寥泬。剪餘十丈五丈雲，掃剩千堆萬堆雪。石筍崖下浪如礮，訇訇乍定偏清澈。波底石片能作花，朵朵芙蓉手堪掇。惜哉可望不可親，鐵網徒令青玉缺。泅水巧鑿煩老漁，擘出蒼皮等蟬蜕。意中得失渾錯料，宇外遊觀殊小别。歸來作歌紀所見，天淡雲收笑才竭。

中山竹枝詞

汪楫

道是佳人亦復佳，一生赤脚守荆釵。宵來忽作商人婦，竟戴銀簪不脱鞋。土妓不得簪銀，道遇官長必脱草鞁，跣足據地，候馬過乃起。若中國人主其家，則超然禁令之外矣。

兩耳無環髻不殊，孰爲夫壻孰羅敷。譯人笑説公無惑，驗取腰間帶有無。國俗男子二十始薙頂髮爲小髻，服與婦人無別，惟男子必以大帕束腰，女則曳襟而趨，皆無衣帶。

中山竹枝詞

册使林麟焻

手持龍節渡滄溟，璀璨宸章護百靈。清比胡威臣所切，觀風先到却金亭。

徐福當年採藥餘，傳聞島上子孫居。每逢卉服蘭闍問，欲乞嬴秦未火書。

日斜沙市趁墟多，村婦青筐藉緑莎。莫惜籌花無酒盞，人歸買得小紅螺。

疋練明河牛斗横，鼕鼕衙鼓欲三更。思鄉坐擁黄紬被，静聽盤窗蜥蜴聲。

三十六峰瀛海環，怒潮日夜響潺湲。樓西一抹青林裏，露出烟蘿馬齒山。

射獵山頭望海雲，割鮮捫酒醉斜曛。紙錢挂道松楸老，知是歡斯部落墳。

心齋生白室能虚，棐几焚香把道書。讀罷憑欄笑幽獨，藤牆西角對棕櫚。

廟門斜映虹橋路，海鳥高巢古柏枝。自是島夷知向學，三間瓦屋祀宣尼。

王居山第兔園開，松櫪棕花倚石栽。多少從官思授簡，不知若箇是鄒枚。

奉神門内列鵷行，乞把天書鎮大荒。唤取金縢開舊詔，侏㒧感泣説先皇。

閟宫甍（角）〔桷〕壓山原，將享今看幾葉孫。二十七王禋祀在，鼇圭錫鬯見君恩。

譯章曾記莋都夷，槃木白狼歸漢時。何似島王懷聖德，工歌三拜鹿鳴詩。

宗臣清俊好兒郎，學畫宫眉十樣粧。翹袖招要小垂手，簪花砑帽舞山香。
望仙樓閣倚崔嵬，日看銀山十二回。笙鶴綵雲飛咫尺，不教弱水隔蓬萊。
纖腰馬上側乘騎，草圈銀釵摺柳枝。連臂哀歌上靈曲，月明齊賽女君祠。
久稽異域歲將徂，自笑流連似賈胡。三老亦知歸意速，時時風色相銅烏。

諭祭中山王尚貞尚益禮成恭紀廿四韻

冊使徐葆光

海島無遺澤，天王歸賵遥。吉辰儀具舉，幽壤禮咸昭。專介求恩卹，貤綸走使軺。經年遲節命，十日降雲霄。仙詔諸靈護，龍光奕葉邀。戒期開正寢，列陛設行朝。鐃吹軍儀肅，氍毹馬步驕。海沉香爇路，火浣帛攔橋。排仗雲霞麗，侵晨風雨銷。巖松飛翠蓋，鐵樹引雲韶。抃舞肩相屬，啁嘈語絶囂。望塵迎玉案，謁闕備工寮。緇素猶冠首，銜牙未佩腰。拜庭祈祝號，宣祭遣巫招。悱惻天心露，鏗鏘玉韻飄。屏藩勳最茂，枝幹恨連凋。海服喪頻告，曾孫齒尚齠。十年今賜恤，三世幸承祧。體薦牲牢潔，登歌簫管調。兩楹設銀綺，三爵奠蘭椒。昭穆欣同祔，恩光被一朝。刻銘留鼎鼐，頂册秘瓊瑶。寵渥鮫人泣，恩濃鯷户謡。伏鯨長守窟，怒颸不驚條。獻雉趨王會，浮航指斗杓。萬年同壽域，世世戴唐堯。

册封禮成恭紀四章

徐葆光

海邦萬里歲朝宗，奉册天朝禮最恭。中外一家同壽域，祖孫五世共皇封。國泉瑞應天邊詔，翠蓋陰成嶺上松。六十年來三遣使，日邊偏荷聖恩濃。

十里連岡走翠虬，雲璈夾路引珠斿。仗前争擁夷民拜，域外如親帝里遊。玉檢輝煌天上册，朝儀照耀海中洲。蓬萊仙館環相望，只恐爐烟障遠眸。

中山宫殿壓山椒，設闕王庭儼内朝。乍啓瑶函瞻日麗，高宣天語入雲飄。龍章五色從中賜，御璽三封奕世邀。九列親方隨拜舞，紫羅帕首錦纏腰。

大典重光歡會門，玉函帶礪誓長存。十年攝事猶稱子，此日膺封始拜恩。舞蹈庭中藩禮肅，起居闕下譯詞温。使臣將命無餘事，載筆歸來獻至尊。

中秋宴小樂府十章

徐葆光

丹桂飄雲落，金風拂殿來。仙洲娱上客，徧舞袖新裁。

當筵呈帖子，第一起神歌。海國羲皇代，天孫降〔福〕多。

皇恩如海深，海深不盈掬。隊隊綵衣童，聲聲太平曲。

朱笠垂曼纓，珊珊摇雜貝。繁絃何滔滔，和雅與心會。

豎頭箜篌郎，曲項琵琶部。後行引吭歌，前行蹋節舞。

宫漏秋來水，方諸月正中。燕開長不夜，樂奏迭無終。

魚龍動夜瀾，戢戢仰雲端。似聽霓裳曲，天風落廣寒。

國醑傾池飲，王人徧作賓。譯詞郵勸釂，語隔意偏親。

星流湯谷沸，火迸燭龍旋。凉夜浩如水，當杯月正圓。

皓皓流華采，清暉間九行。重輪瞻聖德，中外共環瀛。

重陽宴龍潭曲集長吉錦囊句

徐葆光

摇摇錦旗夾城暖，蛇子蛇孫鱗蜿蜿，松谿黑水新龍卵。鳶肩公子二十餘，鬬乘巨浪騎鯨魚。黑幡三點銅鼓鳴，銀浦雲流學水聲。烟底驀波乘一葉，海綃紅文香淺清。毒虯相視振金環，舞霞垂尾長槃跚。亂捲黄河向身瀉，秋肌稍覺玉衣寒。秋寒掃雲留碧空，凉夜波間吟古龍。玉宫桂樹花未落，燭龍兩行照飛閣。方花古礎排九楹，銀雲櫛櫛瑶殿明，玉壺銀箭稍難傾。撾鐘高飲千日酒，主人稱觴客長壽。山頭老桂吹古香，玉喉㩳㩳排空光。亂袖交竿管兒舞，午夜銅槃膩燭黄。挐舟海上尋神仙，斫桂燒金待曉筵。天河落處長洲路，遥望齊州九點烟。

琉球三十六島圖歌

徐葆光

琉球屬島三十六，畫海爲界如分疆。羅列衆星皆内拱，中山大宅居中央。往來税賦有期會，冬夏候汛輪舟航。其北大島號爺馬，境鄰倭國分東洋。太平諸山作南鎮，臺灣直北遥相望。前王察度通朝貢，島酋始附中山强。星槎舊録缺地紀，其國有禁多周防。封舟此來落國北，葉壁六點斜相當。勒柁回針取那霸，船頭但見椅山黄。姑米馬齒渺何許，面南極望空青蒼。今來三月遍諮訪，海濱踏盡猶徬徨。洲嶼雖能舉一二，更船遠近猶迷方。主人輸誠出圖籍，題寫六六何周詳。棋置尺幅三千里，對音繹字標其旁。其中各島語言别，譯詞受事中山王。顓顓獨居乃恭順，無一自大如夜郎。聖人聲教彌六合，河源佛國歸堂皇。天下全圖成一覽，朱書墨界窮毫芒。琉球彈丸綴閩海，得此可補東南荒。朝來張挂向東壁，紅旭冉冉升扶桑。

中山竹枝詞

徐葆光

小船矗起半天中，一尺檣懸五寸篷。渡海歸人當有信，竿頭昨夜是南風。渡海之家例造小木船，桅帆畢具，置竿頭立庭中，候風以卜歸期。自閩歸國皆以南風爲候。

衾子垂垂不繫腰，招風長袖學芭蕉。不知螺髻東西墮，玳瑁簪長尾倒翹。女衣名衾子，腰無帶，被身上。頭髻甚鬆，東西偏墮，蓋古倭墮髻也。女簪玳瑁，長尺許，倒插髻中，尾翹額上。

纖纖指細玉抽芽，三五初交點點瑕。墻上空憐小垂手，迴風如捲落梅花。女十五黥手指背墨點如梅花。

海濱魚市早潮還，細徑斜通失汁山。頭帶荷筐趁墟去，歸來壓匾翠雲鬟。辻山一名失汁山，女集所。

海光晴漾碧天雲，三五龍姑自作群。石筍崖邊朝不動，雪崎洞裏拜龍君。波上山一名石筍崖，寺中有神手劍而立，名不動。波上山東有小山名雪崎，下有洞，正、三、五、九月謂之吉月，女子相約拜洞以爲常。

中秋滿月照空村，雞犬無聲晝掩門。八月靈辰惟白露，家家三日守天孫。白露節國中爲大節，前後三日閉門不語，静坐守天孫。天孫氏，國中開世祖也。

小窗傍晚向西開，忽見纖纖落鏡臺。豫算初三拜新月，隔牆先約小姑來。俗有待月之期，初三夜焚香對月拜，十八夜焚香立待月升，拜畢乃坐，廿三夜焚香坐待月上乃拜。

海波日出静無垠，子午靈期又一新。銀蟾今日團圞夜，汲取新潮獻竈神。每月十五女至砲臺取潮水獻竈。

城嶽靈泉　徐葆光

瑞泉托王居，巨榜標金闕。玉乳瀉巖溜，泠泠自幽絶。

迎恩亭　徐葆光

一片仙飆下九天，海東屬島喜駢闐。迎恩亭下潮初漲，百綆争牽萬斛舡。

東　苑　徐葆光

一曲崎山路，峰迴啓苑扉。繚垣藤絡石，蓋地毯爲衣。岩瀑當門落，林禽背客飛。置身瀛海上，寥廓坐忘機。

極目浩無界，超然八景空。雲開識名翠，日上久高紅。宮闕仙山近，樓臺蜃氣通。望來高閣上，坐御列仙風。

昔構原從簡，今來未改觀。依山微鑿磴，倚樹借爲欄。景色圍空翠，烟雲洗碧丹。亭中祖訓在，澹泊素能安。

疊疊南山秀，都歸東苑偏。海濤晴帶雨，嶽色午浮烟。儉德存遺構，清游繼昔賢。壁紗籠句處，猶寶鳳池篇。

白金巖在兼城絲滿村，巨石圓立，前通一門，中可坐數百人，榕樹蔽之。葆光遊山南，與大夫蔡温等賦詩。　徐葆光

邊土行將盡，摇鞭絲滿村。溪深查度馬，廬合樹爲門。村女窺崖隙，山農列酒罇。白金聯句就，書

破翠巖痕。

冬　耕　　徐葆光

寒風颯颯却爲霖，高下連山耕事深。十月芋田葉未老，隔稜已透緑秧針。

菊含英處已尋梅，六月收田十月栽。有稻莫聞兩番熟，無花不是一年開。

唐榮竹籬　　徐葆光

村村編竹牆，筠緑滿秋徑。客伴迷東西，隔籬忽相應。

中島蕉園　　徐葆光

蕉影牆頭合，人家住緑雲。機聲織明月，幅幅冰綃紋。

長虹秋霽　　徐葆光

跨海卧長隄，秋來宜曉望。脚底彩雲生，月在虹霓上。

東苑八景詩　　琉球貢使程順則

宿霧新開廠海東，扶桑萬里渺飛鴻。打魚小艇初移棹，摇得波光幾點紅。東海朝曦

海色晴明嶼色丹，流霞早晚漲西巒。若教搦管詩人見，定作箋頭錦繡看。西嶼流霞

錦阡繡陌麗南塘，天氣清和長麥秧。一自東風吹浪起，緑紋千頃映溪光。南塘麥浪

北來山勢獨嵯峨，葱鬱層層翠較多。始識三春風雨後，奇峰如黛擁青螺。北峰積翠

仙洞花發洞門開，猛獸成群安在哉。將石琢爲新白澤，四山虎豹敢前來。石洞獅蹲

凌雲亭子有龍眠，吐出珠璣滚滚圓。今日東封文筆秀，好題新賦續甘泉。雲亭龍涎
行到徂徠萬籟清，銀河天半早潮生。細聽又在高松上，葉葉迎風作水聲。松徑濤聲
東方初月上山堂，萬木玲瓏帶晚霜。照見皇華新鐵筆，千秋東苑有輝光。仁堂月色

題使院種蕉圖

中山大夫蔡文溥

數株蕉扇半遮空，仙客栽培興不窮。虚檻籠陰消暑氣，幽窗伴月引涼風。飄摇影出高牆外，掩映
緑浮一院中。擬似輞川當日景，好將圖獻未央宫。

呈册封天使四韻

蔡文溥

熙朝恩寵航溟海，萬里鮫宫紫氣臨。五色彩雲天子詔，一泓秋水使臣心。東藩恪守共球職，北闕
頒封雨露深。爲咏皇華光遠地，高懸遠望想商霖。

徐太史枉過四本堂誌喜

蔡文溥

陋巷蕭蕭一草堂，翘翘旌旆下寒鄉。山村也識朱輪客，咸道文星載路光。

同樂苑八景詩

蔡文溥

江芷汀蘭映水清，風飄香氣到前庭。曾傳東閣招賢地，可勝圜橋聚德星。延賢橋
明王軫念草萊民，時上農壇望畝頻。省歛省耕行補助，海邦無島不生春。恤農壇
一曲銀塘供洗筆，光浮星斗自成文。金鱗列隊争呑墨，彷佛龍宫獻彩雲。洗硯塘
臺上新晴宿霧披，鸞旗掩映日遲遲。春和淑氣催黄鳥，正是農工播種時。望春臺

峰高路轉欲凌雲，亭上風光自不群。縱目遠觀滄海外，登臨何異讀奇文。觀海亭

人間似隔紅塵外，錯認桃源有路通。陰鎖洞門閒寂寂，惟餘鶴夢月明中。翠陰洞

香出瓊樓閬苑種，長承雨露葉蒼蒼。春來每向巖頭摘，先製龍團獻我王。摘茶巖

聞道仙家延壽草，移栽堤上自成叢。莫教劉阮長來採，留與君王佐藥籠。種藥堤

贈潤章年兄之福山任　都御史觀　保

成均常晤對，性量喜淵深。化洽中山雨，名傾魯國心。幾年甘蠖屈，百里見棠陰。單父思前哲，鳴琴繼古音。

題贈紹衣賢友回琉球　觀　保

辟雍四載誦經勤，花嶼春帆溯白雲。海上成連如可待，焦桐清響異時聞。

題贈汝顯賢友回琉球　觀　保

一帆東去坐春風，磤隱波恬海日紅。從識觀光文治蔚，無私膏露仰天功。

贈潤章年兄之福山任　閣學謝　墉

自喜平生取友端，五年翹首見鵬摶。經帷道術原推董，花縣文章舊姓潘。化雨早徵霑海外，仁風定卜詠河干。循良遺績今猶昔，好寄清音慰古歡。

前　題　司業張裕犖

萬里華風被島夷，對揚天語慰疇咨。槐陰結綬諸生喜，蕊榜題名異域知。手種縣花思世業，澤流

海國稱人師。表東門外行春日，鞭起魚龍一賦詩。

送經峰兄之官

知縣羅德霖

安鄉人品玉無瑕，少小讀書破五車。海外親臣爲弟子，中原名士讓聲華。盈箱風雨重陽句，唾手功名滿縣花。循吏儒林看合傳，故人翹首在天涯。

感舊詠十二東潘潤章有序

原任助教改授知縣戴望嶧

天臨雙闕，邦畿爲首善之區；地建三雍，鐘鼓有於論之盛。官清似水，濫竽而謬托分曹；士集如雲，秉鐸而忝司助教。計素餐以八載，廩粟空縻；洎釋褐於三春，恩榮叨竊。辭六堂之絳帳，綰百里之銅章。采杜若於湘南，煙波滿目；萎萱花於堂北，風木驚心。返梓里以端憂，企燕臺而慨想。年光荏苒，不無易逝之悲；意緒紛綸，盡是難忘之處。嗟乎桑陰一宿，猶認前因；圜澤三生，都成昨夢。望長安於日下，迢迢路隔三千；疏短詠於燈前，纍纍詩成十二。緑槐猶在，願與君追石鼓之歡；青鳥能來，幸爲我報蓬山之信。

最難忘處古槐堦，手植猶傳許魯齋。一自奎章嘉瑞應，太和元氣驗根荄。

最難忘處過橋門，獵碣蒼蒼十鼓存。幾度摩挲趯趯字，搨歸燈下細評論。

最難忘處御碑亭，謨烈三朝海甸寧。新闢西陲二萬里，太平天子自書銘。

最難忘處放朝衙，日照東廂絢綵霞。坐擁臯比人似玉，暖風吹上紫藤花。東廂前有紫藤一架。

最難忘處是西廂，賓館新開教士堂。聖代車書通萬國，琉球子弟許觀光。

最難忘處講堂西，晨入冠裳取次齊。午帳談餘人未散，笑看日影候棠梨。成均故事：候日影過棠梨始散。

最難忘處是南雍，九域英才萃此中。解舍結鄰無俗客，六堂燈火夜窗紅。余于戊寅春移居南學，公署六堂環繞，諸生晨夕過談，至夜分不倦。

最難忘處是宜臺，小築呼童荷鍤來。今日不知誰是主，可曾着意買花栽。余于公署之東偏築小臺三尺許，名曰宜臺，著有《宜臺記》一首。

最難忘處盍朋簪，酒地詩天愜素心。餘興偶然思對奕，一枰花底晝愔愔。

最難忘處訂交遊，亭號陶然得小休。勝侶無端雲散後，白蘋紅蓼爲誰秋。

最難忘處上丁期，玉殿凝禧此習儀。肆祀春秋叨與祭，曾經十度捧尊彜。

最難忘處點朝班，也逐鵷行覲聖顔。一墜風塵追西夢，葵心猶向五雲開。

辛巳秋九月同琉球學潘掌教携鄭蔡兩生遊城南陶然亭次顒齋元韻二首　助教張若霍

川原雲物杳何窮，秋色茫茫落照空。曲檻遠浮松嶂翠，野塘低漾荻花風。天邊高翥看孤鶴，庭際長鳴有砌蟲。異域客來佳勝地，昇平宴樂萬方同。

傑閣登臨入望窮，置身疑是陟虚空。九霄日麗雲中樹，兩袖寒生海上風。楚澤清才真繡虎，燕山麗句愧雕蟲。良辰載酒成高會，觴詠幽情自昔同。

秋日憶桂用文和公載賡集中舊韻率成四首示鄭蔡兩生索和　張若霍

一院晴雲滿樹黄，仲秋時節壓群芳。家山此日花連屋，夜夜庭階繞夢香。

謝庭良讌客來遲，曾向方壺見一枝。瑶島鶴歸花事寂，相思寧獨惜芳時。
翁家山畔蕊初黄，嘉植亭前自吐芳。二十年來空悵望，高秋何處覓天香。
欲暮花開未覺遲，廣寒宫近最高枝。分明一樹皆仙種，要到人間露冷時。

訪桂於花市中見有數盆初作花喜而賦此仍叠韻索和　張若霍

夢想仙葩淺淡黄，驅車乘興獨尋芳。不辭十里城西路，領取幽叢片刻香。
節序今秋偶較遲，半含嫩蕊半垂枝。花神亦愛南天好，水榭風廊夕照時。
馬首塵飛撲面黄，何來金粟乍芬芳。小山一别三千里，輸與阿郎自在香。
花師灌溉漫嫌遲，幾許辛勤保故枝。莫道我來相覓晚，吐葩競秀正當時。

辛巳九月初三日偕潘掌教率琉球二生赴家函暉丈陶然亭之約率成二律索和　助教張元觀

秋容開爽霽，送目得晴空。烟抹遠山翠，波吹幽澗風。每來偕勝友，又是聽陰蟲。此地自千古，高懷孰與同。
孤亭俯南郭，獨立倚長空。水色澄寒日，草香送晚風。回廊檐響馬，古樹葉書蟲。更得球陽客，清吟臭味同。

贈中山大夫　張元觀

久知渤海不揚波，海外風神自協和。七島羽儀推鷟鸑，三山威令壓黿鼉。好文能數中朝典，考古還知土俗訛。何幸乘潮天上使，扶桑實樹得攀柯。

書潘雲逵掌教文稿後　張元觀

擁爐秉燭想揮毫，百疊雲霞楚岫高。自佩白珩珍國寶，愛尋香草讀《離騷》。盤螭古器推三代，鳴鶴清聲出九皐。我有故人傷物化，與君桑梓並文豪。故人謂郭昆甫焌。

嚮謁聖廟遇洞庭潘掌教與之款洽後數日枉顧南館惠以華藻盥手吟諷牙頰生香聊此强拙續貂以博一粲　朝鮮國正使吏曹判書洪啓禧澹窩

鴻漸天逵佇用儀，菁莪泮水老經師。許衡槐下班荆語，荀令香中縱筆詞。行逐遼雲懷子面，好將郢雪沁人脾。可能再枉論今古，别後心期夜月知。

潘少年隨其尊大人來枉如荀氏故事芳蘭玉樹令人不能忘用其尊府韻書寄詞案　洪啓禧

芳年舞象見丰儀，始信靈均橘可師。冀北良蹄千里步，荆南歸夢幾篇詞。須從周廟觀金口，時閱黄庭鍊土脾。何限雲霄男子事，莫孤東海老夫知。

日昨左顧兼惠華什達宵耿耿鄙詩病裏信筆且甚凌劇有一二未照檢處兹又别寫呈似更聯一編原本還擲幸甚　朝鮮國副使完山後人李　䁥

揖讓橋門敬有儀，江南士子識殷師。百年春過槐壇影，刼後苔深石鼓詞。擲地更聆空外響，咀真剩洗病餘脾。自私眉睫看猶遠，達去敷天似舊知。

籩豆曾閑享聖儀，七年棲屑作人師。嵬峨自是三庠秀，糠粃猶堪八股詞。偶到頖宫成禮數，笑班庭草露心脾。城南不負花前約，袖落清詩意可知。

大螺歌爲張顒齋賦

潘　相

球陽異産有文蠃，拔出凡介匹蛟鼉。土人名之谺札喀，或云緑螺充貢艖。大者如盤小如斗，左旋虚中吞海波。佛髻收來月影細，仙房吐出日華多。欻如白蘋穿翡翠，嬌如紅豆舞鸜哥。怪如文貝喀達哈，怒牙厲齒相切劘。往往朝遊拋皮殼，群蠏守護煩撝訶。有若大厦憑寄寓，千間萬間遍遮羅。卷懷閉户性奇巧，般倕伺之揮斧柯。釃以合香鈿飾鏡，吹之爲角剖爲犧。涪江學士承簡命，册封歸來駕海舸。却金球有却金亭，爲前使建。空餘風兩袖，一螺竟作陸裝馱。持贈先生列書案，仄輪九曲狀嵳峩。古之矜也饒稜角，觚哉觚哉不差訛。又如周廟觀欹器，中正妥帖無偏頗。山石犖嶨恣容納，咫尺滄溟龍騰梭。我友陳君名文豹，字蔚三。才雙妙，揮毫製律酣吟哦。命我長歌貂續尾，才薄將奈兹蠃何。我觀説卦離之象，爲蠏爲蚪莫能過。内實外剛文明聚，神完質厚貌逶迤。不知經歷幾年歲，待時浮出蓬山阿。一朝得遇真知己，寶於盠盉愛於蝌。由來先生奇心眼，睥睨千古弗婍娿。地負海涵富生畜，廉隅砥礪介且和。愛客每忘夜過半，縱酒高談若懸河。天下英奇多在席，惓惓誨育長菁莪。嗟余門外遥瞻望，枯朽屢蒙大氣呵。感激誓將傳模範，測量無術謬持蠡。何如兹蠡立座側，先生朝夕勤摩挲。蠃兮蠃兮真得地，庶同石鼓不消磨。

送林心芝之官浙江

潘　相

韓公重望如山斗，一麾作令綰黄綬。政事由來屬老儒，於今河南聲不朽。先生有道學昌黎，窮年好古摩蝌蚪。四海英奇半在門，經義兩齋真善誘。老更顧之屢咨嗟，諸務必經先生手。端坐指揮肅範模，力所有餘心更厚。國家聲教遍炎荒，鮫人亦采三雍茆。王正詔遴教讀師，謬辱剡章附馬走。乍覩儀型喜且驚，鸞停鵠峙知非偶。從此誨言日相親，小鳴大鳴無弗有。禮闈春榜盡名賢，先生鴻文更壓紐。神仙意氣凌雲霄，染翰螭坳寧當後。胡爲百里揮牛刀，嚴程催晉青門酒。十年魏闕心依依，欲行且止重回首。當今上理躋唐虞，官重親民令牧守。宣化承流屢睿懷，賢聲此去肩重負。況復治縣譜世傳，吾鄉謳思碑在口。公尊人歷任湖南縣。當年公子贊神君，此日儒官爲慈母。湖天佳景日正秋，白公堤外掇新藕。香吏輕舟試仙才，詠吟應似鯨鐘吼。政成計日賦遄歸，褒德封侯看大受。獨念微才尚滯留，何時重得親座右。

送戴桐峰之官湖南　　潘相

儒臣御命赴星沙，道學循良總一家。六館人長思雨露，三湘地舊富桑麻。承顏喜奉迎舡笋，問俗應栽偏野花。料得心依宣室席，時臨岳麓望京華。

吾鄉共喜得吾師，獨有駑駘悵別離。久恨生涯同泛梗，纔叨庇廕暫棲枝。春風席上談經日，雪夜門前問禮時。多少殘編須是正，欲憑雁字析群疑。

同張函暉張顒齋携二生遊陶然亭依韻　　潘相

先生秋日興無窮，携我城南眺遠空。背郭千重蘆葉雨，抱樓四面菊花風。凌霄健翮看鵬鶚，懷古高談薄草蟲。況許雞林陪座末，一亭佳話鮮人同。

乾坤浩浩意何窮，此日登臨眼界空。天放新晴饒勝趣，地餘曠野足清風。會心先醉重陽酒，得句誰驚四壁蟲。千古亭臺留我輩，陶然襟抱幾人同。

送鄭紹衣蔡汝顯歸國

潘相

承恩萬里盍朋簪，中外師生興倍酣。備歷艱虞親似漆，幾年漸染碧於藍。客程此日辭天北，吾道從今度海南。分手無爲兒女別，來朝時遣鴿奴函。

恭慶聖母皇太后七十萬壽詩呈進

官生鄭孝德

球藩奕葉荷綸綍，累譯來王拱紫宸。萬里風恬波静海，三山日暖草回春。惠覃遠塞休聲徧，恩覆炎荒壽宇新。喜值慈寧綿聖筭，叨隨屬國頌皇仁。

華府琉球王殿名。門前膺册封，一方阜壽沐恩隆。三平村琉球村名。酒千家碧，萬歲山取望闕嵩呼之義。花四野紅。地應離明長捧日，天瞻乾極遠呼嵩。今朝恭虔璇宫福，躬沐春暉虎拜同。

文教遥敷島嶼邊，辟雍詔許沐陶甄。手摩鼓碣春光煖，身託槐陰舊廕妍。豢養恩波深似海，栽培德化博如天。幸逢聖母長庚日，同效華封祝萬年。

炎徼常懸向日心，喜將姓字附青衿。履長共慶徽音遠，稱壽同霑聖澤深。玉宇祥雲浮鳳闕，瑶池瑞靄徧雞林。從知海屋添籌永，難老松齡邁古今。

律轉初陽繡線長，九霄慶靄正無疆。聖皇孝理高千古，壽母慈暉照萬方。日下尊親同覆載，春臺頌祝徧梯航。自欣陪隸隨多士，恭上南山壽一觴。

聖壽綿綿慶九圍，純祺稠疊錫慈幃。珠連五緯明丹陛，璧合雙輪擁紫微。閬苑書緐瓊玉檢，瑶堦綵試袞龍衣。共歡天意同人意，於萬斯年仰懿徽。

禹拜皐颺頌母儀，許陳任韎奏侏㒧。兩階羽雜氍毹舞，六律鐘調韶頀詩。歡洽敷天長燕喜，慶流薄海普鴻慈。謳歌此日同中外，歲歲年年祝介禧。

萬國車書拱帝京，普天齊唱九如聲。春明露掌開瑶席，日麗彤墀捧兕觥。錫類無窮綿景福，推恩有永洽皇情。虎闈幸聽康衢頌，山皐歌吟喜載賡。

辛巳十一月十五日皇上恭迎皇太后自圓明苑還宫恭慶萬壽詔許陪臣孝德**等用本國衣冠隨班接駕恭紀一首**

鄭孝德

温綸特許附鵷班，繡陌恭迎慈駕還。自喜頻年叨聖澤，旋欣此際仰天顔。春明紫闕暉光遠，日麗金鞭指顧間。夾道虞絃歌復旦，陪臣拜舞效呼山。

二十四日承恩賞賜緞三疋貂四張恭紀

鄭孝德

霄漢歡輸就日心，叠欣醲澤沛儒林。筐頒鳳閣恩波暖，珍錫鮫人雨露深。文綺輝煌流瑞靄，豐貂燦爛映璆琳。捧將歸國懸堂上，光拂柴門價萬金。

遊陶然亭有序

鄭孝德

辛巳重陽前六日，堂師張函暉邀同張顒齋及我經峰師遊城南陶然亭，命德等隨行。此地清幽絶塵，爲天都名勝之區，賢士大夫之遊觀者常絡繹不絶。是日也，久雨新晴，金風清爽，蘆葉彌川，菊花鋪徑，俯仰左右，真足以游目騁懷。矧兩堂師及吾師吟詩飛觴，談古今，論人物，無非至教，生等侍列座末，其樂何極。既而斜陽在山，告歸西序，餘興勃然，爰賦詩以志之。

携我探奇九月秋，陶然亭上喜從遊。放懷别具十年眼，望遠欣登百尺樓。菊近重陽香滿地，風清佳日酒盈甌。座間談笑皆明訓，歡豁心茅益進修。

承久米府王成績蔡玉臺寄問賦此答之　鄭孝德

萬里燕京學步趨，每依北斗望枌榆。天邊過雁傳瑶簡，日下烹魚得寶珠。王粲奇才人似玉，蔡邕博記腹如厨。慚余六館霑槐露，幾載婆娑一字無。

依然海畔舊頭顱，别後空餘面有鬚。秋曉長聞砧響急，夜深遥看月輝蘇。雙龍跳躍蟠蛛網，群鳳雝喈起碧梧。反斾鄉園猶計歲，可能重遣北飛奴。

酬高麗李伯祥　鄭孝德

延平衍派重王門，器宇崢嶸卜鳳騫。泛海雙蓬逢輦下，灑毫三峽倒詞源。春暄驛邸談今古，夜静儒廛引夢魂。訂日西膠親掃榻，細將文史與君論。

春　望　鄭孝德

帝畿無地不春光，萬里風恬化日長。到處江山輝錦繡，望中雲物焕文章。青歸柳線高低色，紅入桃腮遠近香。俯仰乾坤雙眼豁，一時新景拂詩囊。

賦得秋色正清華　鄭孝德

早秋城郭雨初晴，極目江山景色清。千里陌頭金作繪，萬家籬外菊含英。攤書細對梧桐月，隱几常通玉笛聲。此日樓臺多逸興，誰家砧杵送離情。

賦得既雨晴亦佳　鄭孝德

應時霖霈洒畿封，倏見晴輝照遠峰。萬片歸雲初擁樹，一川餘點不妨農。暑清繡陌風聲細，日晒名園草色濃。雨後炎曦恩倍渥，歡歌處處慶時雍。

秋雨歎　鄭孝德

秋雨滂沱久未晴，陌頭水漲斷人行。九衢珠桂騰金市，萬户桑麻落玉英。憑几常驚頹屋響，隔窗厭聽滴堦聲。夜深剪燭攤書坐，四壁凄其動客情。

冬夜書懷　鄭孝德

寒冬冷月照書帷，夜半擁鑪有所思。學步常憂中道廢，潛修寧願外人知。心從静後能忘我，文到神來自得師。傾覆須先防未滿，悔尤每自小瑕滋。

成均望家信　鄭孝德

人事猶浮萍，海南羈天北。去國已三秋，駐足橋門側。秋深冷露繁，籬菊誇逸色。孤檠亮復幽，寒壁蟲唧唧。遊子倍思親，還夢翔弗息。山長水且遥，家書難可得。出城問閩郵，憂心日已極。每聞風簾聲，驚喜令人惑。雁飛曾不到，何日舒胸臆。

接家信志喜　鄭孝德

海外一飄渡重洋，舌耨筆耕傍六堂。迴憶離家經四載，思親何嘗一日忘。年年空作登樓賦，雁飛曾不到炎荒。有客忽從榕城至，遺我平安書一囊。開緘驚視眶旋淚，捧誦一過喜欲狂。天相逢盧常廸吉，慈母康寧晚景昌。從知萬金何足寶，置書懷袖樂無疆。孤身遠道雖未返，歡心何異到家鄉。

秋日郊遊書懷

鄭孝德

久雨新晴北郭秋，閑遊川上思悠悠。臨流席草舒清興，何處吹笳未肯休。
遠辟輕埃傍水遊，晴川一色荻花秋。盤旋最是心無極，逝者如斯晝夜流。
携手河干賦勝遊，一泓秋水向東流。風吹葦岸舒鳧翼，日暮楊林樹色幽。

有感口占

鄭孝德

風滿橋門月映川，一飛一躍見魚鳶。宮牆萬仞雲梯在，翹首於今已數年。

恭慶聖母皇太后七十萬壽進呈

官生蔡世昌

天朝教化覆垓埏，小國尤叨寵錫頻。累葉衣冠邀盛典，三洲草樹戴皇仁。望雲久視慈暉遠，觀海長歌孝理純。此日璇霄稱萬壽，歡呼島嶼共尊親。
瀼瀼濃露洒扶桑，三錫温綸鎮海荒。廣福門前歡不盡，萬松嶺上慶無疆。鯨波恬作卿雲色，蜃氣銷爲瑞日光。今值中安椿算永，一時齊祝壽而昌。
萬里梯航載好音，藝文詔許共窺尋。喜當聖世風雲會，叨列賢關雨露深。幾載饔飱縻玉粒，三時裘葛費兼金。幸逢慈壽天同久，歌效華封表藿心。
玉瑄春回暢月天，太平聖主扈金軿。萲庭日永斟堯酒，蘭殿風和鼓舜絃。籙捧瑤池仙侶會，輝明寶婺壽星懸。橋門共沐菁莪化，忭舞康衢頌大年。

慈寧慶靄遍寰瀛，聖孝承歡典禮明。律轉洪鈞綿景福，祥迎聖歲祝長庚。千官虎拜層霄日，四海山呼萬歲聲。最喜陪臣逢盛軌，叨隨六館共稱觥。

七曜同躔燦璧珠，天申聖壽集禎符。鳳銜玉檢千秋鑑，龍負金泥五老圖。戩穀徽音開睿略，含章厚德啓訏謨。從知尊養綏繁祉，如日初升載海隅。

風光曉拂萬年枝，正值星軒上壽期。爛縵東華騰瑞牒，輝煌南極燦祥曦。武功文德宣徽訓，錫類推恩溥介禧。拜獻九如賡未盡，穹天億載樂清時。

億春壽幄八荒開，中外聲名漸被該。官宅南交籠雉至，道通西旅貢獒來。一人燕喜陳瓊液，三殿鵷行捧玉杯。譯館何因隨拜舞，作詩慚乏頌揚才。

辛巳十一月十五日皇上恭迎皇太后自圓明苑還宫慶賀萬壽詔許陪臣世昌等用本國衣冠隨班接駕恭紀一首

蔡世昌

鴻鈞律轉一陽天，萬國嵩呼慈駕前。瀛海琪花暄日影，蓬山寶樹極春妍。填衢土鼓堯三祝，夾道僊音舜五絃。自喜今朝隨拜舞，親覩聖主扈金軿。

二十四日承恩賞賜緞三疋貂四張恭紀

蔡世昌

錫類推恩及遠人，雲霞一篚寵頒新。九重飛下雞林暖，三殿擎來虎觀春。文綺光華輝藻火，豐貂絢爛妥簪紳。他年詔許還家日，世世傳觀耀海濱。

芙　蓉　蔡世昌

芙蓉不與衆芳同，蟬蜕淤泥出水中。玉柄凌波標潔白，艶幢洩渚弄輕紅。全無雕飾擎朝露，獨綻縐紋映午風。小立銀塘頻駐目，天然净植鬱瓏璁。

晴　望　蔡世昌

川原霧歛雨初晴，翠黛鮮新霽色清。澗草還霑餘潤濕，野林尚映早霞明。山分宿靄無雲跡，樹散疎烟有鳥聲。畫景環城供客望，憑高送目愜詩情。

遊陶然亭有序　蔡世昌

歲在辛巳，節近重陽，函暉先生邀吾師及顒齋先生攜予兩人南遊陶然亭。兹亭也，賢士大夫之所以遊目騁懷者。是日天朗氣清，金風徐來，倚欄縱目，真可樂也。飫聆明訓之餘，忘其固陋，賦詩一章，以誌勝遊。

高臺一上思悠悠，且喜黄花插滿頭。碧水晴光摇草樹，名山畫景擁城樓。一時詩酒同清賞，百代風流紀勝遊。况有雄談驚四座，更教遠客豁雙眸。

入學呈經峰師　官生梁允治

奇文詔許共窺探，萬里從遊意興酣。海外長瞻星聚北，帷前真喜派分南。藏書有庫常兼四，淑世餘肱已摺三。遥聽同門原濟濟，春風春雨楚山嵐。

入學呈經峰師

官生金　型

絲綸特降海門東，王命從遊國學中。聖域乘時霑化雨，賢關到處坐春風。鯨鐘遠響開屯否，石鼓奇文發困蒙。獨愧淺才多未達，不知何日奏微功。

贈潘二仲焜

鄭孝德

久聞芳訊望雲霓，此日纔欣接駿蹄。寶樹頻懷三楚北，琪花驚拂六堂西。風吹馬帳同温煖，雪滿程門共品題。海國人歡隨驥尾，相期文學步昌黎。

送鄭大紹衣蔡大汝顯還國

潘　瓚

炎陬萬里到燕臺，爲悦宣尼航海來。四載親師傳北學，一時將母賦南陔。歸程應有詩千首，別緒重斟酒幾杯。料得還鄉同薦擢，可能懷舊望三台。

寄贈鄭大紹衣蔡大汝顯還國

潘承熾

炎天姓字重扶桑，入學翹瞻日月光。予弟欣聞陪鯉對，不才漫喜接瑶章。到來奔走京畿士，歸去股肱海國王。衣錦從知稽古力，莫忘辛苦客虞庠。

送鄭大紹衣還國

潘承煒

橋門兩載共燈檠，客舍難爲送別情。策馬心猶依北極，望塵人已賦南征。風和綺陌郵程遠，日照鯨波海帕平。遥計扶桑同忭舞，道東果有鄭康成。

送蔡大汝顯還國　潘承煒

九峰氣宇信峥嶸，金比堅凝玉比瑩。海國人原推異等，天都士共識才名。皇華驛路榮歸日，南浦春風送客情。樽酒勸君須盡醉，何時重得會燕京。

寄贈鄭大紹衣蔡大汝顯還國　潘承炳

累世簪纓壓海邦，連翩東序照銀釭。揮毫霞起姑塲嶺，潑墨龍翻那霸江。舊學遥聞循軌轍，新輝逖聽擁旌幢。通家獨愧慳謀面，徒寄魚鴻送遠艭。

送鄭大紹衣還國　潘承焯

捧書萬里到長安，鯉對叨陪共仰鑽。六館風流人似玉，四年唱和氣如蘭。蘆溝橋上天邊月，姑米山頭海外鸞。想見還家承寵後，時時翹首五雲端。

送蔡大汝顯還國　潘承焯

西膠四載共磨研，長夜書聲人未眠。七島文章誰與並，三山豪傑莫之先。春風萬里還鄉轡，曉月連宵渡海船。此別何時重握手，相期奉使到天邊。

序

中山鄭紹衣太學課藝序　潘　相

一方之風氣，必其人之精神志意與天地山川之光輝相感發，而後草昧以啓而文運以開。琉球於天文其次星紀，其宿牽牛。辨嶽峙其南，鉅海蕩其北。清淑之氣，蜿蟺扶輿磅礴而鬱積，固必有鴻裁健筆希踪上國之士生其間，若鄭生紹衣其一也。庚辰春，紹衣奉天子命入成均，學於余。因其舊習率驟言講學而視文若可緩，余語之曰：四科殿以文學，而文顧先學。蓋學弸於中而襮之以文，文非學無本，學非文不著。彼昧昧於文者，猶昧昧於學也。自古有道所生之文，有因文見道之文，經傳尚矣。秦漢而後，種學之士，未嘗不績文。昌黎遠紹旁搜，必曰文從字順，各識職。吾楚濂溪先生初不欲以文見，而《太極》、《通書》上宗《易》繫，其論文必蘄於美而愛，愛而傳。程子亦言：吾無子厚筆力，不能爲《西銘》。若乃《朱子全集》，雄視百代，其文理密察，片語隻詞，莫不各有妙道精義。即今所讀《集註》、《章句》，字字秤停，尤爲千古至文，而學者童而習之，老而不知，又奚足與論學也。紹衣以爲然。予酒授之《小學》、《近思録》，俾知窮經階梯，繼之《四書》、《六經》，指示乎朱註之學之粹文之密，常於之乎也者等字增減同異處辨之，生始知有文法。然後與之讀漢、唐以來之古文，磨礱乎句讀而含咀乎英華，反復乎篇章而沉潛乎意義。如是者有年，生又知文有膚有肉，有氣骨，有神韻，要視乎締構段落，宅句措字之不可苟，起伏呼應之未或誣，於是以其學之所至焉者發而爲文，則每出益奇。其法律謹嚴，若梓人構室，千門萬户，一衷於繩墨。其採取宏富，若海涵地負，萬物生蓄，無不畢具。而又長於設色，若萬紫千紅之攢簇而迷離。要其迎之距之，敲之推之，務求其是而後已。其信之甚篤而好之甚摯，至盛暑隆寒，疾病呻吟，窮日夜而爲之不厭。偉哉懿乎，是其精神志意固足以開球陽之風氣者乎？他日者陳於王廷，率其國之人，舉曩之所以爲文者倍精而加詳焉，中原之文其信渡海而南矣。抑余所言者文也，文之境視乎學之功。學之既深而充乎其中而見乎其外，庶幾由因文見道之文以漸窺乎道所生之之文。然而難矣，是豈易與輕談文學者言哉！既書其集以勗之，亦因以自警焉。時乾隆癸未孟冬之吉，友生楚安鄉潘相經峰氏書於太學之西廂。

中山蔡汝顯太學課藝序

潘　相

處中土者利用因，居邊方者利用變。言子之於吴，陳良之於楚，皆以北學鄒魯而變其舊俗，使南戒雄風方駕上國。然自漢、唐以來，匈奴及新羅、百濟皆嘗遣子入學，彪炳史書，乃其來學者既弗聞有所表見，而其國之風亦未見蒸蒸然日進於雅者，何也？豈非務於虛文而誠心少耶？抑又考《周官》大司樂，韎師教韎樂，旄人教夷舞，鞮鞻氏又掌夷樂與其聲，夫東昧南任，固徵來王之盛，而使彼之入學者仍服其服，舞其舞，因此而推，則漢、唐之學之所以教之者，亦庸有未盡也。琉球雖遠處海南，然與揚州、吴越同分野，於外藩若東高麗國，於内郡若廣之瓊州、福之臺灣。又地當南位，南爲火房，於人文最宜。故自明初中山王子日孜每闊八馬入成均，及今凡十九次，漸染華風，祀先聖，興學校，家購儒書，人崇問學，信哉乎其易變也。顧此十九次之士，其立功德於國者，類班班可譜，惟天章蔡君有《四本堂集》見稱徐太史，而余竊觀其所載，猶以爲變之而有大力焉者，仍有俟乎後之人，若蔡生汝顯二三子固不得不共肩其任矣。蔡生爲天章從孫，其先世自宋端明殿學士君謨以文章政事顯，厥後六世孫奉明太祖命入琉球，傳十數世，子孫著録者數十人，入太學者强半蔡氏子弟。蔡注祖父伯叔皆官上大夫，嫻禮法，澹園法司尤（窺）〔寖〕尋向上，篤志洛閩學。蔡生胚胎前光，目濡耳染，早錚錚有才聲。會中山王選士入學，諸大夫僉舉生。歲庚辰，偕鄭生紹衣學於余。余不欲以古司樂之所教者教之也，作答問四條，一曰端趨向，二曰變習尚，生篤信之，與鄭生稟承指授，刻苦力學，無間旦夕者凡四年，裒其課藝若干首，將以獻於廷，師於家，模範於國。美哉，洋洋乎，其誠心於學者耶！其予所謂有大力而善變者耶！生好讀韓文，言必舉爲宗。顧其儁傑廉悍，峭刻雄厲，往往似柳州、半山。余嘗論唐宋八家，惟柳、王足亞韓豪，而韓公於柳、王之長無不有，生學焉而得其性之所近，故常相似也。韓公起八代之衰，生歸而舉公之所以爲文者教其國之人，其弗變矣乎？抑聞昌黎居潮州，命進士趙德爲之師，而潮人知學。衡湘以南，經子厚講解指畫，爲文詞者皆有法度可觀，到今兩地尸祝之。蔡生勉乎哉！球陽之人，千百世後，其猶如楚越之尸祝兩公也哉！時乾隆癸未孟冬之吉，友生楚南平潘相雲逵氏書於敬一亭之右屋。

中山鄭紹言太學課藝序

潘相

今天子之二十有四年，中山王選士入太學，鄭生紹言以唐榮茂才，限於額，不得與，即負笈隨兄紹衣、蔡生汝顯，航鉅海，水陸萬里，以其私請從予遊。予教之比兩官生，自敦品讀正書外，亟與言爲文，顧諄諄然惟篇章段落虛字語助是辨，尤禁其爲語録講章之派，舉世之所謂高且遠者，若概置焉不講，凡以云救也。然昌黎全集大振頹風，其《通解擇言》、《鄂人對》諸篇，陳齊之謂其之乎也者不倫，指爲少作，與晚年筆法若兩手。即其自序用力惟曰「陳言務去」，以剽賊爲聖神徂伏，以詞必己出爲古，以苦澁若樊紹述爲躅，究其要歸，則曰文從字順，各識職而已。故朱子《考異》秉其權衡，正於片字隻語，文勢義理，定厥從違，若是乎篇章段落、虛字語助之辨，固徹乎上下，而非遺高遠而專言卑邇者比也。且夫上古之爲文以舌，秦漢而後之爲文以腕。六經四子豈嘗秉筆爲詞章，而道足而文生，若天地之有日月星辰、山川河岳。後之人才分懸殊，即操管營度，猶往往不及古人，何況語録？故《近思録》一書自所引《太極》、《通書》、《西銘》外，往往多諸公口授門弟子之語，雜以方言，學之者以爲作聖之筏，窮經之階，行文之根柢，則得矣。而一襲其貌，用其句以入於文，則迂腐陳俗而不可行遠。故曰人聲之精者爲言，文詞之於言又其精者，語録固非文詞也，其他則又何説？紹言敦孝友，厲廉隅，一如其兄，而兀兀窮年，耕鋤經畬，用工更苦。蓋其質較魯而竟以魯得力，篤信五子書，若性命肌膚不可離。其行文因好用之，而於古文法亦未深。既稟乎繩尺者三年，而後乃曠然一變其舊。論篤實而雄暢，表流麗以端莊。尤長於碑記，奇崛之概，每得古人三昧。都計課藝若干首，其於兩宦生殆伯仲之間矣。回憶紹言始來時何似，而乃今至此。吾嘗論爲學如涉海，海於天地物最巨，氣怯者望洋反耳，有强力者問於長年，慎厥舟，手一針㭊，更沙漏，經颱翻颶吼不震驚，不數日躡彼岸，志定而神王也。紹言渡海而來，觀海而歸者也，題其集即與之論海。

記

瑞泉記

鄭孝德

王城之中有泉曰瑞泉，嵌鐵龍於泉眼，水從龍口噴出，故一名龍泉。泉側有石巖，峭屹丈餘。巖上多鐵樹，鬱葱而叢茂，其勢彷彿蒼龍隱於青雲之中，蚴蟉而欲騰。是泉也，碧澄而甘醴，雖旱弗竭。烹茗而茗清香，釀酒而酒清冽，宗廟朝廷，莫不需焉。前後册封天使飲而嘉之，勒碣二，一曰「中山第一」，一曰「雲根石髓」，志瑞也。凡官吏登朝，道必由乎斯泉之旁。遠而聞之，其聲琤琮然，如鼓瑟弄絃，聞於城郭之外。近而觀之，其脉瀺灂然，若跳珠飛雪，灌於金溝之中。誠足以清塵耳，沁詩脾也。若乃徑圓覺寺觀蓮橋，直滙於龍潭，民間賴以灌田圃，屢享歲豐之樂，其又瑞之所由溥歟？是維我王德隆道茂，政通人誠，措國家於辨嶽之寧。邇自三山，遐及三十六洲，靡不沐浴鴻澤，敬宣成化。繇是其泉滃然而清，永表瑞於億千萬葉耳。微臣欣覩斯泉之溥博無窮，而竊歎乎至誠之不息也，爰綴文以記之。

那霸港記

鄭孝德

王城之西有江焉，潮汐震蕩，浩浩湯湯，源遠派別，厥利無疆，在那霸南數十步之近，故名那霸港。其東北徑唐榮、泉崎橋，泊江以通城北山川村，其東南過豐城、真玉橋、國場，極新城下津、嘉山之前，呑溟海，達諸江。凡入貢天朝與外島入貢之舶，賈貨之艘，靡不會玆，洵中山之咽喉也。港之左曰屋良座，其後有閣曰住吉亭，右曰見城，其旁構院曰臨海寺。登見城而西望，則遥岑聳翠，出没於雲霞之間者，馬齒山也。其偏東平地數百畝，沙光耀銀，浮於滄瀛之中者，奇洲也。登屋良座而東眺，則層巒嵯峩，有亭飛聳，鄰雲霄而枕緑波者，波上山也。其偏北青嶼十餘里，横流於碧瀾之内者，讀谷山崎也。港後一二里，古松鬱葱，峙於中流者，奥山也。其南筆架峰麓，遥聞水聲琤然，出松林，直灌江流者，落平泉也。朝嵐暮靄，一碧萬頃，天高水闊，氣象萬千，此固霸港之奇觀也。至若港腹中流有暗礁碍舟，砌石爲表，謂之馬喀牙。夾江皆鐵板沙，嵌空嵯岈。自馬喀牙直達大瀛，波濤衝激，怒號澎湃，如萬馬之騰空，潮長則没，舟誤觸無不立碎者。港崖左右築長堤，建兩炮臺，雉堞翼如，有龍蟠虎踞之勢，其天之所以付以金湯，俾我王德威溥博，萬萬世奠國祚於磐石之固乎？德不敏，竊有感於《大易》設險之文，遂書以爲記。

重修泉崎橋記

鄭孝德

先王構橋於泉崎之北，發仁政濟群黎也。代遠年湮，厥橋頹壞，我新主重修之，以恢舊制，命臣爲文記其事。臣觀是橋在學宫之前，玉蝀爲腰，金鰲作背，叠石砌成，仙工贊就。高聳如磴，雙門拱月，直跨唐榮東南。東極泊江，西通灞港，吞噴二水，仍歸溟海。泉崎湧田之官吏，藉以達朝，山南諸島貢於都，賈於市者，罔弗由焉，洵要津也。且夫大嶼小嶼屹於中河，每當海潮甫進，半浮水上，半潛波底，猶龍馬負圖而游泳。逮夫海潮既止，煙水悠悠，一碧萬頃，沙鷗翔集於晴渚，錦鱗瀺灂於澄淵，凡山北馬齒之艘維於船、藏與中洲者，或臨風而吹笛，或把酒以弄絃，信宿漁火，歌謡互答。登斯橋也，固有塵慮頓消，詩思清遠，其樂無極者矣。前册封天使徐先生遊而奇之，題詩曰：「明月送潮來，橋上不知暮。遥見渡頭人，紛紛廠西去。」蓋志實也。臣德識淺才踈，固不足以述之，感吾君德盛化遠，有即一橋可見者，因綴蕪篇，以拜揚休命云。

久米村記

蔡世昌

久米村一名唐榮，即古之普門地也。明太祖賜唐人三十六姓聚族於此，故曰唐營。又以顯榮者多，故改曰唐榮。國王厚其裔，世其糈，故取世禄之義，曰久米。村之中有長道，紆回數里，蜿蜿蜒蜒。其南口港堤突出，圓廣如唇，泉崎水縈帶其間，中島石卓立如印，洵所謂天馬行空，鬼樂相生者，故是村有文明之象，而俊髦輩出，嶄然見頭角也。村之東有文廟，紫金大夫金正春請王建之。厥宇背林，厥位面陽，殿堂墻扉，黝堊丹漆皆如法。殿外爲露臺，殿内割後楹爲神座，塑王者像，垂旒搢圭，而署其主曰至聖先師孔子神位。左右二龕，四配各手一卷，則《詩》、《書》、《易》、《春秋》四經也。廟之左有明倫堂，紫金大夫程順則啓建之。堂中北壁分三小龕，奉啓聖王及四氏神主。兩廡設學，選立二師，一曰講解師，一曰訓詁師，村中通事秀才及童幼皆從業於焉。師生有舍，庖廩有次，人知嚮學，争自濯磨，改粗鄙之俗爲儒雅之風，皆廟學之賜，而吾村之盛跡也。自村口而入，行數十步有神廟，曰上天妃宫，嘉靖中册使郭汝霖所建。寬不過數畝，周圍繚垣，殿宇宏廠。其正中爲天妃神堂，其右爲關帝位座，其左爲久米公議地。凡中朝册使及一切渡海官民莫不賴天妃靈佑，故累朝天使皆謁廟行香，竪匾掛聯以酬之。廟東門之内有小院曰龍神廟，徐太史有聯云：「受朝宗而宅海，敷雨露以行天。」左小扉外東北半里許有松林焉，爲吾蔡氏祖祠，廣數十畝。堂之作不用華飾，不列牆垣，以萬松爲藩籬，小山爲屏風。其始浮屠居之，名曰清泰寺。其後澹園公與我伯祖價而售之，毁其舊寺，潔其園囿，漢松福木之植，周於四隅，嘉葩美石又經緯之，乃作門堂寢室，顔曰忠藎堂。每歲春秋時享，長幼咸集，移孝作忠，蓋世世罔替也。至於首對奥山，尾注大瀛。出大門村别名。望山翠，登波上觀海瀾，則遊人之適情者多吟詠焉。其天鍾秀於兹，以俟唐人之居，而開百世之盛者歟？不書所由，使勝跡鬱堙，是貽唐榮之愧，故記之。

駢　體

擬賀萬壽表

鄭孝德

伏以聖德日新，兼三才而立極；皇仁天覆，合萬國以長春。樂動南薰，歌重華於舜日；尊傾北斗，祝多壽於堯年。慶洽冰天，歡騰熯地。欽惟皇帝陛下，聰明睿智，文武聖神。繼百代之心傳，惟精惟一；綜千秋之治鑑，丕顯丕承。戩穀頌九如，正日月升恒之始；捧觴稱萬壽，符乾坤策數之全。純嘏緝熙，至誠無息。臣某備封屬國，叨列東藩。碧海波恬，遥仰聖人有道；青雲彩煥，恭稱天子萬年。伏願受祜益隆，綏猷彌篤。高明博厚，允符悠遠之徵；易簡確隤，常表貞觀之象。將見宏開壽宇，永占運會之盛隆；敬答天休，長溢聲名於中外矣。臣某無任瞻天仰聖踴躍懽忭之至，謹奉表稱賀以聞。

擬恭謝天恩賞賜緞三疋貂四張表

鄭孝德

伏以聖澤旁流，喜推恩於有永；皇仁廣被，慶錫類以無疆。頒文綺於九天，雞林彩煥；錫豐貂於三殿，虎觀春回。喜氣騰霄，歡聲動地。欽惟皇帝陛下，德乎窮昊，誠貫神明。集符瑞於四方，歌頌徧堯民之衢壤；平妖氛於萬里，祥和揮舜陛之薰絃。景運日中，昌期天保。兹蓋恭逢皇太后陛下坤道長寧，天慈覃被。億年受祜，著不息之休徵；萬國來王，頌無垠之景命。則天因地，大澤既沛於無加；育物誠民，鴻恩更覃乎靡外。陪臣孝德遠從島嶼，近側辟雍。久被榮光，欣逢盛會。叨隨虎拜，祝紫闕之鴻禧；欽迓鑾輿，仰天顔之燕喜。千秋罕覯，萬古希聞。矧厚德之自天，荷深恩以如海。珍頒内府，篚錫外藩。緝鶴圖雲，寧同挾纊；堆金珥玉，奚但披裘。真教負用銅仙，難勝貺重；雖使量來玉尺，莫罄恩長。望鳳闕以山呼，敬神葵悃；隨鵷班而獸舞，恭謝天恩。伏願純嘏緝熙，至誠無息。車書一統，彌恢九有之文明；玉帛萬方，常頌八紘之清晏。則後三光而不老，長享太平；與萬物以皆春，永躋壽域矣。陪臣孝德無任瞻天仰聖激切屏營之至，謹奉表稱謝以聞。

擬賀萬壽表　蔡世昌

伏以鼎業靈長，隆運占乾坤交泰；璇圖永茂，瑞符比天地貞觀。慶聖德之日新，山稱萬歲；歌皇仁之天覆，水建千年。喜溢人區，歡騰海表。欽惟皇帝陛下，綏猷咸五，建極登三。文德覃敷，啓前代難通之土宇；武功赫濯，綏累朝未服之蒼黎。悠久無疆，令聞不已。臣穆新承寵命，世受隆恩。欣值西戎即叙之年，恭逢萬壽無期之會。遥瞻舜日，惟賡復旦之歌；遠望堯天，竊效三多之頌。伏願鴻庥益懋，純嘏彌崇。如日初升，永集億年之祜；似川方至，長昭恒月之輝。將見壽宇宏開乎八荒，不數羲黄紀歲；聲名洋溢乎萬國，直同覆載長春矣。臣某無任瞻天仰聖踴躍歡忭之至，謹奉表稱賀以聞。

擬恭謝天恩賞賜緞三疋貂四張表　蔡世昌

伏以聖孝格天，啓無疆之運會；皇仁遍地，洽有截之臣民。萬國仰慈暉，溥介禧以錫類；八荒開壽宇，宣徽訓以推恩。歡洽寰區，慶流中外。欽惟皇帝陛下，心同虞舜，道邁周文。合九有以來王，彌廣照臨之德；奉三無而出治，益宏亭育之仁。故教化浹於海隅，而聲靈震於月窟。欣逢聖母届七旬之萬壽，恭惟聖人合萬國之歡心。如日之升，詩進南山之頌；以天下養，晏開北斗之樽。率土霑恩，舉欣欣而有喜；穹天載德，實蕩蕩以難名。陪臣從學虎闈，仰瞻金闕。欣逢昌會，喜厠末班。仰鳳輦之璿暉，山呼以拜；瞻鑾輿之仙仗，魚貫而前。既叨就日之榮，更荷自天之寵。賜豐貂於内府，春煖鮫人；頒文綺於尚方，月輝蜃島。洵萬古難逢之曠典，實千秋未有之榮光。望闕三呼，拜恩九叩。伏願鴻庥天保，景運日新。福如海而無涯，永綏繁祉；壽齊天而不老，長享太平。將見囿致文麟，復覩軒皇之嘉瑞；階生神莢，重開唐帝之休祥矣。

恩賜衣帽謝表

蔡世昌

伏蒙聖恩特賜貂帽、羔裘等項者。章服飾容，仰儒冠之炳焕；毳裘蔽體，欣法服之光華。自顧何人，亦逢盛典。瞻天俯僂，望闕拜颺。伏念陪臣絶徼愚氓，荒陬寒士。原思露肘，俄成綺旭之輝；季路緼袍，忽現彤霞之彩。玆蓋伏遇皇帝陛下，裁成中外，覆被華夷。念南島之樗材，入北都之槐市。施之以霈澤，教之以鴻文。因憐鶴氅之寒，特賜貂狐之煖。服之無斁，深知衣錦之榮；文而得中，更覺被恩之重。

大學課藝題辭

蔡世昌

恭承王命，敬執聖經。遥偕海國之朋，側聽天都之誨。九衢來往，瞻雲日之光輝；三載步趨，仰斗山之模範。喜霑化雨，歡坐春風。况夫夏葛冬裘，錫玄黄於内府；朝饔夕飧，頒米粟於天倉。聖德宏深，難紀栽培之徧；皇恩浩蕩，詎忘樂育之隆。爰乃採徐庾之詞華，常慚綆短；尋洛閩之流派，屢恨途迷。然而遠自邇，高自卑，惟循階而布武；長其善，救其失，漸去故以生新。是以聊比雕蟲，强同鳴缶。石經追而成玉，功在先生；砂由揀以得金，感深弟子。偶有咏而必録，期積久以無忘。

嘉慶重修一統志

〔清〕穆彰阿等 編纂

校點説明

《嘉慶重修一統志》五百六十卷，穆彰阿等奉旨編纂。

明清兩朝於《一統志》之編纂均不遺餘力，不時開館修訂增删，總裁、總修等人員亦隨時更换，此次纂修，始於嘉慶十七年（一八一二），告成於道光二十二年（一八四二），任總裁、總纂等官尚先後有潘錫恩、廖鴻荃等。

此次纂修，補入了清歷朝賜封琉球事，而於明以前所稱之琉球與以後之琉球未予甄别，實一大疵也。

本書録自《四部叢刊續編》據涵芬樓影印本卷五五一。

（李夢生）

嘉慶重修一統志

琉　球

在福建泉州府東海島中，接漳、泉、興、福四州界，其貢道由福建以達於京師。

分野　天文牛女分野。

建置沿革　古史不載，漢、魏以來不通中國，相傳在海島之中，當建安郡東，水行五日而至，在外國爲最小而險。其國有大琉球、小琉球。隋大業中，令羽騎尉朱寬訪求異俗，始至其國，言語不通，掠一人以返。後遣武賁郎將陳稜率兵至其都，掠男女五千人還。唐、宋時未嘗朝貢。《寰宇記》：隋煬帝大業初，海師何蠻等云：每春秋之時，天清風静，東望依稀似有煙霧之氣，亦不知有幾十里。三年，帝命羽騎尉朱寬入海，訪求異俗，遂與何蠻俱往。因到琉球國，言語不相通，因掠一人，并取其布甲而還。帝復遣武賁郎將陳稜、朝請大夫張鎮州率兵自義安浮海擊之，至琉球。初稜將南方諸國人從軍，有崑崙頗解其語，遣人慰諭之，琉球不從，拒逆官軍，稜擊走之。進至其都，頻戰皆敗，焚其宫室，擄其男女數千人而還。自是而絶。元世祖至元二十八年，沿海副萬户楊祥使往招諭，不從。成宗元貞三年，福建省平章政事高興遣都鎮撫張浩等赴琉球國，擒生口而還。《元史》作瑠求。又曰：高興言今立省泉州，距瑠求爲近，可伺其消息，或宜招宜伐，不必他調兵力。九月，高興遣都鎮撫張浩、福州新軍萬户張進赴瑠求國，擒生口一百三十餘人。其國始建自天孫氏，傳二十五代，爲逆臣利勇所簒。浦添按司舜天者，日本人，討殺利勇，衆推爲王，遂代天孫氏。舜天之孫義本，禪位於天孫氏後英祖，而自隱於北山。英祖三傳至玉成，荒淫無度，諸司不朝。大里按司稱山南王，歸仁按司稱山北王，玉成遂自稱中山王，國分爲三。玉成傳子西威。西威薨，國人廢其子而立浦添司察度。明洪武初，奉朝貢，遣子姪及陪臣子弟來，請肄業國學，帝許之，并賜閩人三十六姓善操舟者，令往來朝貢。自是三王嗣封，皆請於朝。未幾山南佐鋪按司巴志者，合衆攻山南，繼攻山北。山北王自殺，復攻滅中山，巴志遂奉其父思紹爲王。永樂五年，請於朝，襲封中山王爵。巴志復滅山南王。自元延祐中，國分爲三，至是合爲一，賜尚姓。尚巴志五傳至尚德，國人廢其子而立伊平人尚圓，或曰義本之後，或以爲天孫氏裔。終明之世，修貢不絶。按《明史》：洪武五年載中山王察度，十一年載山北王怕尼芝，俱非尚姓。永樂二十二年始載中山世子尚巴志。厥後諸王乃各冠以尚姓。是中山之得尚姓，自巴志始。而始云洪武初其國有三王，曰中山、山南、山北，皆尚姓，史文不免相牴牾。蓋山南、山北兩王，本莫考其姓氏，即中山之姓尚者，並非察度子孫。其後尚圓代尚德而立，亦非同姓。外藩有更姓之實，而不敢爲更姓之名者，懼中朝詰責也。史家但據赴告直書，雖紀載通例，而其傳國本末，有不可誣者。又《續文獻通考》云：後嗣王尚圓、尚真、尚清分爲三，曰中山王，曰山南王，曰山北王。然明宣德間，二王已爲中山所併，尚圓襲封在成化七年，尚真即尚圓之子，此時何至分爲三王。是蓋因史家有三王皆尚姓之言，遂借其後王之姓名以附會之也。按舊志亦云：元末國分爲三，皆以尚爲姓。此沿《明史》及《續文獻通考》之説，今改正。本朝順治六年，琉球國遣使奉表納款。十一年，其國王世子尚質遣使進貢方物，詔册封尚質爲中山王，賜鍍金銀印，令二年一貢，著爲例。康熙二十年，中山王世子尚貞奏請襲封，二十一年，遣官册封琉球國王，并御書「中山世土」四字賜之。五十七年，琉球國王世曾孫尚敬奏稱，自四十八年，中山王尚貞薨逝，世子尚純早世，世孫尚益權署國事，未及請封亦薨，今遣耳目官、正議大夫等奉表恭進方物，并請封襲王爵。奉旨琉球國世守臣節，忠誠可嘉，准該國王世曾孫尚敬所請，敕賜承襲琉球國中山王。雍正元年，琉球國王尚敬遣王舅翁國柱及曾信入貢，復遣官生鄭秉哲等入監。二年，召見王舅翁國柱於乾清宫，御書「輯瑞球陽」四字賜之。乾隆元年、二年、三年，琉球國王俱遣使入貢。四年，高宗純皇帝以國王遣使慶賀，忠藎可嘉，降敕奬諭，併御書「永祚瀛壖」四字賜之。十九年，琉球國王世子尚穆奏稱臣父敬於乾隆十六年薨逝，念臣小子穆，恭循典例，以嫡繼統，謹遣耳目官、正議大夫等，虔齎方物，奏請循例封襲王爵。二十年，敕封尚穆爲琉球國中山王。二十四年，復遣官生梁文治等入監。五十年，御書「海邦濟美」扁額賜之。六十年，琉球國世子尚温恭逢國慶，遠進表貢，特頒敕諭，並賚文綺等物。嘉慶四年，册封尚温爲琉球國中山王，御書「海表恭藩」四字賜之。十二年，琉球國世孫尚灝嗣立，詔封如例。自後二年一貢。其國有三十六島。

風俗　風土氣候與嶺南相類。《隋書》。望月盈虧，以紀時節，候草木榮枯，以爲年歲。《北史》。去髭黥手，羽冠毛衣。《寰宇記》：人皆深目長鼻，男子去髭鬚，婦人以墨黥手，爲龍蛇文。《文獻通考》：男女皆紵繩纏髮，從後盤繞至額。其男子用鳥羽爲冠，裝以珠貝，飾以赤毛，形製不同。婦人以羅文白布爲帽，其形方正。鬭鏤皮并雜毛以爲衣，製裁不一。綴毛垂螺爲飾，雜毛相間，下垂小貝，其聲如珮。綴璫施釧，懸珠於頸。織藤爲笠，飾以毛羽。深目長鼻，名有小慧。《隋書》。無禮節，好剽掠。《寰宇記》：無君臣上下之節，拜伏之禮。父子同牀而寢，男女相悦，便相配偶。婦人産乳，必食子衣。《明統志》：尤好剽掠，故商賈不通。人喜鐵器，不駕舟楫，惟縛竹爲筏，急則群舁之，浮水而遁。火耕水耨。《文獻通考》：厥田良沃，先以火燒，而引水灌之。持一鍤，以石爲刃，長尺餘，闊數尺而墾之。宜稻、粱、禾黍、麻、豆、赤豆、胡黑豆等。木有楓、栝、松、梗、楠、枌、梓，果、藥同於江表。家織蕉布。汪楫《使琉球雜録》：農習於惰，紝婦較耕男爲勤。家織蕉布，非是則無以爲衣也。負薪運水，亦婦人爲之。曝海爲鹽，木汁爲醋，米麴爲酒。《寰宇記》：以木槽中曝海水爲鹽，木汁爲醋。米麴爲酒，其味甚薄。食皆用手，遇得異味，先進尊者。凡有宴會，執酒者必待呼名而後飲，上王酒者亦呼王名，後銜盃同飲，頗同突厥。歌呼蹋蹄，一人唱，衆皆和，音頗哀怨。扶女子上膊，摇首而舞。胡靖崇禎癸酉記録：肴饌盡乾製，無調羹，各盤貯而不相共。飲酒止以一盃。相傳有我合彼分，我分彼合之别。土多山洞。土多山洞，洞有小王。《寰宇記》：琉球國自隋聞焉，居海島中，當建安郡之東，水行五日而至。土多山洞。其王姓歡斯氏，名渴刺兜，不知其由來、有國代數也。彼土人呼之爲可老羊。妻曰多拔茶。所居曰波羅檀洞。塹栅三重，環以流水，樹棘爲藩。王所居舍，其大十六間，雕刻禽獸。國有四五帥，統諸洞，洞有小王。往往有村，村有鳥了帥，並以善戰者爲之，自相樹立，理一村之事。兵有刀、矟、弓、箭、劍、鈹之屬，編紵爲甲，或用虎豹之皮。王乘木獸，令人轝之而行，導從不過數十人。國人好相攻擊，人皆驍健善走，難死而耐創。諸洞各爲部隊，不相救助，兩軍相當，勇者三五人出前跳譟，交言相罵，因相擊射，如其不勝，一軍皆走，遣人致謝，即共和解，收取鬬死者衆食之。無賦斂，有事則均税。用刑亦無常準，皆臨事科決。《文獻通考》：其民犯罪皆斷於鳥了帥，不伏則上請於王，王令臣下共議定之。獄無枷鎖，惟用繩縛。決死刑，以鐵椎大如筯，長尺餘，鑽頂殺之。周煌《琉球國志略》云：其國刑法有死刑三：一凌遲，一斬首，一槍刺。輕刑五：一流，一曝日，一夾，一枷，一笞。近奉正朔，設官職，被服冠裳，表陳章奏，以土官爲武職，司朝貢者爲文職，《續文獻通考》：其大夫、長史、通事官司朝，定員爲文職，皆明所賜三十六姓子孫爲之，土官則有名無姓也。著作篇什，有華風焉。張學禮《中山記》云：官宦之家俱有書室客軒，架列《四書》、唐詩、《通鑑》等集，板翻高闊，旁譯土言云。宮殿門皆西向。《皇朝文獻通考》：其國山形本南北向，以中國在海西，王殿及門皆西向，表忠順内面之意。貢使至京，必候賜時憲書歸國，通事官豫依萬年書推算，名曰選日通書，權行國中，俟憲書頒到，通國遵用。分土爲禄，官級以簪爲差等。《皇清職貢圖》：王與臣民分土爲禄。夷官品級以金銀簪爲差等，用黄綾絹摺圈爲冠，寬衣大袖，繫大帶。官婦髻插金簪，不施脂粉，衣以錦繡，其長覆足。營海利，工紡績。《皇清職貢圖》：男服耕作，營海利。土人結髻於右，漢種結髻於左。布衣草履，出入常攜雨蓋。婦人短衣長裙，以幅巾披肩背間，見人則升以蔽面，常負物入市交易，亦工紡績。

山川　北山在國境西南，與日本接界。明萬曆中，福建巡撫許孚遠奏云：琉球近歲爲關白擾害，蓋因地勢連屬，無波濤之險，由薩摩開船，四日可至琉球。北山延袤三百餘里，隨路有山，早行夜宿。關白見其路順，欺其國弱，聲言發船來伐，要彼北山屯兵。若果據北山，琉球必爲所得，而閩廣爲其出没之地，盤據騷擾，將無安日。即指此山也。按故山北王國，以此山名，與中山、山南爲三。琉璜山亦在國境西南，地名尤家埠，山形圓卑如覆盂，四面無址。虎（萃）〔崒〕峰在國城内殿後，其下有小廟無像，但設香供於地。又殿前有石壁高數丈，闊二十餘丈，平如斧削。中有一穴，穴口嵌一鐵龍頭，龍口内有泉噴出，從空注下，即大旱之年，水亦不竭。高華嶼《隋書》：自義安浮海至高華嶼，又東路二日至鼅鼊嶼，又一日便至琉球。按二嶼俱隋陳稜率兵過此。落漈《元史》：水至彭湖，漸近琉球，謂之落漈者，水趨下不迴也。凡西岸漁舟至彭湖，遇颶風作，漂流落漈，回者百之一二。《續文獻通考》：嘉靖中，國王遣使蔡瀚奉表謝。又請云：《明統志》中載琉球有落漈，王居壁下，聚髑髏，非實事。杜氏《通典》、《集事淵海》、《贏蟲録》、《星槎勝覽》所述亦傳者妄也。乞下史館。從之。那壩港在國城外二十餘里，離海口三里許。其間里巷相連，人居稠密。又有地名玖米，亦見章奏。龍潭在國城西。潭中二山並峙，一名石筍，一名龍岡。其國人於端陽日爲龍舟競渡之戲於此。

古蹟　三嶼故國名，近琉球，元世祖至元三十年，欲遣人招誘之，平章政事巴延言此國之人不及二百萬，乞不遣使，從之。巴延舊作伯顔，今改正。三清殿在那壩港東北三里。殿前有二松樹，大數圍，高二十餘丈。天妃廟在三清殿東。其東有演武場，場南有長虹橋，廣丈餘，長五里。橋下大水，名曰曼湖，通海。過橋有松嶺，長二十里，松楸滿目，蒼翠鬱然，亦琉球之一景也。迎恩亭在那壩港地方，明洪武時建。離海口三里許，即天使登岸之所。天使館近迎恩亭。向來册封員役俱駐於此。館中有廳堂、廊房、樓閣、園亭、臺榭、書室、小軒，周圍寬廣。館内鋪設什物，俱照中國制度。設專司收貯在庫，俟天使至日，方敢動用。後樓上尚有明季使臣杜三策題梅花詩百首於壁間，其餘吟詠甚多。外有扁額字畫，皆明歷代名公之遺蹟也。館前有空地百畝，每日午後，婦女或老或少，攜筐挈筥，聚集於此爲貿易，實遊玩也。山北王墓在今歸仁運天村，土人呼爲按司墓。尚圓王祖塋在葉壁山中，有一山宛轉如游龍。中山王祖塋在國城内西南，塋中無冢，惟石碑，上刻琉球中山王祖塋。塋前五峰相對，遠山圜抱。又有中山王家廟，離那壩港數里，官民經過，下馬步行。殿中所供牌位，自唐宋以來，子孫不替云。

土産　熟琉璜　紅銅以上俱入貢。鬬鏤樹《寰宇記》：鬬鏤樹似橘，而葉密條纖如髮，紛然垂下。金荆榴《續文獻通考》：木色如真金，密緻而文彩盤錯，有如美錦，甚香，可以爲枕及案面，雖沈檀不能及。海螺殼　白剛錫　胡椒　番茄狀如薯蕷。番紙　蕉布　苧布　紅花　蘇木　鬆煙　熊　羆　豺　狼《寰宇記》：有熊羆豺狼，尤多猪、雞，無牛、羊、驢、馬。

瀛環志略

〔清〕徐繼畬 撰

校點説明

《瀛環志略》十卷，清徐繼畬撰。

徐繼畬（一七九五—一八七三），字松龕、健男，號牧田，山西代縣人。道光六年（一八二六）進士，歷官御史、知府，廣西、福建巡撫，閩浙總督，總理衙門大臣，總管同文館事務大臣。《瀛環志略》記外國地理形勢、風俗物産，所記達八十餘國。作者留心洋務，作書時又任沿海福建巡撫，故能廣採見聞，擯棄臆説，較一般耳食者高明多多。

本書録自上海古籍出版社《續修四庫全書》影印道光二十八年（一八四八）刊本卷一《東洋二國》，從内容來看，摘自周煌《琉球國志略》爲多。

（李夢生）

瀛環志略

琉球在薩峒馬之南，東洋小國也。周環三十六島，皆海中拳石。其國都之島較大，南北四百餘里，東西不足百里。舊分山南、山北、中山三國，後并入中山爲一，故稱中山王。王尚姓，自紀載以來，一姓相傳無改步。國小而貧，逼近日本，屬役良苦。自前明世修貢職，我國家煦育寰瀛，體卹尤至。其貢舟三年一至，許其販鬻中土之貨，免其關税，舉國賴此爲生。王薨，則世子遣使請命，例遣文臣二人爲正副使，賜一品服，持節航海，册其世子爲中山王。故其國之風土，多有能言之者。由福州之五虎門放洋，用卯針，約四十餘更至孤米山，其國之大島也。再東即至其國。國分三路，曰首里，曰久米，曰那霸。由内地往，收泊必於那霸。其地商賈萃集，爲大都會。王居首里，山之脊也。國與中國同文，官之最尊者爲金紫大夫，歲得俸米百石，以次遞殺。守土之官曰按司。一按司所轄約六七里。土磽瘠，産米絶少，以地瓜爲食。即番薯。非官與耆老不食米。地無麻絮，以蕉爲布類織蒲，負戴者圍下體，餘皆裸露。海風最烈，屋瓦常飛，故構屋甚卑，簷與肩齊。王居與使館較軒昂，以大繩繫柱而釘於地，防海風也。其士大夫以黄帛爲冠，似浮屠氏之冠，大領博袖繫帶。

周海山尚書嘗使琉球，著中山志云：琉球自古未通中國，隋時有海船望見之，始知有其地。因其島嶼紆蟠，如虬龍流動之形，故稱爲流虬。後乃改爲琉球字。唐宋以後，漸通中土。明初入貢，太祖賜以閩人善操舟者三十六姓，修貢職甚謹，封舟頻往。後爲日本所滅，王被虜，不通音信者數十年。已而遣使來，言王被執不屈，倭送還復國，由是復修職貢如常期云。余按琉球東洋小島，受役於倭，貧弱不能自存，惟賴貢舟販鬻，稍得餘資以餬口，資本皆貸於日本，販回之貨運往日本者八九，國人貧甚，不能買也。其國比之南澳平潭差大，而不及臺灣之半，蓋滄海之一粟耳。然累世效貢職，受正朔，遂爲東海藩臣，比於朝鮮、交阯。國貴自立，豈不信哉？

中山見聞辨異

〔清〕黄景福　撰

校點説明

《中山見聞辨異》一卷，清黄景福撰。

黄景福，浙江錢塘（今杭州）人。生平不詳。據書中所記，當爲嘉慶、道光時人，在國子監任教。本書摘取前史及明、清兩代使臣所作使録，兼及乾隆朝潘相所作《琉球入學見聞録》等書記載作補充或修正，涵括了地理方位、歷史沿革、官制服飾、語言文字、風俗物産等諸多方面，篇幅不多而内容豐富。

黄景福對前人之辨異取途有二。一是分析前人記載之異處，據之以理，度之以情，予以摺中；一是依自己聞詢於琉球官生所得，予以駁正。孫衣言《琉球入學見聞録序》言，「乾隆間教習潘相始爲《入學見聞録》一書，所載朝廷恩數及其國世系、風土人物文字，言之綦詳。嘉慶間黄景福復爲《見聞辨異》一卷，考訂訛誤，皆足與徐葆光、周煌諸志互爲質證」。可見本書爲時人所重。

自從琉球事見諸記載以來，便一直受到質疑。明陳侃在《使琉球録》中首闢「群書質異」一門，批駁前人所載不實；此後，此一内容始終融貫於各種專著中。值得一提的是，後人對前人的否定，均强調自己是「親歷親見」或聞之於「親歷親見」之人，如作者之聲明可信，我們不如認定，除不能改變的山川島嶼外，各人所記官制、建築、風俗等，均是時代不同而實況不同，正不必强加辨正。

本書收入《小方壺輿地叢鈔》，有光緒十七年（一八九一）上海著易堂鉛印本，今即據以校點。

（熊　輝）

中山見聞辨異

琉球，隋以前無考。隋大業元年，海帥何蠻上言：「海上有煙霧氣，不知幾千里，乃流求也。」此流求著名之始。《中山世鑑》：「隋使羽騎尉朱寬至國，於萬濤間見地形如虬龍浮水中，始曰『流虬』。」《新唐書》作「流鬼」。《粵志》作「瑠求」。《中山譜系》：「宋景定五年改流求曰『瑠求』，明洪武五年改瑠求曰『琉球』。」後招之，不服；伐之，不服。元又伐之，不服。明洪武五年，遣行人楊載齎詔往諭，中山王察度遣弟泰期奉表貢方物，此通中國之始。七年，又遣泰期入貢，賜文綺紗羅等，此受賜之始。永樂二年，太宗遣行人時中往詔武甯襲中山王爵，此受封之始。我世祖章皇帝應天受命，琉球入貢輸誠，百餘年來，世修侯度，恪懔王章，故能屢邀聖世之恩綸，永作天朝之屏藩云。

國自元延祐間分爲三：中山爲中頭，屬間切所屬球名間切，不名府也，土名抹極列，《志略》作「府上」，名「間切」，俱誤。十四；山南爲島尾，《志》作「鳥窟」，誤。屬間切十二；山北爲國頭，屬間切九。府所屬曰村，土名母喇，《志》作「村頭」，誤。李鼎元《記》別間切於屬府之外，似更誤。明宣德時合爲一。按《中山譜系》：「明永樂二十年，尚巴志即位。勤政愛民，後滅山北，遂平山南。」則合而爲一不在宣德時，似爲可據。

國在海東溟，明册使夏子陽《録》以《一統輿圖》視之，則在東南；以閩省視之，則在閩東北。

然册使多用乙鍼，又似居艮方；後用卯鍼，則封舟又飄過北山，知《指南廣義》主用卯鍼之説不足憑。近去用乙鍼，參以辰卯；來用辛鍼，參以甲午，較爲諦當。

國都中轄三十九間切，首里、那霸、久米爲三省，皆在外。首里爲王城，泊附首里，與那霸皆名府，不名間切。久米名村，又與間切所屬曰村之村異。《志》載首里、泊、久米、那霸爲四府，非。外環三十六島寨，外島也，屬琉球統轄。治之之法，擇本島能中山語者，給黄帽，爲酋長。遣親雲上監撫之，名奉行官。主其讞訟，賦其土宜於王。其星野與揚州、吴越同屬女牛之次，俱在丑宫。康熙五十八年，遣員豐盛額偕册使海寶、徐葆光同往測量。地形南北長，東西狹。册使汪楫《録》：「幅員可五六千里，東西長，南北狹。」《志略》非之，詢之官生，云：「國中以中國十里爲一里。」與册使徐葆光《録》相符。又云：「大不踰中國千里之數。」與《志略》「東西可數十里，南北四百四十里」之説亦合，汪《録》失實無疑。

凡船行，來以孟冬後東北風，自姑米山至福州凡五十更。六十里爲一更，計三千里。去以孟夏後西南風，自福州至姑米山止四十更。計二千四百里。姑米距國都四百八十里，來時繞南北行，故里數較遠，前人動稱萬里，特懸揣耳。

《志略》：「洪武間因該國人遭風，後賜閩人善操舟者三十六姓，以便往來。」歷考諸書，僅有永樂中撥閩人蔡璟往充水手一事，并無賜姓操舟明文。及觀球人程順則《聖廟記》「遣三十六姓往鐸」一語，則知前明賜姓，廣文教也。居久米村，今存七姓。又萬曆三十四年，王奏稱洪永間賜閩人三十六姓知書者授大夫、長史，爲朝貢之司；習海者授通事，爲指南之備。今皆知書者爲之。國中重久米人以此。

先王之制，凡屬國止封其君，而其臣之爵秩不與聞焉。琉球爵秩亦分九品，如中國例。《志略》較徐《録》所載爲詳，然其間正多舛錯，爲分條釐正之。

國王初嗣位稱權國事，請封。見册使稱中山王世子，受封後始稱王。徐《録》有元侯、郡侯、邑侯、郡伯、邑伯等爵，皆無考。

王子、按司俱出品，今并無按司。

國相正一品。舊作左右二員，今止一員。法司官三員，從一品。以上皆首里缺，前間有久米人爲之者，即入籍首里。

紫金官、首里缺。紫金大夫久米缺。加法司銜，正二品。紫金官、紫金大夫，從二品。以下員數惟耳目官定例四員，餘則俱無定額。舊作久米紫金大夫四員，誤。

耳目官首里缺。正三品。正議大夫久米缺。加耳目官銜，從三品。

吟味官、首里缺，徐《録》作「贊議」。正議大夫，正四品。那霸官、首里缺。中議大夫、長史，久米缺。俱從四品。舊增載察侍紀官。按：察侍紀乃土語，非銜名也。

正殿當官、首里缺。舊作遏闥理官，按：遏闥理亦土語，非銜名也。都通事，久米缺。正五品。副通事、加當官，久米缺。從五品。

正殿勢頭官首里缺。正六品。加勢頭官公缺。從六品。

里之子親雲上、公缺。副通事，久米缺。正七品。筑登之親雲上首里、那霸缺。從七品。

正殿里之子首里缺。正八品。里之子座公缺。從八品。

正殿筑登之首里缺。正九品。筑登之座首里、那霸缺。從九品。

又久米村選紫金大夫内一員爲總理唐營司，久米一名唐營。正中議、都通内二員爲長史，專主朝貢、禮儀、文移。那霸府選那霸之親雲上等爲總理司，專司府事。外久米村另有筆者、副《志》作「若」，誤。筆者，即書吏，是皆那霸人充之。久米人十二歲拜孔聖、國王，後爲若秀才，無米。《志》作「七歲給米二石」，又「十二歲始拜孔聖、國王」，均誤。十五歲薙頂髮，又拜孔聖、國王，後爲秀才，給米二石。康熙年間各裁一石，皆未入品。《志略》「此即官不必有其人，職不必專其事」之類，非是。

禄糈三等：一俸米、一采地、一功米。俸米按時給領，官罷則已。采地王子總理一郡或一代、或數代，視其功之大小爲率，未有一王子而領二郡者。《舊録》：「或二郡」，誤。國相領二郡，法司各領一郡，其餘或一郡、或一村，郡即間切，村即間切屬地。亦以功之大小爲率，并無計畝遞減之例。前教習潘相《見聞録》「或一郡、兩郡，復一邑、數邑，或計畝，子孫以次遞減，至曾孫則不減，永爲世禄，亦非功米。土名知行。視功定額，加於俸米、采地之外數十百石不等，舊訛稱切米。」按切米乃計人口賑貧之名，非功米也。《志》疑「切」乃「功」字之訛，亦非是。

冠制：國王烏紗帽，雙翅側衝上向，盤金、朱纓，垂領，更有皮弁五色帽。王子弟青地花帽，正一品花紫錦，從一、正二、從二素紫錦，正三至正七黄綾，從七黄絹，《志》作「正六至從七俱黄絹」，非。正八至從九紅絹，王府各役青緑絹，民間不戴帽也。《志略》又有「片帽以黑絹爲之，漫頂下檐，作六棱」。按此因隨從人隨貢使入中國，特製此冠，非平居之冠也。

衣服：王著蟒袍、犀角、白玉帶，官民皆寬博交衽，袖長不掩指，右襟缺末。三品上例用段，五品上例用紬，餘皆以布。帶以黄地錦花爲貴，次青地龍蟠，次赤地龍蟠，七品下雜色花帶。《志略》：「以紫地爲貴。」按：帶無紫地者。國惟王著韡，臣民無男女，皆草靸。

簪制：王龍頭、妃鳳頭，皆金簪。一品至正二素金簪，從二金頭銀柱，三品下俱銀簪，民皆銅。命婦士妻視其夫，民婦《志》作「民間」，誤。多以玳瑁。

貢使多三品官，加金簪。官生多八品官，特易紅綾帽。國人至中國始著韡。

《隋史》：「無文字」，徐《録》稱舜天時依日本國書制字母四十七，名「依禄花」「禄」，舊作「魯」。按此以漢字譯球音，與本音不合。即所譯四十七字與所書字樣多有未協，潘《録》因之，今爲辨正如左。

イ依　ロ禄，舊譯作魯。　ハ花　ニ宜，舊譯作義。　ホ夫，舊書作木。　ヘ揮，舊書作人。　ト都　チ欺，舊譯作癡。　リ利　ヌ奴　ル魯，舊譯作禄。　ヲ烏　ワ哇，舊譯作以。　カ喀　ヨ由，舊譯作六。　タ達　レ禮，舊書作乙，譯作力。　ソ蘇，舊書作ソ。　ツ即　子你　十那　ラ喇，去聲。　ム某　ウ務　井兮，舊譯作依。　ノ奴　オ烏　ク姑　セ耶，舊書作乜。　マ馬　ケ其　フ夫，舊書作丿。　コ庫，舊書作ユ。　エ涯，舊書作ユ，譯作而。　テ梯　ア阿，舊書作卩，譯作牙。　升沙　キ基　ユ由，舊書作夭。　メ霉　三米　シ失，舊書作云，譯作志。　ヱ意　ヒ蜚　モ毛　乜失，舊書作せ，譯作世。　ス洗，舊譯作使。　ン媽，此另是一字，以聯屬諸音者，舊書作二。有一字作二三字

讀者，有二三字作一字讀者，有五六字作一字讀者，略倣中國切音，潘《録》已詳辨之。

元陶宗儀云：「琉球進貢表文用木爲簡，横行刊字於其上，類蝌蚪書。」今表奏皆中國書。

又云：「以彼國書寫中國詩文雖不可讀，而筆勢縱横，龍蛇飛舞，恍有顛素之遺。」《志略》亦云：「按其抄本書籍略似草書，可識者十之三四。筆力健挺，許以顛素，則未也。又其國中《四書》古文照中國官版，兩旁字母鈎挑，細如髮，讀法實字在上，虚字倒下，語言亦然，悉如中國所載。試令讀之，無斷續節奏，且多鼻音，夷語難通矣。」

而教習潘相兩蒙高宗純皇帝垂詢該國語音，一一陳奏，後復於《見聞録》内詳列語言誦聲數條，因復與官生逐一稽對，率多不合。語言則該國人本有同異，即中國人以漢字譯之者，亦難免四聲舛錯，可無庸辨。誦聲如潘《録》列《大學》首條，照球書兩旁字母鈎挑，間有小異。此由字母舊書錯誤所致，前條已明辨之。至讀法，「大學」二字連讀，「之道」二字亦連讀。讀法實字在上，虚字倒下，如「之道」二字文意連屬，則又不倒虚字矣。讀「大學」云「代渴古」，「之道」云「奴密吉」。次讀「明德」字、「明」字、「在」字。讀「明德」云「迷篤古」，「明」字云「迷」，「在」字云「阿列」。次讀「親民」字、「在」字。讀「親民」云「聲名」，「在」字仍云「阿列」。次讀「至善」字、「止」字、「於」字、「在」字，讀「至善」云「希人」，「止」字云「希」，「於」字云「烏」，「在」字仍云「阿列」。而潘《録》讀「大學之道」句云「裂依牙喀奴米自輟」，「在明明德」句云「霉都姑牙癡喇喀義使禄義牙利」，「在親民」句云「達米烏牙喇達夕使禄義牙利」，「在止於至善」句云「神義都魯馬魯義禄義牙利」。判然各别，餘亦類然。復詢之諸生，云：「國中並無兩様讀法。」潘《録》所載，諸生亦不能曉，不知當日何所見而云然也。

《隋書》：「土人呼王爲『可老羊』，妻曰『多拔茶』。」夏《録》：「今稱王曰『敖那』，稱妃曰『扎喇』。」徐《録》：「王曰『倭急拏敖那』，又曰『哭泥華』，王妃曰『倭男禮喇』。」諸録互相駁詰。《志略》：「國語多有音無字，即國字譯者，第就漢文之音同者代之，究非的字也。」此爲不易之論。大抵夷語本屬難通，兼以時地變易不定，摘舉數則足廣異聞，可不必深究也。

球語多有音無字，且不可解，向來以漢字譯球音者，務於文義通順，殊失本音。如草鞖名「煞拔」，今譯作「三板」；屋内鋪細席，内裹草，以布爲緣，名「搨劄密」，今譯作「腳踏棉」之類，不可枚指。不知内地土音如齊人謂「萌」爲「蒙」，謂「鮮」爲「斯」；楚人謂「牢」爲「雷」，謂「多」爲「夥」，亦多不可解。必欲强爲之解，殊失之鑿，不如以不解解之之爲得也。

國中有兵器，刀、鎗、劍、戟皆備，火礮多用銅鑄。夏《録》：「矛、戟皆脆弱，弓長如屋檐，射則樹於地，兩手彎之，發矢甚遠。」徐《録》因之，皆不確。無兵卒，《志略》「寓兵於農」也。有文員，無武職，徐《録》：「文官兼之」也。如儀衛使、武備司，皆文官兼之。該國自平定山南、山北後，久臻甯謐，倭人不侵，島人不叛，尚德王時奇界島叛，尚貞王時八重山叛，尚清王時烏父島叛。是以兵甲不起，非恃險不設備者比。群書謂「恃鐵板沙之險」，又「國中有三首六臂神，鄰寇來侵，能易水爲鹽，化米爲沙」，誕異不經，《志略》駁之極允。

《志略》：「家皆有刀甲，有事則領。國中親雲上、筑登之皆習弓箭。」按此間有之事，並非定例。國有死刑三：一淩遲、一斬決、一鎗刺。輕刑五：一流、一曝日、一夾、一枷、一笞。《志略》所載已無遺誤。謝《録》「開腹之刑」，汪《録》「民犯罪當死者，輒自殺」，皆無考。近新增刑律十八條。汪《録》：「國中不設官廨」，誠然。至云「無聽訟之所，民犯罪至輕者，令自閉室中，不得出户。或三年、二年，乃縱之。」今考首里府有平等所專司聽訟，民間輕罪即拘禁其中，限滿乃釋之，非自室也。

《志略》：「田有公私之别，公田有二：一爲王府公田，民耕之，輸粟有定額；一爲各官采地公田，亦民耕之，官民均分。應派費用出於官分之半，不派民也，二項均不得賣買。私田則民所應募墾闢者，除量納官米外，聽爲世業，仍許賣買。」夏《録》：「田賦寓古遺意，上下各食其土，無他誅求，誠信。」

國常用日本寛永錢，錢質甚美，近與日本不通，故國人珍之，市多以貨易貨也。《志略》、李《録》俱有遇册封另鑄小錢之説，小錢大不及鵝眼，無字、無輪廓，每百長寸許，五十五貫當球銀一兩。徐《録》：「明洪武、永樂皆賜錢，天順二年請照永樂、宣德間例賜錢，禮部議，寢之。本朝無賜錢例。」

聖廟在久米村泉崎橋北，創始於康熙十二年。潘《録》作十三年。明年廟成，又明年行丁祭禮，每月朔望日行釋菜禮。又建祠祀啓聖，並四配父，潘《録》：「皆塑像，又設木主四配，各手一經，《詩》、《書》、《易》、《春秋》。」其一切廟制、俎豆、禮儀，悉遵《會典》。《志略》：久米子弟就學其中，按其時未立學故也。

康熙五十八年復建明倫堂於文廟南，謂之府學。國中舊制，擇久米大夫通事一人爲講解師，月吉讀《聖諭》、《衍義》，三、六、九日紫金大夫詣講堂，理中國往來貢典，察諸生勤惰，籍其能者備保舉。八歲入學者，擇通事中一人爲訓詁師教之。潘《録》載之甚詳。

嘉慶三年，尚温王始建國學於王府北，肄業者無定額，皆首里人，王之子弟暨陪臣三品上之子弟皆與焉。外又建鄉學三舊日所無，潘《録》「首里設鄉學三，擇久米人爲之師」，非是。其四品下之子弟及國中子弟例由鄉學選入國學，定制擇紫金官二員總理，當官一員專司督課，肄業内五人爲學長，凡首里人皆由此進升，其有未入國學者即登仕版亦難驟升高位也。

嘉慶三年尚温王復與陪臣議建文廟於新建國學之南，牆垣已備，今尚未落成。

嘉慶七年那霸官民斂資具請於王建鄉學四，每學由總理等官公舉久米人，仍請於王，王擇一人爲之師，董其事者即那霸耆舊紳士爲之，歲給廩餼焉。

國無科目考試，率由鄉舉里選以次遞升。首里由紫金等官，久米、那霸則皆由總理等官公同選舉。惟久米補官向聞有試表奏之例，近增以試詩例，前此未有也。徐《録》：「秀才每年十二月試以《四書》題作詩或一首或八句、四句，能者以次遞升。」向無其例。

文廟兩廡皆蓄經書，多自福州購回，盡内地書。至國人所著，如《世纘圖記》、《中山歷傳世系》、《中山世鑑》、《中山集》、《閩遊草》、《燕遊草》、《中山官制考》、《指南廣義》、《執圭堂草》、《觀光堂遊草》、《澹園集》、《要務彙編》、《四本堂集》、《五雲堂集》等不與焉。汪《録》：「國中皆日本國書。」潘《録》：考《四譯館館考》云：日本有《四書》《五經》及佛書、《白樂天集》，皆得自中國，未聞有宋儒之書，而球板《近思録》屢引《明一統志》、邱瓊山《家禮》、梅誕生《字彙》，似刻於明季者。蓋其三十六姓本係閩人，閩又有存留館，球人往還存寓，故能知宋儒之書，攜歸另刊，旁附球字，以便誦習，非日本人所能。且遵用前明弘治、萬曆年號正朔，屢見於序，亦非必倭人之書也。

潘《録》：據官生云《四書》刻於尚貞王，在明正德時，由來已久。但球無科目，兼係海外一隅之刻，乃有大魁天下及英雄待點頭之語。球人不祀文昌，乃有文昌像，其《古文真寶》亦云大魁。國中《四書》刊本《離婁》卷末有文昌像，旁聯云：「冰鑑無私，三千禮樂皆翹首；文章有用，五百英雄待點頭。」《萬章》卷末又有「大魁天下從此階梯贊」。似内地有此本，而球人依仿刻之者。

汪《録》：「國僧多遊學日本，歸教其國中子弟。」潘《録》：「外村人多讀其國書。」註云：「即法司教條一段，細譯之，亦只是中國學宫一條例，不過易漢文爲球語耳，不得謂之書。」潘又云：「以寺爲塾，以僧爲師，近日多立家塾。」以意揣之，想讀書僧寺，不特在未立塾以前，且當在未賜閩人三十六姓之前也。

夏《録》：「僧識番字，亦識孔氏書，以其少時曾往倭國習之，故能歸教其國中子弟。」又云：「作詩惟僧能之。」《志略》：「仙江院僧宗實與萬松院不羈、天王寺瘦梅爲三詩僧。」李《録》：「此行遍訪，無一能詩者，且未聞有通僧能以文字教人者，今大異於古所云矣。」

徐《録》：「多暖少寒，無冰霜，雪希降。」夏《録》：「氣候常熱，隆冬間有霜雪。」今詢知國中，並無冰雪，間有霜與雹耳。

《朝野僉載》：「人形短小，似崑崙。」《隋書》：「深目長鼻。」李《録》曾辨之。今除見官生跟役外，又接見兩次貢使，隨從人等，頗有魁梧奇偉，美秀而文者。且聞久米人俊髦甲於諸村，姑米山人更有豐頤修髯，迥異常夷者。蓋海隅漸被皇風者深，故誕育亦多秀良，大不似往昔矣。

汪《録》：「農習於惰。」夏《録》：「男子多仰給於婦人。」謝杰《補遺》：「儉而不勤，潘《録》作「能勤」。女力耕作，男坐而食之。」李《録》：「男逸女勞，無肩擔背負者。」諸生云：「男力耕女力織，擔負則男女皆有。貧民負薪運米，婦人兼爲之。」據此，非男子皆荒於嬉也，大抵遊手好閒者有之，不得以此爲通國病。

汪《録》：「國人無姓，或以所生之地爲名，或以上世所官之地爲名。」《志略》：「國人名字皆王所賜。」李《録》：「據球人楊文鳳云，世禄之家皆賜姓，士庶率以田地爲姓，更無名。」細詢諸生，云：「國自前明賜閩人後，俱有姓名，如中國例，謂之唐名，不僅三十六姓爲然也。外生時各有小名，貴賤皆然。又别有土名，即上世所官之地名，乃采地名也。張《録》作「田名」。采地由王論功之大小、定數之多寡、年之遠近，年滿則地削而名亦易矣。後人有能亢宗者，别賜采地，則更他名。王賜采地，非賜姓名也。未聞有世禄之家始賜姓者，亦未有以所生之地爲名者。至庶人本無采地，何由以田地爲姓名？再土名一傳，而後祖孫、父子、兄弟多有相同小名，惟孫偶同祖之名，父子、兄弟不相同。」語甚明晰，群書不免訛以傳訛。又汪《録》：「祖孫、父子、兄弟同名。」張《録》：「父子不相同，孫則同祖之名。」又未能專指小名，均屬朦混。

胡靖《録》：「國無名利縈心之累，民無有餘不足之憂。」李《録》：「球人向世德云，土妓率皆貧民，豈非不足而縈利者？」胡又云：「人無勞心，多致天年。」李《録》：「長史梁邦彌云，國人多不壽，小底李《録》：「陪臣對天使之稱。」册使費公詩註：「夷官自稱小底，古契丹語。」尤早衰。」以知胡語不實。

《明一統志》：「人無剽掠。」謝《録》：「貧而不盜。」潘《録》作「少盜」。張《録》：「道不拾遺。」詢之果信。近聞間有鼠竊之輩，惟無盜耳。至不閉户，惟鄉間山南、山北故址皆名鄉間。爲然，餘則啓閉如常。

國中有土妓，無官妓。土妓祇那霸有之，首里、久米無是也。張《録》：「女子有不嫁人者，離父母自居，專接外島貿易之客。女之親戚、兄弟仍與外客敘親往來，不以爲恥。竊疑琉球久邀聖世之薰陶，爲海邦之善國，豈猶有此鄭衛淫靡之習？」李《録》：「問球人向世德云：『聞女子願爲土妓者，聽其接交外客，女之兄弟仍與外客敘親往來，信乎？』對曰：『誠有之，然率皆貧民，故不以爲恥。』夫土妓貧不爲恥，猶可言也。若女子不嫁人，離父母而接外客，亦不以爲恥，此陰蹈妓之行，而明逃妓之名。且非必由貧之故，則是稍知廉節者所不爲，况琉球爲守禮之邦乎？向又云：『已嫁而犯姦者，許女之父母自殺之，不以告王。即告王，王亦不赦。』豈有未嫁而犯姦者，女之父兄轉聽之，而反與外客敘親往來之理？《隋書》『男女相悦，便相匹耦』，或前古有之，然已荒遠難稽矣。」

《志略》：「凡許願，皆以石爲神，神嶽叢祠皆無神像。」諸生云：「聞山北恩納地名。有石一方，周圍三尺許，高尺許。渡海人先期禱石，焚香澆酒膜拜後，以繩曳而下之，動則吉，否則不敢渡也，頗著靈驗。然亦未嘗目擊，此外無禱石之事。且國中護國寺有不動神像，天后宫有龍神像，波上寺有藥師如來觀音像，不可枚指。神祠焉得無像？至云渡海人禱神後，奉一石置船上，更無其事。或帶土，則有之，懼水土不服也。」

市集舊在天使館東，徙馬市街，今久移在失辻山旁。沿海一帶早晚兩集，男女皆有。《志略》作「女集」，已誤。又云「無男人，俱女爲市」，更非。至云「凡柴薪米豆累百餘斤者，女人悉以首襯草圈頂之，垂手曳袖，無偏墮者」，誠有之，但無柴薪耳。

徐《録》：「正月女子皆擊毬、板舞爲戲。板舞者，横巨板於木凳上，兩頭對立，一起一落，就勢躍起四五尺不傾跌攲側也。」今詢知擊毬則通國皆然，然四時俱有，特正月爲盛耳。板舞惟那霸間有之，亦非正月俗例。李《録》「寄塵言時習，以備正月戲者」，恐亦傳聞之誤。

《志略》載節令如「正月六日前賀節，十六日男女拜墓。二月十二浚井汲新水洗額，云可免病。三月三日作艾餻相餉遺。此兩月皆定吉日，祭麥神，爲大祭。五月五日競渡，角黍、蒲酒拜節，定吉日，祭稻神。六月選吉日，又祭稻神，爲大祭。又選吉日，作六月節，蒸糯米飯相餉。七月十五盆祭，十二夜預列火炬二於門外，迎祖神，十五盆祭畢送之。八月初十、十五蒸糯米飯相餉。十二月八日作糯米餻，層裹稯葉相餉，名鬼餅」之類均無誤，至「九月放紙鳶，十二月二十四送竈，次年正月初五迎竈，正、三、五、九此四月爲吉月，婦女沿海拜水神祈福，每月朔望，婦女至礮臺汲新潮水獻竈」諸條，據官生云：「紙鳶四時俱有，不獨九月。」今以册使費公「六月炎天放紙鳶」之句證之，益信。李《録》：「紙鳶非九月不能上」，誤。諸生又云：「迎竈在二十九，非次年正月初五也。正、五、九爲吉月，三月非吉月也。婦女朔望汲水獻竈，惟那霸爲然，以近海，有此風俗也。」

《志略》載節令尚多未備。按元日至人日祭祖先，十五又祭，清明及忌辰又如之。四月八日寺僧皆齋供誦經，爲洗佛辰。李《録》謂球俗不知佛誕辰，誤。重九飲菊花酒，除夕亦多有守歲者。

李《録》：「國俗敬佛，而不知四月八日爲佛誕辰。臘八鬼餅如角黍，而不知七寶粥。」今爲增數語云：「知迎竈而不知迎春；知人日而不知社日；二月十二汲新水免病，而不知除夕飲屠蘇酒；七月十五盆祭，而不知七夕乞巧；八月十五月夕蒸糯米飯，而不知二月十五花朝；六月選吉日作六月節，而不知六月六日爲天貺節。」

諸生云：「國中孩童三四歲即留髮，十五歲始將頂髮削去，惟留四餘。」未薙時，髻上插長簪八九寸許，如繡人狀。冠則易梅花短簪一，耳挖一。

張《録》：「男子二十成立，完姻後將頂髮削去，今跟役中現有未娶而早薙頂髮者，以知諸生之言不謬。」張又云：「孩童在五六歲皆髡然如僧，即十三四便有薙髮者，豈今古殊俗歟？」

女子嫁時用鍼刺指背如指長，細如髮，以墨黥之，取指戒之意，嗣是不再刺也。《志略》作「年十五」，又云：「歲歲增加，中年黧黑，方圓形狀不倫。」《南史》作「蟲蛇文」，夏《録》作「花卉文」，張

《録》作「梅花文」，皆不實。

張《録》：「宴客席甚簡，斤肉樽酒可當數人。」徐《録》：「室中皆席地坐，食具如古俎豆。」語皆實而不詳。按球俗，飲食置一小桌，四圍隆起，皆著腳，一人一桌。即妻子不同食，近有父子同食，惟夫婦自合巹後無同食之禮。宴賓亦然。肴饌多寡無常例，器具多木爲之。

張《録》：「主客不分坐次，來去絶不迎送。」李《録》亦疑其太簡。習見諸生有所授受，必搓手俯身，高舉加額，誠如《志略》所載：「凡有所受，輒高舉爲禮，一茶一煙皆然。即尊長受之卑幼，亦然。」以此推之，豈賓主坐次，迎送間反簡率至此？復詢諸生，云：「國中室制多左右門，客至，主人出迎。客脱屨，由左門入；主脱屨，由右門入。客東坐，主西坐。客將退，主人先趨出門，著屨以俟。有大事宴賓，賓主對面危坐，如長跽然。主先敬客三爵，肴亦三獻，皆乾製。客拜受，飲畢，復酬主人，禮亦如之。嗣後設席，客主始皆安坐，即盤膝坐。肴不盡乾。胡《録》「肴饌盡乾製」，非。宴畢，拜送門外。尋常宴會無獻三爵禮，餘悉如前。」蓋球人歷染華風，未嘗無揖讓周旋之節也。

俗以一星終爲生辰，蓋十二年一慶，非十年一慶也。此則諸書均未編入，惟費詩偶及之。

屋内多作神龕，另有接賓處，多作木盆，或方或圓，鋪以白沙，上置奇石以爲玩。《志略》：「或云即禮神也。蓋因屋小者神龕與接賓處不分而致誤耳，實則兩事也。」又云「家不設神主，多以天地君親師供奉」者，未之前聞。

汪《録》：「嫁女不治匳具，父母走送之壻家，衣仍白。」按：近亦治匳，走送壻家，祇兄弟親戚，父母不往也。「衣白」之義，詢之諸生，亦不可解。

夏《録》：「居官言事必具酒二壺，至其家跽而酌之。酌畢，告以所事。」夫言事豈有必先飲酒之理？脱不飲者，又將奚若？遍詢此風，皆云不確。

《明一統志》云：「裹死者之屍，加以葦草。」汪《録》：「棺制三尺長，屈身斂之，今無是俗。」夏《録》：「木主男書圓寂大禪定，女書禪定尼。」李《録》：「今亦有書姓名者。」詢之，果信。

徐《録》：「女墓挂櫻葉、片扇、白巾，男墓挂白布笠、立杖、草屨、木屐。若插花筒、置香鑪，則男女墓皆同。」今聞男女墓則俱祇有花筒、香鑪而已。

《志略》：「馬高者絶少」，今亦甚多。又「官家女子騎馬，擁領蔽面，側坐鞍上，兩足共一櫈，人控徐行。」今無是俗。

國有草書，無隸書、楷書。有巫，有僧，無道士、比邱尼。有土妓，無優童。有牛、羊、馬、豕、雞、犬，而無駱駝、騾、驢、虎、豹之屬。

《隋書》：「婦人産，必食子衣，以火自灸，令汗出。」諸生云：「火灸或前古有之，食子衣則前古亦無是俗。」李《録》：「火灸今北山亦未盡改」，未知所據。

《舊録》：「男女無袴。」《志略》已云：「男婦皆無中衣，今間有之。」潘《録》亦云：「古無襦袴，今皆有之。」則無袴非近日風俗，可知乃李鼎元於嘉慶四年使琉球，而記載「男女皆無袴，女衣又無鈕無帶，且不束腰勢，須以手曳襟而行」，豈第仍舊説，而未之深考邪？

又云：「女力作時，常卷兩袖至背，貫繩而束之。髮垢輒洗，洗用泥，解衣結於腰，赤身低頭，人亦不避。」按此前古未聞，諸書不載，且此等事李公必不能目擊，率皆隨從人妄言之，而李公誤録之耳。

謝《録》：「地無木棉。」夏《録》：「土不宜棉，今間有之。姑米、葉壁、八重、太平諸島出。」按：今該國鄉間皆有此産，非必盡由外島出也。

穀屬有番薯，莖葉蔓生，瘠地可種，生熟可食，貧民多食之。潘《録》：「此物内地多有。」徐《録》不知，以爲異産，又云：「米惟王族官家食之，民止食薯。」《志略》：「球地米少，土人以爲糧。」李《録》：「民以薯爲命。」聞官生云薯味甘美，國人皆喜食之；又見諸生皆喜食豆醬、佳蘇魚之類，則知食薯同嗜，或土性使然，非必盡由米少之故，而以是爲命也。諸《録》殊疏體會，近更有訾球人皆以薯爲命者，尤堪捧腹。

蘭四時俱有，其類不一。《志略》「俗呼爲孔子花」，李《録》因之。官生云：「國中僅有稱觀音蘭，按觀音蘭，《志略》已載之。而無孔子花之目。」又水菖蒲大如荷，黑色，亦有荷而無黑色者。費詩集有《黑荷花題詠》，殆即指水菖蒲言之邪？

史部·職官類

福建市舶提舉司志

〔明〕高岐 輯

校點説明

《福建市舶提舉司志》一卷，明高岐撰。

高岐，雲南大理衛籍，四川成都人。舉人，歷官太僕寺寺丞，以事謫出，嘉靖三十三年（一五五四）任福建市舶提舉司提舉。

福建之設市舶提舉司始於宋，後興廢不常。明初設司於泉州，以督理對外貿易，後專管進貢方物，柔懷遠人。成化時移福州，專理琉球朝貢事。高岐此書作於剛到任不久，全書分十三門，以簡潔的筆墨介紹了該司建置、沿革及衙門建築、官役配置、職能等。作爲福建市舶提舉司的專職工作，書中特立「賓貢」一門，縷述琉球貢使到達後迎接、護衛及對隨船帶來的貢品的驗封駁運等過程。市舶司設有專廠，負責對琉球貢品中最大一宗——數萬斤硫黄煎銷成品後押送南京入庫。琉球使團赴京人員及留福建人員，亦由提舉司與福建地方政府負責遣送、款待。這些，均可補正史禮儀志之闕。書中「進貢」一門，詳記自嘉靖二十年至嘉靖三十三年每二年一次入貢的物品，可與稍前陳侃作於嘉靖十四年（一五三五）的《使琉球録》比對。而「考異」一門則全部節録陳侃的使録，可見作爲專門接待琉球國使的機構，仍然缺乏對該國地理民俗應有的瞭解。

此次校點，依據民國二十八年（一九三九）排印本，改正了個別錯誤。

（李夢生　賀詩菁）

目録

福建市舶提舉司志序

龔用卿

福建提舉市舶之官不常置，自宋紹興二十一年李莊始爲之，嗣後廢興沿革，代不相襲。至我朝始專官，以督理蕃市之事，然不專爲琉球設也，迄于今始爲琉球專其官矣。司舊無專志，附見於《八閩》及郡志諸書，專志之則自陽川高君始。君由太僕丞來涖斯職，興廢舉遺，式遵彝典，未數月，顧左右史取所詒典故而觀之，皆對曰：「前此未有也。」君憮然曰：「官以建事，志以守官。今司有專官而無專志，其何以考古而信今哉？」乃稽之往牒，考諸遺文，詢於耈老，摭於故實，輯爲司志一卷，謁予請序之。予惟志者史之流也，義例未精則規條不立，採（拓）〔摭〕未廣則聞見不弘，編纂失實則去取不當，銓次舛序則事理未暢。蔽於情則誣，溷於俗則雜，冗於詞則蕪，罔於義則隱。志之作誠難矣哉！鄭國之爲辭命，必更歷禆諶四人之手而後成，君獨以一身任之，是又當其所難者。以立例則古，以記事則實，以序蹟則詳，以考文則顯，是可以備所司之考證矣。昔范獻子之聘於魯也，至不識具敖之山爲魯先君之諱，亦以典章之無據，故詒魯人之誚焉。是志成，庶可免具敖之譏也哉！遂書之以爲刻志引。

賜進士及第、朝列大夫、南京國子祭酒、前左春坊左諭德、翰林院侍讀、經筵講官同脩會典、國史，晉安雲岡龔用卿譔。

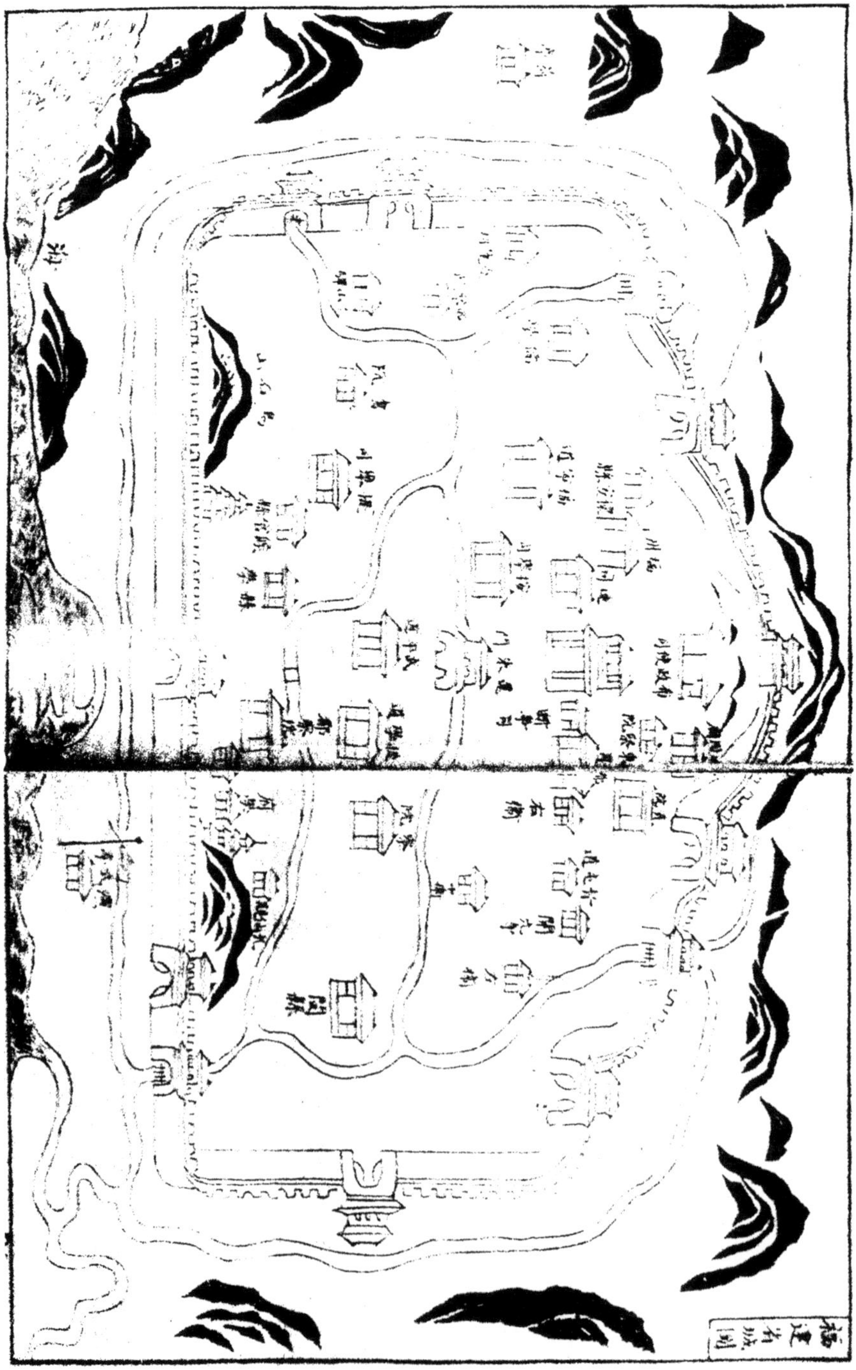
福建省城圖

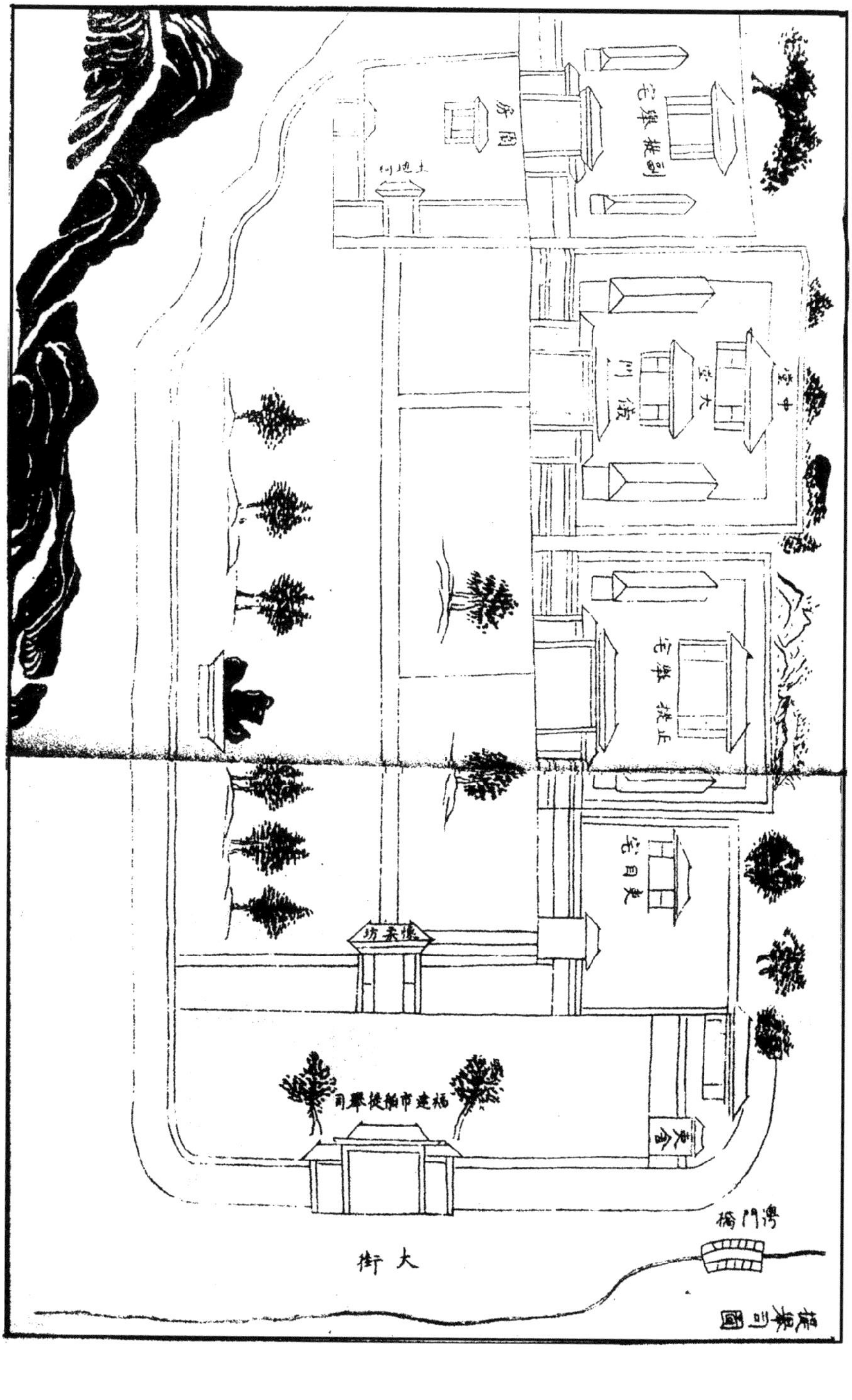
福建市舶提舉司
懷柔坊
吏目宅
正提舉宅
中堂
大堂
儀門
副提舉宅
土地祠
吏舍
濠門橋
大街

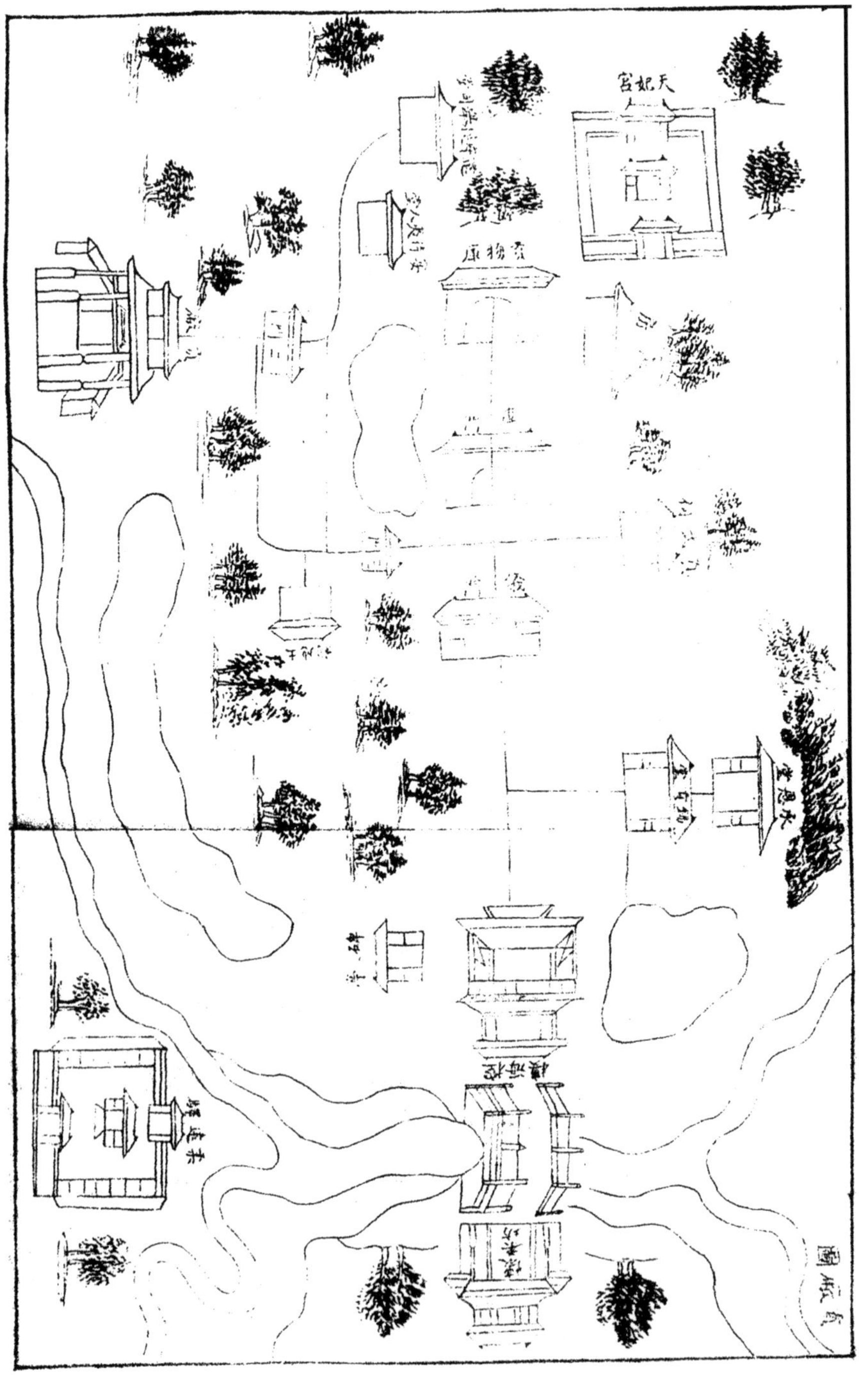
天妃宮

福建市舶提舉司志

建置

岐謹按：《商書》曰：「惟克商，遂通道于九夷八蠻。」《周書》曰：「海隅出日，罔不俾率。」則海中諸國粵自三代以來，臣服久矣。惟琉球國在海島，距閩東北雖甚邈，然賓貢航海，必由閩始達于京師。宋、元以前，雄恃海險，來庭靡常。明明我祖，闢天立極，琉球即來王，遂封以中山王，錫以賓貢，每二年一貢，設市舶司以統之，提舉司以理之。國初開市舶于泉，司署因之。後蕃舶入貢迺趨福，成化五年奏改舶司于福，制曰可，迺建市舶太監府于柏衙，市舶提舉司于澳橋，進貢廠、柔遠驛于河口。張官置吏，弘規偉瞻，誠足以壯中國而控外夷也。百八十年來，貢率其常，夷率其化，環海晏然，猗與盛哉！先設市舶太監，後省裁之，從憲臣請也。兹提舉司事務專轄于察院，布、按二司以轉聞之，定于一也。賓貢柔待防範之外，錢穀甲兵刑弗與焉。三年入覲，制惟提舉司官弗與焉，示專於柔遠人也。市舶之設，厥有義哉！作「建置考」。

唐《王綝傳》：綝字方慶，以字顯。武后時累遷廣州都督。南海歲有崑崙舶市外區琛琲，珠五百枚。琲部浼切。方慶至，秋毫無所索，且約官屬不得與交通，境内肅清。

唐有市舶使，以右威衛中郎將周澤爲之。見柳澤劾慶立疏。

唐代宗廣德元年，有廣州市舶使吕太一。

《宋史》云：掌番貨海舶，征榷貿易之事，以來遠人，通遠物。

宋紹興二十一年，李莊除福建提舉。上曰：「提舉市舶司委寄非輕，若用非其人，則措置失當，海商不至矣。莊可發來稟議，然後之任。」

宋哲宗二年，始詔泉州置市舶。

國初市舶置司於泉州，後改于省城。司署在布政司西南烏石山北，廼舊都指揮王勝宅第改建。進貢廠在郡城東南河口，國初創建，凡番國貢獻方物初皆貯於此，然後上進，有交盤廳及庫房、二門、外門。弘治乙丑，督市舶太監劉廣重加修飾，又建廳於交盤廳之後，立題名碑。正德壬申，督市舶太監尚春又建控海樓於交盤廳之左，樓之前爲尚公橋，橋之前爲懷遠坊。又一廠在府城内東南。懷遠驛在進貢廠之南，國朝創建，以爲番國使臣館寓之所。

沿革

岐謹按：《書》曰：道有升降，政由俗革。然治政必變則通，通則久也。市舶之設，肇於唐，沿於宋、元，丕建于我皇明。職惟理賓貢懷柔，其兼榷鹽鐵酒茶事務弗與焉。政雖簡而職則專，制雖變而體則一，無復向之紛更矣。傳之可久，豈非變通之宜哉？作「沿革考」。

宋開寶四年下廣南，以同知廣州潘美、尹宗珂並兼市舶使通判，謝處玭兼市舶判官。咸平二年九月庚子，令杭州、明州各置市舶廳番官從便。熙寧中，始變市舶法，泉人賈海外者往復必使東詣，否則没其貨。海道回遠，竊遠家者過半歲，抵罪者衆。太守陳偁奏疏，願置市舶於泉，不報。哲宗置泉舶。舊制，雖有市舶司，多州郡兼領，元豐中始令轉運司兼提舉，而州郡不復預矣。後專置提舉，而轉運亦不復預矣。後盡罷提舉官，至大觀元年續置。明年，御史中丞富公弼請歸之轉運司，不報。建炎中興，詔罷兩浙、福建市舶司歸轉運司。明年夏，復閩、浙二司，賜度牒直三十萬緡爲博易本。四年春，復置廣司。紹興二年，廢福建提舉市舶，初令提刑兼領，旋委提舉茶事。十二年，朝廷欲措置福建蠟茶，吕斌上言，於是茶事司歸建州而提舉市舶以次復矣。十四年，命番商以香藥至者十取其四。十七年，詔丁沉香、豆蔻、龍腦之屬號細香藥者十取其一。乾道二年，詔罷兩浙提舉市舶，逐處職事委知通判、知縣、監官同行檢視而總其數，令轉運司提督。紹興二十九年，張闡言，福建、廣東各置務於一州，兩浙舶務乃分建於五所。至乾道初，臣僚言，兩浙惟臨安、明州、秀州、温州、江陰軍凡五處有市舶，祖宗舊制，有市舶處知州兼提舉市舶務，通判帶主管，知縣帶監，而逐務又各有監官。市舶置司乃在華亭，近年遇明州舶船到，提舉帶一司吏人留明州數月，名爲抽解，其實搔擾。且福建、廣南有市舶，物貨浩瀚，置官提舉，誠所當宜。惟是兩浙置官，委是冗蠹，乞賜廢罷。從之。

《三山續志》：（宋）〔元〕至元十六年，設轉運使榷鹽貨，兼市舶。二十四年，兼榷鹽鐵酒醋諸課。二十九年，改置提舉，始專司鹾。三十一年，設轉運使。大德八年罷，十年改置提舉。皇慶元年，復設都轉運使，各有佐屬，以治其事，凡趲運及倉場之官隸焉。又按《元史》，至元十四年，始置市舶司，領煎鹽徵課之事。二十四年，改立鹽運司。二十九年，改立提舉司。大德四年，復爲運司。九年，復罷，併入元帥府兼掌之。十年，復立都提舉司。至大（德）四年復陞運司，徑隸行省。國朝鹽課專設都轉運鹽使司，職掌茶鐵課，郡縣領之。市舶提舉專管進貢方物，柔待遠人。

官職

岐謹按：《周禮》：泉府掌市之征貨之滯于民用者，以其賈買之，凡國之財用取具焉。歲終則會出入而納其餘。則知前代開海市以通商，以來遠人之貢，有由然也。我朝司署初設于泉，正取泉府意焉。建官三員，以海市、開船欲分治之，玆惟理貢船，不復開海市，副提舉遂未銓授矣，吏目閒來任亦虛設耳。雖有正提舉，貢至經理之，此外他無事事。然國初設有衙門，印信符驗字號。凡遇進貢則有本册起關，每年拜進則有表文，上司公檄則有承行，撥參則有吏役，供使令則有隸徒，掌印提舉之任可少之哉？況隸會省之地，秩列大夫，與運府並列同事，有協參之義焉。蒞是者其敬爾有官可歟？作「官職考」。

宋元市舶提舉司

提舉一員。

同提舉一員。

副提舉一員。知事一員。

國朝市舶提舉司

提舉一員。從五品。

副提舉一員。從六品。吏目□員。從九品。

吏役

岐謹按：《周禮》云：七曰胥，掌官敍以治敍。則古者之胥，即今之吏也。吏專簿書，示祇承耳。提舉司設吏凡六，雖無所事，然有衙門印信，則必有吏役供事，始克成體。兹輪派直印、直堂、巡風、迎送上司、查理文卷，每日卯時俱令升散，衙門雖清閒，藉是可出身約束之漸，稍就整肅，是亦存官箴之體也。作「吏役考」。

吏、户、禮、兵、刑、工共吏六名，司二名，典四名，轉考候缺農民無定數。

慶賀

岐謹按：《周官》嘉禮附以賀慶之禮，國朝《會典》凡五品以上衙門例慶賀。則市舶提舉司每年聖壽、冬至、正旦三次例該拜進表文，届期同運府類進于布政司，轉進禮部。原設有庫舍儀仗，前人建立規則，美哉猗與！

龍亭一座。庫一間。龍幔一頂。圍柱龍袱四幅。黄傘二把。鉞斧一對。金瓜一對。御棍一對。
儀從夫，三縣取用。金鼓旗，三衛取。
寫表、裝潢俱係侯官縣儒學師生修繕。

署舍

岐謹按：《詩》曰「夏屋渠渠」，言上之待下其居處有如此。司署衙門初制建立堅且壯也，歲久就圮，日漸彫落，欲請而新之，度費出惟艱，惟因其大壞者量捐俸薄葺之耳。然廠以貯貢物，驛以安遠人，自今修理無大費用，釋今不修，將來傾墜，用不貲矣。然地方多事，此又不急之務也，時寧儲積可無一修治之乎？作「公署考」。

提舉司

正廳三間。穿堂二間。中堂三間。東房三間。西房三間。吏、户、禮書房三間。兵、刑、工書房三間。儀門三間。屏門一座。大門三間。土地祠三間。荔枝樹一株。龍眼樹四株。

提舉宅

客廳三間。中房三間。兩耳房八間。廚房一間。宅門三間。

副提舉宅

客廳三間。中房三間。耳房三間。廚房一間。宅門二座。

吏目宅

客廳三間。中房三間。耳房八間。宅門一座。東公廨房六間。西園房三間。

進貢厰房屋

錫貢堂三間，會盤方物于此。承恩堂三間，察院三司會宴于此。控海樓一座三間。廚房一所。尚公橋一座。碑亭一座。儀門三間。運府提舉司會宴堂三間。待夷使宴堂三間。更樓一間。守宿房五間。庫内香料庫三間。椒錫庫一間。蘇木庫三間。硫磺庫一間。共八間。揀篩、煎銷硫磺兩廊房共二十間。庫亭一座三間。庫門三間。外叁門一座。貳門一座。大門一座。門外坊牌一座。各小角門三座。

天妃宫一所

前殿三間。後殿三間。兩廊十間。大門一間。真武祠一間。土地祠一間。魚池、蓮池前後共六口。荔枝樹共四十一株。龍眼樹共十二株。桃樹共四株。棗樹一株。扁柏樹三株。松樹一株。竹墩浦一所，多灣曲。新開荒箭路平地一所，約長二十餘丈，横約方丈餘。

柔遠驛

前廳三間。兩邊卧房共六間。後廳五間。兩邊夷梢卧房共二十七間。貳門三間。兩邊夷梢卧房共六間。守把千户房兩邊共十間。軍士房二間。大門一間。

公養

岐謹按：《詩》曰：「彼君子兮，不素餐兮。」則知古者俸以養廉，君子恒懼其覆餗也。惟市舶提舉司衙門建于福，支俟款，兵額派于興、泉、漳三府，征解多逃逋，不惟官無以資用，顧役屢虚，無怪其嘖嘖也。雖有年例銀，不敷歲用。然署僻官貧，俸薄役稀，恒稱貸以應之，蒞此亦可以爲清心寡欲之助，豈特逭素餐之譏哉？作「公養考」。

俸糧

正提舉員下每月本色米二石八斗，摺色米十一石二斗。

副提舉員下每月本色米二石四斗，摺色米五石六斗。

吏目員下每月本色米一石五斗，摺色米三石五斗。

祇候

正提舉員下四名。副提舉員下四名。吏目員下二名。

直堂

本司弓兵十名。吏目廳弓兵二名。本司直堂門子二名。

轎傘夫六名，係三山驛輪流撥跟。

探事馬夫一名，係三山驛撥用。

泉州府額編

晉江縣祇候二名。安溪縣祇候一名。同安縣祇候一名。

漳州府額編

龍溪縣祇候五名。龍巖縣祇候一名。

興化府額編

莆田縣弓兵三名。

漳州府額編

龍溪縣弓兵二名。隸兵二名。

泉州府額編

晉江縣門子二名。安溪縣弓兵二名。同安縣弓兵一名。永春縣弓兵二名。

馬夫銀原額編泉州府屬縣先年追解不完，羅一峰公辭而不受，罷此役，相沿遂成故事，至今未有。

屬役

岐謹按：《春秋》書白狄來，嘉其慕義也。傳曰越裳氏重譯來朝，示柔禮也。是故蕃文語出島夷，匪譯靡通；蕃性非我族類，匪通靡達。我朝内置四夷館，以太常少卿督其事，仍擇精譯夷語蕃文者爲序班通事；外則設市舶司，以提舉大夫官統之，擇本土知蕃語者爲通事，正以達夷情、宣王化也。然必素譯其文、能閑禮法者始可堪之，然比之匪人，不亦傷乎？若夫行户園丁等役，往來無常者也。作「屬役考」。

冠帶土通事，原設四員，嘉靖二十五年革退一員，今只用三員。

牙行，原設二十四名，各年分不等，革去十九名，今只存五名。

看廠并解運方物，殷實户原額六名，已前年分革去三名，今只存三名。

看廠園頭一名，係閩縣均徭内僉撥。

柔遠驛門子二名，係閩縣均徭銀内編僉，解赴布政司給領。

官民

岐謹按：《周頌》曰：「嗟嗟臣工，敬爾在公。」則設官所以敬其事，必著其籍履而後可論其世也。市舶司署設久，官亦相沿。我朝弘治壬戌以前，市舶設于泉州，惟一峰羅公文行卓绝可考，其餘年遠名湮，漫不可考。自壬戌迄今僅得二十八，其間多史館銓曹賢哲左遷，或久或速，官無常業，甚有厭其冷授而不至，可概見矣。考之《八閩通志》，其宋元官秩亦略備焉。爰稽籍履，以備題識。作「官氏考」。

宋市舶司提舉職名

徐確　上官厚　錢景邈

樂紹衍　章煥文　施逑

蔡橚上二人政和間任。　許大年　張佑俱宣和間任。

魯詹靖康初任。　邵邦達建炎間任。　徐與可

李承遇　王權　趙奇

呂用中　鮑仔　□壽成

婁璹　曹泳　趙士鳴

李莊　張子華　鄭寀

傅自修　張汝楫　陳之淵

黃績　何俌　林之奇有傳。俱紹興間任。

郭知訓隆興初任。　程佑之　馬希言

陸沅　張堅俱乾道間任。　虞似良

蘇峴　韓康卿　彭椿年
嚴焕　潘冠英　胡長卿
孫遜俱淳熙閒任。　王焕　趙汝彧俱紹熙閒任。
許知新　詹徽之　黄纘俱慶元閒任。
余茂實　曹格　郭希宗俱嘉泰閒任。
趙益　趙亮夫俱開禧閒任。　朱輔
王樞　趙不熄　傅庸
葉元澣　趙崇度　施棫
魏峴　趙汝适俱嘉定閒任。　謝采伯
李韶俱紹定閒任。　葉岺　黄朴俱端平閒任。
劉煒叔嘉熙閒任。　趙希楙　陳大猷
趙師耕　劉克遜　楊瑾俱淳祐閒任。
趙涯　黄會龍俱寶祐閒任。

元市舶司提舉職名

黑的　宋熙　張鐸
陳珪俱至元閒任。　八哈迭兒　馬合謀

段廷珪俱大德間任。　沙的　石抹羌吉剌歹

孫國英　海壽俱至大間任。　瞻思丁

木八剌沙　嚴文　哈散

朱善輔　倒剌沙　廉壽山海牙上五人俱延祐間任。

裴堅至治間任。　昔寶赤　趙敏

八都魯丁　劉遜　亦思司因

暗都剌　蠻子海牙　忽都魯沙

也先帖木兒　爲樞　葛紹祖

國朝提舉職名

羅倫，字彝正，號一峰，江西廣信府永豐縣人。成化丙戌二年狀元，由翰林院修撰成化丁亥年以言事謫出歷任，己丑年召復翰林院原職。

武全，直隸保定府雄縣人。由舉人弘治十一年歷任。

王尚學，廣東廣州府東莞縣人。由舉人正德二年歷任。

倪鼎，直隸徽州府婺源縣人。由舉人正德十年歷任。

舒芬，字國裳，號梓溪，江西南昌府進賢縣人。正德丁丑十二年狀元，由翰林院修撰十四年以言事謫降歷任，嘉靖元年召復翰林院原職。

劉廷臣，江西吉安府廬陵縣人。由舉人嘉靖元年歷任，陞浙江處州府同知。
陳九韶，廣東廣州府番禺縣人。由舉人嘉靖七年歷任，陞湖廣岳州府同知。
徐廷傑，浙江温州府永嘉縣人。由進士山東按察司僉事嘉靖十三年以事謫出歷任，十五年二月陞福建邵武府同知。
何公溥，廣東惠州府博羅縣人。由舉人嘉靖十四年歷任，陞福建汀州府同知。
陸時雍，浙江湖州府歸安縣人。由進士工部郎中嘉靖十七年以事謫出歷任，十八年陞四川按察司僉事。
添註江汝璧，江西廣信府貴溪縣人。由進士左春坊左諭德嘉靖十七年以主考事謫出歷任，十八年陞南京兵部員外。
楊育秀，江西廣信府貴溪縣人。由進士吏部文選司郎中嘉靖十八年以選官事謫出歷任，本年七月陞南京兵部員外。
陳璦，直隸常州府武進縣人。由舉人雲南大理府通判嘉靖十九年歷任。
鮑冕，直隸徽州府歙縣人。由舉人雲南臨安府建水州知州嘉靖二十四年歷任。
楊璉，直隸常州府武進縣人。由監生北京南城兵馬司兵馬正嘉靖二十八年歷任。
高岐，雲南大理衛籍四川成都府人。由舉人先任太僕寺寺丞，以事謫出，嘉靖三十三年歷任。

副提舉

吏目

尉賢，山東兖州府寧陽縣人。由恩生嘉靖八年歷任。

譚彝，廣東南雄府保昌縣人。由吏員嘉靖十五年歷任。

甘鎮，江西南昌府豐城縣人。由吏員嘉靖十七年歷任。子甘勳嘉靖癸未進士。

葉漶，直隸徽州府休寧縣人。由吏員嘉靖二十五年歷任，丁母憂，嘉靖三十四年復任。

附先年市舶府太監歷任職名

楊斌，交趾人。洪武年間膺選，歷陞奉御，永樂初年任。

梁著，湖廣人。洪武年間膺選奉御，永樂初年任。

來住，交趾人。洪武年間膺選，歷陞尚衣監左少監，正統九年任，正統十三年遷本省鎮守。

張貴，北直隸人。永樂年間膺選，歷陞惜薪司右司副，成化元年九月任。

蒙信，廣西人。洪熙年間膺選，歷陞供用庫奉御，成化四年十月任。

施斌，山西人。永樂二十二年膺選，歷陞都知監右監丞，成化九年七月内任。

韋查，廣西人。宣德四年膺選，歷陞都知監太監，成化十二年九月内任。

董讓，浙江人。景泰年間膺選，歷陞御用監太監，弘治二年三月任，弘治十年遷江西鎮守。

劉廣，山東人。天順初年膺選，歷陞司設監太監，弘治十年六月十八日任。

劉彝，山後人。天順年間膺選，歷陞御馬監右少監，正德二年二月初十日任。

許通，順天府人。成化十年膺選，歷陞内官監太監，正德三年十月十三日任。

吕憲，山東人。成化十一年膺選，歷陞内官監太監，正德四年十一月初八日任。

尚春，保定人。成化年間膺選，歷陞都知監太監，正德五年十二月十一日任，轉陞御馬監太監，福建鎮守，正德十四年十月十九日任。

趙誠，保定易州淶水縣人。弘治年間膺選，歷陞御馬監太監，正德十四年十月十一日任，轉陞福建鎮守，嘉靖五年四月十五日任。

賓貢

岐謹按：《書》曰：「明王慎德，四夷咸賓。無有遠邇，畢獻方物。」《周禮》：「懷方氏掌來遠方之民，致方貢，致遠物，而送逆之，達之以節。治其委，積館〔舍飲〕食。」則王者於四夷之賓貢，招以禮，綏以德，正《周官》意也。今制南夷厥貢，惟琉球達于閩，貢舶來往，飭兵防之，方物進獻，擇官護之。錫予以重幣，遣送以序班，馳達以驛遞，宴待以都司，延給以館廩，恩至渥也。懷綏有道，島夷來王，厥有由哉！作「賓貢考」。

琉球國進貢應行事宜

琉球國夷船到水埕澳水寨，經過閩安鎮等處巡司，各先申報各衙門知會，把總、指揮即差千、百户一員坐駕軍船，率領軍士，防範進港。都司仍委指揮一員，督同地方沿江巡邏防範。察院行都、布、按三司，會委首領官三員，各領封皮，同提舉司掌印官帶領土通事并合用匠作人等前去停泊夷船處所，譯問差來夷使，果係進貢是的，當取彼國符文、執照查驗，備抄明白，一面督令各匠就將本船艙艙如法釘封，當令原委指揮防護進港。各委官員先將封過艙艙緣由稟報，後將抄白符文、執照備由通行申報。如或夷船擱淺難進，夷使呈卸槓椇行李，自僱船隻搬運至柔遠驛安歇，其進貢方物行令芋原驛取撥站船裝運緣由申蒙布政使司，會差原委官員，預先稟請察院并都、布、按三司封皮到船驗封開艙。先將方物盤過站船，如法封釘固密，取具船户領狀附卷，著令駕到進貢廠河下聽候會盤。仍將各夷行李見數搬運入驛，具由申報提舉司。又據夷官呈請會盤緣由，申詳察院，批行布政使司擇日劄行。提舉司另具日期封皮張數手本，稟請各衙門按臨到廠會盤。原委官員先稟驗封開艙，提舉司行閩、侯、懷三縣查照舊規，備辦籮桶槓綟、合用家火物件送廠，仍取行匠辨驗方物。都司行左、右、中三衛取撥金鼓旗吹鼓，銃手軍士排列隊伍防範。布政司行福州府閩、侯、懷三縣照依上年事例，備辦酒席宴待夷官，賞犒夷衆。各大小衙門官員俱到進貢廠聽候會盤，提舉司呈遞夷使參見行禮事宜手本、方物文册。其夷人差委土通事數名，先發柔遠驛安插，次將馬疋、蘇木、胡椒、硫磺等項方物依次進上，著令行匠驗報明白，該三縣民夫搬扛貯庫畢，原委官員稟請封皮封庫，夷官辭謝起馬。本日都司行左、右、中三衛取撥百户三員、軍士一百名，提舉司撥吏一名，每夜提鈴巡邏防守方物，仍撥千户一員、軍士三十名守把柔遠驛門。提舉司給示禁止夷人不許擅自出入，交通貿易違禁貨物，按月取具土通事并附驛地方各不致縱容結狀，繳報按察司查考。察院并都、布、按三司各先差人齎本赴北京走報後，布、按二司會委官一員同提舉司官公同到廠開庫，拘集油炭等行辦料，將原進草包生硫磺眼同拆開，督匠驗看成色，照依舊規舂篩如法，煎銷成餅，一面行拘匠作照依上年式樣做辦槓桶、藍袋、槓綀、罩架、黄袱、旗棍等件，裝盛方物槓數申報布政司，委官解槓，提舉司擇具封槓日期并封皮式樣張數呈報，刊刻印給原委官員領帶到廠，公同驗看明白，逐槓釘封，照舊收庫。提舉司照依舊規，軍三民七，派夫申詳布政司，行福州府閩、侯、懷三縣并三山驛遞都司，行福州左、右、中三衛各照派槓數撥夫到廠聽用。都、布、按三司會委千、百户四員，内二員護送夷使赴北京，二員同提舉司差看廠，僱當殷實户二名領解方物赴南京内庫交納，奉獲長單批迴附卷，察院并都、布、按三司及提舉司各差人賫方物數目本册赴北京投進。進貢夷人奉例只許應付一百五十員名，夷官廩給每員每日給米五升，人伴口糧每名每日給米一升五合，夷梢月糧每名每日給米一升，該三山驛備申福州府行常豐倉按月關支。蔬菜夷官每員每日給銀五分，人伴每名每日給銀五釐，按季赴布政司給領。火柴每員名每日給銀一釐，赴閩、侯、懷三縣支應。宴待夷官、賞犒夷衆，提舉司據差來夷官呈請筵宴緣由，備申布政司行福州府閩、侯、懷三縣，照依舊規，辦宴于都司堂上。宴待掌印都司一員主宴，三衛排列隊伍防範。次日夷使謝各衙門酒席畢，土通事帶領回驛，提舉仍擇具起槓日期手本稟知。起槓之日，稟請三司先到西門樓城上送槓出城，取具解槓官并芋源驛遞各領狀繳報。其夷使赴京，具呈提舉司轉申布政司呈詳，起關應付自柔遠驛起程往芋源驛，由延平、建寧、崇安過由浙江直抵北京。

琉球國差來夷使人伴赴北京進貢事畢回還，奉欽依差鴻臚寺序班一員防送至柔遠驛安歇。照前宴待畢後，提舉司行據土通事取具夷官離驛日期緣由，申詳布政司，委官一員同本司、土通事并該吏各一名，將夷人逐一搜檢上船，防送至梅花千户所地方開洋回國去訖，取具沿途經過各該巡司地方各不致縱容登岸收買違禁貨物并夾帶人口等項結狀，繳報各衙門。

一貢物

岐謹按：《禹貢》曰：「島夷皮服。」曰：「海濱廣斥，厥貢鹽絺，海物惟錯。」則海夷獻貢，有自來矣。琉球國爲閩海東夷，凡貢皆取其國中所有者以獻進，素號知禮文，恭事天朝肅如也。邇來該國物産漸耗，海商不至，窘矣貢物之凉，其有自哉！然薄來厚往，柔道也。作「貢物考」。

除先年貢數不開外，嘉靖二十年三月二十六日，閩安鎮巡檢司報琉球國差來正議大夫蔡瀚同王舅殷達魯、使者金松、通事林喬，坐駕船一隻，裝載進貢慶賀馬四疋，硫磺一萬斤，金靶鞘腰刀二把，銀靶鞘腰刀二把，鍍金銅結束紅漆靶鞘衮刀一十六把，鍍金銅結束紅漆鞘沙魚皮靶腰刀一十把，象牙二萬斤。進貢御前金結束黑漆鞘沙魚皮靶腰刀二把，鍍金銅結束紅漆靶鞘衮刀一十二把，鍍金銅結束紅漆鞘沙魚皮靶腰刀一十把，兩面泥金扇一百把，一面金扇一百把。附搭蘇木一千斤，紅銅一千斤。至二十一年五月初七日梅花千户所開洋回國。

嘉靖二十二年三月二十五日，閩安鎮巡檢司報琉球國差來正議大夫陳賦、使者馬善、通事陳繼榮，坐船一隻，裝載馬十疋，硫磺二萬斤進貢，附搭紅銅一千斤，蘇木一千斤。至二十四年五月初九日梅花千户所開洋回國。

嘉靖二十四年三月初四日，據閩安鎮巡檢司報琉球國中山王尚清差長史梁顯等官坐船一隻，裝載馬八疋，硫磺一萬四千斤進貢，附搭胡椒一千斤，蘇木一千斤。至二十五年五月十八日梅花千户所開洋回國。

嘉靖二十六年四月初一日，小埕澳水寨報琉球國差正議大夫陳賦、長史蔡廷會、使者馬讀古、通事梁炫坐船一隻，裝載馬十五疋，硫磺二萬斤，金光銀靶鞘腰刀二把，金結束黑漆鞘金起沙魚皮靶腰刀二把，鍍金銅結束皮包鞘皮札靶腰刀六把，鍍金銅結束紅漆靶鞘衮刀六把，束香一百斤，象牙二百斤，附搭蘇木一千斤，胡椒一千斤進貢謝恩。至二十七年五月十三日梅花千户所開洋回國。

嘉靖二十八年三月二十六日，閩安鎮巡檢司報琉球國差正議大夫梁顯、使者金城、通事梁炫坐船一隻，裝載馬四疋，硫磺五千斤，附搭蘇木一千斤，胡椒一千斤進貢。至二十九年六月二十三日梅花千户所開洋回國。

嘉靖三十年無貢。

嘉靖三十二年閏三月初六日，小埕澳水寨報琉球國差長史梁炫、使者達魯嘉尼、通事鄭憲坐船一隻，裝載馬六疋，硫磺一萬斤，附搭蘇木五百斤，胡椒五百斤進貢，補三十年分貢差使者馬加尼、通事陳繼成坐船一隻，裝載馬四疋，硫磺五千斤，附搭蘇木五百斤，胡椒五百斤。至三十三年六月二十一日梅花千户所開洋回國。

考異

岐謹按：《易》曰：「君子以類族辨物。」今考之群書，參之使記，則琉球爲海邦，其地輿之廣狹，俗産之美惡，風氣之異宜，聖化之遠被，臣節之恪守，及遣使錫封之大典，咸著明焉。惟我天朝有保天下之氣象，故以大字小，無（達）〔遠〕弗届也，豈惟琉球一國然哉？安南、朝鮮、日本、占城、暹羅俱海中諸國，莫不來享來王，以至霜露月域，亦皆臣妾焉。輿圖之廣，粤自開闢以來所未有者也。附此以見大明大一統之盛。

大明一統志

琉球國在福建泉州東海島中，其國之沿革未詳。漢、魏以來不通中華。隋大業中令羽騎尉朱寬訪求異俗，始至其國，語言不通，掠一人以返。後遣武賁郎將陳稜率兵至其國，擄男女五百人還。唐、宋時未嘗朝貢。元遣使招諭之，不從。本朝洪武中，其國分爲三，曰中山王、山南王、山北王，皆遣使朝貢，嗣是惟中山王來朝，其二山蓋爲所併矣。

風俗　男子去髭鬚，以鳥羽爲冠，裝以珠玉赤毛。婦人以墨黥手爲龍虎文，皆紵繩纏髮，從頂後盤至額。以羅紋布爲帽，雜毛爲衣，以螺爲飾，下垂小貝，其聲如佩。王及臣民各分土以爲禄食，識漢字，奉正朔，俗尚佛異神。

使録云：所産多野馬、牛、豖、烏鴉、麻雀、螺殻、海巴、硫磺、牛皮、磨刀石，穀則有稻、秫、稷、麥、菽，蔬則有瓜、茄、薑、蒜、葱、韭，果品則有鳳尾蕉、甘蔗、石榴、橘、柿之類。其蘇木、胡椒、櫂子扇皆易自暹羅、日本。

嬴蟲録

琉球當建安之東，水行五百里，土多山峒，峒有小王，各爲部隊而不相救援。國朝進貢不時，王子及陪臣之子皆入太學讀書，禮待甚厚。

使録云：按福州梅花所開洋，順風七晝夜始可至琉球國，以水程計之，殆將萬里，豈止五百里。部落列伍以防衛，相爲救援。洪武二十二年，王令子姪入太學，後遣陪臣之子進監讀書，大司成教以誦詩學禮，處以觀光之館，禮待不亦厚乎？

星槎勝覽

琉球國山形抱合而生，一曰翠麗，一曰大崎，一曰斧頭，一曰重曼。高聳叢林，田沃穀盛，氣候常熱。酋長遵理不科民下。釀甘蔗爲酒，煮海爲鹽。能習讀中國書，好古畫、銅器，作詩效唐體。地産沙金、黄蠟。

使録云：琉球山形南北一帶而生，無翠麗等四山之名。五穀雖生不繁，氣候常熱，雨過即凉。政令簡便，各食分土。陪臣子弟并民之秀者令習中國書，其餘俱從倭僧學番字而已。地不産金，亦無黄蠟、玻璃等物。所用惟日本銅錢，其古畫、銅器非其所好。作詩則弄文墨，參禪乘，未必效唐之體也。

集事淵海

琉球與泉州之島曰彭湖者煙火相望，其人驍健，以刀、矟、矢、劍、鼓爲兵器。旁有毗舍那國，語言不通，袒裸盱睢，殆非人類。

使録云：琉球去彭湖不下數千里，雲蜃作霧，光景且伏，煙火豈相望乎？閩之鼓山霽日可望琉球，蓋小琉球山也。若大琉球，將隔萬里，豈能望哉？人生多膂力，薄滋味，寡嗜慾。國無醫藥，民亦少夭札。習尚忿争，多用兵器，鄰國目爲勍敵焉。東隅有人，鳥語鬼形，不相往來，豈所謂毗舍那國耶？

杜氏通典

琉球國王姓歡斯氏，名渴刺兜，土人呼之爲可老羊，妻曰多拔茶。王乘木獸，令左右輿之。凡宴會，執酒者必得呼名而後共酌飲。歌呼蹋蹄，音頗哀怨，扶女子上膊摇手而舞。民閒門户必安獸頭。

使録云：嗣王姓尚氏，名清，父名真，祖名圓，自上世以來皆命名以漢字。妃皆選自民閒女子充之。稱王曰敖那，稱妃曰札剌。陪臣無姓氏，或以世以地爲之名。大夫、長史、都通事有姓者皆出自欽賜三十六姓之後裔焉。王之居舍、殿閣、閣門俱五色，以土珠小團扇四柄貼金葫蘆一對以爲儀衛鼓吹，戈矛隨焉。宴會禮甚簡朴，陪臣稱觴壽，王與坐共飲不名。樂用絃歌，音頗哀怨，更以童子四人擊柝婆娑以爲舞焉，無蹋蹄女子之歌戲。民居不勝風雨，雖王居亦無獸頭，況民乎？

大明會典

琉球自洪武年間其中山王、山南王、山北王皆遣使奉表箋貢馬及方物。洪武十六年，賜國王鍍金銀印并文綺等物，山南王亦如之。後賜中山王、山南王、山北王玉色紵絲紗羅冠服，王妃紵絲紗羅，王姪、王相、寨官絹公服。永樂以來，國王嗣立皆請命册封，自是惟中山王來，每二年賓貢一次。成化年間差給事中董旻爲正使，行人司副張祥爲副使，琉球封王一次。嘉靖十二年，差吏科左給事中陳侃爲正使，行人司行人高澄爲副使，琉球封王一次。

藝　文

岐謹按：孔子曰：「文獻不足故也，足則吾能徵之矣。」是故考德問業，必於前言往行訂焉。司署肇于古，名賢相傳必有序記，歲遠碑湮漫無所考。近于頹垣中獲殘碑，蘚剥不可讀，洗而玩之，迺改設司記，爰合貢廠諸碑輯而録之，俾前賢盛矣不終磨滅，而司署文獻或可備採擇也。作「藝文考」。

福建市舶提舉司記

按察司副使雲程林玭撰

皇明混一宇内，四夷賓服。乃琉球居泉閩東海島中，唐、宋未嘗朝貢，元遣使諭之不從，洪武初稽首稱藩，歲遣人入貢，至泉轉達。永樂元年，始置市舶提舉司於泉，設官掌之，又主以中貴一人。歲久番舶漸抵福城南河口，是司猶在泉。成化丙戌，巡按御史朱公賢奏請遷福之柏衙，制從之。提舉羅公倫申云：衙門設立，自有其地，遷移亦有其數。蓋以柏衙僻陋，非可設之地，歲數未窮，非可遷之時，遂寢其事。甲午巡視都御史張公議將舊司貿易置澳門都指揮王欽宅，遷本司官吏居之，但卑隘圮壞，每遇慶賀，表箋龍亭、儀仗權設儀門行事。弘治壬戌春，太監劉公毅然曰：「吾奉命專制番舶，是司之設，壯中國之等威，其體制不可不隆；聳外夷之瞻視，其門闥不可不麗。」乃諗于鎮守太監鄧公、巡按御史陳公，相與贊成其謀。幸是歲首夏初，圃中芙蓉一株盛開數朶。夫芙蓉秋開者也，是華特先衆卉而榮，識者蓋知此地必興之兆，乃措貲市材鳩工，以提舉武公名全、運判楊公名瑞董其役。外爲重門，中正廳，翼以兩廂，宴室有堂，湢有室，官吏有廨，共屋七十餘間。始事於壬戌年九月十五日，竣工於十二月庚申日。武君屬此紀其事。昔宋元祐初置是司於泉，則以泉人賈海外者掌其征榷貿易之事。我朝賈海有禁，其所司者朝貢一事而已。今遷於福，以其地言之，福城爲八閩總會之地，其衣冠文物十倍於泉，羽冠異類奉贄獻琛，奔走左右而受約束者，觀三司衛所之制，豈不思藩屏固，刑罰清，武備脩，安敢萌外侮之心乎？觀府縣學校之制，豈不思生齒之繁，財賦之殷，人才之盛然，焉敢啓内侵之釁乎？以其數考之，自永樂癸未始創於泉，迄今弘治壬戌年于兹矣，夫數始於一，窮於百，窮則變，變則通，通則久，故方經營變置之始，草木爲之先榮，夷情爲之悦服，國家億萬年爲華夷主，久安長治之徵也。非羅公卓見，不足以逆知其數於四十年之前；非鄧公、劉公才識，不足以通變而符其數於百年之後。故衙門之設，雖有其地，有其數，必得其人而後成。既成之明年，癸亥十二月朔記。

今開原契都、布、按官買地基，東至官街，西至地平堂，南至軍人張清等，北至官河。

提督福建市舶題名記

按察司副使宜興杭濟撰

東南自浙而閩、廣爲三省，其外大海，多蠻夷，環水而島居者若干國，凌風駕濤，譯言贄貢，歲率以爲常，故每省各該市舶司領之，又命中貴臣一人統其事，區畫周悉，蓋欲下通款附之誠，上以布我朝廷柔遠之意也。夫統于一隅，羈屬諸國，況其情弗類，順逆易興，當是者顧亦艱且重矣。肆惟閩省市舶之設事事者計凡若干人，迄今太監劉公爰自内選，受敕而至，甫九稔，事既克，環江海無虞，迺暇日修廢舉墜，公署之飾，焕然增新，而前人封域頽圮悉治。既而喟曰：「吾從莅兹土者後先相踵，閱歷滋久，殆將無傳焉。」因稽諸故牘，詢之遺老，得官秩姓氏者僅八人，作亭廳署之後，立石以載之，徵予爲記。予惟托名金石，以圖不朽，概有爲之者。然名立於此，實徵諸彼，某苟善則人將指而賢之，某否則將指而詆之，善示無窮，而否亦因之不泯，則斯名之存故幸也，亦大可懼也。市舶初無碑志，公斯肇之，其所以昭潛没，啓繼襲，意詎無所謂哉？於戲！往者已矣，今之視其名者，安知不有指議其閒，而後之繼今，當必知所以自懼。若迺公之和易忠誠，恪共厥職，貢致于上，市不私于下，而且申威播惠，順效蠻夷，是真可謂不負簡命者矣。吾知登名兹石，傳之永久，他日必有指而賢之者。雖然，其端耳，使擴是而往，以弘其事業則將書而炳諸史册，豈特兹石也哉！此予所望於公，併以示諸來者。

尚公橋記

兵部尚書閩縣林瀚撰

橋以尚公名者，公所造也，遂用公姓姓斯橋焉，蓋示千萬載不能忘耳。公自童年被選入內廷供奉，以聰秀爲憲宗皇帝所愛，特送入書堂進脩學業，性敏而勤，志鋭而篤，染翰工詩，皆遠出人右。逮弘治中，歷試惜薪司財用諸劇事，一皆稱旨，荷賜飛魚錦服一襲，衆以爲榮。我皇上紀元正德初，拜奉御，薦陞左司副司正，至於今職。五年秋，乃以都知監太監，服蟒衣玉帶，佩璽書來總閩蕃舶事。甫逾一載，聲望日隆。其恤細民也以仁，其接賢士大夫也以德，其懷馭島夷之朝貢者以惠以大體。一日會盤方物于河濱，見司所架木橋，度運海航諸貨登岸者，板弱繩朽遽墜，番使溺焉。公慨然曰：「此非所以柔遠人也。」遂出稟貲，分給石（公）〔工〕造橋，梓人樹坊于東名曰懷遠，建樓于西名曰控海，皆極堅固壯麗。樓可遠視，坊可少憩，橋可安行，華夷得之輿議，名曰尚公者，紀實也。提舉王尚學率本地通事黄仕明、官牙馮驥等專董其役。經始於七年壬申夏五月十六日，越冬十月二十七日告成。鎮閩太監商公颸暨都、布、按三司諸公咸往落之，罔不相顧歎羨無已，爰屬老夫紀其事，以垂有永。予昔官翰林時，奉命内書館視業，知公爲深。公本魯氏，而尚乃賜姓也。兹重會晤，亦一奇逢耳。矧西園既復，時邀名公登鄰霄臺宴飲賦詩，鐫名峭壁，斯皆人所鮮能而公慷慨舉之，士林罔不敬服，誠近臣中之表者歟？公名春，景元其字，别號達齋，世家于保定易州云。

進貢官廠置買閩縣崇賢里一二圖民葉滢、李淵民田共二段，計四分五釐五毫三絲，蓋造牌樓，填砌官路。其田公委本縣典史金奎丈量明白，止該正耗米四升四合九勺九抄七撮，夏税鈔四文，當官給與田土價銀二兩三錢訖，其米鈔立作官廠名字寄莊高惠里一圖，用勒于石，永爲定規。

三山紀會録序

梓溪舒芬

古仁人立言之遠，曠百世而不受知者，屈子之《離騒》是也。《離騒》自淮南而下，説者數十家，奚爲而不知邪？屈子者知道者也，《離騒》者訣絶而思傳道者也。説者謂怨誹憂憤，類以楚聲湘纍悲哀之辭視之，豈知《離騒》者邪？夫傳道之言，在今日豈信於子思、孟子邪？屈子曰：「道可受兮不可傳，其小無内兮其大無垠。」與子思所論費隱同邪，異邪？又曰：「一氣孔神兮於中夜，存虚以待之兮無爲之先。」與孟子所論夜氣同邪，異邪？且孟子而下，士孰知王霸之辨？此屈子乃言曰「昔三后之純粹兮」，使非真知王道之純粹邪？又曰：「湯禹嚴而祗敬兮，周論道而不差。」於乎！嚴敬不忽，大中不差，此兼内外該本末之言也，非三后之所爲純粹者邪？蓋存社稷，哀民艱，蹐王道，等伊吕，屈子之心也，而不得遂焉，亦樂天而安夫命矣，雖《離騒》見志，亦豈必其道於來世邪？或者見其有悒鬱大息流涕之字，則謂其憤怨；見其有麾蛟駕龍，發東津至西極之辭，則謂其嫉世逃虚，是豈知屈子未嘗不豫之誠邪？歲正德己卯，予以言事謫司蕃舶。偶九日登烏石高處，長嘯孤咏，若將騁宇宙之寥廓也。同年平嵩知之，攜酒至，俄而東岡、越坡、浴陽皆攜酒至，且眺且詠，若將觴我樂我也，各爲詩數首，屬予和，且屬通録所聯句爲一卷，以紀清遊。予以斯遊于四君信樂矣，若芬者方處孤遠慮患之地，人豈以爲樂邪？昔者屈子之樂，人以爲憂，并與其道廢之矣，非四君孰知予嘯咏之樂邪？雖然，道苟在我，則無往而不可樂；位苟在我，則無往而不可憂，一游奚待哉？詩録去，偲覽者視之《騷》也，因敍屈子之仁先之，謝四君能知己也。

刻張東海贈行羅一峰詩序

運同前御史華亭李人龍撰

士有曠百世而相感者，孚以心也。矧夫聲應氣求，裒然峙立於朝著，其心之所感又何如其肫閭孚契也。一峰羅先生在翰林時，疏奪情，忤秉國，調閩市舶提舉。衆方以言爲諱，而張東海先生卒不避忌，毅然獨以詩贈行。觀其格款韻致，侃侃金石，不作渭城語。未幾東海亦以《假髻曲》訕倖位，隨外補南安守。其詩之所發，非其心素所孚契者乎？愚嘗竊評二公，羅醇正似程明道，張鯁直近蘇文忠，文章節氣，較若畫一，其心同，故其迹同也。高子季鳳以太僕丞謫遷兹署，稽古象賢而耿耿於前修者篤矣。按故事，市舶清簡，設以待遷客。先是，翰苑銓曹凡左遷者率涖是，終日讀書撰文，養望儲用。諸前脩固皆名流，而一峰尤爲卓越，宜高子所深慕而鍾仰之極力也。一日，集群寀燕于柔遠堂，迺徵言於余，而求表揚之。余退而檢籍笥，偶獲此詩，爰筆敦復，以邵倅錢子可學工草書，意宗東海，介其染墨揮毫勒珉，昭法時輔。贊其美者，福郡伯翁子大經、少府徐子廷高、副運林子端吾、別駕張子子成、王子子信、邢子元翊，而顧子少雨適涖長鹺司，則樂觀厥成也。噫！兹舉也，作濂於忠，可以立世教矣。昔孔子以君子稱子賤，而必追本其魯之多賢；韓退之唐之閩人也，其文至宋歐陽公始克表暴於世。余固不敢私諸其鄉人，而高子惓惓謨議，亟圖伐石，以彰二公之美，一發於秉彜好德之公心，顧余鄙劣，深惟不文是懼，重違高子之懇，且幸自附於青雲之士，以表諸君子忠義之誠，不敢以不文自棄也，故勉爲之敍。

詩

送羅應魁調官福建市舶提舉

東海張　弼

江右衣冠此丈夫，纔於楓陛聽傳臚。百年事業丹心苦，萬古綱常赤手扶。郭隗臺前摺踈柳，考亭祠下掃寒蕪。問渠榮辱升沈事，天際浮雲自有無。

烏石同游倡和

梓溪舒芬

轉避迴巒一徑深，直窮烏石最高岑。爲將佳節酬孤興，應被旁人識壯心。山勢北來雲萬疊，潮痕東望雪千尋。揮毫欲掃烟嵐淨，風雨今朝未許侵。

又

壯懷寧解賦悲秋，得伴還爲汗漫游。酒債又因佳節重，詩篇常爲好山留。遥憐宫闕中天隔，不信烟霞此地幽。翹首東溟風未定，萬漚隨浪若生浮。

讀羅一峰舒梓溪張東海三公文集有感

陽川高岐

嘉靖甲寅春，岐自江北移官閩南，爰考舶司名賢，多翰苑天曹謫仙至止，維一峰、梓溪二公謫寓更久，遺文往事，足可徵焉。嗚呼，若二公者可多得哉！蓋二公秀鍾江右，克勵聖賢之學，其里同，其志同；大魁天下，蜚英史館，文章道德海内仰之爲太山北斗，其聲望同；力任綱常，逆止遊豫，犯顔敢諫，風節挺挺，其忠義同；落職閩市舶，堅持雅操，歷三載如一日，其謫與地同；召復翰林，官止修撰，遽爲隱憂，抱道而終又同。夫惟其心同，故道無弗同也。我朝養士二百年來，培植既厚，元氣自完。此二公之直節正氣，邃學淵謨，誠足以風天下而師百世也，豈惟厥里、厥宦、俎豆之同，他日休亨明禋、廟祀之崇，其將無同也乎？岐末學小子，去二公之世若是其遠也，謫遷茲署，慕二公之高若是其切也，既嘗刻張東海公送行詩序于石垂不朽矣，臨風三復，重有感焉，遂不揣爰次前韻爲詩一首，僭扁于司署之群僊寄興堂，以見二公心一道同，且以述高山仰止之懷云。

天挺洪都兩丈夫，雲龍千載慶傳臚。後先大節乾坤重，次第危言日月扶。烏石暮雲含宿潤，玉堂春雨鎖殘蕪。清風仰止令人切，流水高山古調無。

舶司志後序

夫記久而明遠，昭茲而貽來，莫備於志，所以稽典敷猷，秩分敕法，别防垂鑒，總庶事之紀，類萬物之情，匪直文焉已也。古有以天文志者，如馮相保章氏之所掌；有以輿地志者，如職方氏之所掌；有以人事志者，如内外左右史之所掌是也。大哉志乎，三才之奥統於此矣。若陽川高子之志斯志也，其猶有良史氏之遺矣乎？我皇家開天立極，柔遠能邇，島夷卉服，奔走貢琛，舶司之設，其來尚矣。官署制度，規置詳略，自宋、元以迄于今，不知凡幾變也，顧未有輯而志之者。高子自太僕移官江北，旋移是秩，借資養望，靖共朝夕，慎乃攸司，蒐討舊聞，爰輯爲志。是故始建置以稽典也，表沿革以敷猷也，慎職官以秩分也，詳吏農、署舍、公養、屬役之類以敕法也，著賓貢以别防也，稽官氏以垂鑒也。其文核，其旨遠，其取類廣，其立義精，俾後之尚論景行者世有考焉，則斯志也，尤足爲文獻之徵矣。高子文章行業齊美於仲兄雲川公。公昔按吾閩，風烈具在，余亦曾按滇，於高子有深知之雅，樂觀厥成，故僭爲之序云。

嘉靖乙卯秋七月望吉，賜進士出身浙江道監察御史莆田石海林應箕著。

史部・政書類

通典

〔唐〕杜佑　撰

校點説明

《通典》二百卷，唐杜佑撰。

杜佑（七三五—八一二），字君卿，京兆萬年人。歷官嶺南、淮南等節度使，檢校司徒同平章事，封岐國公。精於吏事，詳研學問，尤熟於歷代典章制度。

《通典》記自黄帝起迄唐天寶末制度興廢因革，分食貨、選舉、職官、禮、樂、兵刑、州郡、邊防八門。唐代與琉球没有往來，故本書卷一百八十六《邊防二·琉球》所記，仍節録自《隋書·外國傳》，無新材料。

因《通典》被歷代治史者奉爲圭臬，故自明代使臣親歷琉球後，便紛紛對《通典》所記質疑。如陳侃《使琉球録》便將所記逐條與自己所見對照，云王姓尚；王之居所殿閣二層，上爲寢室，中爲朝堂，闔門俱五色珠爲簾櫳；王出入乘肩輿，非木獸，以十六人扛之；宴會禮儀簡朴，王與臣坐而共飲，但不至於呼名；所居富貴家僅瓦屋兩三間，其餘則茅茨土堦，雖王屋亦無獸頭。陳侃以後，更有人認爲《通典》所載均得自傳聞，皆不實之詞。亦有人認爲今昔之異，乃琉球進步之表現，如夏子陽《使琉球録》於論杜氏《通典》言琉球之陋後即云：「顧其超然面内，歷世不渝，漸漬文教，頓洗夷風，而蹋蹄媟主之陋或亦浸浸乎爲化所移矣，寧可盡詆杜氏之謬耶？」

此次校點據民國二十四年（一九三五）商務印書館刊本。

（李夢生）

邊防・琉球

琉球自隋聞焉，居海島之中，當建安郡東。閩川之東。水行五日而至。土多山洞。其王姓歡斯，名渴刺兜，不知其由來，有國代數也。彼土人呼之爲可老羊，妻曰多拔茶。所居曰波羅檀洞，塹栅三重，環以流水，樹棘爲藩。王所居舍，其大十六間，彫禽刻獸。多鬬鏤樹，似橘而葉密，條纖如髮，紛然下垂。國有四五帥統諸洞，洞有小王。往往有村，村有鳥了帥，並以善戰者爲之，自相立，理一村之事。男女皆以白紵繩纏髮，從頭後盤遶。婦人以羅紋白布爲帽，織鬬鏤皮并雜色紵及雜毛以爲衣，製裁不一。織籐爲笠，飾以毛羽。兵有刀、矟、弓、箭、劍、鈹之屬，編紵爲甲，或以熊豹之皮。王乘木獸，令人轝之而行，導從不過數十人。國人好相攻擊，人皆驍健，善走難死，而耐瘡。諸洞各爲部隊，不相救助。兩陣相當，勇者三五人相擊射，如其不勝，一軍皆走，遣人致謝，即共和解，收取鬬死者共聚而食之。食皆用手。無賦斂，有事則均稅。俗無文字，視月虧盈以紀時節，候草枯以爲年歲。人深目長鼻，頗類於胡人，縱年老髮多不白。無君臣上下之節，拜伏之禮。父子同牀而寢。婦人産乳必食子衣。以木槽暴海水爲鹽，木汁爲酢，釀米麯爲酒。遇得異味，先進尊者。凡有宴會，執酒者必待呼而後飲，上王酒者亦呼王名，銜杯共飲，頗同突厥。歌呼蹋蹏，一人唱，衆人皆和，音頗哀怨。其死者氣將絶，舉於庭，浴其屍，以布帛纏之，裹以葦席，襯土而殯，上不起墳。子爲父者數月不食肉。有熊、羆、豺、狼，尤多猪、雞，無牛、羊、驢、馬。厥田良沃，先以火燒，而引水灌之，持一插，以石爲刃，長尺餘，闊數寸而墾之。土宜播種。樹木有同於江表，氣候與嶺南相類。俗事山海之神，祀以酒殽，鬬戰殺人便將所殺人祭其神。

煬帝大業初，海師何蠻等云，每春秋二時，天清氣静，東望依稀似有烟霧之氣，亦不知幾千里。三年，帝令羽騎尉朱寬入海求訪異俗，得何蠻，遂與俱往。因到琉球國，言不相通，掠一人并取其布甲而還。時倭國使來朝，見之曰：「此夷邪久國人所用也。」帝遣虎賁郎將陳稜、朝請大夫張鎮州率兵自義安今潮陽郡。浮海擊之，至琉球。初稜將南方諸國人從軍，有崑崙人頗解其語，遣人慰諭之。琉球不從，拒逆官軍，稜擊走之。進至其都，頻戰皆敗，毁其宫室，虜其男女數千人而還。

文獻通考

〔元〕馬端臨 撰

校點説明

《文獻通考》三百四十八卷，元馬端臨撰。

馬端臨（約一二五四—一三二三），字貴與，江西樂平人。宋末以蔭補承事郎，入元不仕，教授鄉里，曾任衢州路柯山書院山長。

《文獻通考》按《通典》成例增補經籍、帝系等五門，共二十四門，繼《通典》收自唐天寶年至南宋嘉定末事，以詳贍著稱。然其中《四裔考》四所收「琉球」，實照録《隋書·東夷傳·流求國》，並無新的發明，惟國名已用今稱，與《元史》異。

本書録自民國二十五年（一九三六）商務印書館影印本卷三百二十七。

（李夢生）

文獻通考

四裔考・琉球

琉球國居海島，在泉州之東，有島曰彭湖，煙火相望，水行五日而至。上多山洞，其王姓歡斯氏，名渴刺兜，不知其由來，有國世數也。彼土人呼之爲可老羊，妻曰多拔茶。所居曰波羅檀洞，塹栅三重，環以流水，樹棘爲藩。王所居舍其大一十六閒，雕刻禽獸。多鬬鏤樹，似橘而葉密，條纖如髮之下垂。國有四五帥統諸洞，洞有小王。往往有村，村有鳥了帥，並以善戰者爲之，自相樹立，主一村之事。男女皆以白紵繩纏髮，從項後盤遶至額。其男子用鳥羽爲冠，裝以珠貝，飾以赤毛，形製不同。婦人以羅紋白布爲帽，其形方正。織鬬縷皮并雜毛以爲衣，製裁不一，綴毛垂螺爲飾，雜色相閒，下垂小貝，其聲如珮。綴璫施釧，懸珠於頸。織籐爲笠，飾以毛羽。有刀、矟、弓、箭、劒、鈹之屬。其處少鐵，刀皆薄小，多以骨角輔助之。編紵爲甲，或用熊豹皮。王乘木獸，令左右輿之，而導從不過十數人。小王乘機鏤，爲獸形。國人好相攻擊，人皆驍健善走，難死耐創。諸洞各爲部隊，不相救助。兩軍相當，勇者三五人出前，跳噪交言，相罵因相擊射，如其不勝，一軍皆走，遣人致謝，即共和解。收取鬥死者聚食之。仍以髑髏將向王所，王則賜之以冠，使爲隊帥。無賦斂，有事則均稅。用刑亦無常準，皆臨事科決。犯罪皆斷於烏了帥，不服則上請於王，王令臣下共議定之。獄無枷鎖，唯用繩縛。決死刑以鐵錐大如筯，長尺餘，鑽頂殺之。輕罪用杖。俗無文字，望月虧盈，以紀時節，草木榮枯，以爲年歲。人深目長鼻類於胡，亦有小慧。無君臣上下之節，拜伏之禮。父子同牀而寢。男子拔去髭鬚，身上有毛處皆除去。婦人以墨黥手爲蟲蛇之文。嫁以酒肴珠貝爲聘，或男女相悅，便相匹偶。婦人産乳必食子衣，産後以火自灸令汗出五日便平復。以木槽中暴海水爲鹽，木汁爲酢，米麴爲酒，其味甚薄。食皆用手，遇得異味，先進尊者。凡有宴會，執酒者必得呼名而後飲。上王酒者亦呼王名後銜盃共飲，頗同突厥。歌呼蹋蹄，一人唱，衆皆和，音頗哀怨。扶女子上膊，摇手而舞。其死者氣將絶，轝至庭前，親賓哭泣相弔。浴其屍，以布帛纏縛之，裹以葦席，襯土而殯，（王）〔上〕不起墳。子爲父者數月不食肉。其南境風俗小異，人有死者，邑里共食之。有熊、豺、狼，尤多豬、雞，無羊、牛、驢、馬。厥田良沃，先以火燒，而引水灌，持一插，以石爲刃，長尺餘，闊數寸而墾之。宜稻、粱、禾、黍、麻、豆、赤豆、胡黑豆等。木有楓、栝、松、楩、楠、枌、梓。竹、籐、果、藥，同於江表。風土氣候，與嶺南相類。俗事山海之神，祭以殽酒。戰鬭殺人，便將所殺人祭其神。或依茂樹起小屋，或懸髑髏於樹上以箭射之，或累石繫幡以爲神主。王之所居壁下多聚髑髏以爲佳。人間門户上必安獸頭骨角。

隋大業元年，海師（河）〔何〕蠻等云，每春秋二時，天清風静，東望依稀似有煙霧之氣，亦不知幾千里。煬帝令羽騎尉朱寬入海求訪異俗，得（河）〔何〕蠻言，遂與蠻俱往。同到琉球國，言語不通，掠一人而反。明年，令寬慰撫之，不從，寬取其布甲而歸。時倭國使來朝，見之曰：「此夷邪久國人所用。」帝遣虎賁郎將陳稜等率兵自義安浮至高華嶼，又東行二日至鼊鼊嶼，又一日便至琉球。不從，稜擊走之，進至其都，焚其宫室，虜其男女數千人，載軍實而還。自爾遂絶。義安，潮陽部也。

旁有毘舍耶國，語言不通，袒裸盱睢，殆非人類。宋淳熙間其國之酋豪嘗率數百輩猝至泉之水澳、圍頭等村，多所殺掠。喜鐵器及匙筯，人閉户則免，但取其門環而去。擲以匙筯則俯拾之，可緩數步。官軍擒捕，見鐵騎則競剜其甲，遂駢首就僇。臨敵用鏢，鏢以繩十餘丈爲操縱，蓋愛其鐵不忍棄。不駕舟楫，惟以竹筏從事，可摺疊如屏風，急則群舁之浮水而逃。

續文獻通考

校點説明

《續文獻通考》二百五十二卷，清乾隆十二年（一七四七）奉敕編。

馬端臨《文獻通考》問世後，明王圻有《續文獻通考》二百五十四卷問世，内容上接宋寧宗嘉定年間，下迄明神宗萬曆年間事。至清乾隆年間，清廷以王圻所作體例雜亂，且於明代前盡取正史，殊無新意，乃令館臣重編，所收事時限則展至明末。王圻所作琉球事部分已爲清編吸收，部分見其所編《三才圖會》，本叢書已收，故不再重録。

清奉敕編《續文獻通考》卷二百三十八《四裔考·東南夷》所收「琉球」篇，於元代事仍據《元史》，於明代事則歷述洪武五年至崇禎二年歷代琉球王傳承、入貢，及明廷遣使敕封琉球情况。時距《明史》修成僅十餘年，故本書所述，與《明史·外國傳》所記大同小異。

此次標點，所據爲民國二十五年（一九三六）商務印書館刊本。

（李夢生）

續文獻通考

四裔考・琉球 三嶼附

元世祖至元二十八年，遣使持詔諭琉球。是年九月，從海船副萬户楊祥請，以六千軍往降之，不聽命，則遂伐之。繼有書生吴志斗生長福建，熟知海道利病，以爲若欲收附，且就彭湖發船往諭，相水勢地利然後興兵未晚。乃命祥充宣撫使，給金符，吴志斗禮部員外郎，阮鑒兵部員外郎，並給銀符，往使琉球。二十九年三月，自汀路尾澳舟行，四月至彭湖而還。成宗元貞元年九月，福建省平章高興遣人赴琉球國，擒生口一百三十餘人。

臣等謹按：馬端臨考載琉球事僅見於隋大業時，《元史・外國傳》謂漢唐以來史所不載，近代諸蕃市舶不聞至其國者。琉球在南海之東，漳、泉、興、福四州界内，彭湖諸島與彼相對，天氣清明時望之隱約若烟若霧。西南北岸皆水，至彭湖漸低，近琉球則謂之落漈。漈者，水趨下而不回也。凡西岸漁舟到彭湖以下，遇颶風發，漂流落漈，回者百一。蓋琉球在外夷最小而險云。

又《元史・外國傳》曰：三嶼國近琉球。世祖至元三十年命選人招誘之，平章政事巴延等言：此國之民不及二百户，時有至泉州爲商賈者。去年軍船入琉球過其國，國人餉以糧食，館我將校，無他志也，乞不遣使。從之。

明太祖洪武五年正月，命以即位建元詔告琉球。

琉球國有三王，曰中山，曰山南，曰山北，皆以尚爲姓，而中山最强。是年遣行人楊載使其國。至九年夏，前所遣刑部侍郎李浩自其國歸，言琉球不貴紈綺，惟貴磁器、鐵釜，自是賞賚多用諸物。十五年，中山王察度、山南王承察度與山北王怕尼芝争雄，互相攻伐，命内史監丞梁民賜之敕令，罷兵息民，三王並奉命。琉球入貢事俱詳「土貢考」。二十五年，中山山南王從子及寨官子偕肄業國學。明年，山北王怕尼芝卒，子攀安知嗣。二十九年春，令山南生肄國學者歸省，冬復來。中山亦遣寨官子及女官生姑、魯妹二人先後來肄業。其感慕華風如此。

王圻曰：其國有大琉球、小琉球，其俗去髭黥手，羽冠毛衣。殺人祭神，無禮節，好剽掠。其産鬬鏤樹、硫黄、胡椒、熊羆、豺狼。自福建梅花所開洋，順颸利舶，七日可至其國。自古不聞於中朝，隋海師何蠻、羽騎尉朱寬訪得之，虜其男女五千人。元遣人招諭，不從。國王初姓歡斯，名渴剌兜。後嗣王曰尚圓，曰尚真，曰尚清，分爲三王。

成祖永樂二年二月，命中山王世子武寧襲位。

武寧遣使告父喪，遣官祭賻，遂有是命。四月，山南王從弟（王）〔汪〕應祖亦遣使告承察度之喪，謂前王無子，傳位應祖，乞加朝命，且賜冠帶。從之。時山南使臣私齎白金詣處州市磁器，事發，當論罪，帝貰之。四年，中山進奄豎數人，帝以不可絶人類，還之。五年四月，中山王世子思紹遣使告父喪，封賜如前儀。十一年，山南王應祖爲其兄達勃期所弑，諸寨官討誅之，推應祖子他魯每爲主，以十三年三月請封，從之。二十二年春，中山世子尚巴志來告父喪，祭賻如常儀。

仁宗洪熙元年敕封巴志爲中山王。

至正統七年正月，中山世子尚忠來告父喪。時山北、山南俱已爲中山所併。詳「土貢考」。命給事中余忭等封忠爲中山王。敕使之用給事中自兹始。忭等還，受其黄金、沉香、倭扇之贈，爲偵事者所覺，並下吏，杖而釋之。十二年二月，世子尚思達來告父喪，命官往封。景泰二年，思達卒，無子，其叔父金福攝國事，如例往封之。五年二月，金福弟泰久奏長兄金福殂，次兄布里與兄子志魯争立，兩傷俱隕，國中臣民推臣權攝國事。明年四月，封泰久爲王。六年三月，世子尚德來告父喪，亦封爲王。成化七年三月世子尚圓來告父喪，封爲王。十四年四月卒，其子尚真來告喪，乞嗣爵，命往封之。嘉靖五年尚真卒，其世子尚清請封，十一年，乃命給事中陳侃等持節往封，及還，卻其贈。十四年，貢使至，仍以所贈黄金四十兩進於朝，乃敕侃等受之。三十六年，來告尚清之喪，封其世子尚元爲王。

神宗萬曆四年七月，遣官封尚永爲中山王。

先是，元年冬，尚永遣使告父喪，請襲爵，至是封之。十九年，尚永卒。二十三年，世子尚寧請襲，福建巡撫許孚遠以倭氛未息，請從領封之議，禮官范謙議如其言。二十八年，其陪臣請如祖制，禮官余繼登言累朝册封琉球，伐木造舟，動經數歲，使者蹈風波之險，小國苦供億之煩，宜一如前議。帝雖可之，而卒遣使往。至三十三年七月，渡海竣事。四十年，其國爲倭寇所破。天啓三年，尚寧已卒，其世子尚豐請封。時中國多事，科臣應使者亦憚行，故封典久稽。至崇禎二年，又請封，命遣官如故事。乃命户科給事中杜三策、行人楊掄往成禮而還。

續通典

校點說明

《續通典》一百五十卷，清乾隆三十二年奉敕撰。

《續通典》係續唐杜佑《通典》而作，記事上接唐肅宗至德元年，下迄明崇禎末，按年編次，門類體例，一從《通典》。

本書所記乃歷朝典章制度，故側重與稍前奉敕編《續文獻通考》不同。書於宋、元事仍據《宋史》、《元史》，然於明事，則明顯參考了明代使臣所作《使琉球録》，於琉球之風俗、物産等已與以往所記不同，并特記宋孝宗時依日本書制字母四十七個事，以見該國的發展，對當時人瞭解琉球不無幫助。

本書録自民國二十四年（一九三五）商務印書館刊本卷一百四十七《邊防一》。

（李夢生）

續通典

邊防・琉球《宋史》作流求，《元史》作瑠求。

琉球在東南海中，與漳、泉、興、福四州界相值，舟行數日可至。每歲稻再熟，花常開。燕以七月來，不巢人屋。鷹以白露日至。物産硫磺、胡椒等物。其王每視朝，群臣搓手膜拜，移時方起。其俗凡有宴會，餚饌各盤貯而不相共，飲酒則止以一杯相傳。宋孝宗淳熙時，其王舜天依日本書制字母四十七，名依魯花，略仿切音三十六字母意。元世祖至元二十八年，海船副萬户楊祥請以六千軍往降之，給金符，齎詔以行。出海洋，遽掠一山，軍小挫，未至琉球引還。成宗元貞三年，福建省平章政事高興上言琉球可圖狀，遣省都鎮撫張浩等襲之，擒生口百三十餘人，抗命如故。其國至元末分爲三，曰中山，曰山南，曰山北。其王皆以尚爲姓，而中山最强。明太祖洪武五年，命行人楊載詔諭之，中山王察度遂遣使入貢，賜賚有加，許陪臣子弟入國學肄業。於是山南王承察度、山北王帕尼芝亦相繼臣服。成祖永樂中，琉球中山、山南、山北三王屢入貢，子弟俱入國學肄業。其嗣王立，俱遣使册封之。十三年以後，山北王不復遣使。宣宗宣德四年後，山南王亦不復至，云爲中山王所併。中山王屢世朝貢不絕。

皇朝文獻通考

校點説明

《皇朝文獻通考》，清代張廷玉等於乾隆十二年奉敕撰。乾隆三十二年稿成后，又敕以清朝獨自成編，嵇璜、劉墉等奉敕撰，紀昀等校訂，成書於乾隆五十二年（一七八七年）。全書三百卷，沿用宋元之際馬端臨所著《文獻通考》體例，在其基礎上，增加群祀、群廟二考，共二十六考，記事自清初至乾隆五十年止，清前中期的主要行政典制和社會經濟制度資料大都包羅於內。其中《四裔考》記述清代周邊及與中國有往來的世界各國。《四裔考》三有「琉球」（卷二百九十五），記述琉球的地理歷史、社會狀況及其與中國的朝貢册封關係。琉球社會方面的記載包括地理劃分、風俗民情、形貌冠服、官制禮儀、賦法刑法、文字等。并叙述琉球國王世次、歷數清代與琉球歷年的册封朝貢情况。清政府對貢期、貢道、貢物都有詳細的規定，形成完備的封貢制度，曾有地方知縣因延遲行程受到處分之事。還記載了中琉兩國之間的多次海難救助，并形成了清朝的漂風難民撫恤制度。按語中提及史書對琉球地理位置、居所、物産以及國王世次之記載有抵牾之處，并細細考辨。

本書據《四庫全書》本校點。

（秦　潔）

皇朝文獻通考

四裔考・琉球

琉球，土音「屋其惹」，在福建泉州府東海島中。魏、晉以前，不著於史。隋朱寬一至其地，元招之不來。明代始内嚮服屬。接漳、泉、福、興四州界，自福州五虎門出海，水程一千七百里至其國，距京師七千八百三十二里。國分三省，省各隸間切。間切，譯言府也。中山爲中頭省，王城在中山之中，地名首里。首里及附近之久米、泊、那霸，直領於王，不稱間切，屬村縣三十有三。中頭省實隸間切十有四：在首里東者六，西源、浦添、宜野灣、中城、讀谷山、具志川；在西者一，真和志；在南者二，南風原、東風平；在北者三，北谷、越來、美里；在東北者二，勝連、與那城。屬村縣百六十有九。山南爲島窟省，隸間切十有二：大里、玉城、豊見城、小祿、佐敷、知念、具志頭、麻文仁、真璧、喜屋武，皆首里南；兼城、高嶺，首里西南。屬村縣百一十有三。山北爲國頭省，隸間切九：金武，首里東；恩納、名護、羽地、今歸仁、本部，皆首里北；久志、大宜味、國頭，首里東北。屬村縣六十有八。地形東西狹，南北長，四際皆海。海中島遠近環列，屬琉球統轄，凡三十有六。東島四：姑達佳、津奇奴、巴麻、伊計。西島三：東馬齒山（間切一：渡嘉敷），西馬齒山（間切一：座間味），姑米山（間切二：安河、具志川仲里）。由福州至其國，必望取姑米山以爲準。西北島五：島那奇、安根岷、椅山、葉壁山、硫磺山（山與姑米對，産硫磺，不生草木。人爲硫氣薰灼，眼如羊目）。東北島八：由論、永良部、度姑、由呂、烏奇奴、佳奇呂麻、大島、奇界。大島距國八百里，島長百三十里，分七間切，屬二百餘村，大酋長十二員、小酋長百六十餘員領之，自稱小琉球者也。南島七：太平山、伊奇麻、伊良保、姑李麻、達喇麻、面那、烏噶彌。西南島九：八重山、烏巴麻、巴度麻、由那姑呢、姑彌、達奇度奴、姑呂世麻、阿喇姑斯古、巴梯呂麻。諸島所跨水程，南北三千里，東西六百里。語言惟姑米、葉壁與中山爲近，餘皆不相通。此琉球全境也。

凡國王嗣位，先遣陪臣來請朝命，欽命正副使奉敕往封，賜以鍍金銀印，文曰「琉球國王」。未封以前稱世子，權國事，受封乃稱王。其國中官制，每一間切設一按司，惟王所領地不設按司，多世官或王子爲之，皆聚居首里，遥制所屬，歲遣察侍紀官知其事，年終上其成。左右國相二員，正一品。法司官三員，從一品，一掌除授刑法，一掌錢穀，一掌禮儀圖籍，職雖分隸，有事必集議，議定上之國相，王受成而已。紫巾官、紫金大夫無定員，加法司銜者，正二品；不加銜，從二品。耳目官四員，一司賓，一典寶，一司刑，一司禮，正三品。正議大夫加耳目官銜，從三品。吟咏官、正議大夫，正四品。那霸官、察侍紀官、中議大夫、長史、都通事，從四品。正殿遏闥里官，正五品。副通事加遏闥理官銜，從五品。正殿勢頭官，正六品。加勢頭官，從六品。里之子親雲上、副通事，正七品。筑登之親雲上，從七品。正殿里之子，正八品。里之子座，從八品。正殿筑登之，正九品。筑登之座，從九品。官雖有定名、有定品，其稱謂亦不盡副名實。人少則呼小名。惟父子不得同，孫名可同祖。薙頂髮後，改呼。如某地筑登之座年二十以上有職事，謂之某地筑登之。蓋國人不以姓著，以所生之地爲名，其稱筑登之，不必真爲是官也。久米人七歲後，稱若秀才。薙髮後，王籍其名，謂之秀才。自大夫、長史以下，由秀才升授。屬島中能中山語者，給黄帽，爲酋長。又遣黄帽官涖治之，主聽訟、徵賦，名奉行（宮）〔官〕，亦名監撫使，歲易人。黄帽官者，自四品以至七品，冠皆黄綾帕，土人稱之總曰「親雲上」也。太平山、大島、八重山各三員，馬齒山二員，小島各一員，惟巴麻、伊計、椅山、硫磺山四島不設。

田制分公私。公田有二，一爲王府田，一爲職官采地，皆農民代耕。王田歲入有額，農食其餘。官田與農民均分其地之所出，無定額，田土應科工費出於官，不以病農。私田爲民自開墾之田，歲科官米，聽爲世業。受役之法，各地於歲首比户審定人數，有事以次受役，人役二日，大事則盡役之。官府不設輿隸，役其采地之人，按月更直。用兵略倣寓兵於農意，五家爲伍，五伍又各相統，有事則以平時派定農民應役，事畢歸農。

軍器惟盔甲、刀，頗堅利。解火攻，礮位多用銅鑄。弓長七尺餘，射則樹於地，就下窄處扣弦發矢，遠及百餘步。執法甚嚴，不徇情。死刑三：一凌遲，一斬首，一鎗刺心。生刑五：一流，一曝日，一夾，一枷，一笞。國有大慶，則赦流者皆放還。

屋宇避海風，不甚高。其下架木施版，去地率二三尺，以避地濕。結構如亭，瓦脊四出，粘蓋極厚，非此不能禦颶也。門窗無户樞，上下刻有限，左右推移以爲啓閉。屋材用樫木，堅細不蠹，出奇界島尤良，然不易得，故久米有從仕多年尚處茅屋者。壁無粉墁，糊以箋紙及名書畫。屋連比，多横列，無重構複室。室内布細席，人皆席地坐，無椅桌。客至，脱履以進。賓主平等，皆危坐，或皆盤膝坐。卑幼則跪伏於前，然後危坐，尊者令安坐，乃盤膝坐。器皿如古俎豆，餚饌盡乾製，無調羹。主人先自飲，而後酌客。士大夫無事輒聚飲，曼聲而歌，搊三弦和之，其音哀怨，抑而不揚。奉客以煙，呼曰「淡巴菰」，客至即供。客退竟出，主人絶不迎送。人皆善奕，終局以空眼多寡别勝負，不數實子。亦有象棋。

嫁女不治奩具，父母走送之壻家，衣白衣，國俗不諱也。棺制，三尺長，僅及身之半，屈死者足以殮。既葬，舊每三年開視，復封之，今不復爾，有築以三和土者。國中無道士、女尼，惟有僧，有男女巫。凡男女初生即薙髮，五六歲尚髡然如僧，後乃蓄髮，既冠婚，削去頂髮，惟留四餘，終其身。早者年十三四即薙頂髮，未薙頂前，髻上插長簪八九寸，冠則易短簪。簪制：王龍頭金簪，妃鳳頭金簪。冠最貴者起花金簪，次金頭銀柱，餘皆以銀，民以銅。命婦士妻，視其夫。民婦以玳瑁。婦人首飾惟此，不用珠翠。花有香色者不戴，惟木蘭纍纍髻畔。不穿耳。年十五，針刺手指背，黥以墨，歲歲增加，至中年，黧然矣。

衣服，男女寬博交衽，袖廣二尺許，長不掩指，右襟末缺五六寸，袖口不緝。夾衣可反覆服，皆無鈕帶，總名曰衾，以織成棋紋細布爲之，亦有素質染繪成文者。裹衣短小，男女皆作竪領，頂上一鈕，胸右一帶。外衣惟男子以帶束之，别有大帶，長丈四五尺，寬六七寸，圍於腰。帶，錦細花最貴，錦大花次之，龍蟠紅黄緞又次之，餘雜花色無定制。幼童及僧衣，兩脅下皆不縫。帽，初以帕纏首，後易薄樫木片爲骨，以帕蒙之，前七層或九層，後十一二層。紫最貴，次黄，次紅，青、緑爲下。中又以帽之花、素爲別。國王見朝使，冠烏紗帽，雙翅側衝上向，盤金朱纓垂頷下。受封後詣館謝及宴，皆皮弁。又有片帽，以黑絹爲之漫頂，上簷作六稜，寒時皆戴之。雨笠，製以麥莖及籐。皮笠，黑漆其外而朱其裏，爲官役所戴。女衣不設帶，左右手曳襟以行。婦裳至短，疊其下爲兩層，風不得開。髻垢，輒洗之，散髮行，不以爲異也。抱兒惟一手叉置腰間。履無貴賤，男女皆草靸，名曰「三板」。編草爲底，上横平梁，中界寸繩，用時舉足入梁，納繩於拇指、二指間。貴宦近亦用襪，或布、或革，及踝而止，別爲一竇，棲將指。王肩輿，舁以八人或十六人。其上亭蓋帷帳，髹木爲之。國相以下，轎高不踰三尺，席底趺坐，四圍以布，遠望如籠榼。貴族間用羅漢松木雕鏤，金漆錦邊繪裏，紗縠爲蔽，皆以横木貫其頂，兩人舁之。乘馬無鞭。鞍制，朱黑漆描金，前後加紅帕四以爲飾。韉，黑漆皮描金龍，簡者以紅氈。勒索，五色相間蕉布全（福）〔幅〕，入手兩盤，垂之尚及馬脇。鐙以木或銅鐵，如曲杓形，繫繩貫鞍下，空其口以受足。

其地所産有番薯、紅菜、松露、蕉實、野牡丹、吉姑羅、樫木、福木、牙喇菩、姑巴梯斯之屬。禽有古哈魯、麻石、伊石求子、烏鳳、容蓝，皆中國所無者。鱗介之屬，異産尤多。獸則牛、馬、山豬、羊、鹿、犬。其餘動植諸物，略同中國。

氣候多煖少寒，無冰，霜雪希降，草木常青。十一月，秧田插蒔。田多瘠磽，一歲再熟。人尚血氣，輕死生。首里、久米、泊、那霸，地秀美，所出人材爲多。俗喜儉嗇，職官之家，或經旬茹蔬。民小心畏法，雖貧不敢爲盜。長官過，輒俯伏道旁。男子多惰，女功習勤。負薪、運水，亦婦人爲之，男仰給焉。

久米之辻山沿海坡上有女集，早晚兩集，皆女爲市。道中無擔負，以首藉草圈承之，垂首曳袖，無偏墜者。首里市集亦然。其國中風土如此。

相傳自天孫氏始建國，傳二十五代，逆臣利勇弑而自立。浦添按司舜天者，日本人皇後裔，討殺利勇，衆推爲王，遂代天孫氏。時宋淳熙十三年也。國初無文字，舜天依日本書制字母四十七，名「依魯花」。略放中國切音三十六字母意，或借以反切，或取以連書。琉球有字自此始。後於明初賜以三十六姓，又許陪臣子弟入國學肄業，中華文字漸流入境。今得中國書，多用鈎挑旁記，逐句倒讀，實字居上，虛字倒下逆讀。文移中，參用中國一二字，上下皆國字，猶存舜天遺製。與華人酬接則全用漢文矣。舜天在位五十一年，薨，子舜馬順熙嗣。十一年，薨，子義本嗣。義本立三年，歲飢民疫，歎息謂群臣曰：「惟我不德，故至此。其舉賢者遜位焉。」僉舉天孫氏後伊祖按司英祖，命攝政。七年，遂禪以位而退隱於北山。義本在位凡十一年。宋景定元年，英祖立。在位四十年，薨，子大成嗣。九年，薨，子英慈嗣。五年，薨，子玉城嗣。荒淫無度，諸按司不朝，大里按司稱山南王，歸仁按司稱山北王，玉城遂自稱中山王，國分爲三。元至元二年，玉城薨，在位二十三年，子西威嗣。母妃亂政，在位十四年，薨。國人廢世子而立浦添按司察度。察度，當明太祖之世，納款稱臣，奉朝貢。在位四十六年，薨，子武寧嗣。當是時，山南佐鋪按司思紹子巴志嗣父職，得諸按司心，遂合衆攻山南，繼攻山北。山北王自殺，攻滅中山，武寧薨。時永樂三年也。其明年，巴志奉其父思紹爲王。又明年，思紹以父武寧之喪告於明，得嗣爵，實非父子也。在位十六年，薨，子巴志嗣。復滅山南王。自元延祐中，國土三分，至是合爲一。賜尚姓自茲始。在位十八年，薨，子尚忠嗣。五年，薨，子尚思達嗣。五年，薨，無子，以巴志第六子尚金福嗣。四年，薨，子尚泰久嗣，七年，薨，子尚德嗣。尚德無道，鬼界島叛，不朝貢，自將伐之。歸，益自滿。在位九年，薨。世子幼，國人廢之。而伊平人尚圓者，其先不可知。或曰義本讓位隱北山，圓即其後；或曰葉壁有天孫嶽，蓋天孫氏裔也。父尚稷，爲伊平里主。圓長，來仕中山。尚金福時，始給黄帽，後爲内間里主。時久旱，内間田獨不枯，驚傳爲異。圓懼，載妻子隱避一十四年。王聞其賢，召爲御鎖側，即今耳目官也。尚德時，圓切諫，怒不聽，再避於内間。及是衆已廢世子，迎立圓。固讓不獲，乃至首里嗣王位。在位七年，薨。子尚真年十二，弟尚宣威攝位，引真就王位，而己東嚮立，退隱越來。六閲月，遽卒。尚真弱齡親政，能繼述父業。舊制，按司皆涖治間切，權重兵争，尚真改令聚居首里，遥領其地。在位五十年，薨，子尚清立。國中事多所興革，至今法守。東北屬島恃險遠，不朝貢，征服之。在位二十九年，薨，子尚元嗣。十七年，薨，子尚永嗣。十六年，薨，無子，尚真子尚懿之子尚寧嗣。倭入中山，襲執尚寧。寧不屈，倭酋慶長異之，曰：「有此氣象，無惑乎受中朝封號也！」卒放還。在位三十二年，薨，無子，尚永弟尚久之第四子尚豐嗣。在位二十年，薨，第三子尚賢遣使金應元請封於明。會道阻，留閩未還。

我朝順治三年，福建平，使者與通事謝必振等至江寧投經略洪承疇，轉送入京。禮部言：「前朝勅印未繳，未便授封。」四年六月，賜其使衣帽布帛，遣歸。復遣通事往諭，賜勅曰：「朕撫定中原，視天下爲一家。念爾琉球世世臣事中國，今故遣人勅諭爾國，將故明給封誥、印勅齎送來京，朕亦照舊封錫。」是年，尚賢卒。六年，尚賢弟尚質自稱世子，遣本國通事周國盛齎表歸誠。表文有「獻琛稍寬於來禩」語，因留其使京師。七年五月，先遣梁庭漢等十九人還。而質亦遣王舅阿榜琨、正議大夫蔡錦等奉貢入賀，船漂没，未達。八年九月，遣周國盛歸，復降敕諭曰：「梁庭漢等回諭爾國，迄今故明敕印未繳，去使亦無消息，意者海道迂遠，風濤險阻，抑有别故，未達爾國耶？來使留京日久，朕甚憫念。今賜表裏、銀兩遣歸，沿途給與口糧，並增駕船夫役，偕通事官謝必振回報，聽爾國便宜復命，用示朕懷柔至意。」十年閏六月，質遣使來貢。十一年三月，質又遣王舅馬宗毅、大夫蔡祚隆等來貢，兼繳前朝敕印，請封。且言其國王殁，以敕隨葬，惟尚寧未葬，故即以寧敕繳。於是賜宴於禮部，賜尚質及其妃蟒緞、織錦、紗羅等物，陪臣等俱頒賚有差。自後陪臣來貢，皆宴賚如例。命兵科副理事官張學禮充正使，行人司行人王垓充副使，賚詔印往封，令二年一貢，進貢人數不得過一百五十人，許正副使二員、從人十五名入京，餘俱留邊。學禮等疏請十事，部議不行。特賜一品麟蟒服，於欽天監選天文生一人，自擇醫生二人，准馳驛往，並給從人口糧。至閩，造海船，選將弁二、兵二百人隨往。詔曰：「帝王祗德應治，協於上下，靈承於天，時則薄海通道，罔不率俾爲藩屏臣。朕懋纘鴻緒，奄有中夏，聲教所綏，無間遐邇，雖炎方荒略，亦不忍遺。故遣使招徠，欲俾仁風暨於海澨。爾琉球國粤在南徼，乃世子尚質達時識勢，祗奉明綸。既令王舅馬宗毅等獻方物，禀正朔，抒誠進表，繳上舊詔敕印，朕甚嘉之。故特遣正使兵科副理事官張學禮、副使行人司行人王垓齎捧詔印，往封爲琉球國中山王，仍錫以文幣等物。爾國官僚及爾氓庶，尚其輔乃王，飭以侯度，協攄乃藎，守乃忠誠，慎乂厥職，以凝休祉，綿於奕世。」賜王印一、緞幣三十疋、妃緞幣二十疋。尋因海氛未靖，使臣還京，未往。陪臣馬宗毅留福州，十七年五月，病卒，賜賻祭。聖祖仁皇帝御極，念蔡祚隆等留滯日久，賞賚加前一倍，以貴重之物給與，並以彼國延跂切責學禮等，卒遣行。仍奉順治十一年所頒詔，別降康熙元年敕文，曰：「爾國慕恩嚮化，遣使入貢。世祖章皇帝嘉乃抒誠，特頒恩賚，命使兵科副理事官張學禮等賫捧敕印封爾爲琉球國中山王。乃海道未通，滯閔多年，致爾使人物故甚多。及學禮等奉掣回京，又不將前情奏明，地方督、撫諸臣亦不奏請。迨朕屢旨詰問，方悉此情。朕念爾國傾心修貢，宜加優卹，乃使臣及地方各官逗遛遲誤，豈朕柔遠之意！今已將正副使、督撫等官分別處治，特頒恩賚，仍遣正使張學禮、副使王垓令其自贖前罪，暫還原職，速送使人歸國。一應敕封事宜，仍照世祖章皇帝前旨行。朕恐爾國未悉朕意，故再降敕諭，俾爾聞知。」二年，學禮等至國，禮成而還。三年七月，王遣陪臣吴國用、金正春奉表謝，貢方物，且疏言：「捧讀敕諭，爲臣使人物故甚多，滯閩日久，將正、副使暨督、撫諸臣分別處分。伏念物故多人，各有命數，已蒙我皇上格外殊恩，死有餘榮。至庀材鳩工、繕兵選將，破浪衝風，艱險萬里以竣大典，臣不敢謂非諸臣仰遵皇上恩寵藩臣之意以至此也。臣已躬承天庥，不能少爲諸臣之報，而反重爲諸臣之累。中外均屬臣子，臣何人斯，豈能宴然清夜！」上命還學禮等原職，賜國王蟒緞、綢錦、紗羅，陪臣等彩緞表裏有差。王有另疏稱學禮等所辭宴金正使一百兩、副使九十兩，請令二臣收受。部議不可，得旨令收受。四年九月，王遣陪臣英常春等進貢，奉表賀上登極，并恭上世祖章皇帝香。其貢物在梅花港口遭風漂失，金銀器皿得旨免其補進。五年七月，王遣陪臣英常春等來貢，併補進前失貢物。上曰：「尚質恭順可嘉，補進貢物，俱令齎回。至所進瑪瑙、烏木、降香、木香、象牙、錫速香、丁香、檀香、黄熟香等十件，不係土産，免其入貢。其硫磺留福建督撫收貯。餘所貢方物，令督撫差人解送，來使不必齎送到京。」即給賞遣歸。六年，令貢使仍齎表入覲。七年二月，重建柔遠館驛於福建，以駐琉球使臣。是年，國王尚質薨。

八年二月，尚質世子尚貞遣陪臣英尚春來貢。於常貢外，加進紅銅及黑漆嵌螺茶碗。照例給賜，惟正使不係王舅，與副使正議大夫賜物同。十年八月，世子貞遣陪臣富茂昌等來貢。於常貢外，加進鬃煙、番紙、蕉布。其遭風漂失貢物，免議。十三年二月，世子貞遣陪臣吴美德等進貢。於常貢外，加進紅銅及火爐、絲煙。十八年八月，世子貞遣陪臣補進十七年正貢，且咨禮部，稱：「康熙十三、十五兩年正貢，因閩省道梗，莫由恭達，請俟來年冬再遣使補貢。」部臣代奏，得旨：「免其補進。」是年，貢使除赴京存留官伴外，其餘員役令先乘原船歸國。十九年，世子貞遣陪臣來貢。舊例貢物有金銀罐、金銀粉匣、金缸酒海、泥金彩畫圍屏、泥金扇、泥銀扇、畫扇、蕉布、苧布、紅花、胡椒、蘇木、腰刀、大刀、鎗、盔甲、馬鞍、絲、綿、螺盤，加貢之物無定額。及是有旨俱令免進。嗣後琉球常貢，惟馬及熟硫磺、海螺殼、紅銅等物。

二十年十一月，世子貞遣陪臣毛見龍等來貢。上以貞當耿精忠叛亂之際，屢獻方物，恭順可嘉，賜敕褒諭，兼賜錦幣五十。又於常貢内免其貢馬，著爲例。貞又疏言：「先臣尚質於康熙七年薨逝，貞嫡嗣，應襲爵。」具通國結狀請封。禮部議航海道遠，應令貢使領封。見龍等固請，禮部執不可，上特允之。二十一年，命翰林院檢討汪楫、内閣中書舍人林麟焻爲正、副使，齎詔敕銀印往封。詔曰：「朕躬膺天眷，統御萬邦。聲教誕敷，遐邇率俾。粤在荒服，悉溥仁恩。奕葉承祧，并加寵錫。爾琉球國地居炎徼，職列藩封。中山王世子尚貞屢使來朝，貢獻不懈。當閩疆反側，海寇陸梁之際，篤守臣節，恭順彌昭，克殫忠誠，深可嘉尚。兹以序當纘服，奏請嗣封。朕惟世繼爲國家之常經，爵命乃朝廷之鉅典，特遣正使翰林院檢討汪楫、副使内閣中書舍人加一級林麟焻賫詔往封爲琉球國中山王。爾國臣僚以及士庶，尚其輔乃王，慎修法政，益勵悃忱，翼戴天家，慶延宗祀，實惟爾海邦無疆之休。」敕曰：「惟爾遠處海隅，虔修職貢。屬在冢嗣，序應承祧。以朝命未膺，罔敢專擅。恪遵典制，奉表請封。朕念爾世守臣節，忠誠可嘉。特遣正使翰林院檢討汪楫、副使内閣中書舍人加一級林麟焻賫敕封爾爲琉球國中山王，并賜爾及妃文幣等物。爾祇承寵眷，懋紹先猷。輯和臣民，慎固封守。用安宗社於苞桑，永作天家之屏翰。欽哉！勿替朕命。」先是户部議請賜故王尚質䘏銀百兩、絹五十疋，令來使賫往，報可。又議順治十一年間，初封尚質，加賜王緞幣三十、妃緞幣二十，後不爲例，應毋庸給，得旨：「照前例給賜。」又諭楫等曰：「琉球海外小國，爾等前往，務持大體，待以寬和，副朕懷柔遠人之意。」楫等疏陳七事：一，請頒御筆；一，請照例諭祭海神；一，渡海之期，不必專候貢使；一，修船官匠隨同渡海；一，請給關防；一，增兵護行；一，預支俸銀辦裝。禮部盡議不行。上命會同户、兵、工三部再議。奏上，上特書「中山世土」四字額賜王，許修船匠役隨行，製祭文二道祈報海神，并給二年俸以往。二十二年，楫等至閩。時方治兵攻臺灣，遂不俟造船，取戰艦渡海。六月，楫等至國，諭祭故王尚質，册封禮成，還京，奏言：「中山王尚貞親詣館舍，懇爲轉奏，願令陪臣子弟四人赴京受業。」部議：「考之前明洪武、永樂、宣德、成化間，琉球官生俱入監讀書。今國王尚貞傾心向學，應如所請。」上從之。尚貞遣陪臣法司王舅毛國珍、大夫王明佐等謝封，奏言：「前代封使奉命以後，每遲至三四年，甚有十餘年而後臨臣國者。若使臣汪楫、林麟焻朝拜命而夕就道，且當海疆多事之時，衝風冒險，實從前所未有。且臣國僻在海東，封舟開駕，恃西南風以行，中道無可倚泊，常兼旬經月而後至，甚至水米俱盡，有不可言者。今自五虎門開洋，僅三晝夜而達小國。臣遣官迎護，親見舟行之次，萬鳥繞篷而飛，兩魚夾舟而送，經過之處，浪静波平，倏抵琉球國地。通國臣民以爲僅見。仰惟皇上文德功烈，格天感神，且有御筆在船，故徵應若此也。乞宣付史館，以彰嘉瑞。」又疏請飭令使臣收受所辭宴金一百九十二兩，部議不可，得旨令收受。二十三年八月，上以汪楫等奉使往回迅速，黽勉盡職，交部議敍。是年，貞遣陪臣毛文祥等來貢。二十四年十一月，貞遣陪臣來貢，得旨：「觀所賜琉球等國之物甚菲，於厚往薄來之道未協。内閣會同禮部議增。」尋議增賜緞三十疋，從之。二十五年，王遣官生梁成楫、蔡文溥、阮維新、鄭秉均等四人入太學，附貢使耳目官魏應伯、大夫曾夔船桅摺傷，秉均飄至太平山修船。二十七年二月，貢使至京。於正貢外，加屏風紙二千張、嫩蕉布五十疋。十月，貞遣陪臣來謝準子弟入監讀書恩并貢方物，上命成楫等三人照都通事例，日廩甚優，四時給袍褂、衫袴、鞾帽，被褥咸備，從人皆有賜，又月給紙、筆銀一兩五錢，特設教習一人，又令博士一員督課。二十八年十月，貞疏言：「舊例，外國進貢船定數三隻，貨物得免收税。今琉球進貢船止二隻，尚有接貢船一隻，未蒙免税，請照例免收，以足三船之數。又人數例帶一百五十人，萬里汪洋，駕船人少，不能遠涉，乞准加增。」部議准免接貢船税，人數不准增。特旨：「人數准加增至二百人。」三十年八月，貞遣陪臣耳目官温允傑、大夫金元遠等來貢。自是貢使常遣耳目官一員爲正，副以大夫一員。三十二年，貞遣陪臣馬廷器、王可發等來貢，請入監讀書官生歸國。賜宴及文綺等物，乘傳，厚給遣歸。三十四年八月，遣陪臣翁敬德、蔡應瑞等來貢。三十六年九月，遣陪臣毛天相、鄭宏良等來貢。三十八年九月，遣陪臣毛龍圖、梁邦基等來貢。四十年九月，遣陪臣毛得範、鄭職臣等來貢。得範至杭州，病卒，賜祭一次，惟職臣至京。四十二年八月，遣陪臣毛興龍、蔡應祥等來貢。四十四年八月，遣陪臣温開榮、蔡肇功等來貢。四十六年九月，遣陪臣馬元勳、程順則等來貢。四十八年十月，遣陪臣向英、毛文哲等來貢。時琉球國中多災，宮殿焚，颱颶頻作，人畜多死。是年，王尚貞薨，世子尚純先卒。

四十九年，尚純子尚益以嫡孫嗣。五十年十一月，世孫尚益遣陪臣孟命時、阮維新等來貢。五十一年，世孫尚益卒，未及請封。五十二年，尚益世子尚敬嗣。遣陪臣毛九經、蔡灼等來貢。灼至福州，病卒。十一月，九經至京。五十四年十一月，世曾孫敬遣陪臣馬獻功、阮璋等來貢。五十七年二月，敬遣陪臣夏執中、蔡温等來貢，且告曾祖尚貞、父尚益喪。六月，上命翰林院檢討海寶、編修徐葆光充正副使，賫詔敕銀印往，並頒賜國王、王妃緞幣如前例。復賜敕獎諭曰：「朕惟昭德懷遠，盛世之良規；修職獻琛，藩臣之大節。輸成匪懈，寵賚宜頒。爾琉球國中山王世曾孫尚敬，屬在遐方，克輸丹悃，遣使賫表納貢，忠藎之忱，良可嘉尚。是用降敕獎諭，并賜文綺等物。王其祗承，益勵忠貞，以副朕眷。」

五十八年六月，海寶等至國，諭祭故王尚貞、尚益，册封尚敬爲王。十一月，敬遣陪臣向秉乾、楊聯柱等來貢。十二月，聯柱至通州，病卒，賜祭葬。五十九年，海寶等還京，請給天妃春秋祀典。八月，敬疏請續送官生入監讀書，部議俱准行。十月，敬遣陪臣王舅向龍翼、大夫程順則等來貢并謝封，貢金鶴、盔甲、馬鞍等物。又疏請飭令使臣收受所辭宴金如前數，部議不可，得旨令收受。六十年十月，敬遣陪臣毛廷輔、梁得宗等來貢。得旨：「琉球國王可照安南國王之例，於常賜緞匹定數外，加賜緞匹，即交來使賫回。其正副使、通事人等各加賜緞匹有差。」六十一年，敬遣陪臣毛宏健、陳其湘等來貢，附遣官生四人入監。觸礁，舟覆，溺死，惟從舟存。雍正元年，事聞，恩旨免其補貢，仍照例給賜，令從船歸國。二年三月，敬遣陪臣王舅翁國柱及曾信等奉表賀上登極，恭上聖祖仁皇帝香，并貢方物，送官生鄭秉哲、鄭繩、蔡宏訓等入監讀書。上召見國柱等，御筆大書「輯瑞球陽」四字，額賜王及妃玉器、緞幣等物，交國柱賫回。以官生蔡宏訓病卒，賜銀百兩營葬，二百兩贍卹其家。是年，敬又遣陪臣毛建元、蔡淵入貢。三年九月，遣陪臣向得功、鄭士絢等奉賜御書匾額、玉器、緞幣恩。得旨：「朕加恩遠藩，不欲收其貢物。但既航海遠來，不忍令其帶回本國，著交内務府存留，准作二年一次正貢，示朕體卹遠人至意。」四年，得功歸國，上召見，賜國王玉器、緞幣等物。是年，王遣陪臣毛汝龍、鄭廷極等進貢，并進謝恩禮物。得旨：「進到四年貢物存留，准作六年正貢。」其六年應進表文，仍照例遣使赴京恭進。汝龍等呈請表文、方物一併來京，部議不可。因令六年表文，俟八年正貢時一併恭進。汝龍等還，附遣官生鄭秉哲、鄭謙等歸國。六年，王遣陪臣毛鴻基、鄭秉彞等進貢。得旨：「琉球地處重洋之外，奉表修貢，遠涉風濤，朕心深爲軫念。是以從前降旨，令將雍正四年國王謝恩所貢儀物，准作六年正貢，以示恩眷。今王以六年正貢之期，仍遵定制，遣使航海遠來，情詞懇切。其將六年貢物准作八年正貢，若八年貢使已經起程，即准作十年正貢。」八年，王遣陪臣王舅向克濟及蔡文河等進貢，具疏奏請遵依舊制，二年一貢，不敢愆期。九年，禮部議：「應如所請。」上曰：「前降旨將雍正八年貢物，准作十年正貢。今王奏請按期入貢，具見誠悃。其仍遵前旨，若十年貢物已遣使起程，即准作十二年正貢，十一年不必遣使前來。」十年，賜克濟等玉磁器物。是年，遣陪臣温思明、鄭儀等進貢。乾隆元年，遣陪臣毛光潤、鄭國柱等進貢。光潤至閩，病卒。二年，遣陪臣王舅向啓猷等賀上登極。是年六月，小琉球國有粟米、綿花二船，遭風飄至浙江定海、象山地方，浙閩總督嵇曾筠資給衣糧，由閩回國。閏九月，事聞，上曰：「沿海地方常有外國船隻遭風飄至者，朕胞與爲懷，内外並無歧視，外邦民人既到中華，豈可令一夫失所。嗣後似此被風飄泊之船，令督撫等督率有司加意撫恤，動用存公銀兩，資給衣糧，修理舟楫，查還貨物，遣歸本國。著爲令。」三年，遣陪臣向維豪、蔡墉等進貢。四年，上以王遣使慶賀降敕獎諭，併御筆大書「永祚瀛壖」四字額賜王及文綺等物。五年，遣陪臣王舅翁鴻業及蔡其棟等進貢，併進謝恩禮物。其棟至福州，病卒。六年，禮部議：「琉球國謝恩禮物，照雍正四年之例存留，准作二年一次正貢。」報可。七年二月，翁鴻業等具呈禮部，言：「臨行之際，國王再四諄諭，仰懇天恩，免作正貢。」部臣代奏，得旨：「國王所奏已悉，仍遵前旨行。」五月，浙江提督裴鉽奏言：「江南商民徐維華等五十三人遭風飄入琉球之葉壁山，國王資給養贍，遣都通事阮爲標護送歸閩。」得旨：「禮部行文，傳旨嘉奬國王，阮爲標令督撫賞賚。」是年，敬遣陪臣毛文和、蔡用弼等進貢。禮部議：「琉球國進到禮物存留，准作九年正貢。其九年應進表文，仍令照例遣使赴京恭進。」報可。十一年，遣陪臣毛允仁、梁珍等進貢。十三年，遣陪臣向永成、鄭秉哲等進貢。十四年，閩督以前次貢使毛允仁等歸國在洋遇風事奏聞，得旨：「貢使回國壞船，宜加優恤。既據此次使臣向永成等禀，懇自行修船，所需工料、銀兩，於司庫存公銀内賞給。」十五年，遣陪臣毛元烈、阮爲標等進貢。元烈至閩，病卒。又遣都通事阮超群等送回十四年被風失舟之商民吴永盛等四船九十二人。其林士興等六船一百三十人，因船身堅固，先已撥給桅木、廩餼，資送回籍。閩浙總督喀爾吉善、福建巡撫潘思榘以聞。賜國王緞幣十四疋，其護送之都通事等，令督撫優加奬賚。十六年，福建巡撫潘思榘奏言：「琉球貢使毛如苞等貢船在洋遇風，飄還本島，今修葺補進。又前有閩縣遭風船户蔣長興等、常熟縣商民瞿長順等三十九人留養兩年，今亦隨船護送來閩。」奉旨加奬，於常例外，加賜國王緞幣，並令撫臣賞賚護送人等。是年，國王尚敬薨。世子尚穆遣陪臣鄭國貞以訃告，署福建巡撫新柱以聞。

十七年，世子尚穆遣陪臣向邦鼎、楊大壯等進貢，并謝賜緞幣恩。十九年，世子穆遣陪臣毛元翼、蔡宏謨等進貢，兼請襲封。疏言：「恭循典例，以嫡嗣爵。伏乞聖恩，俯照臣父事例，特命天使按臨蛟島。臣穆拜綸音於海表，永守藩疆；膺詔命於波區，代供貢職。」部議：「應如所請。」二十年五月，上命翰林院侍講全魁、編修周煌充正、副使，册封，頒賜並如前例。二十一年七月，全魁等至國，諭祭故王尚敬，并宣敕諭王世子尚穆曰：「惟爾遠處海隅，虔修職貢。屬在冢嗣，序應承祧。恪遵典制，奉表請封。朕念爾世守藩服，恭順可嘉，特遣正使翰林院侍讀全魁、副使翰林院編修周煌齎敕封爾爲琉球國中山王，并賜爾及妃文幣等物。爾其祇承寵眷，克懋先猷，和輯臣民，增修德政。永延宗社之嘉庥，長作天家之屏翰。欽哉！毋替朕命。」詔曰：「朕恭膺天眷，統御萬方，聲教誕敷，遐邇率被。粤在荒服，悉溥仁恩，奕葉承祧，並加寵錫。爾琉球國地居炎徼，遠隔重洋，世列藩封，屢膺朝命，代修職貢，恭順彌昭。茲以中山王世子尚穆序當纘服，奏請嗣封。朕惟世繼爲家國之常經，爵命乃朝廷之鉅典，特遣正使翰林院侍讀全魁、副使翰林院編修周煌齎詔往封爲琉球國中山王。爾國臣僚以曁士庶，尚其輔乃王慎修德政，益勵悃忱，翼戴天家，慶延宗祀，實惟爾海邦無疆之休。」是年，王尚穆遣陪臣向全才、阮超群等進貢。初，全魁等舟行至姑米山，颶作，觸礁石，頃有火光見桅頂，海面燈光自遠浮來，得無恙。全魁等回京，因請加天后封號，别頒諭祭天后祭文，册封之年，與海神並舉，並代請官生入國子監讀書。得旨允行。穆遣陪臣王舅馬宣哲及鄭秉哲等進貢并謝封，貢金鶴、盔甲、馬鞍等物。六月，吏部以隨封兵役不慎議褫正、副使職。得旨：「全魁、周煌本應照部議處，但念其出使海洋，遭遇風險，俱從寬留任。」又册封時琉球所送使金，使臣照例不受，國王具奏懇請。奉旨：「使臣奉命册封，自應仰體朕意。該國所送宴金，不必收受，仍令來使帶回。」二十四年，琉球國來貢，并遣官生梁文治入監讀書。得旨：「所進方物，准作二十五年正貢。」是年，琉球商民金任之等四十人、照屋等十三人遭風飄入内地，資送回國。二十五年，琉球飄風商民嘉手川等三人、大領筑登之親雲上等八名、山陽西表等三十六人、麻支宫良等四十六人，均照例咨送歸國。二十六年正月，琉球飄風商民黑島首里大屋子等四十二人咨送歸國。七月，琉球飄風之系數等九人、大灣等十五人、照屋等二十一人，先後資送歸國。二十八年十一月，王尚穆奏壬午年正貢之期，特遣使臣馬國龍等齎表進貢。又奏遵旨恭進二十五年正貢。又奏謝敕免二十五年正貢方物。二十九年，遣官生梁文治等歸國。三十五年正月，禮部奏：「琉球國王尚穆差陪臣毛德儀等進貢，地方官不爲趲送，試用知縣王紹曾伴送，遲延稽程四月有餘，致海國陪臣不獲與元會之盛。請嗣後琉球入貢，該督於同知、通判中遴委伴送，沿途亦派同知等更換。途中如有停留，令地方官報部，以憑查核。」得旨：「禮部所奏是，依議。崔應階派員伴送，僅派試用人員，又不飭令按程赴京，所司何事？著明白回奏。至試用知縣王紹曾職司伴送，不知催令貢使按例至京，以致遲誤行禮，亦屬不合，著交部察議。」四十五年九月，禮部奏：「琉球國進貢副使正議大夫蔡煥事竣回閩，在途病故，應照例給與棺價銀兩，內閣撰擬祭文頒發，該布政司備辦祭品，委員致祭，買地塋葬，立石封識。」得旨：「依議。」四十七年正月，王尚穆遣陪臣向翼等賫表貢獻，賜向翼等宴。四十九年正月，王尚穆遣陪臣毛廷棟等入覲，行慶賀禮。五十年十二月，入京，欽賜御書匾額「海邦濟美」四字，加賞如意，玉、磁等器，緞匹等物，仍照例賞給，賜陪臣毛廷棟宴二次。

其國山形本南北向，以中國在海西，王殿及門皆西向，表忠順內面之意。歷世奉天朝正朔，貢使至京必候賜時憲書歸國。而通事官預依萬年書推算，名曰「選日通書」，權行國中，俟憲書頒到，通國遵用云。

臣等謹按：《隋書》：「琉球在泉州東，有島曰澎湖，煙火相望。」《元史》：「琉球境與澎湖相對。」然澎湖實與臺灣近，去琉球遠。《隋書》：「煬帝遣虎賁郎將陳稜等浮海至高華嶼，又東行二日至鼊鼊嶼，又一日至琉球。」又稱王所居壁下多聚髑髏以爲佳，人間門户上必安獸頭骨角。今考國王所居府城，高踞山巔，礪石成壁，蒼黝磊歷，遠望如聚髑髏；民間屋上門前多置瓦獅，蓋形似成訛也。至謂其國有熊、豺、狼，無羊、牛、驢、馬，今則熊、狼、驢絶無，而牛、羊頗有，馬尤蕃息，終歲食青，不食棧豆，貧家多畜以代耕，明洪、永間，例以充貢。皆與《隋書》所記相反。中山之得尚姓，自尚巴志始，巴志以永樂二十年立。而《明史》則云：「洪武初，其國有三王，曰中山、山南、山北，皆尚姓。」此言殊爲未核。且史於洪武五年載中山王察度、十一年載山南王承察度、十六年載山北王怕尼芝，俱非姓尚。至永樂二十二年始載中山世子尚巴志，厥後諸王乃各冠以尚姓。豈非得姓自巴志始之明証，而史文不免牴牾歟！蓋山南、北兩王本莫考其姓氏，即中山之姓尚者，併非察度子孫也。察度傳子武寧，爲尚巴志所滅，巴志奉其父思紹爲王，思紹遂以父武寧之喪來告，故史於永樂五年書曰：「中山王世子思紹遣使告父喪。」其後，尚圓代尚德而立，本非同族，史於成化七年亦書曰：「世子尚圓來告父喪。」外藩有更姓之實而不敢爲更姓之名者，懼中朝詰責也。史家但據訃告，直書於簡，雖亦記載通例，而要其傳國本末有不可誣者，故於篇内詳叙世次，而復綴論之如此。

清朝續文獻通考

劉錦藻　編

校點説明

《清朝續文獻通考》四百卷，近代劉錦藻編。

劉錦藻（一八六二—一九三四），原名安江，字澄如，浙江吴興人。光緒二十年（一八九四）進士，官内閣學士，後以辦實業聞名。本書上承乾隆時奉敕所撰《皇朝文獻通考》，記琉球事自乾隆五十八年（一七九三）起，止於宣統末。書成已入民國，時人對琉球之瞭解已非昔比，故本書廣泛採用了近人研究成果，於琉球地理位置、疆域島嶼所述已較準確。其記近代事，亦多他書不及。

本書據商務印書館民國二十五年（一九三六）年版卷三三一《四裔一》輯録。

（李夢生）

清朝續文獻通考

四裔考・琉球

琉球在日本薩峒馬之南，東洋小國也。周環三十六島，皆海中拳石。其國都之島較大，南北四百餘里，東西不足百里。《五洲地里志》：琉球大小五十五島，在九洲島西南海中，面積八千三百七十七方里，人四十四萬八百八十九口。在東北者曰沖繩群島，在西南者曰八重山群島，其最大之島曰沖繩島。自前明以來，世爲中國藩屬。我朝覆育有加，其貢舟三年一至，許其販鬻各貨，免徵關稅。王薨則世子遣使請命，派文臣二人爲正、副使，賜一品服，持節航海，册其世子爲中山王，故其國風俗多能道者。

乾隆五十八年　諭：魁倫奏，琉球國貢船到關免税一摺。該國貢船帶貨照例免税，所遣使臣係屬年例進貢，見距年節兩月有餘，爲期尚寬，著傳諭伍拉納等即飭伴送之員，按程從容行走。並咨會沿途各省一體遵照，祇須於封篆前到京，以便與年班各外藩同與宴賚也。

五十九年　諭：禮部奏，琉球國使臣稱國王此次恭進謝恩方物，懇照五十五年准予賞收，免抵下次正貢等語。該國王因前賜福字、如意等件，遣專使進方物，向來俱准抵下次正貢，原以昭體恤而示柔懷。今據該使臣呈稱，伊臨行國王再三囑令，將所進方物懇請賞收，免抵下次正貢，具見國王悃誠可嘉。此次所進方物既已賞收，著照所請，該國王下次正貢，仍當優加賞賚，用彰厚往薄來至意。

嘉慶四年　遣使敕封琉球國王世孫尚温爲琉球國王。

八年　諭：玉德奏，琉球國二號貢船在洋遭風，飄至台灣地方，衝礁擊碎，救援人口上岸一摺。外藩尋常貿易，船遭風飄至内洋，尚當量予撫恤。此次貢船在大武崙洋面衝礁擊碎，尤應加意優恤，其撈救得生之官伴水梢人等，著照常例加倍給賞。至所裝貢物，除常貢等件，業經沈失外，其正貢船隻據稱與常貢船同時開駕，至今尚未到閩，自係同時遭風，見經玉德等移知浙、粤等省沿海口岸，一體確查，如無蹤迹，或已飄没沈失，所有正貢、常貢物件，均無庸另備呈進。該督等即繕照會行知該國王，以此次貢船遭風，人口幸無傷損，貢物行李沈失，此實人力難施，並非該使臣等不能小心護視所致，見已奏明，特奏恩旨，優加撫恤。其沈失貢物，遠道申虔，即與賫呈賞收無異，不必另行備進。賫貢官回國，該國王毋庸加以罪責，以副天朝柔遠之意。嗣後貢船遭風沈失貢物之事，均著照此辦理。

十二年　以琉球國王尚温薨逝，世子尚成權署國事，未及請封病故，遣使敕封該國世孫尚灝爲琉球國王，並給予國王尚温卹典。其已故世子尚成追封王爵，給予誥命及銀絹、祭文，均交封使賫往。

十七年　遣使敕封琉球國王世子尚育爲琉球國王。

道光二十年　諭：吴文鎔奏，琉球國遣使來閩，請照舊進貢一摺。向來琉球間歲一貢，上年降旨改爲四年朝貢一次，原所以體恤外藩。兹據奏，該國王請照舊間年進貢，情辭真摯，著照所請行。該陪臣子弟四名，准其隨同貢使北上，入監讀書。

臣謹案：自改四年朝貢，中山國王尚育咨稱琉球地濱海，最患多風，惟朝貢以時，則風雨和順，每遇貢年，歲必大熟。又貢船出入閩疆，歲頒時憲書，得以因時趨事，庶務合宜。且不産藥材，賴貢船載回應用。至航海鍼法，全賴隨時學習，番休更替。若四年一朝，則豐歉不齊，人時莫授，藥品缺乏，鍼盤荒疏，請奏復舊制。時文鎔任福建巡撫疏聞，故降此旨云。

咸豐元年　諭：禮部奏，琉球國使臣呈稱該國世子進貢方物，懇照嘉慶六年、十四年、道光二年，准予賞收，免其留抵等語。該國世子因慶賀登極，專使呈進方物，前經降諭，准其留抵正貢，原昭體恤而示懷柔。今據該使臣等呈稱，伊臨行時，該國世子再三諄屬，懇請賞收，免抵下次正貢，具見悃誠。著照所請，所進方物准予賞收，下次正貢届期，該貢使來京，再予優賚。

四年　諭：王懿德等奏，琉球國貢使懇准入都一摺。前以用兵省分尚未肅清，諭令琉球使臣毋庸繞道來京，以示體恤。兹據奏稱該國貢使除例貢外尚有謝恩及恭進表章，仍祈入都，藉達下忱等語。該貢使殷殷籲懇，實出至誠，若必令毋庸來京，非所以慰遠人嚮慕。著俟來歲道路疏通，即派員護送赴京，俾輸忱悃。

又諭：禮部奏，議琉球貢使暫緩赴京一摺。琉球國王久列藩封，貢使航海輸誠，具徵忱悃。惟見在用兵省分尚未一律肅清，若令繞道程途，跋涉遠來，轉非所以示體恤。著該使貢船抵閩後，即行宣諭朕意，令此次毋庸來京，仍優予犒賞，委員妥爲護送回國。所進方物著賞收，由該督派員送京。其應行頒賞該國世子及使臣物件，該衙門查章備辦，發交該督，轉給祇領。

又諭：禮部奏，琉球國使臣呈稱該國世子此次貢進方物，懇照道光二年、咸豐元年准予賞收，免其留抵等語。該國世子因慶册立大典，專使貢物，前經降旨，留抵下次正貢，以昭體恤。今據呈，稱伊臨行該世子諄屬賞收，免抵正貢，具見誠懇可嘉。著照所請，下次正貢届期，再當優賞，用昭懷柔。

九年　諭：王懿德等奏，琉球貢船尚未進口，令該督撫察看情形，俟道路疏通，派員伴送進京。據慶端奏，該貢使於去歲到省，較各届業已衍期，見在安插驛館，請俟道路疏通，再行進京等語。該國遣使遠涉重洋，輸誠納貢，未便日久滯閩，仍著王懿德等察看情形，如該省上游及江、浙等省路無梗阻，即派員伴送來京，以昭慎重。

同治三年　諭：禮部奏，琉球國使臣呈稱，該國世子進貢方物，懇照道光二年、六年、咸豐元年、五年准予賞收，免其留抵等語。該國世子因慶賀登極，並進文宗顯皇帝香品，專呈方物，前經降旨，留抵下次正貢，以昭體恤。該使臣稱伊臨行時該國世子諄屬，懇請賞收，免抵下次正貢，誠懇可嘉。著照所請，准予賞收。

五年　敕封尚泰爲琉球國王。

六年　諭：禮部奏，琉球國使臣呈稱，該國王恭進方物，懇照歷年成案，准予賞收，免其留抵等語。該國王因恭謝御書扁額，專使呈進方物，前降旨准其留抵正貢，原示體恤。今據稱伊臨行時該國王諄屬，懇請賞收，免抵下次正貢，肫懇可嘉。著照所請，下次正貢再當優賚。

光緒元年　賜琉球國王緞匹、文綺及貢使緞匹。

三年　日本阻琉球入貢，遣來使歸國。

五年　日本滅琉球，以其王尚泰歸，以其國改置沖繩縣。

臣謹案：日本自明治維新以來，即有并吞琉球之志。當同治十年，國内廢藩立縣，先下令琉球置其地於鹿兒縣管轄之下，外務卿副島種臣主之，政府謂必損中國感情，副島悍然不顧，並促尚泰入朝。翌年尚泰如京致謝，至是遂夷其地，封爲藩王，列入華族，尋卒於日本。國小無援，遂以覆祀，痛哉！

七年　諭總理衙門再嚮日本使臣妥商球案。

上年日人竹添進一至天津，謁李鴻章，稱其政府意擬以北島、中島歸日本，南島歸中國。美前總統格蘭德出任調停，亦主割島分隸之説。鴻章因就詢在津之球人尚德宏，知南島枯瘠，得之仍不能自立，而球王及世子日本不釋還。鴻章遂致函總署，謂俄事方殷，日人藉肆要求，允之則大受損，拒之則樹一敵，惟延宕一法以爲對付，俟俄事結再理球案，則力專而勢張。總署韙之。至是俄約成，詔以存球宗社及割島事命總署與日使商訂。後突户機以未滿所欲，悻悻去。至越南新約成，日本乃援法爲例，琉球終歸日本。

琉球國紫巾官尚德宏捧咨赴閩，督撫具奏，奉諭著總理衙門傳示出使日本大臣相機籌辦。敝國駐日法司官等懇求設法，蒙欽差大臣與日外務省剴切理論，日人悍然不顧，竟責滅數百年藩臣之祀。主憂臣辱，宏等何面目復立天地之閒，生不願爲日本人，死不願爲日本鬼。合國臣民及商農信至催宏上道，效申包胥之哭來津，求中堂密奏賜救。又稱光緒三年，閩憲據情具奏，飭宏進京匍籲。奉諭飭令回國，毋庸在閩守候，以致不能陳情北上。日本無所顧忌，派兵將敝國主驅出城外，將世子擁去，皆宏不能進京匍叩所致。回憶宏到閩時，敝國主臨行泣諭，何啻倒懸望解，慘迫急切。宏乃稽閩日久，迄無成事，誤國誤君，死有餘罪。近美領事交閱西報，中有敝國主被日迫赴日京，革去王號，給予華族從三品職，著令歸國，敝世子質日京等語。伏思敝國主忍辱至此，冀宏籲請天朝拯救，若得興師問罪，即以敝國爲鄉導，宏願充先鋒，以洩不共戴天之憤。或頒兵敝國，堵禦日本，如洪武七年命吴楨率沿海兵至琉球防守故事。

臣謹案：琉球、朝鮮先後摺入於日本，於是窺臺灣之謀益亟，而東三省亦駸駸爲所籠罩。無非師法泰西，不獨師其長技，并其心術詐力而亦師之。然英、法之侵南洋各島及緬、越，必俟商教兩端灌輸浸淫而後潛取，出於無形。日本則徑以兵要挾，表示强狠，滋多後艱，此不及泰西之工也。而我中國於藩屬以禮往來，有撫字而無迫挾，猶是三代御荒服之意，浩然無私於其閒，足以對萬世而無憾矣。

子部

琉球百問

〔清〕曹存心 撰

校點説明

《琉球百問》不分卷，清曹存心撰。

曹存心，字伯仁，號樂山，江蘇常熟人。嘉慶、道光中行醫蘇州、常熟，聲譽雀起。道光七年（一八二七）年，琉球貢使赴京，隨行醫師吕鳳儀留蘇州，拜曹存心爲師，從業三年後歸國，後將在琉球行醫所遇疑難雜症及有關經絡、藥性等問題函詢其師，曹存心一一予以解答，遂將醫案編成本書，於道光十三年（一八三三）刊行。

《琉球百問》採用問答體，一案一條。全書共一百零三條，計内科三十條，外科十二條，婦産科十五條，兒科十六條，針灸十九條，《本草》藥性九條，可見吕鳳儀醫術已有相當造詣，更可見曹存心醫術之高明。

琉球僻在海中，開化較晚，明代如陳侃《使琉球録》及《皇明四夷録》等書均云球人耐勞無醫生，人亦無病。當然，人非真正無病，祇是有病靠巫師而已。歷次出使琉球，所帶隨從中必配有醫士。使團一般在琉球住半年以上，醫士除爲同行官兵僕役治病外，亦間爲琉球人治病，傳授醫學知識。從吕鳳儀所問，知到道光朝琉球不僅有衆多醫生，且已具有較高水平，亦可見中醫在海外傳播之廣。

作爲醫書，本書在討論病證時，亦間及琉球風俗。如琉球産婦必用火烤腰腹；妊娠至九個月，必用鷄一隻、猪蹄二隻同煎，和五味食之，稱滋血滑胎良方；産後五日，不論虚實，皆用猪蹄兩隻、鷄一隻、海蛇一條同蒸，和五味食之，稱爲消瘀血、生新血之品。又言，國窮，歲飢乏食，採蘇鐵之根出於地外者代糧，并記其製法、功用、毒性。凡此，皆有關琉球的記録所少涉及者。按《隋書》記琉球婦人産後「以火自灸，令汗出，五日便平復」，與本書正合，明代以來，人多嗤《隋書》所記百無一實，恐亦未必。

本書據《國醫百集》叢書本校點，參考了江蘇科學技術出版社一九八三年校注本。

（秦　潔）

琉球百問

一、年四十有一，思慮過多，性情抑鬱不暢，嗜酒貪色，喜怒不常，心神恍惚，夜卧不安。怒則親疏不避，指非爲是，駡詈不止，或持刀相向；喜則起居清静，言出循理。其病將發，必放量飲酒而後舉發也。病已十餘載，六脈弦滑，兩尺純弱，二便如故，胸膈痰多，嘔逆作吐，俱是帶痰，心下留飲，漉漉有聲，飲酒之後，其症尤甚。飲食能進，肌肉肥胖，手足煩熱，忍寒惡熱，又多心戰，眼睛不定，舌紅帶白，潤而不燥。曾與安心丸、定志丸、壽脾丸等不效，改用清心滚痰丸除其腸胃宿痰，又不見瘥。或謂宿痰，或謂酒癲，或謂驚悸，或謂怔忡，或謂心腎不交，諸醫論治，紛紜不一。若據以飲酒房勞過度，而謂心背脾臂之虚弱，則飲食起居如常，房事尚强，所見之症亦多屬實；據以飲食起居不衰，而謂心肝之實，則病已久，酒色不絶，所見之脈亦帶虚也。故虚實難辨，補瀉難投也。所用之藥皆不見效，恭求國手，乞賜良方，是獲再生之德矣！

人年四十有一，多思多鬱，懷抱不舒，聊借酒色以自娱，漸漬浸淫，諸症蜂起，遲之又久，往往歸入癲門而成癲病如狂之候，前案言之詳矣。辱承再問，以將發之前，放量飲酒，飲酒之後，見症尤甚云云。因思酒者清洌之物，性喜滲入，不隨濁穢下行，而其滲入之區，從胃入膽，膽爲清净之府，以清受清，同氣相求故也。夫以酒之洌性，惟膽獨能當之。膽之性，能擔當，亦善張皇。每見好飲者，將至半酣，雖懦夫有揮拳駡座之膽，雖寠人有千金一擲之膽，雖狷士有鑽穴窬墻之膽，甚至拘墟之徒有舞劍殺人之膽，放浪形骸之輩一飲數斛有不顧余生之膽。非其素性頓殊，夫非滋擾於酒乎！故曰酒之流，生禍也。然酒之病人實繁，而其人之受病，實有較他人不同者。蓋他人膽受酒洌，滲入五臟之中，或睡或笑，或嬉戲多言，感於中，形於外，其勢從分。兹則性情抑鬱，即無酒意，肝亦容易暴升，况肝爲裏、膽爲表，表裏相通，感動尤捷。膽經熱性，滿溢於中，投之以狂藥，未有不直入於肝。肝主怒，怒則叫囂駡詈，不避親疏，興焉悖焉，誰能禦之？實以肝乃陰木，膽乃陽木，陽木之陽，并攻陰木，陰木之熱也滋甚，而欲其不癲病如狂，能乎否也。夫曰如狂，初非真狂，乃酒之癲也。當其未發癲時，多思多慮，懷抱抑鬱，不能放開，得有忠告善導者，原可因事遏抑，一至放量而飲，酒固亂其性，色且荒於嬉，酒色之所傷身者，諒非紙上空談所能竟也。昔我有先正，其言明且清，一則曰惟酒無量，再則曰不爲酒困；其於好色，則止於不淫。人能銘諸座右，佩諸垂紳，觸於目而驚於心，有不節嗜慾而尚肯沉溺不返耶？即或三杯兩盞，斷不至爲色媒；即或佳冶當前，不過逢場作戲。是飲食男女，人之大欲所存，難乎免俗，要貴知止不殆耳！夫果能知止，不惟濕熱之最、心下之飲，俱從嘔吐而出，可以向愈，即手足煩熱，眼睛不定，舌紅不乾，久著少陰、陽明，益造其偏之火象，亦因積精漸富，葆養元神，而得一水可以勝兩火，一水可以勝五火之明驗也。陰平陽秘，精神乃治，全在自己節欲。生死關頭，盍可以忽乎哉！

貴國居天下之東。東方生風，風生木，木生酸，酸生肝，肝生筋，筋爲剛者多矣！而體質豐滿，肉爲墻者，又在此人。人之失於檢束而好色，地氣使然，而今而後，撙節愛養，猶可以作完人。若猶以酒爲漿，以妄爲常，假使良工如古人者，將有何法以處此乎？必也陰行而妙其用，用鎮肝凉膽之品配入酒中，每日飲而不醉，飲法同而酒性異，混合一家，使平生之肝膽熱氣彌滿留戀者，即借酒意轉爲向導，漸漬漸清，乃克有濟也。

大生地八兩　竹茹二兩薑水炒　黨參四兩　橘紅二兩　西洋參二兩　緑荳八兩　白芍二兩　銀花三兩　雲茯神三兩　淡竹葉四兩　半夏二兩薑制　青黛一兩水飛　酸棗仁二兩　生甘草一兩　龍齒五兩　鐵落四兩研細　枇杷葉五兩去毛薑水炒

取平日所飲之酒十斤，將藥浸入十四日便可飲，飲盡再以此藥搗爛如泥，再浸酒五斤，七日便可飲。

另：每朝取大荸薺四個去皮切　陳海蜇二兩漂淡　葛花一錢絹包　鷄距子三錢　煎湯服。

一、男子年過三旬，常好厚味，胸腹痞滿，終成臌脹，六脈沉實。與分消湯不效，又兼噯氣作酸，改用香砂和中養胃湯，又不愈。

地食人以五味，味有厚薄，本不可偏，偏於厚者，多鬱爲熱，熱勝於胃，則水穀之濕莫不受其薰蒸。濕熱互結，清濁相干，氣難通泰，腹自痞矣。當時失於開痞，滿之於前，脹之於後，脈息沉實，噯則味酸，以昭六鬱之形，即宗六鬱例治之，有何不可？

越鞠丸　炒楂　麥芽　赤苓

一、年近半百，酒色過度，腹脹臍突背平，小便不利，大便閉結，脈虚而微。用腎氣丸、參附、理陰煎、壯原湯等劑不愈。

腎主二便，開竅於二陰。二便之陰不利且結，腎臟下虚，無力以開其竅，不問可知。酒爲色媒，精氣多薄，温補等法原屬相宜。無如酒爲濕熱之最，熱性歸之於膽，濕性歸之於脾，脾濕傳於膽者本難，膽熱傳於脾者則易，腹從此脹，臍凸背平，中上兩焦之邪既經滿布，則五十始衰之年，下焦獨能安乎？而况腎因色虚，酒之濕熱尤易乘虚而入，入則濕熱之邪秘而不宣，不足之腎反似有餘，此二陰之竅，所以失其滑利之常也。附方於後：

朝服水泛金匱腎氣丸，晚眼小温中丸。俱用開水下。

一、年三十餘，常好酒色，又兼思慮過度，不得安睡，如見鬼狀，妄言譫語，心悸恍惚，或笑或哭，喜怒不常，千奇萬怪，無所不至，六脈或弦或數，大小變易不定，飲食能進。歸脾、壽脾、七福、右歸、安神化痰、清心清熱等劑不效。

四八乃三十二歲也。筋骨隆盛，肌肉滿壯，雖酒色思慮時或有之，内不至於滑其骨髓，外不至於耗其血肉，病安從來？惟好内過度，思慮過深，未免神明汩亂，以使陽明胃府不和少寐，且使所貯之痰濁上蒙清竅，妄見妄言之意象，乍大乍小之脈息，接踵而來，每多實症。聊擬方：

礞石滚痰丸錢半開水下，七日可清。

一、男子色欲過度，自汗盗汗，午後發熱，咯血咳嗽，倦怠無力，少納，吐痰，泄血，咳血，吐血，六脈沉數，肉削。用補中益氣、參朮調中、六味、十全大補、八味回陽飲不效。

陰以陽爲根，陽以陰爲宅，二者本不可偏勝。若色欲過度者，陰從下降，陽自上升，陰不内守，陽必外戰，是以盜汗、自汗、咳血、便血、蒸熱無力、少納、肉削，無往而非偏之爲害也。補偏救弊，以制陽先。

朝服八仙長壽丸，晚服當歸六黄湯。

一、有傳屍病者，於病人未死之前，逃於他所而幸有免者，此説有否？

傳屍之蟲，每傳於同氣骨肉之人。一法當傳屍病者之將死也，其骨肉之人離異一室，不使相近，則蟲不能傳。又有法外之法，將傳屍勞病之人，預先多服獺肝以斬其蟲，且截其根，更爲上着。

一、患疝多年不愈，囊脚腫大，行步不安，硬如石頭，有時流膿水，小便不利。治濕理氣及諸疝方，兼投不愈。

疝有三説，每説皆七，三七二十一説，其實皆各説其説而已。此疝則更出於各説其説之外，名爲小腸氣。夫小腸氣，又有寒濕、濕熱兩途。如囊脚腫硬，膿水時流，小便不利，原在濕熱之條，不可與寒濕之疝同日語也。宜以加味通心散合二妙散。

瞿麥　木通　甘草梢　黑梔　連翹　淡苓　川楝子　肉桂　車前　燈芯　淡竹葉　茅术　黄柏

一、中年胃脘作痛，飲食不下，或食下良久吐出，或隨食即吐，大便燥結，面黑肉削，嘔逆吐痰；有時飲食倍常，不妨咽喉。平日好酒。與順氣化痰、温脾、養胃及六味、八味不效。

胃脘當心而痛，其病有九，痰、血居其二焉。二者之因，因於耽飲者居多。蓋温飲下咽，積濕生痰，阻氣作痛；熱酒入胃，動血成瘀，阻道亦痛。無怪乎膈咽不通，飲食不下，大便燥結，面黑體瘦，以昭瞽衛乾澀之狀。若得痰血一消，營衛流行，通則不痛矣。第恐後來飲食自倍，腸胃乃傷，未免復蹈前轍，慎之！慎之！擬三子養親湯合旋覆花湯加味。

蘇子　萊菔子　白芥子　旋覆花　青葱　大麻仁　瓦楞子　瓜蔞仁　新絳

另：玄明粉錢半　紅麯錢半　痛時火酒送下。

一、年四十餘，勞傷過度，咳嗽，吐血痰，久而不已；入夜發熱，嘔吐痰血，音不清，喉癢痛，胸中隱疼，坐卧不安，形體衰弱，少納，自汗，盜汗，脈微細數而弱。用補肺、補脾、八味、蠟礬等方不效。五臟六腑皆令人咳，非獨肺也，然總不能出此門户。所以病日經久，聲音不清，咽喉癢痛，先形其一損，損於肺。據述病起於勞倦。夫勞倦必傷脾，脾咳不已，則胃受之。胃咳之狀，咳而嘔。脾胃俱病，土氣益虛，則母病及子，土不生金，金難完復，已屬重候，而况臟腑皆失其蔭。此胸中隱痛，脘部少納，坐卧不安，形體衰弱，入夜發熱，自汗，盜汗，脈微細弱等證，所以相繼而來也。在初時，可以《金匱》麥門冬湯加枇杷葉、茅根，共成止逆下氣之法；後來生脈、六味亦可投之。

一、年四十外，患懸癰十餘年不愈，膿血不止，瘡口不收，或小便從瘡口出，或腫痛難忍。服補氣血、扶脾胃及六味、八味、大補丸之類，外敷解毒生肌之藥，雖稍好，不能全愈。

懸癰生於谷道之前，陰器之後，乃三陰虧損，濕熱結聚而成。十餘年瘡口不收，小便從瘡口而出，已成壞證，所以時重時輕，不能全愈。此係本人先天尚好，實因失於調治，未以濕熱化清，留於穴中所致。

國老膏化湯吞服蠟礬丸，間日用之；常以黄明膠，日服三錢爲是。

一、年四十餘，痔漏多年，大便閉結，膿血不已。初用清涼之藥不應，又與補劑不效。古人云：小腸有熱者，其人必痔。痔之所因不一，痔之形狀亦不一，姑置勿論。此痔多年，經久成漏，雖無穿腸久漏之苦，而大便燥結難通，膿血穢汁下無虚日，似有臟毒之形，仿臟毒例治可也。

槐花、猪臟爲丸。

一、左脅下及兩股腫痛，忽膿水自出碗許；後來流膿不止，腰屈難伸，肌肉漸瘦，行步不便，或寒熱少食。用補血氣、養脾胃、補陰壯筋之藥不效。

嘗聞肝脈布於兩脅，脾邪留於兩髀。髀、脅之處既困，營氣不從，逆於肉裏，乃生癰腫，肝脾之同病顯然。膿水流矣，其毒應解而尚不能收口，腰屈難伸，行步不便，昭其肝虚不能生精也；肌肉漸削，飲食少進，昭其脾虚不能生血也；寒熱往來，不時舉發，昭其肝脾營衛之皆虚，兩不和諧也。然則歸脾、養榮，與此的對，可服百劑，無疑。

歸脾湯　人參養榮湯

一、年過三旬，楊梅瘡愈五六年之後，遺毒結聚，咽喉腐爛疼痛，飲食難下，聲啞，鼻汗，行步不安。用臭藥、摺藥暫好，日後再發如前，形瘦色黑，脈微細數。用補劑及五寶丹等稍好，不能全愈。

楊梅瘡，乃時瘡也。或從氣化傳染，或從精化欲染，不必詳明。蓋此時已成結毒，一而再，再而三，内而臟腑筋骨，外而血肉營衛，無不枯槁，以致形瘦色黑，脈息微細，未便再以毒論爲主，十全大補湯加土茯苓爲宜。

十全大補湯加土茯苓四兩。

一、年四十餘，右胸腹疫痛，嘔吐酸水，發有微甚，形瘦食減，多食多痛，少食少痛，脈遲微細。十餘年前曾食鷄肉，腹痛嘔吐，自後時作時止。醫以食積治，不愈；進理氣健脾丸、大和丸，又不愈；用温補脾胃之劑，少加化痰止痛之品，亦不愈。

食入而痛，是有積也。先哲之言，豈欺後人！今既痛嘔微甚隨食多少而作，遵食積例治，竟不見效，轉用健脾等法，亦無所長。因思少納體瘦，本可以枳實理中湯攻補兼施，况此湯能治久積，雖數年之積，遇之往往應手獲效。

枳實理中湯。

一、年逾四旬，寒熱交作，筋骨疼痛，不能轉側，日久髕膝腫大，腿脚消細，少食形瘦，六脈浮大，按之微細。用大防風湯、補中益氣湯及六味、八味丸等劑俱不效。

鶴膝風者，即風寒濕之痹於膝者也。如膝骨日大，上下肌肉日枯，且未可治其膝，必須先養氣血，使肌肉漸榮，後治其膝可也。此與治偏枯之症大同小異，急溉其未枯者，使氣血流行，以復常度。前言可法，未便擬一呆方。

一、年過二十，陽明經氣冲穴發一肉瘤，並不疼痛，漸漸長大尺餘，數年後出清膿五六碗，平復如舊。後仍漸大如初，又出清膿五六次，遂身瘦骨落而死。

瘤有五，肉居其一。當其長大之時，漸漸起一頭粒，夫然後清膿從此而出。宜於清膿未出以前，頭粒初起之時，即用外科升降之降藥，微微擦些，間日用之，使其漸潰到底，何至於死？

一、年五十餘，陽明經迎香穴發一個黑痣，如指尖大，用艾灸之終敗。竅如楊梅毒，乾而無膿，漸漸長大，終及爿面，諸藥不效。

面無好痣，於點爲宜。然點法用石灰、糯米搗和，些些點在痣上，三日夜自然脱落。若用艾灸，則傷肉矣。肉傷於他處猶可，而於面部最不相宜。蓋面爲陽，艾亦爲陽，兩陽相遇，火毒自生，既傷痣處，延及四旁，勢使然也。不去其毒，漫無愈期，可以麻油調緑荳粉，日涂一次。

一、年二十餘，委中穴發棉花瘡。用解毒藥不效，又用五寶丹不效，又用擦四脈靈丹不效，終上及股肵，敗爛骨露而死。

腎有邪，其氣留於兩膕，膕即委中穴在焉。形如棉花瘡，發於此穴，所謂精化，乃肝腎受毒，其患先從下部見之是也。毒在骨髓，宜從骨髓提之；既提之後，元氣虚者，又須歸靈湯内托焉。

歸靈湯

當歸　川芎　白芍　熟地黄　米仁　木瓜　防己　白蘚皮　花粉　銀花　人參　威靈仙　白术　甘草　牛膝　土茯苓

一、年二十餘，一日渡水感寒，發熱頭痛，忽眼睛突出，脹痛無光。用荆防敗毒，頭痛即止，脈洪大而長，重按似弦，虚裏穴動脈跳如杵米，飲食如故，二便如常，並不咳嗽。愚疑勞症，即用六味、左歸、桂附地黄、右歸、十全大補不愈，身瘦而死。未知何症？

胃之大絡，名曰虚裏。其動應衣，宗氣虚也。此更跳如杵米，明是胃本陽土。前服敗毒散，將外風散盡，頭痛等症幸而即止。殊不知身中肝經之風性，即乘風藥上升，來克胃土；後來風性能食，風消即瘦，皆由於此。是敗毒之服偶中於前，而虚裏之病漸開於後矣。如以甘麥大棗湯與芍藥甘草湯兼治，未識是否？

炙草　小麥　大棗　白芍

一、年五旬餘，背痛不能就枕，枕則脛背疼痛難忍，憑几而卧七月。愚疑痙病，即用荆防敗毒、五積散、桂附八味丸、大防風湯之類，不效。

俯而不能仰，尻以代踵，脊以代頭，形容少陰病也。五十餘歲之人，腎氣已衰，未免有之，然亦不至升逆太甚；卧難着枕，玆因背痛而然，必有所艮其背者矣。太陽之經，行身之背。背有外來之風濕，内積之瘀痰，皆可作痛。痛因風濕者必緩，痛因瘀痰者必急。據述痛不可忍，並不可以轉移，非痰即瘀。瘀則地龍湯；痰則苓桂朮甘湯加椒、附，皆可選用。

地龍湯

地龍　肉桂　桃仁　羌活　獨活　甘草　黄柏　麻黄　蘇木　當歸梢

一、痢疾赤白，裏急後重，膿血下痛減，大便下痛甚，久不愈，肉削少納。用芍藥湯、四君子、參歸芍藥、胃風湯、胃關煎之類不效，遂至六七年不愈。

痢有赤白，白自大腸來，赤自小腸來，所以赤白之色，不分陰陽而分氣血，前人論之詳矣。當痢之時，痛則爲實，不痛爲虚，若痛隨痢減，其爲實而不虚也無疑。乃若大便下時，痛勢反至不可忍者，或因痢久不痊，變爲痔瘡，或爲臟毒，二者一經大便，無不痛劇。節外生枝之病，當於活潑潑地求治。

臟連丸

一、傷寒真陰之症五六日，用回陽救急、加味理中、附子理中之劑，病漸愈。至十四五日之後，精神困倦，飲食不進，忽發氣喘而死。

傷寒陰症，回陽救急等法，用仲景温裏之條，於意正合，可謂先得我心也。速則七日來復，遲則天地之氣半月一更，人身之氣亦半月一更，更則元氣未有不復，復則愈矣。此乃半月有餘而亡，明明腎氣獨絶。

一、中風之症，僵仆眩倒，不論虚實、痰有無，即用加參三生飲、加味理中藥而得始愈。然未能全愈，三五年或十餘年之後，帶病而死。斷是有藥不的之處。

中風一證，無論夾痰、夾氣、夾火，總以陽虚邪害空竅爲本。先生已用三生飲等方，雖古賢治法，亦不外是，所以向愈原有期也。既愈之後，自知葆養，永戒肥鮮，或旁人謹慎調護，不使亂食多氣，則百年有身，可收桑榆之晚。雖或五年、十年不等而死，較之三年即死者遠矣。兹所疑者未能全愈，終歸帶病而亡，都在中經、中絡、中腑三者條内，或有所夾未經清理，即於此三中之中，以求三夾之夾，循序治之，或求其内風之習習，或求其陽虚之不充，皆神而明之之事，未便懸擬。

一、傷寒發熱二三日，譫言妄語，胸膈煩躁，飲食不下，不省人事，六脉浮數無力。醫認虛證，用麻黄附子細辛湯不應，改用回陽救急湯，不待三帖而斃。按此症脈浮數無力，裏虛有表邪。欲發汗，裏愈虛；欲補裏，表不解。症亦係急，當用何方？

傷寒有五，温、熱居其二焉。昔賢云：風寒之邪，一汗而解；温熱之病，投凉則安。此傷寒才二三日，即見譫妄煩躁，不省人事，是屬温熱之邪。初則葱豉湯，中則黄芩湯、清心凉膈散，末則犀角地黄湯、白虎湯等方，皆有成法可師。至於虛脈虛證，夾雜其間，又有人參敗毒散、九味羌活湯與小柴胡湯、竹葉石膏湯并玉女煎、黄連阿膠湯，亦皆有條例可循。若譫語煩躁，不因此而見者，或夾食，或夾痰，則温膽湯、滌痰湯、小陷胸湯、牛黄丸、至寶丹之類，無不可擇所宜者兼理之也。地處東方，真傷寒症應少，而此種類傷寒症，未有不多。書中所戒：桂枝下咽，陽盛則斃，與夫承氣下咽，陰盛則亡，各垂炯戒。容或犯之，未可知也。

一、年五十餘，平日好膏粱厚味，肌肉肥胖，精神自在，大便如常，小便頻數，有時胃口痞滿，或飲食失節，即易泄瀉。一日，蓋被睡着過暖，起來忽然得右手足不遂之症，然飲食能進，精神如常。此症屬何經？何藥乎？

肥人多濕，膏粱多痰。痰濕既多，胃氣必厚，脾氣必薄，薄則不能爲胃行其津液。外雖有餘，内實不足。結之於中則痞，注之於下則泄，旁流四肢，偏於氣分則右手足不遂，輕則爲痹症，重則爲類中。蠲痹湯主之；六君子湯加麥冬、竹瀝亦主之。

一、中風之症，河間主火，丹溪主濕，東垣主虛；或云外風，或云内風；或云純虛似風者，或云八方之風者，或云六氣之風者。古來説風，紛紛不一，治各不同，不知孰是孰非，有歸一理乎？

所言河間、丹溪、東垣，乃四大家之三也。彼論中風，各呈偏見，已被後人冷眼覷破。爰引喻西昌論，以明厥旨。西昌曰：仲景以後，醫脈斬焉中斷，後賢之特起者，如劉河間則主火爲訓，是火召風入，火爲本，風爲標矣；李東垣則主氣爲訓，是氣召風入，氣爲本，風爲標矣；朱丹溪則主痰爲訓，是痰召風入，痰爲本，風爲標矣。然一人之身，每多兼三者而有之，曷不曰陽虛邪害空竅爲本，而風從外入者，必挾身中素有之邪，或火、或氣、或痰，而爲標耶？王安道謂：審其爲風，則從《内經》；審其爲火、爲氣、爲痰，則從三子。徒較量於彼此之間，得非無權而執一耶！且從三子，固各有方論可守，從《内經》果何着落耶？此論精確，翫索自有得焉。

一、中風卒倒，不省人事，牙關緊急，痰鳴如鋸，冷汗大出，手足厥冷。用三生飲加人參一兩不效。

卒倒無知，最防迸入於心。當此而用蘇合香丸，不獨心經之邪可開，即十二經絡亦無不可開。既開之後，按部就班，原可使其漸入佳境。若牙關緊急，氣喘痰鳴，肢冷汗出，真陽上脱，危急存亡之秋也，黑錫丹或可挽回一二。

一、穀道之間患懸癰，陰囊之下結塊如鷄子大，或散、或聚、或腫大，成膿色濃。即用針刺，膿出稍好。然穀道之結塊堅硬，不能全愈，經醫年久不愈。予用生地四物湯加花粉、澤瀉、丹皮；或國老膏用之瘡上，點萬能膏而減其半，未能全好；屢用綫藥，援其結毒，不能斷根。

穀道之前，陰器之後，是海底穴。外瘍生此，名曰懸癰。所用四物，國老等法，前後次序，井井有條，尚未收功，却爲累事。穀道之結塊堅硬，不能全平，必係三陰虛損，濕熱之邪留而不去。年輕可以六味地黄湯；年高可以十全大補湯；或在二者之間，可以二方合用，加歸尾、穿山甲、龍膽草做丸，作補中寓瀉法，以使兩全。

一、臌脹風勞及一切難治之症，有一效之單方，或諸病湯藥兼投而有效之單方，伏乞抄寫指教。

俗語云：「風勞臌膈，實病難醫。」難醫云者，非不治也。實病根既深，蒂既固，苟非居今稽古之學問，仁人君子之用心，曷足語此！不得已而思其次，亦如諺云：「讀十年書，天下無可視之病；視十年病，天下無可讀之書。」有此才具，方能信手拈來，頭頭是道，斷不得印定眼目，妄擬每病每藥，以失陰陽各用之理。

一、婦人患泄瀉痢疾，二三年不愈，時作時止，肌肉漸瘦，兩目手足浮腫，六脈沉遲。與附桂理中湯、附子補中湯、加減六君子或五味子丸、胃關煎、二神丸、四神丸等劑無效。

先瀉而後痢者，脾傳腎也；先痢而後瀉者，腎傳脾也。腎傳於脾則輕，脾傳於腎則重。此脾傳於腎，先瀉後痢，其爲重也明矣。面目手足俱見浮腫，六脈遲細，肌肉漸削，所取理中等湯，正與此症相合，而反不效，何也？良以時作時止，二三年不愈，名曰休息久痢。初起失於通因通用，兜澀太早，邪留於迴腸曲摺之間，滋蔓難圖，不死不止也。當肌未瘦，膚未浮，脈未沉之時候，以駐車丸加減。

一、女忽然發暈僵仆，口眼相引，眼睛上視，手足搐搦，腰脊强直，食頃乃蘇。用驅風化痰、清火補氣等藥而不得效，時作時止。一月二月必發，或旬日之内舉發不常，飲食倍常。

癇症有五：陰、陽、風、濕、馬是也。然妄立五名，未揭底要。昔賢云：癇症之發，由腎中龍火上升，而肝家雷火亦相從挾助也。然則心熱痰迷諸説，不過附會而已，未便作主。其所常服者六味地黄湯加沉香、遠志作丸，其所暫服者丹礬丸。

丹礬丸：用黄丹一兩，白礬一兩，銀罐中煅通紅爲末，入臘茶一兩，不落水猪心血爲丸，如緑荳大，朱砂爲衣，每服三十丸，茶清送下。多服，其涎從便出，以安神藥調之。但東方土地多熱，或以虎睛丸爲妙：虎睛一對，犀角一兩，大黄一兩，遠志五錢，山梔一兩，爲末，蜜丸如椒子大，外用朱砂爲衣，每服十四粒，温酒送下。

一、婦人帶下之症，形瘦神疲，面白唇青，頭暈眼花，飲食少進，往來寒熱。用歸脾、八物、補中益氣、十全大補及六味、逍遥、六君等不效。

帶乃奇經八脈之一。帶病多端，未便妄論其因。就形瘦神疲，面白唇青，頭暈眼花，飲食少進，寒熱往來而論，當以奇經藥石投之：鹿角霜、紫石英、龜腹版、當歸身、杜仲、蓮須、桂枝、白芍、炙草、生薑、大棗。

一、婦人歲逾四十，右乳結核十年不愈，如石無痛，忽腫痛不可忍，正頭腐爛如岩穴之凹，污汁流出腥臭，診脈數而無力。内與歸脾、八珍、十全等劑，外擦去腐肉、消腫之藥而不痊。

乳岩，乃鬱症也。有夫則活，無夫則死。用疏肝清胃丸、人參養營湯守之，冀其性情怡悦，氣血不衰，幸甚，幸甚！若至一潰，流出污水而不成膿，則就木焉已。

一、女年三旬餘，患右邊偏頭風，請走方先生燒針刺之百餘處，又以艾葉灸之，忽眼睛脹出，上下胞瞼不能襲合，用清涼之藥無效。

偏頭風，明有風邪偏之於頭，化風、泄風、散風是其正法。自古以來，首重川芎茶調散，斷無燒針、用艾治法。蓋頭乃諸陽之會，以火濟火，非所宜也，無怪乎有眼睛凸出諸弊。如遇偏頭風症，可以晚蠶沙二兩，川芎半兩，僵蠶如患者年歲之數，以水五碗，煎至三碗，就沙鍋口以厚紙糊滿，中開錢大一孔，取藥氣薰蒸痛處，一次即愈；年久不過三五次，不再發。另以新鮮木瓜置枕邊，取香氣透達，引散肝風，亦良法也。

一、女産後烤火太過。敝國風俗，産婦必用火烤腰腹。身體發熱，煩躁口乾引飲，小便難通，六脈洪大而長，知是火毒入心經。用補中益氣湯去白术、陳皮、柴胡，加生地、麥冬、五味、茯苓、葛根皆無效；又用加味歸脾湯、新方二陰煎及壽脾煎之類亦不效。終發腫而死。

産後九禁，第四則寒也。所以産後房中避風，床多被褥，一切寒涼食物皆不可進，以使和暖。如在冬令，可以火盆置於帳外；若值夏月，則惟厚棉衣服暖護腹背，本無取乎烤火。貴處有此風俗，火毒逼入於心，亦未可知。果見身體發熱，煩躁口渴，小便難通，六脈洪大，權以化法，正合仲景之産後例治。後人云：既有火邪，不得不清是也，小柴胡加黄連之類。但産後脈宜細小，不可洪大，洪大已屬壞症。至於死前浮腫，或因瘀血發熱，或因風邪發熱，皆可以傷元氣。《内經》曰因於氣爲腫，亦未可知，必須自裁。

一、妊娠之婦臨産，兒近玉門，交骨不開，不能出生。時用芎歸湯、加味芎歸湯、補令益氣湯之類無效。

交骨不開，元氣不足也。大劑人參、童便入彎歸劑中，助其血氣，則開闔之功立見。如不即開，安心静養，當吃則吃，當卧則卧，慎勿驚惶。

一、産婦胎衣不下五六日，諸藥無效。飲食能進，元氣虚弱，動則發喘，無方可施，危在旦夕，束手俟死。當用何方？

胞衣不出，瘀血貫入胞中爲多。蛇蜕一條，香油燈上燒灰，入麝香少許，童便調服；或加蘄艾、阿膠、蘇木各一錢，麥芽末打糊爲丸，名烏金丸。如喘急欲死，胞衣已爛，用牛膝湯服之即下。

牛膝湯

牛膝　當歸　瞿麥　麥冬　滑石　通草　葵子一方無滑石，有桂心。

一、婦妊娠五個月，初秋患傷寒，真陰假熱似陽證。欲投温熱，胎難保；欲投和解，裏寒急；不得已而投回陽救急湯。胎隨墜，熱不退，血間下，譫言妄語，飲食能進，小便色紅，大便如脂，或見嘔吐青水，六脈弦大無力。

真傷寒，西北本多，東南則少。江南在南，貴處在東，所見傷寒是名類傷寒，實非真傷寒也。間或有之，當用麻黃湯、桂技湯解表爲主。如表證從太陽傳入陽明之經，又當用葛根湯；如表證從陽明再傳入少陽之經，又當用小柴胡湯。三陽如此。而傳及三陰者，仲景之三百九十七法，一百一十三方，各有三陰解表方在。如犯風、暑、濕、燥、火五者之邪，名類傷寒，而其治理，又載河間、東垣、丹溪等諸大名家書内，采取可也，未便呆用仲景方法。然仲景條例方法，仍不可舍也。若舍此不求，有如匠人舍規矩繩墨，而欲得其方圓平直也難矣！至於真陰症、格陽症，仲景本有温理諸法。法如對症，未有不效於頃刻。據述回陽救急，胎即墮矣，是未必真陰格陽之症。果如此症，必得《内經》毒藥治病，有故無殞之妙。兹既反是，宜於風、暑、濕、燥、火五者之中求之。所言熱不退，間下血，譫語妄言，能食溺紅，大便如脂，嘔吐青水，六脈弦大無力等症，未便妄指病名，亦未便妄立方法。

一、婦年二十餘歲，懷胎至七個月必小産，下血太多，胎動異常，小腹亦痛。安胎補陰之劑不效，又用補陰止血之劑亦不見效。此婦屢受胎，屢小産，諸藥並不見效。

産書云：婦人半産，多在三個月、五月、七月，除跌仆損傷外，因内熱而虚者爲多。曰熱曰虚，當分輕重，須多服養氣血、固胎息之藥，以補其虚損。若滑胎甚者，八珍加陳皮、膠艾、條芩；氣多加香附、砂仁。兹滑胎必在七個月者，肺氣虚也，宜以人參、麥冬加之。宜於未交七個月時預先服用，以防其滑；倘下血胎動，腹痛，單以膠艾四物湯去熟地，加生地、黄芩三錢可也。

一、女人年近七旬，胃脘心痛，多年不愈，發時則從右脅冲胃口，胸背牽痛難忍，嘔吐酸水，不進飲食，四肢微冷，汗出不止，喜温熱，惡寒凉；止時則起居如常，稍覺精神倦怠，飲食不思。此症當用何藥？

右脅下乃肺所作用之處也，又爲痰所竊踞之地。其氣冲胃則痛，嘔吐少食，肢冷自汗，喜温惡寒，明是脾濕生痰，逆肺之用，犯胃之口，氣分阻塞也。苓桂朮甘湯、三子養親湯合而用之即愈。愈後倦怠、少食，六君子湯加香、砂最妙。

一、敝國婦人妊娠至於九個月，必用鷄一隻、猪蹄二隻同煎，和五味食之，稱爲滋血滑胎之良方。不知妊娠用之好否？

鷄屬巽，外應乎木，内通乎肝，古人所以有利婦人，不利男子之説。黄雌鷄治産後虚羸，黑雌鷄治胎息不安，皆因其滋養肝血也。肝血既得滋養，凡屬血肉之所，無有不爲滑利，滑胎利産，理所必然。若論猪蹄，乃催乳法也。衝脈隸於陽明，陽明之血，上爲乳汁，下爲月水。猪蹄一物，上既可以通乳，下豈不可以通衝脈，而亦使其滑利耶？二者同食頗佳。

一、婦人産後五日，不論虚實，皆用猪蹄二隻、鷄一隻、海蛇一條同煎，和五味食之，稱爲消瘀血、生新血之品食之，不知可食否？

鷄與猪蹄，産後本宜。而海蛇味咸，《經》云「血病無食咸」，似於産後不宜。第考海蛇之性，平而且温，可消瘀血，可補産虚，合三者共煮食之，近似有理。治既可通，習亦成慣，無疑慮也。

一、婦人産後，不論冬夏，晝夜烤火，熨暖腰腹，或七日，或九日才止。蓋産後易犯血熱，不知可用此法乎？

産後禁寒，本要暖熱，當冬烤火，變作暖房，未爲不可。若在春、秋兩季，則於烤火不宜，温暖其衣服，綿密其帷帳，閉下其門闥足矣。若於時爲夏，當仍張絺葛之帳，被褥用薄棉，衣服亦然，即所靠之枕，麥柴與菜殼最宜，通草尤良，微以薄棉蓋襯，則不受暑熱矣，豈可如冬月之過暖哉？

一、婦人平素思慮太過，經閉，形肉枯瘦，五心煩熱，舌乾口渴，咳嗽，吐痰稠粘，小便白濁，大便泄瀉，晝夜下七八度，入夜少寐，飲食不進，診脈微數無力。予用加減補中益氣加炮薑、五味，或加味四君湯加五味、肉荳蔻、炮薑之品與服而不效。

思慮太過，則心血耗矣。耗則胞脈自閉，月事不來。蓋胞脈屬心而絡於胞中，心氣不得下通，故月事不來也。月事不來，則水虛不能濟火，無怪乎肉削，心煩，舌乾口渴，咳嗽吐痰，溺濁，少寐，脈微數而無力，一派虛勞之象。當此而用六味、歸脾、逍遥頗爲合作。至於飲食不進，大便泄瀉，脾胃已敗，無從下手矣。

一、婦人平素思慮太過，經閉，驚悸怔忡，不寐，或歌唱大叫，狂言妄語，或啼咒，或欲妄走，不思飲食。予用癲狂門之加味逍遥，或歸脾加茯神、柏子仁，或温膽，或朱砂安心丸兼用不效。

狂之爲病，皆由阻物過極，如思慮太過，經閉血凝，即所謂阻也。阻之過極，變爲狂矣。始如驚悸怔忡，不寐，少食，繼而歌唱狂妄，啼咒亂走。爰杜撰一法，取用加味逍遥散合入犀角地黄湯，可否？

一、婦人經閉一年半，寒熱往來，倦怠嗜卧，飲食不進，變爲臌脹之症，腹肚腫滿，手足浮腫，小便不利，大便微泄，可坐不可卧，六脈沉，重按則得之，輕按則不應指。予用四物湯去地黄，加紅花、桃仁、厚樸、枳殻、牛膝、香附、肉桂之類，或用金匱腎氣丸、壯原湯、啓峻湯之類不效。

先哲云：下手脈沉，便知是氣。氣鬱日久，經閉不行，從此營衛不諧，脾胃暗衰，寒熱往來，嗜卧，少納，便溏，浮腫，接踵而來。歸脾湯或四物湯，俱要四磨飲同用。

一、婦人患痢疾經年，五年膿血兼下，晝夜七八度，裏急後重，疼痛難忍，診脈沉微有力，百方無效。予用參歸芍藥湯、加味六君、胃關煎，或六味丸加地榆、槐花、桃仁、紅花之類，服而無效。熱痢下重者，白頭翁湯主之。此下膿血，裏急後重，腹痛難忍，脈沉有力，豈非熱痢下重乎？白頭翁湯誠爲對證發藥，勿以年久而忽之。

一、婦人年四十餘，素稟薄弱，身體消瘦，痰喘之症多年不愈，常常舉發，夏秋者多發，而春冬者少發。發時則晝夜不能卧，飲食不進，診脈微細有力。予常用四君子湯有效，然未能斷根。喘有標本，本出於腎，標出於肺。肺爲上喘，上喘多實，時發時止。當發之時，蘇子洚氣湯合瀉白散足矣；當止之時，四君子湯大妙。然欲斷其根則難，欲緩其發尚易，六君子加歸、芍，與指迷茯苓丸作丸，無間斷服之，或見益也。

一、婦人楊梅瘡愈後，變成結毒之症。頭面處處破爛，身體生塊，咽喉腐爛，筋骨疼痛，飲食不進，肌肉消瘦，多年不痊。予用五寶丹、四脈靈丹、薰鼻藥等，不能全愈。楊梅結毒，毒結於骨髓也。不因薰火收遏，必因點藥收歛。發則筋骨作痛，三焦皆可以見。外用解毒紫金膏，内用萆薢湯，久久自效。

解毒紫金膏

細塊礬　紅明净松香各一斤

研極細末，麻油調稠，先將葱、艾、甘草煎湯洗净，搽藥，油紙蓋好，軟布扎緊，三日一換。

萆薢湯

萆薢　苦參　防風　威靈仙　胡麻　羌活　川椒　石菖蒲　白芷　蒼术　紅花　龜腹版　甘草　黄柏　當歸　何首烏

臨服入酒一杯。

一、婦人三十餘歲，患内痔之症，大便閉結，肛門疼痛不可忍，時時下血，形容枯槁骨露，常日嗜卧，飲食不進，診脈三部微數無力。予以三黄湯、臟連丸等兼用，不效。

内痔下血本與臟毒兩途，然其治法則取一意。將臟連丸中之黄連揀去，取槐花照黄連分兩納入猪腸，同臟連丸制法制之，服法服之可也。

一、婦人年三十歲，患帶下之症，赤白兼下，淋漓不絶，身肉漸瘦，五心煩熱，心氣煩悶不安，少寐，四肢倦怠嗜卧，飲食不進，診脈洪數無力。予用加味歸脾、十全大補去肉桂，加阿膠、艾葉、香附，或七福飲加龍骨、牡蠣，或五灰散等劑不痊。

赤白帶下，濕熱之邪暗傷帶脈也。久則有肉削、心煩諸症，氣血皆虚。當以八珍湯一份，椿根皮丸一份，合爲丸藥服之。

椿根皮丸

椿根白皮　高良薑　黄柏　白芍

一、婦人年四十餘歲，自幼患心腹痛，引腰背大痛不可忍，或吐涎沫，飲食不進。予用枳砂二陳湯四五帖則安。然時時發熱不止，改用無價金丹久服，不能斷根。

脘腹作痛引及腰背，吐涎不納，而用枳砂二陳湯取效，是痰氣病也。當以香砂六君加烏藥、沉香、歸身、白芍繼之於後。

一、婦人年三十餘，生子皆殀亡，因此憂鬱日加；不幸丈夫又死，更加憂悶，無所暢快。形容枯瘦骨露，時時心腹疼痛，肌肉刺痛，常常頭痛，飲食少進，四肢倦怠嗜卧，諸醫藥方無效。予用歸脾、壽脾、七福飲等劑，終不見效。

二陽之病發心脾，傳爲風消、息賁，死不治。此人三十餘歲，既痛子，又哭夫，心脾病也。形容枯槁，即是風消之候，而其所以不死者，尚未見氣息之賁迫耳。然已腹痛、頭痛、肌肉刺痛，肝之虚風時時内動，動極傷脾，少納體倦嗜卧，用藥固難，無怪乎歸脾等湯之不奏效也。不得已，仿專治婦人思鬱過度致傷心脾，而用因門中逍遥飲主之。

逍遥飲

熟地　歸身　白芍　棗仁　茯神　炙草　遠志　人參　香附

一、婦人自幼患赤眼，兩眼赤爛，拳毛倒睫，多年醫治不效。予内用導赤散，外與用三黄散洗之，兼用清涼丹點服，不效。

倒睫拳毛，乃内伏火熱而陰氣外行也，所用導赤等方頗合。可以木鱉子一枚爲末，棉裹塞鼻中，左塞右，右塞左，一夜其毛自直。若内邊另有一層短毛撩於珠上者，鑷去，以虱血涂之，則不復生矣。

一、婦人六十餘歲，常患上氣，續得右眼烏睛上生翳如緑荳大，形如青玉，看物不準。予用六味加蒺藜、木賊、菊花、蔓荆、黄柏與服，又外用退翳散點之不效。

瞳子、黑眼爲陰。内障在此，視物模糊，腎虚所致。若有青色如豆者，又係肝經鬱氣。六味地黄湯中加逍遥散少許。

一、婦人受胎二三個月之間，與經閉之症最難分別，若誤用藥，爲害不少。請問分別之法？

經閉有虚有實。實則少腹多痛，脈亦非革即濇；虚則少腹如棉，脈亦非細即微。若論懷胎，少腹似屬有形，按之不痛，脈滑且疾，搏而有情，加以擇食惡食，惡心喜酸，必須以意逆之，雖不中不遠矣。

一、兔腦丸治方曰：婦人難産，用一丸則忽生下。男左手、女右手握其丸而生，百驗百效矣。夫人飲食藥餌者，下咽入胃，傳輸其氣，而其渣滓直下大腸，自肛門出也。真有其丸不腐爛、入子宫，生子握之之理乎？

胃爲市，容受百物，如貿易之市，廣積聚而四布者，胃氣也。藥餌亦然。惟産婦之服兔腦丸反是，能令男左女右之手中握出，後人信而不疑，行之於世者久矣。蓋食氣入胃，散精於肝，濁氣歸心，所留渣滓，受盛傳導，變化而出，皆守而不走之物，須借胃氣以運行，夫然後各得其所。若兔性善走，腦又神之所居，丁香通氣，乳香活血，加以麝之走竄，下通元竅，配成走而不守之方，一入於胃，不受胃之駕馭，反使胃氣速降，以開冲任之經，則丸在兒手，毫無磨蕩之傷，烏有不完璧歸趙？

一、童子兩人，同患驚癎，忽然仆地，悶亂無知，嚼舌吐沫，背反張，目直視，手足搐搦。一者在母腹中受驚所得；一者有生之後，病後驚搐所致。投平肝解鬱、清火化痰，不痊。

兩孩之患相同，一由胎内而得，一因病後而生。其得於胎内者，即《内經》所云：因其在母腹中時，其母有所大驚，氣上而不下，精氣並居，故令子發爲癲疾也。屬在先天，須調肝腎，如六味地黄湯之類可治。其得於病後者，乃是痰火不清，或因驚怖，或因風食而發，竅塞於内，氣亂於中，陡然仆地，手足搐搦，吐沫嚼舌，目直視，背反張等症同時而見者，如白金丸之類亦可治。

一、小兒吐瀉並起，昏睡露睛，痰鳴氣促，驚跳搐搦，乍發乍静，肢體逆冷，唇青面白，脈遲細弱，而用温補脾胃之劑不應。

吐瀉並作，中土受傷，而且昏睡露睛，痰鳴氣促，已昭心神散亂、肺氣暗絶之候。際此心肺上病，而肝經風木又賊已傷之土，驚跳搐搦之外，更見肢冷脈弱，面白唇青，延成慢脾風病。當此之時，惟有大劑温補，如附子理中、四逆等湯，加入烏頭、全蝎，或可得生。

一、兒潮熱，皮膚瘦削，骨露如柴，肚腹脹大，青筋露出，小便渾濁，眼胞手足微腫，或瀉或痢，面色黄白，飲食少思，腹中有塊。與健脾化積、進食殺蟲、清熱平肝等藥而不見愈。

形瘦潮熱而見腹大青筋，或瀉或痢，小便渾濁，腹中有塊，眼浮肢腫，面色黄白，飲食少思，明係脾胃氣傷，肝木順乘之候。因病致虚，因虚益病，即大人爲勞，小人爲疳之謂也。煎方如歸芍六君輩，丸方如資生丸、乾蟾丸之法可治。

一、小兒初生至五六歲，四肢不用，自己不能坐卧，肌肉消瘦，飲食少進，見之以爲廢人。當以何方？

劉氏云：小兒周歲，變蒸已定，足膝堅固，乃能行走。設使不能，即爲胎氣不足。兹五六歲而尚四肢不用，自己不能坐卧，飲食且少，肌肉消瘦，竟有頭、項、手、足、肉五軟之象。五軟者，由父母之精血虛弱，或爲六淫所襲而致。古人論治，以補益中氣、填補肝腎爲主，如六味丸加鹿茸、五味子，補中益氣湯之類。再令壯年乳母哺乳更佳。

一、痘瘡初發之時，驚搐，脈力微弱，身無熱。用温中益氣湯、新方六氣煎之類而不效。

驚搐見於痘前，前人都稱爲吉，何也？蓋痘未出之前，熱蘊於内，外發驚搐，痘出驚止，而内無凝滞，故曰吉。然其致驚之因，由於心肝火旺，風火相搏，神氣不安，所以但當平肝而利小便。平肝則風氣去，利小便則心熱退，痘即隨出，不治驚而驚自止矣。但脈力微弱，身不發熱，此孩之體質本虛，寒凉在所不用，又恐氣斂而毒陷。

一、痘後真氣虛弱，火邪内攻而發抽。用《醫宗金鑒》之寧心湯，及《仁瑞録》之調元解毒湯之類而不效。

若痘既出之後而見驚搐，不屬内毒未楚，即係脾虛木旺。翁氏云：只須温補脾土爲主。然痘後之驚搐，本作凶論。因其氣血虛弱，雖復感風寒，熱毒爲之凝滞者，又何敢輕易發散而清利乎？故曰難治。

一、痘瘡至七八日，焦紫無膿漿。用千金内托散、參歸鹿茸湯及保元湯之類無效。七日之期，順痘漿行半足，危瘡才發微光。毒壅則頂滯乾紅，此更焦紫無膿。乾紅尚且不可，而況欠漿焦紫，明係毒火太盛，内外薰灼，不得盡達於表，因而復陷於裏，往往熱煩躁擾而死者。魏氏《博愛心鑒》、朱氏《傳心録》，都以大連翹飲及四順清凉散等方治之。

一、小兒出生四五個月，從頭角腫起，漸漸腫大。頭大如斗，面與頭不相配，不知何病？試用針刺之，陰血發出少許。其兒飲乳、大小便、脈息、飲食如常，至三歲患驚而死。

小兒頭大，針刺出血後，未知腫曾消否？若腫未消，頭仍大，延至三歲，患驚而死，竟不知何病，不敢妄對。若針刺出血後，而腫消，頭面如常，至三歲患驚而死者，尚可揣摩一二。《内經》曰：面腫曰風，風乃陽邪也。頭乃諸陽之會，腫從頭角漸大如斗，所謂風邪從陽而親上者也。小兒四五個月，肌膚柔脆，腠理不密，不耐邪風，如大頭瘟之腫起，針刺出血，邪從外泄，所以仍能飲乳，二便如常。然肌肉柔脆者，已非松柏之姿，而況内風暗動乎！

一、童子患泄瀉，唇紅面黄白，飲水乾渴。此症脾胃虚弱，慮生疳蟲，服扶脾胃、掃蟲之類不效。後至一月，兩眼發紅筋，疥癢難忍，喜暗羞明，終兩目破傷，泄瀉不止。如斯病者三四人，未免時時束手，坐視斃死。

泄則少緩，瀉則大下。泄瀉并行，脾經之元氣、身中之津液，無有不傷。傷則不能上承於胃，故口渴引飲，彼時即以七味白术散，或可見效。延至一月後，身中之津液盡從大孔而下，有立盡之勢。水不濟火，火自上炎，無怪乎兩眼紅筋，喜暗羞明。當此之時，即服前方，已是鞭長莫及，而况兩目又損破乎！倘在兩目未壞之前，急以大劑養陰，如生地、麥冬、花粉、甘草等濃煎，調入赤石脂、禹餘糧等末，一則潤萬物者莫悦乎澤之意，一則澀以固脱，專固下焦之脱。此非臆見，乃前賢已試之方法也。

一、小兒慢脾風，用加味四君子，即稍好似愈。不時又起，又與又好，不能全愈。終與温脾補腎之藥並不見功，至五六日，纏綿而死。

慢脾風者，由於慢驚傳變，或因吐瀉傷中，或因病傷脾胃，風從内起，鼓動痰涎，虚熱往來於經絡之間。若欲驅風，則無風可驅；若欲療驚，則無驚可療，故曰難治。朱氏云：温補脾胃爲妥，如烏蝎六君子湯。倘至昏憒者，急灸百會穴。

一、小兒疳症，泄瀉不止，口渴飲水，水入即泄，泄而復飲，湯藥並不應，終肌肉脱而死。此症用訶子、肉蔻等，則水留小腹；用茯苓、澤瀉等，即泄；温補脾胃，則口渴甚；用參苓白术散等，亦不見效。

泄瀉之由頗多，不獨疳症爲然也。澀則水可留於小腹者，此非滑泄也；滲則仍然作瀉者，中氣下陷也；温補脾胃而口渴甚者，津液傷也；危至肌肉盡脱者，陰津亡也。究其致危之因，始於泄瀉不止，胃中津液漸傷，求救於外水故渴，彼時若用升提之法，鼓舞胃氣上騰，則渴可止而瀉可除。否則取甘緩一法。古賢因瀉利不已，急而下趨，愈趨愈下，瀉無由止，用茯苓甘草湯投之，以治大渴之瀉。蓋甘能緩中，善禁急速，所謂急者緩之也。迨至瀉甚更渴，水入又瀉，豈非腸胃打爲一家，身中之幽門、闌門洞開無阻，津液一竭，自然肉脱而死，有何措手哉？

一、小兒丹毒及胎毒之症，用二十日之小狗煮汁飲之，肉擦患處，無不愈。不知此方可用否？或别有加減之法乎？

貴國小兒發丹、發毒，有煮小狗飲汁、擦肉一法，小狗咸温，補胃壯陽，似不宜於毒症。而毒症借以得痊，諒必地土使然。然按丹毒、胎毒等症，由於乳母過食煎煿辛辣，或七情内鬱，助邪爲患，所以前人都用清解等方，如犀角消毒湯、大連翹飲，中病即止，外用砭法。

一、小兒初生，解毒之方諸各不一，不知用何方爲妥？

按《慈幼編》黄連法云「臨産時先以黄連五分，甘草三分，熬汁，兒生下即與二三匙，再加朱砂細末調汁，抹兒口中，打盡腹中舊屎」云云。如以五福化毒丹一丸，黄連湯化下更佳。

一、小兒科書皆有稀痘之方，不知真有其驗乎？當用何方乎？

稀痘方多矣，而其驗者絶少。雖間有試驗之法，終未若爲其父母者，受胎後清心寡欲之爲得其要也。其在《痘原論》云：人之成形，是腎始。成形之始，爲邪火所熾，即爲毒。毒伏腎經，故發之爲痘。多欲則痘多，寡欲則痘稀，爲父母者可不爲之謹慎哉？世所傳種種丹方，性寒性熱，易致臟腑受傷，莫若洗浴爲善。《廣生集》之浴兒免痘法，可奉行也。其法：小兒三歲以内，用川楝子九個，五歲以内用十一個，十歲以内用十五個，須擇除日煎湯，與小兒洗浴，略以湯内濕布揩之，聽其自乾，每年只洗十次，在五月、六月、七月間，天温可免受寒之患，久久洗之，雖出亦稀也。

一、童子慢驚，吐瀉不止，身微熱，手足搐搦，目上視，微汗出，不思飲食，診脈微弱無力。用加減六君子湯，或錢氏白术散加山藥、扁豆、炮薑、肉蔻等品，與服不痊。

慢驚一症，多緣病後變成，初非一起即然也。按吐瀉，身不發熱者，爲內傷。近見小兒偶患吐瀉，身有微熱，汗亦微出，似乎外感六淫，因其未能解散，邪傷中土，風木由之暗動，吐瀉不止，自然增出手足搐搦，目上竄視，變現慢驚證象，後來正氣漸虧，不思飲食，脈自微弱也。如初時即以六和湯、正氣散解散外邪，不使內傳；繼後土虛木旺，惟有理中、六君輩，加天蔴、鈎藤，一補脾胃，一平風木而已。

一、小兒患疳疾，小便白濁，泄瀉腹脹，口渴飲湯，形容消瘦，潮熱不退，飲食不進，診脈細微無力。用異功散加山藥、扁豆、砂仁、烏梅、使君子，或補中益氣湯。

疳症有五，就潮熱、消瘦、脈弱、少納、泄瀉、腹脹、口渴、溺濁而論，竟似勞疳之象。勞疳者，不獨脾胃氣虛，而身中之陰精陽液，無一不傷，與大人虛勞多將熇熇相似。前人立方，惟以補養清熱爲主。

一、同身寸之法，一云隨其所處而取其穴道；又云取手中指第二節內，度橫紋相去爲一寸；又云取手中指上第一節爲一寸；又云取手大拇指第一節橫度爲一寸。

同身寸之法，按《針灸經》云：男左女右，即取其人手中指第二節，屈指兩紋尖相去爲一寸爲是，余不足信。

一、背第二行之開，一云脊骨內闊一寸，除脊骨外各一寸五分；又云相去中行脊中三寸開。

《甲乙經》云：背自第一椎俠脊兩旁各一寸五分。又按《經絡全書》「膂二行」，注：「膂，俠脊兩旁也。二行，去中行左右各開一寸五分。」

一、不容，一云巨闕之旁二寸，一云三寸。

《甲乙經》云：「不容在幽門旁一寸五分，去任脈三寸。」巨闕，心募也；任脈所發，三寸爲是。

一、外陵，一云天樞下一寸，又云半寸。

外陵，在天樞之下，大巨之上，足陽明脈氣所發。《氣府論》注云：「在天樞下一寸。」

一、水道，一云大巨下三寸，又云二寸。

《甲乙經》云：「水道在大巨下三寸，足陽明脈氣所發。」

一、歸來，一云水道下三寸，又云二寸。

按：歸來，一名溪穴，在水道下二寸。

一、伏兔，一云在膝上六寸，又云七寸。

《甲乙經》云：「伏兔在膝上六寸，起肉間，足陽明脈氣所發。」禁灸。

一、解溪，一云冲陽後一寸五分，又云二寸半。

按《甲乙經》云：「解溪者，火也；在冲陽後一寸五分，腕上陷者中，足陽明脈之所行也。」《氣穴論》注中：「二寸五分。」《刺瘧論》注中：「三寸五分。」恐「二」、「三」兩字有錯訛。

一、血海，一云膝髕上二寸，又云二寸半，又云三寸。

《甲乙經》云：「血海，在膝髕上內廉白肉際二寸半，足太陰脈氣所發。」

一、合陽，一云膝約文中央下三寸，又云二寸。

《甲乙經》云：「合陽，在膝約紋中央下二寸。」

一、華蓋，一云璇璣下二寸，又云一寸。

按《甲乙經》云：「華蓋，在璇璣下一寸陷者中，任脈氣所發，仰頭取之。」

一、肓俞，一云商曲下一寸，或作二寸。

《甲乙經》云：「肓俞在商曲下直臍旁五分，乃衝脈足少陰之會。」

一、中注，一云肓俞下一寸，又云五分。

按《甲乙經》：「中注，在肓俞下五分，衝脈足少陰之會。」《素問・水穴論》注云：「在臍下五分兩旁，相去任脈各五分。」

一、中脘，一云巨闕下一寸，又云一寸五分。

《甲乙經》云「中脘，一名太倉，胃募也。在上脘下一寸，正在心蔽骨與臍之中央，手太陽、少陽、足陽明所生，任脈之會」。又曰「髃骬至臍八寸，太倉居其中」。若云巨闕下一寸五分，乃上脘穴也。

一、氣海，一云臍下一寸五分，又云一寸。

按《黄帝計經》：「氣海，一名脖胦，一名下肓，在臍下一寸五分，任脈氣所發。」

一、膏肓，一說入足太陽膀胱經，又云爲奇俞。

按《甲乙經》：背自第二椎兩旁各三寸，行至二十一椎下，凡十三穴，少膏肓一穴。又查奇俞，只在左右兩手，如拳尖、五虎之類，凡六穴。而膏肓在背，非奇俞無疑。若作奇經，而督脈之二十七穴直行脊裏，而膏肓去脊尚有同身寸之三寸，更非奇經所屬。如此，則膏肓一穴，豈古書有遺失耶？而不知《銅人腧穴針灸圖經》繪圖詳注，膏肓俞穴在第四椎下，近五椎兩旁各三寸，爲太陽所屬。又查《經絡全書》云：「膂三行，去中行左右各開三寸，附分穴下，並屬足太陽膀胱經。」一語足可爲證也。

一、兩乳之間，廣九寸半，一云八寸。

乳，乳中穴也。《靈樞經》云：「兩乳之間廣九寸半。」《金鑒》注云：「當作八寸爲當。」又按《經絡全書》云：「胸分四行，中行屬任脈，膺二行。」又曰：「臆二行，屬足少陰腎經，去中行各開二寸；膺三行，屬足陽明胃經，去中行左右各開四寸。」據此則八寸爲是。

一、天樞，至横骨六寸半，一説五寸。

按天樞，足陽明脈氣所發，横骨乃衝脈足少陰之會。查《甲乙經》及《針灸圖經》曰：「天樞，去肓俞一寸五分。」肓俞至中注一寸，中注至四滿一寸，四滿至氣穴一寸，氣穴至大赫一寸，大赫至横骨一寸，計核得六寸半。故《靈樞·骨度篇》曰「天樞以下至横骨，長六寸半」也。

一、項至背骨二寸半，一云三寸半。

按《靈樞·骨度》云：「項髮以下至背骨，長二寸半。」

一、番荇菜。

荇，即莕。《詩》：蔬荇，接餘也。《爾雅》：莕，即餘也。《本草》作莕菜，一名凫葵，又名水葵；根生水底，莖如釵股，上青下白，白莖肥美。今人不食，醫方亦鮮用之。甘凉無毒，治消渴，去熱，利小便。

一、芋。

蘇恭曰：芋有六種：青芋，紫芋，真芋，白芋，連禪芋，野芋。種類雖多，苗並相似，莖高尺餘，葉大如扇，似荷葉而長，根類薯蕷而圓。其白芋、真芋、連禪、紫芋，毒少，可以煮啖。青芋，毒多，初煮須灰汁煮過，後再易水煮熟，乃堪食爾。其野芋，有大毒，食之殺人，煩悶欲死者，以土漿水或大荳汁飲之。芋性平滑，味辛有毒，療熱止渴，破宿血，去死肌，開胃通腸，産婦食之破血，多食滯氣困脾。

一、水芋。

李時珍曰：水芋，水田蒔之，葉皆相似，氣味亦同，但水芋味勝，莖亦可食。

一、番石榴。

石榴，本番産，漢張騫使西域携入中國，又名安石榴。時珍曰：其木不甚高大，五月開花，單葉者結實，千葉者不結實；實有甜、酸、苦三種，惟酸者入藥。其性温澀無毒，多食損人肺，主治腹痛，赤白久痢，崩中帶下。

一、西洋鷄。

按《本草》云：鷄生朝鮮平澤，其性甘温無毒，在卦屬巽，在星屬昴，有風病人忌之，能補虚温中，治風寒濕痹，除邪辟惡，排膿補新血。然指名西洋，則未敢臆斷爲即是也。

一、番鴨。

《本草》無番鴨之名。按時珍《綱目》云「海中有一種冠鳧，頭上有冠，乃石首魚所化，並宜冬月取之」一條，但未詳氣味耳。按鳧乃野鴨之名，生於海中，其番字或由於此。

一、委鶏。

《本草》無委鶏名，第有采鶏，一名鷟雉；麥鶏，一名鶬鶏；又有英鶏之類。命名甚多，未便曲引。

一、黑魚，形似鰻鱺，大小不一，小者一二十兩，大者不過三四斤。國人取用於産後一切血症，或偏頭痛、諸眼痛、牙齒疼之症而甚效。查看《本草》不明，不知何魚何性？

時珍曰：按《日華本草》，一種海鰻鱺，一名慈鰻鱺，又名狗魚，生東海中，類鰻鱺而大。甘平有毒，治痔瘡，殺諸蟲，傳屍疰氣，皮膚惡瘡；將骨炙灰，又治腸風崩帶，大約與所問相近。

一、敝國是海邊窮國，凶年饑歲，米糧竭乏，鄉下之貧人無糧草之可食者，皆採蘇鐵之根出於地外者，代糧食之。若中其毒，則嘔逆而忽死，一家同釜竈者，不論男婦老幼皆盡死矣；不中其毒，則一年三百六十日當糧食之無妨。其制食法：采根切片曬乾，再浸水去毒，和鹽糟炒熟食之；或生碎浸水五日五夜，一天換水四五次，煮熟和五味食之；或切片曬乾，再浸水去毒，打研爲末，煮熟和五味食之也。中其毒死，多是作末煮熟食之者也。人皆云：恐是作末之間，濕熱釀成，起霉變毒殺人。不知是何毒？又何以解之？且蘇鐵之内，有不可食者哉否？恭請國手，乞指明，賜良方。壽世之心，周垂海邦，是獲好生之德矣！

《本草》不列其名。其曰蘇者，或以地、或以性，未盡知也。

琉球問答奇病論

〔清〕曹存心　撰

校點説明

《琉球問答奇病論》，清曹存心撰。

曹存心撰有《琉球百問》，已輯録於前。本書亦係答弟子琉球醫生吕鳳儀之記録，而側重於獨見於琉球之疑難雜症，故釋難討論爲多。

琉球處大洋中，人多有脾濕之病；東方土地多熱，真傷寒症少，辨證下藥往往與中國不同，中醫成案在琉球必須有所變通，故一些病狀，難以遡源追本，琉球醫生常爲之束手。曹存心對吕鳳儀所問，綜合醫書醫理，參以己意，或釋疑解難，或存疑待考，舉見名醫風範。而吕鳳儀凡有所問，均能先述己見，引用了《千金要方》、《黄帝内經》、《金匱要略》、《靈樞經》等中醫經典，也可見琉球醫生在醫學上的造詣與進步，及中琉兩國在醫術上的密切交流。

本書爲黄良安録存，裘吉生刊入《三三醫書》，此次校點即以之爲底本，并參考了江蘇科學技術出版社一九八三年出版的校注本。

（秦　潔）

琉球問答奇病論

敝國僻居東南海隅，方位在下，故人多有脾濕之病。此病多在富貴膏粱之家，而不在貧賤藜藿之家。其症初起，心下留飲，漉漉有聲，心腹稍冷，或作疼痛；有時痞滿，飲食少思。或吐濁水，不愛茶羹；或嫌谷食，好飲湯水；或噯氣吞酸；或面腫氣喘，身重如負百鈞；或脚脛浮腫，筋緩難步；或小便短澀；或大便秘結；或怔忡驚悸；或睡不熟；或日裏貪眠。其後竟成積聚之症，從肝經部位上連頭脊，或爲脹滿，或爲勞瘵。如此形狀，固不一律。或謂因多飡猪肉（敝土猪肉與中國不同味，甚肥胖），或謂因多飲燒酒（敝土燒酒與中國不同味，辛厚），或謂因多佚房勞，醫論紛紛，均不可定治方。屢用六君子湯、苓桂朮甘湯、養胃湯、大健脾湯、五苓散、分消湯、導水茯苓湯、分心氣飲、三和散，寬中滲濕，行氣利水等方，未見其驗。不知何經、何病，且何方治之乎？

據説貴國多患脾濕之症，富貴者多，貧賤者少。其初則心下留飲，瀝瀝有聲；繼則疼痛，痞滿，脚腫；終則竟成積聚脹滿，以及勞瘵等症。所用之方，多未見效，殆未知病源故歟！夫胃爲水穀之海，五臟六腑之大源。《内經》曰：「飲食入胃，游溢精氣，上輸於脾，脾氣散精，上歸於肺，通調水道，下輸膀胱，水精四布，五經并行。」此其常也。仲景爲醫中之聖，深知其然也，故分別淺深，以著見《金匱》之篇。其淺者，在於軀殼之内，臟腑之外，而出入爲患，曰痰飲、曰懸飲、曰溢飲、曰支飲，立爲四飲之名矣。其深者，由胃上入陽分，則爲心肺之病；由胃下入陰分，則爲脾肝腎之病。故曰水在心、水在肺、水在脾、水在肝、水在腎。一一剖明，以立後人之準則。且又有留飲、伏飲之症，其理甚深，其法至密，皆所以體《内經》之意，以爲萬世不易之經也。後人不知其本而求其末，東抹西塗，遂至病淺者轉深，深者致壞，良足嘆也！水飲、濕氣之始起也，必由於胃。胃爲水穀之海，如濕飲始起而兼寒熱，則治濕藥中則當加發表之藥；始起而即有滿痛而無寒熱，則治濕藥中加入攻下之藥。至於痞滿日甚，身重脚腫，是土氣受傷，當於扶土之中兼用化導之藥。苟至積聚已成，勞瘵已見，乃難治之候也，尤當辨症辨脈，以人而回天，豈可以峻猛之藥求其速效？亦未必大補之劑所能成功。大抵善於爲醫者，明天地陰陽不測之機，此固最上而難能也。其次，亦當求《内經》、仲景之書而深求其理，參以諸大家之論説而得其精，臨症切脈皆有理會，自能頭頭是道。子思所謂：「心誠求之，雖不中不遠矣。」若影響模糊，心無主見，無論不用古方，即用古方亦無當也。臨機應變古人之成方，而參以己意活法，幾可奏功，非一方所能統治也。

據云脾濕之症，富貴者多，貧賤者少，亦自有故。貧賤之人身勞而心佚，富貴之人身佚而心勞。心勞則思慮太過，傷其心脾；而且醇酒厚味，傷其腸胃；色欲過度，睡眠失時，又足以傷其肝肺與腎。内傷則虚，虚則外患皆得以中之，經所謂「風雨襲虚，病起於上；清濕襲虚，病起於下」是也。《内經》云「濕上甚爲熱」，是言濕熱入於陽分也。况濕土寄旺於四時，春曰風濕，夏曰熱濕，秋曰燥濕，冬曰寒濕。三時主熱，一時主寒。宜斟酌用方，雖不可獨用寒凉，亦不可概用温補也。

男子三十多歲，肌肉肥胖，精神壯健。一旦忽然小腹浮腫，其大如拳，皮色不變，其痛走遍身體，手足恍如錐刺。諸醫不知其症，束手不治。偶有走方先生來云：「是蟲走爲痛也，若不殺蟲，决不見痊。」衆人不信。病者聞曰：「死生有命，疼痛難耐。」遂使他治之。疼痛在股，以針刺股，血尚不出，坐見其斃。不知其症治方何如乎？

此症係時邪、風毒所結。小腹浮腫者，時邪也；遍身走痛者，風毒也。有挾熱、挾寒之别，宜參診其脈。挾熱者，用承氣湯以下之；挾寒者，用大黄附子湯温下並行。腫痛稍減，然後兼理其風。

男子歲已二旬有五，半生少言，不喜與人談笑，獨自愁鬱，思慮過度，心神慌亂，怔忡不寐，如見鬼神，妄言妄笑，或歌或怒，言語無序，不辨親疏，不知穢潔。多動少静，自認高賢。飲食或多或少，不食或一日，或二日。六脈浮數，肌肉肥胖。常用温膽湯、硃砂安神丸、天王補心丹、降龍丹等劑無效，是何方治之乎？

此症係肝氣内鬱所致。木鬱則火動，火動則痰結，痰火既盛，而陽明之實火亦相并而焚之，讀《内經·陽明經脈篇》自能認得此病。宜化痰降火開鬱爲要，補藥不可用也。

男子歲已四十餘，心下素有留飲，或痞滿，或疼痛，欲食少進，雖服養胃湯、大健脾湯寬中滲濕等劑而不見效。小便短澀，身體手足漸浮，六脈亦大，改用分消湯、導水茯苓湯、三和散等方，或小便雖不多其腫自減，小便雖有增其腫不減。又用補中益氣湯、腎氣丸料、實脾丹、大半夏湯、參附湯、理陰煎等方，尚不見驗。更兼唇麻舌强，痰飲阻咽，飲食難下，即認痰飲迷心之所致，改用滌痰導痰之藥五六劑，其症方退。詎意右手曲澤下二寸許，腫痛八九日，按之形如包膿，即用針法，見膿僅少，出血却多。其後手足身體逐漸腫消，只有患處愈腫，又進十全大補湯，到第二天，大熱譫語，六脈洪大，瘡口流血二碗許，其手處處有血泡，恍如火燒之痕。用針破之，血出泡消，只有血痕，遂到第三日而死矣。按手瘡、唇麻、舌强等症，不是腫症兼病，不知何經、何病，且何藥治之哉？

此症係水飲夾熱者也。濕熱盛於内未能辨認，故或服滲濕之劑，或服健脾之劑總未見效，是燥藥太多故也。至於補中益氣湯以及參附等劑，皆温補以助其濕熱。濕熱無路可出，入右手尺澤之間，現出腫痛，此時猶未知邪陷入於血分，雖用針見血，其毒熱終不除，況又用十全大補以助之，故譫語流血，血將盡，人亦亡矣。向後若遇水飲之症，須分别其爲寒、爲熱，開手即不可誤。若開手認症不真，將來傳變不可測也。

男子歲才二旬餘，酒色過度，午熱夜汗，咳血不止，四肢倦怠，肌肉消瘦，六脈洪大無力。曾服滋陰降火之藥而不見效，又朝服補中益氣湯，晚服八仙長壽丸，間服之并不見效。

咳血之症，變幻不測，初起必須明辨其從何道而出。蓋中焦受氣取汁，變化而成赤，謂之血。一由腹右下行於血海，一由虚裏穴從左下入於經脈。血海之血，冲任主之。其血則熱肉充膚，淡滲皮毛，男子絡脣口而生髭鬚，女子月事以時下。或因表邪迫其妄行，或因肝火熾盛，或因暴怒傷肝，以致胞中之血不充於膚腠皮毛，反隨冲氣而上涌於胃脘。吐此血者，其吐必多，雖多而不死，蓋以有餘之血也。經脈之血，則手厥陰心包主之，乃中焦取汁以奉生身之血也，行於經隧，内養其經，外榮其脈，此血爲最重，不可吐，吐必死也。《内經》云：陽絡傷則吐血，陰絡傷則便血。此血海之血也。一息不運則機針窮，一絲不續則霄壤判。此經脈之血也。據説酒色過度以致咳血不止，恐是經脈之血。吐此血者，十無一生。惟藥不妄投大補心腎，重服人參可於十中存其一二，爲醫者實無如之何。

男子中年之後，思慮過度，右脅下作痛，似塊非塊，嘔逆吐痰，飲食不下，或朝食晚吐，或隨食隨吐，脈弦緊，顔色黑瘦，肌體日削。歷用逍遥散、六君子湯等類而不見效，又用半夏瀉心湯、歸脾湯及大健脾湯、六味丸亦不效。

此症係思慮傷脾。脾土不運，故有嘔逆、吐痰等症，諸病俱見。所用扶土平肝之藥似中窾竅，但右脅作疼，似塊非塊，恐是氣與血凝滯不化，相結而成，宜於補氣補血之藥，兼用行氣行血之品。始則破多於補，後乃補多於破，方得法最宜。叮囑病人寬心調養，不可動怒動欲爲要。

男子歲二旬有三四，麻疹回謝之後患淋症。醫者數月之間用清火疏利之藥，尚不見效，因此不服醫藥，自服黑魚、海蛇、鷄肉、羊肉、豚湯等類，亦不見效。其後小便頻數，欲行不行，欲止不止，晝百數十行，夜十餘行，數起不通，水道澀痛，或牽穀道，或引氣冲。愈痛則愈欲便，愈便則愈發痛。食則痛稍減，饑痛愈甚。其便色，或清白，或赤濁，或見筋條，或見膿血。即用導赤散、五淋散、龍膽瀉肝湯、清心蓮子飲、滋腎丸、六味丸、加味八味丸等劑，毫無見效。現今調治已久，病勢不減。此屬何經，而何法以治之乎？

凡人皆有痘疹。痘瘡伏於腎，毒疹伏於肺，皆感天地邪陽火旺之氣而發出來。麻疹之後即有淋症，其肺毒未解明矣。夫物類，有肺者有尿，無肺者無尿，膀胱之氣與肺氣相關也。據説所治之法，似是而非，故反復纏綿，愈醫而愈重也。向後若遇此症，須從病源着想爲要。

男子二旬餘，患泄痢症日久不愈，似泄非泄，似痢非痢，日三五行，糞色黄赤，小便紅澀，右脅下結塊，飲食少進，面色黑瘦，肌肉日削，舌色帶紅，六脈沉細帶數。即用六君子湯、錢氏白术散加山藥、扁豆、黄連、木香、白芍、青皮、内金等類而不見效。又朝則參苓朮散、補中益氣，晚則六味合四神丸，兼服之而無驗。

痢症古今未有定論。《靈樞》、《素問》謂之腸癖，亦曰滯下。仲景以「嘔吐噦下利」列爲一門，其所論下利，皆是《傷寒論》中厥陰之症，厥與利并言。厥而且利，爲虚寒之極，所以反能食者死，反熱者不死；而論痢症，則能食者不死，發熱者死。《内經》有症無方，故後人議論紛紜，竟無法可守。自喻昌創立三法：一曰逆流挽舟，一曰通因通用，一曰急開支河。理極通徹，法亦詳明，獨開千古未傳之秘，可謂有功於醫者大而遠矣！今人於痢疾初起，未能求其病源，病雖稍瘥而似泄非泄、似痢非痢，遷延日久，正氣不至日虛，肌肉不至日削者鮮矣。夫痢疾日久，其内未有不虛者，虛而補之，誠爲要也。但亦宜參以活法，或十分之中七分用破、三分用補，積漸加減至於七八分用補、一二分用破，要使餘邪悉去，元氣全復，則永無後患矣。

男子已三旬，偶作惡寒發熱之症，頭項强痛，骨節疼痛。醫者即進發汗之劑，前症稍愈，只有骨節疼痛仍然不愈。三四日後發寒熱，遍身麻木，頭面胸背小腫，發斑紅紫，不疼不癢。醫者認爲癲風，用荆防敗毒散加連翹而不見效。其寒熱，或一二日一發，或三四日一發。其骨節仍痛，屈伸艱難。又服防風通聖散、消風清燥湯、黄連消毒飲等劑，外用擦洗等方，並無見效。後腹脹，面目浮腫，飲食不進，精神不支而斃。此不知何方治之乎？

按惡寒發熱，初在太陽之經，有風傷衛、寒傷營之别。開手用藥，或當用桂枝湯，或當用麻黄湯，最宜詳慎，若用不當，則轉變無窮。至於寒熱再發，以及發斑紅紫等症，明是邪氣流於血分。此時若用犀角地黄湯清其血熱，審其表症重者則加解散之藥，裏症重者則加攻下之藥，亦有可愈者。乃認爲癲風，雖用敗毒、通聖等劑，總不中竅，以致正氣日虛，脾胃日虛，精神不支而斃矣。

男子四十多歲，十年以前偶染楊梅瘡，厥後結毒屢起，當即延醫調治。其法用四脈靈丹調搽，且或服湯藥，或服五虎丹，或貼膏藥，又屢以輕粉雜會豚肉烹食。忽左脚浮腫，脚指邊破開，膿血流出，皮肉腐爛，其臭不可聞，雖經用解毒生肌之藥而不瘥。夫所以致腫者，屢食輕粉、豚肉而使然乎？抑餘毒滯結而不解之所致乎？何方治之乎？

按楊梅之瘡，其毒多在於腎。腎主骨，所伏甚深，經用諸藥未愈者，餘毒未去故也。其後屢用輕粉、豚肉而食，以致左脚指邊腐爛，臭不可聞，是亦有故。查輕粉本水銀所作，其性輕揚燥烈，走而不守，若以治楊梅瘡毒，雖能劫去風痰、濕熱，然毒氣竄入經絡，血液耗亡，筋失所養，其害有不可勝言也。

男子歲已二十，元氣素弱，兩耳作聾，遍身癢瘡，髀股之間生瘡流膿。溯其病源，據説生下之時，其母臨盆難産，莫非此時損傷兒體？及到周歲，頭臉始生小瘡，兼以耳裹生瘡，流出濃水。到八九歲，頭臉雖已痊，身體尚生疥瘡。現今有時稍好，不能全痊，是係胎元灼毒乎？抑有生之後所致乎？請質高明，且何方以治之？

凡男子結胎之時，先生兩腎，後漸生心、肝、脾、肺。胎元之毒，所伏最深，故有生之後遍身癢瘡，積年累月，不能遂愈者有之；亦有小小孩童，質薄肌弱，一經風毒入内，流遍骨節，遂至不能遽愈者。總宜清火解毒爲要。

敝國俗醫，見有傷寒發熱，譫語妄言，即不論日數，概用羊肉湯。或有熱退而愈者，或有熱熾而煩躁狂言，竟至不救者。不知此方可用乎？且何經、何候、何方可以服之哉？

傷寒發熱，譫語妄言，用羊肉湯而不可救者，此其常也。同是一病，亦有用羊肉湯而愈者，是其體虚邪淺，助其正氣而邪氣自出，此法不可爲訓。

婦人年四十餘，生産已四五次，稟賦素弱，病疝多年，時時發起。妊娠已七八個月，胎氣不弱，腹疼腰痛，時起時痊，屢服安胎飲支持之。一日，疝氣發起，腰腹俱疼，胎動不安；稍痊，行步未快，喉痹亦發。即用凉膈清熱之劑及吹通關散、冰硼散等劑，未見其驗。逐日漸劇，咽喉腫痛，痰涎盛壅，舉動不安，動則汗出，其脈虚中夾實，舌上通白，小便如常，大便不通六七日，遂至咽塞食不下。當此之時，危在旦夕而非緩劑所及，又要認爲實症，用白虎、承氣等峻劑，則恐素稟虚弱，以致妨於胞胎。進退兩難，未知何方治之哉？

經曰：「任脈爲病，男子内結七疝，婦人帶下瘕聚。」懷胎已長，腹痛、腰疼是症瘕傷胎之時，即疝氣發動之時，治法當厥陰爲主。經又曰：「一陰一陽結，謂之喉痹。」一陰，厥陰也；一陽，少陽也。喉痹之病與疝氣亦屬相通，惟妊娠之際至於痰涎壅塞咽喉，大便不能通達、上下交急，將如之何？宜以大黄瀉心湯與四物湯兼用。四物以保胎，芩、連、大黄以降火，亦急救之一法也，然終須斟酌而行。

偏枯之症，讀書皆云：男子發右、女子發左爲順，反此爲逆。予業師數年，多療此症。男子發左、女子發右，輕者半年，重者一二年皆得全愈；男子發右、女子發左者，雖有漸瘥，或一年，或兩三年之後，必有再發，終不可救。兹參看驚風之症，又云：男子發左、女子發右爲順，反此爲逆。夫偏枯、驚風，病症雖異，而於營、衛、氣、血則無二理，其順逆相反何也？乃偏枯之説不足憑乎？抑別有他説乎？

凡人身有氣、有血，猶天地有陰陽也。陽氣名爲衛氣，剛維群動，爲受命養生之主，其氣最慓悍，《内經》所謂天氣無形而至剛者也。然氣非血以維之，則氣浮蕩而無歸。陰氣名爲營氣，充經走絡，爲水穀之精液，其氣最精專，《内經》所謂地氣有形而至柔者也。然血非氣以行之，則血必凝滯而不運。且衛氣日行二十五度，夜行二十五度。當其行陽以爲寤也，則兩耳齊出，兩目齊開；當其行陰而爲寐也，亦兩邊齊入，故兩目齊合。其出也，一時分馳，故手、足、五官之動，并無先後；其入也，一時并收，其手、足、五官之静，亦無先後。可見衛氣是左右分布矣。營氣出於中焦，中焦生血，化爲兩種：其從腹右注於衛，此爲血海，其血静而不動，即天癸也；其從左乳下，從宗氣走於二十八脈者，爲營血，此則動而不静者也。一呼行三寸，一吸行三寸，其行度必左右交通，是營血亦左右分布矣。自東垣分左爲血，右爲氣，群醫宗之，故男子發右、女子發左爲順，反此爲逆之説，而不知中風之症是中於衛氣也。仲師曰：風則傷衛。此其明徵矣。病左則不及於右，病右則不及於左，此偏枯之症所由成也。

《傷寒論》云：「傷寒脈浮滑，此表有熱，裏有寒，白虎湯主之。」按浮爲熱在表，滑爲熱在裏，見此脈者，便知表裏俱有熱，本論何以曰表有熱、裏有寒乎？已謂有寒則必宜用四逆湯、附子湯等劑，以温裏寒，裏氣得温，則表熱不待治而自伏也必矣，何用白虎湯主之乎？

《傷寒》一書，所言之熱症極多，藥之極凉者亦多。而其論注以「傷寒」名者，謂其中熱症皆由寒化熱也。此條「傷寒脈浮滑，表有熱，裏有寒，白虎湯主之」，謂其表有風邪而壯熱，裏有寒邪而化熱，亦當兩解表裏之熱，故以白虎湯主之。此各家之注解也。王三陽云：經文「寒」字當「邪」字解，亦熱也。其説甚是。若是真寒，非白虎湯症矣！

男子十五六歲，染患痓病，頸項强急，頭揺口噤，背間反張，且攣而疼，不能回顧，身熱無汗，六脈緊數。即用葛根湯、如聖飲，前症稍緩，只其背疼漸甚，累及腰間，卧不安席，反側不易，身熱微汗，小便短少，大便不通，又用逍遥散加澤瀉、檳榔子、桂枝、延胡索、小茴香等類而不見效。第二天，小腹連腰疼痛不禁，用手按之，有形如臂；其疼起自小腹，上冲心下，甚則無有形迹。又用金匱腎氣丸加延胡索、吴茱萸、參、附，理陰煎加茯苓及羊肉湯而無甚效。

此症是由痓病而起，變爲奔豚者也。「太陽病，發熱無汗，反惡寒者，名曰剛痓。」「病身熱足寒，頸項强急，惡寒，時頭熱，面赤目（�）赤，獨頭（面）〔動〕揺，卒口噤，背反張者，痓病也。」據《傷寒論》所言，皆屬傷陽之病也，故用葛根等方，亦能稍緩。但稍解而未盡解，故背疼腰痛諸病俱在。按《靈樞》云：「足太陽之脈，起於目内眥，上額，交巔。其支者，從巔至耳上角；其直者，從巔入絡腦，還出別下項，循肩膊内，夾脊，抵腰中，入循膂絡腎，屬膀胱。」此時若仍太陽着想，斟酌用方，則痓病可以全愈矣。兹因太陽之邪未解，鬱結於内，遂至小腹連腰疼痛難禁，而有形如臂，成爲奔豚之象。按仲師云：「奔豚病，從少腹起，上沖咽喉，發作欲死，復還止。」恰與汝所言之症相符。症既相符，自非腎氣丸等藥所能治也。宜從痙病爲始，奔豚病爲終，兩條合想而又細玩其脈用方，始有頭緒也。

妊娠二三個月，小腹結塊，嘔逆不止，惡食不止。惡食、擇食與經閉症尤難辨別。《内經》、《金匱》、《千金》等書，雖有妊娠之脈症，猶未易候。別有易辨之症乎？

《金匱》云：「婦人得平脈，陰脈小弱，其人嘔不能食，無寒熱，名妊娠……於法六十日，當有此症。」又「阻經」之條云：「審脈陰陽，虚實緊弦。」脈之所辨在此也。至嘔吐不止，妊娠與阻經皆有之，而小腹結塊，妊娠二三月尚未有此形，而阻經或有之。

婦人稟受盛壯，氣血充足，皮膚肥嫩，只有心下常患留飲，每遇受胎必爲水氣所害。先以脚脛腫、趺陽脹，嗣又腰腹浮腫，小水或短澀，或少通，飲食少舊，舉動如常。如此已五六次，節經將安胎飲、紫蘇和氣散或導水茯苓湯、分心氣飲、五苓散、背氣丸、束胎丸、千金鯉魚湯等劑，隨宜加減用之，無效驗。半月之後，胎氣少動，及到滿月，雖已平産，然因其胎生長於水濕之中，生子渾身灰白而不可救。不知何方預驅水氣，受孕後又保胎元全得平産乎？

凡婦人得胎之後，下實上必虚。脾胃虚必至水飲不化，况其人素患留飲乎！以金匱枳朮丸緩緩吞之可也。

孕婦九個月，一日失脚跌仆，日後發熱惡寒，右腿疼痛，累及腰背，反側艱難，胎動不安，心煩口渴，小便短少。擬用安胎飲，小水漸通。至三天後，腹痛下血，胎未下墜，漿水時行，苦急難耐。自己催云：「速宜墜胎保身。」媼婆欲以手去撑下，予診面色白而不赤，舌色常而不青，脈虚弱，精神倦。想是死胎，却非死胎；想是正胎，亦非正胎，均未可定。竊思年已四旬，元氣不壯，産歷六七次，血氣不充，俱宜補元氣、助氣血，隨其生産之自然，方爲最好。即着家人禁戒喧鬧，静其心神，既而安胎飲加倍人參、地黄頻服。數服方得精神稍定，自然生産，其子不能保全。書曰：何以知死胎？曰：面赤舌青，母活子死；面青舌赤，子活母死。予據此法觀之，死胎、正胎難以分别。此何症爲的宗哉？

面赤舌青，母活子死，是謂胎已死，死久濁氣薰蒸於上也。據説所治之症，是其胎將死而未死，及至生産，又經一番勞動，其胎遂不能保全矣。

妊娠八九個月，一日睡熟聞雷驚醒，手足搐搦，牙關緊閉，言語不通，飲食不下。予照子癎之例施治無效，竟到第二天而死。如此者三四人，豈可束手坐視其斃哉！不知何法以治之？

雷者，天地之剛德，所以發動萬物，使未生者即生，已生即長也。故建卯之月，雷始發聲；建酉之月，雷即收聲。予揣聞雷變症之人，必有風、寒、暑、濕、燥、火六氣之奇毒早潛伏於臟腑之中，初緣胎氣所壓，不見其病，聞雷驚醒則氣機一動，不能勒制得住，故其勢至猛，其凶至暴也。

婦人年四十餘歲，脅下有塊，心下有留飲，胃脘連背疼痛，或吐痰沫，痛則飲食不入，止則飲食能進，六脈沉而細。尋其所因，十餘年前食餅物、飲冷茶而腹痛嘔吐。二三年時間時作時止，曾施食積之方，得平愈。近年，從二三個月前舊病又作，酌用大健脾湯、養胃湯、潰堅湯、平胃散等方，亦得稍愈。然或五六日，或有十日，其病又作。如此數月，竟致身體面目發黃，只有爪甲不黄。至於脅下之塊未解，然胃脘之痛，全已止息。改用茵陳散、茯苓滲濕湯、茵陳五苓散、加減胃苓湯、加味益氣湯等方，尚無效驗。如此五六人，調治無驗。書云：身體面目共黄，只指甲不黄，名爲黄病。不知黄疸、黄病有何分別？而治法奈何哉？

黄癉之病，載在《金匱》甚詳。仲師曰：「心下懊憹（不）〔而〕熱，不能食，時欲吐，名曰酒（癆）癉」；「額上黑，微汗出，手足中熱，薄暮即發，膀胱急，小便自利，名曰女勞癉」；腹如水狀不治，「陽明病，脈遲，食難用飽，飽則發煩，頭眩，小便必難，欲作穀癉，雖下之，腹滿如故，所以然者，脈遲故也。」《金匱》特出三條爲癉病之綱，而又反復辨論，條條發明，可謂精且詳矣。後人不知其中之奥義，未能理會，殊可慨也。凡人之身，脾胃居於中。脾之土，體陰而用則陽；胃之土，體陽而用則陰。兩者同和，則不剛不柔。胃納穀食，通調水道，大注百脈，相得益彰，其用大矣。惟七情、饑飽、房勞以致内傷，則脾胃之陰陽不和。脾偏於陰，無胃之陽以濟之，如造化有冬無夏，獨聚其寒而腹滿；胃偏於陽，無脾之陰以濟之，如造化有夏無冬，獨聚其熱而消穀。脾胃不和，則水穀之精華悉變爲穢濁矣。濁氣由胃熱而流於膀胱，膀胱受其熱，氣化不行，反外蒸而發黄色；由脾寒而下流於腎，腎受其寒，水臟不固，協土色而爲黄色。蓋飲食過度傷脾，醇酒厚味傷胃，房勞傷腎，至腹滿而有水聲，土已敗矣，故難治，此黄癉之病所由來也。據説脅下有塊，心下有留飲等等，以食積之法治之，已見平愈。其後舊病復作，或補或攻，稍減而又發，竟至身體面目發黄，只有指甲不黄，又用茵陳等湯亦不見效，遂疑黄癉與黄病有别，其實則一也。惟深求《金匱》所言者，條條體認，則辨症能明，面治法自能得矣。

小兒初生，丹毒已發者，皆殺未過二十日之小狗，水煎而飲之，以解其毒，更以其患處針刺血，將其狗皮擦之，雖丹毒未發者，亦飲其湯，世俗以爲良方。然丹毒已發者飲之，或有將愈者，或有速死者；且毒未發者飲之，或有無恙者，或有吐瀉、腹脹、發搐而死者。蓋丹毒是起於胎熱，狗性亦温胃壯陽，此似不宜，乃世俗以爲良方，且或有得愈者，不能考究其所以，不知此方可用乎？

治丹毒而用小狗，原不相宜。間有體虚者飲之，邀幸而安；若毒盛，其火必盛，飲之安得不壞乎？

小兒三歲，發熱，兩脈數大，呼吸急速如馬鼻之開合，即認馬鼻風，用五虎湯無效。不知其症將何以治之？

小兒發熱而喘，痰鳴如馬鼻風之狀，風、寒、暑、濕、燥、火六氣所感，皆能爲此，須小心細認，非一方所能總治也。

女子現年五歲，兩脛痿弱，有時自腫，有時自消，行步不便，言語遲緩，身體肥厚，飲食能進，别無病症，想是稟賦不足，氣血不充所致也。予宗五軟之例，與補氣血、强筋骨之藥服之，尚未見效。

凡小兒初長，有長肉、長骨之别。長骨者，肉瘦而骨强，故行步日捷；長肉者，骨弱而肉肥，故行步不便。此女年五歲，飲食能進，身體肥厚而兩脛痿弱，是偏於長肉而不長骨也；兩脛時腫時消，是濕氣盛而關節不利也。宜漸去其濕，濕去而腫永消，關節自能流利。在於補，而不專在於補。

小兒染患疳積，發熱惡寒，有時瀉利。是時，以消疳飲、四君子湯、肥兒丸、六神散等劑無效，遂致脾胃日虚，身體黄瘦而不得愈，此症何法以治之乎？

凡人十五歲以内謂之疳，十五歲以外謂之勞。疳與勞固相似也，但小兒無七情之病耳，其治法用藥，須隨症隨時辨認，非一言所能盡也。

小兒七歲，發痘，壯熱不退，六脈洪大，五六天忽然吐血，即用犀角地黄湯等劑服之，尚無其驗。痘不起頂，妄言譫語，又改用保元湯、羊肉湯，并不見痊，痘色灰白陷凹。不知何方以治之？

痘毒伏於腎，此不易之定論也。其發必有所感。感天地邪陽火旺之氣而發，其症尚易治；感天地瘟疫之氣而發，最爲難治。全部痘書，有形、有色、有圖，最宜細玩。據説吐血、譫語等症，是屬瘟痘，無疑十中難存一二。

男兒生下四個月，傳染瘟疫，驚風發搐，其症危緊，即用抱龍丸稍瘥。嗣後，手脚不遂，至三四歲漸習行步。十二歲春，又患麻疹，日久始愈，手足比前十分不好。其父母着人提携，戲游中庭，自己慢慢行步，一遇他兒擠擾，他即跌倒不起，雖係小階，亦不能越。現今歲已十四五，身體不長，百般藥治，尚無其效。不知何經、何病，且何藥治之乎？

據説男兒才生四個月，傳染瘟疫，驚風發搐，用抱龍丸瘥後手脚不遂，至四歲才習行步；十二歲出疹後手脚十分不遂，小階亦不能越；現今十五歲，身體不長，醫藥無效等因。予揣此症，其失治必在傳染瘟疫之時，危症已愈，只餘邪伏於筋骨之間。若出疹時能盡伸其邪氣，悉發其餘毒，亦可以變換身體。今身體不能長大，是生發之機不旺也。蓋肝主筋，腎主骨，筋骨不長，身體何由而長耶？今欲大補筋骨，恐餘邪未清；欲力去其餘邪，又恐氣血虚弱。宜細察脈症病形，一半去邪，一半扶正爲妥。至於「驚風」二字，小兒科本有此名，喻嘉言、張隱庵二先生深斥其非，後當與爾細説。

小兒之科，最屬難稱好手，何也？凡爲醫者，總不外望、聞、問、切四字。小兒不能言症，即稍長能言症，亦不能清楚，是論症不足恃也。大人以四至爲平脈，小兒以七八至爲平脈，是脈不足憑也。惟發熱不發熱，可捫而知；有惡寒無惡寒，則不可知也。惟細觀食指之紋色、面部之形容，並細問從旁撫養之人，非此則無從下手矣。小兒陽常有餘，陰常不足，最易生熱，熱邪留而不去，則生痰、生風、生驚，是熱、痰、風、驚四字則常有也。後人以驚風立論，以其頭摇手動也而曰抽掣；以其卒口噤、脚攣結、目斜、心亂也而曰搐搦；以其背强脊反也曰角弓反張。每用金石重墜之藥，以致外邪深入，無路可出，真爲可恨！孰知小兒最易感寒。初入太陽之經，早已身强多汗，筋脈舉動，人事昏沉。時醫不知用解散之藥，而以驚風名之。夫驚風之症，即剛痙、柔痙之症也，宜從仲師之法斟酌而用其方則得矣。

小兒十二三歲，咯血四五日，精神仍壯，飲食能進，游行如常，并無他患，百藥無效。俗醫用烏鷄一只，緑毛海帶菜一把、紫蘇一把、水草莖一把、生姜一把煎服全愈。不知何病哉？俗醫云：吐血、咯血、咳血、唾血等症概用此方，多得效驗。愚想血症多熱，鷄性温補，生薑、草莖、紫蘇皆辛温之品，海菜亦非止血之物，乃如此得效者，其故何哉？

《内經》云：氣血喜温而惡寒，寒則停而不留，温則消而去之。故血症之方，用温藥者十有其七，况小兒無七情之傷，其咯血多因外感，故紫蘇、生薑亦可得愈。經又云：不遠熱則熱至血溢。血溢之症，即是咯血屬熱者也。故論症不可執一定法。

小兒七八歲，先患蛔蟲之症，愈後背間第五、六椎骨腫起作疼。内服松蘂丹，枳殼丸，外用熨藥方，更服海蛇、蕲蛇肉等方，其腫雖未減，其疼得稍愈，起居行步逐漸不難。誰知一旦其骨愈大愈疼，起居艱難，行步不便。即服八味丸加鹿茸、龜板，外用熨法、龜尿等類無效。現今治已經年，尚覺往往而劇，不知何法治之耶？

蛔蟲本風木厥陰所化，其症屬於厥陰；背間脊背，屬於太陽。宜以厥陰爲本，太陽爲標，兩經合想而用藥用方，自有頭緒。

小兒三四歲，胸間忽腫，到第二天，通身背腹連結數塊，皮色不變，其腫小不大，按之如包膿，漉漉有聲，更兼處處紫黑，恰如灸迹，不可指數；六脈微弱，面色痿黄，形體削瘦，四肢微冷微汗，元氣幾絶。予見問其故，其母曰：「半月以前，偶有蛔蟲之患，曾服土木佳煎湯，不意忽然變作此症。」是時，予因有别事，不暇細診，只據其脈，想是過服土木佳煎湯所致，不如先補救其將消之元氣，而後施治，即用補中益氣湯加附子、肉桂、炮薑而無效。不知何症，何方以治之也？

據云：脹滿腫結包膿之症，必有風痰濕熱之氣流入血分，故發無定處，其外現出紫黑之色。三四歲小兒形質尚未結實，不能當此時毒，故四肢微冷微汗，元陽將絶。即用補中益氣湯加薑、附、肉桂先救其將絶之元氣，固屬有見，但時毒未去，其病總不能愈也。

三、明清實録

明實録

校點説明

實録是明朝開始官修的以代替以前國史、長編等的編年體史書。其修纂凡例，依《武宗實録》所列共四十八條，所收内容涵蓋皇帝所行有關祭祀、封賞、詔敕等，文武大臣任免、致仕、褒贈等，天文、氣候變異等，録囚、審刑等，以及言官彈劾大臣、修建宫殿山陵、四夷來貢等，涉及極廣，涵蓋極富，同樣也由於細大不捐，提煉不精，顯得支離瑣碎。

此次輯録，所據爲上海書店出版社二〇一五年依臺灣中研院歷史語言研究所編本影印本。全書收太祖實録二百五十七卷、太宗三百七十四卷、仁宗十卷、宣宗一百十五卷、英宗附廢帝郕戾王三百六十一卷、憲宗二百九十三卷、孝宗二百二十四卷、武宗一百九十七卷、世宗五百六十六卷、穆宗七十卷、光宗八卷、熹宗八十七卷存七十四卷。

《明實録》載琉球事，自洪武五年（一三七二）正月起。明初，琉球中山、山南、山北三王分别與中國來往朝貢，其中山北王在永樂十四年（一四一六）四月，山南王在宣德四年（一四二九）十月後不再入貢，後人推測其已先後被中山王所滅。明前期中琉兩國交往密切，琉球國幾乎一年一貢，甚有一年數貢者；明朝廷也不斷派人往琉球，除册封外，尚往宣詔敕、收購馬匹等。明中葉後，來往較疏，琉球基本兩年一次或三年一次入貢，萬曆年間，中山王被倭所擄，國家殘破，明廷曾下令琉球十年一貢；而明廷除册封使外，也很少派人前往琉球。在記述上，亦是前繁後簡。前期多述來貢原委，後期往往一筆帶過，甚至不載，如據琉球《歷代寶案》所收符文，正德元年至九年，琉球每年均遣使來華，而《武宗實録》僅録二年、四年、六年、八年四次。

《明實録》所記琉球事，絶大多數已被後人收入《明會要》、《明史》、《一統志》等書中，清代出使琉球使臣汪楫與修《明史》，在其所作使録等書中，曾系統梳理《明實録》所載，以供考證。儘管如此，《明實録》所記琉球事，仍有後人不十分注意者。如《太祖實録》卷二五六載，琉球國中山王曾遣女官生姑魯妹在京讀書，這或許是最早的外國女留學生記録，然博學如清王士禛所作《琉球入太學始末》亦未提及，各使臣使録中專論琉球來華學習的章節同樣未道。（對此，潘相於《琉球入學見聞録》卷三云「諸録誤以姑魯妹爲女官生，荒誕殊甚」。待進一步考證。）

《明實録》影印本原編有附録多種，其中記有琉球事的有以下三種：

一、《崇禎實録》十七卷，嘉業堂舊鈔本。書名實録，而僅如大事記，唯一記琉球入貢一句話在崇禎二年六月。而據《明史》，崇禎八年、十一年、十二年、十六年琉球均入貢，此書未載。

二、《崇禎長編》六十六卷，舊鈔本，卷中題「纂修明史翰林院檢討汪楫輯」。書起天啓七年（一六二七）八月，止崇禎五年（一六三二）十二月。其中記崇禎二年册封琉球事較詳。此書不知成於汪楫出使琉球前抑後，亦不知是否完成全書，若是成於使琉球後又完成全書的話，今未見部分必對琉球有詳細介紹。

三、《皇明寶訓》，明萬曆壬寅（三十年，一六〇二）秣陵周氏大有堂梓本。書收太祖六卷、成祖五卷、仁宗二卷、宣宗五卷、英宗三卷、憲宗三卷、孝宗三卷、武宗二卷、世宗九卷、穆宗二卷。所謂「寶訓」即皇帝有關言論、詔敕，一般在修實録時同時編纂，故本書所收基本已見實録，偶有繁簡不同而已。

《明實録》編纂人員、編纂體例及成書時間十分複雜，有的實録甚至重修數次，在此無法詳述，此次所用底本情况，請參該影印本説明及各實録進呈表。原本抄寫、影印多有不清，此次對七萬多葉原書雖逐頁翻檢，漏索之處，肯定難免，祈讀者諒之。

（張　喆）

目録

太祖實録

卷七一　洪武五年正月

甲子，遣楊載持詔諭琉球國。詔曰：「昔帝王之治天下，凡日月所照，無有遠邇，一視同仁。故中國奠安，四夷得所，非有意於臣服之也。自元政不綱，天下兵争者十有七年，朕起布衣，開基江左，命將四征不庭，西平漢主陳友諒，東縛吴王張士誠，南平閩越，戡定巴蜀，北清幽燕，奠安華夏，復我中國之舊疆。朕爲臣民推戴，即皇帝位，定有天下之號曰大明，建元洪武。是用遣使外夷，播告朕意，使者所至，蠻夷酋長稱臣入貢。惟爾琉球在中國東南，遠處海外，未及報知。兹特遣使往諭，爾其知之。」

卷七七　洪武六年十二月壬寅

楊載使瑠球國，中山王察度遣弟泰期等奉表貢方物，詔賜察度《大統曆》及織金文綺紗羅各五匹，泰期等文綺紗羅襲衣有差。

卷七八　洪武六年正月

戊申，太常司言：外夷琉球諸國已入朝貢，其國山川之神禮宜通祀。上可之。

卷九三　洪武七年十月庚申

琉球國中山王察度遣其弟泰期等奉表貢馬及方物，上皇太子箋貢方物如之，詔賜察度《大統曆》及金織文綺、紗羅二十四匹；泰期文綺四匹、羅二匹、帛六匹，及襲衣、靴韈；副使蘇悳爬燕之文綺、羅各三匹，衣一襲；通事、從人鈔、靴韈有差。

卷九五　洪武七年十二月

乙卯，命刑部侍郎李浩及通事梁子名使琉球國，賜其王察度文綺二十匹、陶器一千事、鐵釜十口，仍令浩以文綺百匹、紗羅各五十匹、陶器六萬九千五百事、鐵釜九百九十口，就其國市馬。

卷九七　洪武八年二月

癸巳，以外夷山川附祭于各省山川之次。先是，禮部尚書牛諒言：京都既罷祭天下山川，其四夷山川亦非天子所當躬祀。乃命別議其禮以聞。至是中書及禮部奏，以外夷山川附祭于各省……福建則宜附祭日本、琉球……又言各省山川與風、雲、雷、雨既居中南向，其外夷山川神位宜分東西，同壇共祀。上可其奏，命中書〔省〕頒行之，將祭則遣官一人往監其祀。

卷九七　洪武八年二月壬寅

又定頒詔諸蕃及蕃國迎接儀。前期百官於皇城守宿，至日鳴鐘後，尚寶卿設寶案於御座之南，侍儀司設詔書案於寶案之南，承制官位于殿上之東及丹陛之東南，文武侍從班于殿上之左右，使者位于丹墀中，文武百官侍立位於文武樓之北，東西相向，將軍立於殿上之左右及奉天門之左右，丹陛上之四隅，金吾衛陳設甲士軍仗於午門外，拱衛司陳設儀仗於丹陛丹墀之東西。和聲郎設樂于丹墀之南，侍儀司執龍亭、儀仗、大樂于午門外。鼓初嚴，文武百官各具服入。次嚴，各就位。三嚴，侍儀奏外辦，皇帝服通天冠、絳紗袍出御奉天殿。樂作陞座，樂止捲簾，鳴鞭報時訖。禮部官捧詔書於寶案前用寶，中書省官、禮部官同捧至御前呈奏，以黄銷金袱裹置盤中，置于案。引禮引使者就丹墀拜位，典儀唱鞠躬，拜，樂作，使者四拜，興，樂止。承制官於御前跪，承制由中門出至丹陛上，稱有制。使者跪，承制官宣制曰：皇帝敕使爾某奉詔往諭某國，爾宜恭承朕命。宣制訖，使者俯伏，興，平身，樂作，四拜，樂止。禮部官詣案捧詔由殿中門出，降自中陛，以授使者。大樂振作，使者捧詔由奉天中門出，至午門外，置于龍亭中。侍儀奏禮畢，皇帝興，樂作，還宫，樂止。文武官以次出，各司以正官一員送詔書出國門外。使者入蕃國境，先遣人報蕃王。王遣官遠迎，前期令有司于國門外公館設幄結綵，設龍亭於正中，備金鼓儀仗鼓樂伺候迎引。又於城内街巷結綵，王宫内設闕庭於殿上正中，設香案於前，設使者位於香案之東，開讀案位於蕃王殿陛之東北，設蕃王拜位於殿庭中北向，蕃國衆官拜位於蕃王拜位之南，捧詔、宣詔、展詔官位於開讀案之北，司禮二人位於蕃王拜位之北，引禮二人位於司禮之南，引班四人位於衆官拜位之北，俱東西相向。陳儀仗於殿庭之東西，設樂位於衆官拜位之南北向。其接詔官遠接詔書，迎至館中，安奉於龍亭。至日，蕃王率國中衆官耆老出迎于國門外，王具冕服，衆官具朝服，行五拜禮訖，王及衆官人等儀仗鼓樂前行，導引詔書至宫中。引禮引王入就拜位，衆官耆老各入就位。使者詣前南向立，稱有制。樂作，王及衆官以下皆四拜。樂止，司贊唱開讀。宣詔官、展詔官陞案，使者詣龍亭捧詔書授捧詔官，捧至開讀案。宣詔官受詔展讀，贊跪，蕃王及衆官以下皆跪。宣詔訖，捧詔官仍捧至龍亭中，蕃王及衆官以下皆俯伏，興，樂作，四拜，樂止，鞠躬舞蹈，山呼萬歲者三。樂作，復四拜，樂止，禮畢。以詔書付所司頒行，王釋服與使者相見。蕃王居西，使者居東。凡行禮皆司贊唱之，其賜蕃國印綬陳設行禮俱如頒詔儀，但賜印則設案於丹陛上之東，其傳制則曰皇帝敕使爾某授某國王印，爾其恭承朕命。如有賜物，則併宣之。使者至蕃國先報蕃王，蕃王迎接陳設行禮，皆如迎詔，但王及衆官常服乘馬前導至王宫，置龍亭於正殿中，王及衆官四拜，興，引禮引王詣龍亭前，使者稱有制，贊禮唱跪，王及衆官跪，使者宣制曰皇帝敕使某持印賜爾國王某，并賜某物。宣畢，使者捧印并物西向授蕃王，蕃王跪受，以授左右，訖，引禮唱俯伏，興，王及衆官皆俯伏、興。王復位，復四拜，禮畢。王與使者相見一如見詔使儀。（案：此後敕封琉球，基本以此儀禮增減，詳陳侃等《使琉球録》。）

卷一〇五　洪武九年四月

夏四月甲申朔，刑部侍郎李浩還自琉球，市馬四十匹、硫黄五千斤。國王察度遣其弟泰期從浩來朝，上表謝恩，并貢方物。命賜察度及泰期等羅綺、紗帛、襲衣、韡韈有差。浩因言其國俗市易不貴紈綺，但貴磁器、鐵釜等物。自是賜予及市馬多用磁器鐵釜云。

卷一一一　洪武十年正月

〔是月〕，琉球國中山王察度遣其弟泰期等進表賀正旦，貢馬十六匹、硫黄一千斤。賜泰期等鈔有差。

卷一三四　洪武十三年十月

丁丑，琉球國山南王承察度遣其臣師惹等奉表貢方物。命賜承察度《大統曆》及金織文綺，師惹等文綺、鈔有差。

卷一四二　洪武十五年二月乙丑

琉球國中山王察度遣其弟泰期及其臣亞蘭匏等奉表貢馬二十匹、硫黄二千斤。賜察度織金文綺、紗羅十二疋，帛如之，泰期、亞蘭匏等綺、帛有差。并遣（上珮）〔尚佩〕監奉御路謙送其使者歸國。

卷一五一　洪武十六年正月丁未

詔賜琉球國中山王察度鍍金銀印并織金文綺、帛、紗羅凡七十二匹。山南王承察度亦如之。亞蘭匏等賜文綺、鈔、帛有差。賜貴州宣慰使靄翠鈔百錠、錦十五匹、金帶一。黎州安撫使芍德等各賜鈔、帛及織金綺衣有差。時琉球國三王争雄，長相攻擊，使者歸言其故，於是遣亞蘭匏等還國，并遣使敕中山王察度曰：「王居滄溟之中，崇山環海，爲國事大之禮不行，亦何患哉！王能體天育民，行事大之禮，自朕即位十有六年，歲遣人朝貢，朕嘉王至誠，命尚佩監奉御路謙報王誠禮，何期王復遣使來謝。今令内使監丞梁民同前奉御路謙齎符賜王鍍金銀印一。近使者歸言，琉球三王互争，廢農傷民，朕甚閔焉。《詩》曰：『畏天之威，于時保之。』王其罷戰息民，務脩國德，則國用永安矣。」諭山南王承察度、山北王帕尼芝曰：「上帝好生，寰宇之内，生民衆矣，天恐生民互相殘害，特生聰明者主之。邇者琉球國王察度堅事大之誠，遣使來報，而山南王承察度亦遣人隨使者入覲，鑒其至誠，深用嘉納。近使者自海中歸，言琉球三王互争，廢棄農業，傷殘人命。朕聞之不勝憐憫，今遣使諭二王知之，二王能體朕之意，息兵養民，以綿國祚，則天必祐之，不然悔無及矣。」

卷一五六　洪武十六年九月

己未，内官梁珉以貨幣往琉球易馬還，得馬九百八十三匹。

卷一五八　洪武十六年十二月

甲申，琉球國山北王帕尼芝遣其臣摸結習貢方物，賜衣一襲。

卷一五九　洪武十七年正月己亥

琉球國中山王察度，山南王承察度，山北王帕尼芝，暹羅斛國王參烈寶毘牙哵哩哆囉禄，及雲南、四川、湖廣諸蠻夷酋長俱遣使進表貢方物，賜文綺衣服有差。

卷一六二　洪武十七年六月丁卯

琉球國中山王察度遣其臣阿不耶等上表貢方物，賜阿不耶等文綺鈔錠有差。

卷一七二　洪武十八年三月

庚辰，詔定蕃國進表禮儀。凡蕃國初附遣使奉表進貢方物，先於會同館安歇，禮部以表副本奏知，儀禮司引蕃使習儀，擇日朝見。其日，錦衣衛陳設儀仗和聲，即設大樂于丹陛如常儀。儀禮司設表案于奉天殿東門外丹陛上，方物案于丹陛中道之左右，設文武百官侍立位于文武樓南，東西相向。蕃使服其服，捧表及方物狀至丹墀，跪授禮部官。禮部官受之，詣丹墀，置于案。執事者各陳方物于案畢。典儀、内贊、外贊，宣表、展表官、宣方物狀官各具朝服，其餘文武官常服就位。儀禮司官奏請陞殿，皇帝常服出，樂作，陞座，樂止，鳴鞭訖，文武官入班叩頭。禮畢，分東西侍立。引禮引蕃使就丹墀拜位，贊四拜，典儀唱進表，序班舉表案由東門入，至于殿中。內贊贊宣表，外贊贊蕃使跪。宣表、宣方物狀訖，蕃使俯伏，興，四拜禮畢，駕興，樂作，還宮，樂止，百官及蕃使以次出。其蕃國常朝及爲國事謝恩遣使進表貢方物，皆如前儀，唯不宣表。

卷一七七　洪武十九年正月

辛酉，琉球國中山王察度遣其臣亞蘭匏等上表貢馬二十四匹、硫黄萬一千斤，賜亞蘭匏等宴及鈔有差。

卷一八〇　洪武二十年二月

辛卯，琉球國中山王察度遣使亞蘭匏貢方物及馬三十七匹。

卷一八七　洪武二十年十二月丁未

琉球國山南王承察度遣使耶師姑進表獻馬三十匹，賀明年正旦。賜耶師姑等宴及鈔有差。

卷一八八　洪武二十一年正月

甲申，賜琉球國山南王叔汪英紫氏、王弟函寧壽及傔從白金、文綺、鈔各有差。

卷一八八　洪武二十一年正月

戊子，琉球國山北王帕尼芝遣其臣貢方物。

卷一八八　洪武二十一年正月

辛丑，琉球國中山王察度遣其臣亞蘭匏進表貢馬及方物，進皇太子箋獻馬。

卷一九三　洪武二十一年八月

丁亥，琉球國中山王察度、山北王帕尼芝遣其臣甚模結致等上表賀天壽聖節貢馬。賜來使鈔有差。

卷一九九　洪武二十二年正月庚寅

琉球國中山王察度遣使亞蘭匏等上表賀正旦，進馬二十六匹、硫黄四千斤、胡椒五百斤、蘇木三百斤。王子武寧貢馬五匹、硫黄二千斤、胡椒二百斤、蘇木三百斤。山北王帕尼芝遣使李仲等貢馬一十匹、硫黄二千斤。而中山王所遣通事屋之結者附致胡椒三百餘斤、乳香十斤，守門者驗得之以聞，當没入其貨，詔皆還之，仍賜屋之結等六十人鈔各十錠。

卷二〇七　洪武二十四年二月

己卯，琉球國中山王察度及其子武寧遣其臣亞蘭匏、嵬谷致等奉表貢馬及方物。

卷二一七　洪武二十五年五月

癸未，琉球國中山王察度及其子武寧遣其使渥周結致等各進表箋貢馬。察度又遣從子日孜每闊、八馬寨官子仁悦慈入國學讀書。上命各賜衣巾靴韈，并夏衣一襲、鈔五錠。

卷二一七　洪武二十五年五月

己丑，遣琉球國民才孤那等二十八人還國，人賜鈔五錠。初，才孤那等駕舟河蘭埠採硫黄，於海洋遇大風，飄至小琉球界取水，被殺者八人，餘得脱，又遇風飄至惠州海豐，爲邏卒所獲，言語不通，以爲倭人，轉送至京。值其國遣使入貢，爲白其事，遂皆遣還。

卷二一七　洪武二十五年五月

庚寅，琉球國中山王察度表言通事程優、葉希尹二人以寨官兼通事，往來進貢，服勞居多，乞賜職加冠帶，使本國臣民有所景仰，以變番俗。從之。

卷二二三　洪武二十五年十二月

庚申，琉球國山南王承察度遣使南都妹等貢方物，并遣姪三五郎尾及寨官之子實他盧尾、賀段志等赴國子監讀書。詔賜三五郎尾等鈔各五錠，襴衫、緇巾、皂絛、靴韈并文綺、紬絹衣各一襲。

卷二二四　洪武二十六年四月

辛卯，琉球國中山王察度遣使壽禮結致貢馬及方物，并遣其寨官子段志每入國學讀書。

卷二二七　洪武二十六年四月戊戌

賜國子監琉球生、雲南生夏衣靴韈，其傔從之人亦皆有賜。

卷二二七　洪武二十六年四月

庚午，琉球國山南王叔汪英紫氏遣使不里結致來朝貢馬及方物。

卷二二九　洪武二十六年八月庚子

賜琉球生仁悦慈等羅絹衣各一襲，其從人亦給布衣。

等物。

卷二三一　洪武二十七年正月

乙丑，琉球國中山王察度、山南王承察度遣其臣亞蘭匏等奉表貢馬九十餘匹，及硫黄、蘇木、胡椒等物。

卷二三二　洪武二十七年三月

乙巳，賜琉球國使臣亞蘭匏、甚模結致等宴于會同館。

卷二三二　洪武二十七年三月

己酉，命授琉球國王相亞蘭匏秩正五品。時亞蘭匏以朝貢至京，其國中山王察度爲請於朝，以亞蘭匏掌國重事，乞陞授品秩，給賜冠帶。又乞陞授通事葉希尹等二人充千户。詔皆從其請，俾其王相秩同中國王府長史，稱王相如故，仍賜亞蘭匏公服一襲，副使、傔從以下鈔有差。

卷二三二　洪武二十七年四月庚申

更定蕃國朝貢儀。是時四夷朝貢，東有朝鮮、日本，南有暹羅、琉球、占城、真臘、安南、爪哇、西洋瑣里、三佛齊、渤泥、百花、覽邦、彭亨、淡巴、須文達那，凡十七國。其西南夷隸四川者軍民府凡六，烏蒙、烏撒、芒部、邛部、普安、東川。安撫司一，曰金筑。宣撫司一，曰酉陽。宣慰司三，曰貴州、播州、石柱。招討司三，曰天全、六番、長河西。長官司凡三十……上以舊儀頗煩，故復命更定之。凡蕃國王來朝，先遣禮部官勞于會同館，明日各服其國服，如嘗賜朝服者則服朝服，於奉天殿朝見，行八拜禮畢，即詣文華殿朝皇太子，行四拜禮，見親王亦如之，親王立受，後答二拜。其從官隨蕃王班後行禮。凡遇宴會，蕃王班次居侯伯之下，其蕃國使臣及土官朝貢皆如常朝儀。

卷二三二　洪武二十七年四月

丙甲，賜國子監琉球生夏衣。

卷二三五　洪武二十七年十月

辛未，賜國子監琉球生冬衣。

卷二三六　洪武二十八年正月

丙申朔，上御奉天殿受朝賀，大宴群臣。是日……琉球國山北王珉……各進方物、馬匹。

卷二三六　洪武二十八年正月

是月，琉球國山南王叔汪英紫氏遣其臣耶師姑等，中山王察度遣亞蘭匏等，各貢馬共三十六匹、硫黄共四千斤，詔賜耶師姑等鈔有差。

卷二三八　洪武二十八年四月

庚午，琉球國中山王察度遣使亞撒都等奉表貢硫黄、馬匹及方物。

卷二四四　洪武二十九年正月

己巳，琉球國山北王攀安知遣其臣善佳古耶，中山王察度遣其臣典簿程復等，各奉表貢馬及方物，詔賜來使三十七人鈔二百四十七錠。

卷二四五　洪武二十九年四月

丁未，琉球國中山王察度遣其臣隗谷結致等表貢馬二十七匹及方物。山南王承察度遣使表貢方物及馬二十一匹，其叔汪英紫氏亦遣使吴宜、堪彌結致等貢馬五十二匹、硫黄七千斤、蘇木一千三百斤。

卷二四六　洪武二十九年五月

甲子，賜國子監雲南、琉球生夏衣。

賜琉球國使臣吴宜、堪彌結致等衣鈔遣還。

卷二四七　洪武二十九年九月乙亥

賜國子監琉球生秋、冬衣。

卷二四八　洪武二十九年十一月

戊寅，琉球國山北王攀安知遣其臣善佳古耶等，中山王世子武寧遣其臣蔡奇阿勃耶等，貢馬三十七匹及硫黄等物，并遣其寨官之子麻奢理、誠志魯二人入太學。先是，山南王遣其侄三五郎亹入太學，既三年歸省，至是復與麻奢理等偕來，乞入太學。詔許之，仍賜衣巾靴韈。

卷二五〇　洪武三十年二月

丙戌，琉球國中山王察度遣其臣友贊結致，山北王攀安知遣恰宜斯耶，山南王叔汪英紫氏遣渥周結致，各貢馬及硫黄。

卷二五四　洪武三十年八月

庚辰朔，賜國子監琉球生仁悦慈等羅衣人一襲。

卷二五四　洪武三十年八月

丙午，禮部奏諸番國使臣客旅不通。上曰：「洪武初海外諸番與中國往來使臣不絶，商賈便之。近者安南、占城、真臘、暹羅、爪哇、大琉球、三佛齊、渤尼、彭亨、百花、蘇門答剌、西洋邦哈剌等凡三十國，以胡惟庸謀亂，三佛齊乃生間諜，給我使臣至彼，爪哇國王聞知其事，戒飭三佛齊，禮送還朝。是後使臣商旅阻絶，諸國王之意遂爾不通。惟安南、占城、真臘、暹羅、大琉球自入貢以來，至今來庭，大琉球王與其宰臣皆遣子弟入我中國受學。凡諸番國使臣來者皆以禮待之，我待諸番國之意不薄，但未知諸國之心若何？今欲遣使諭爪哇國，恐三佛齊中途阻之。聞三佛齊係爪哇統屬，爾禮部備述朕意，移文暹羅國王，令遣人轉達爪哇知之。」于是禮部咨暹羅國王曰：「自有天地以來，即有君臣上下之分，且有中國四夷之禮，自古皆然。我朝混一之初，海外諸番莫不來庭，豈意胡惟庸造亂，三佛齊乃生間諜，給我信使，肆行巧詐。彼豈不知大琉球王與其宰臣皆遣子弟入我中國受學，皇上錫寒暑之衣，有疾則命醫診之，皇上之心仁義兼盡矣。皇上一以仁義待諸番國，何三佛齊諸國背大恩而失君臣之禮，據有一蕞之土，欲與中國抗衡，倘皇上震怒，使一偏將，將十萬衆越海問罪，如覆手耳，何不思之甚乎？皇上嘗曰：安南、占城、真臘、暹羅、大琉球皆修臣職，惟三佛齊梗我聲教。夫智者憂未然，勇者能徙義。彼三佛齊以蕞爾之國，而持姦於諸國之中，可謂不畏禍者矣。爾暹羅王獨守臣節，我皇上眷愛如此，可轉達爪哇，俾其以大義告於三佛齊。三佛齊係爪哇統屬，其言彼必信，或能改過從善，則與諸國咸禮遇之如初，勿自疑也。」

卷二五五　洪武三十年十二月

癸巳，琉球國山北王攀安知遣使恰宜斯耶，中山王察度遣使友贊結致，各上表貢馬及硫黄。

卷二五六　洪武三十一年正月

丙辰，琉球國山北王攀安知遣其臣進表貢馬。

卷二五六　洪武三十一年三月

戊申朔，琉球國中山王察度遣其臣亞蘭匏、押撒都結致、每步結致、撒都奴侍貢馬及硫黄、胡椒等物。其世子武寧貢亦如之。先是，其國遣女官生姑、魯妹在京讀書，至是謝恩來貢。

卷二五六　洪武三十一年三月

甲寅，賜琉球國使臣亞蘭匏等鈔有差。

卷二五六　洪武三十一年三月癸亥

賜琉球國中山王察度冠帶。先是，察度遣使來朝，請中國冠帶，上曰：「彼外夷能慕我中國禮義，誠可嘉尚。禮部其圖冠帶之制往示之。」至是遣其臣亞蘭匏等來貢謝恩，復以冠帶爲請，命如制賜之，并賜其臣下冠服。

卷二五七　洪武三十一年四月

丁丑朔，琉球國中山王察度遣其臣鴉勒佳稽、程復貢馬及硫黄。

太宗實録

卷十八　永樂元年三月

丙戌，賜琉球國中山王從子三吾良亹等宴于會同館。

琉球國山北王攀安知遣使善住古耶等奉表朝賀貢方物，賜鈔及襲衣、文綺。善住古耶致攀安知之言，丐賜冠帶衣服，以變國俗。上嘉之，命禮部賜其國王暨陪臣冠服。

卷十八　永樂元年三月辛卯

琉球國中山王察度、山南王弟汪應祖遣使渥周結制、長史王茂等六十五人來朝貢馬及方物，賜鈔、襲衣、文綺有差。

卷二二　永樂元年八月

癸丑，遣官往賜朝鮮、安南、占城、暹羅、琉球、真臘、爪哇、西洋、蘇門答剌諸番國王絨綿、織金、文綺、紗羅有差。行人呂讓、丘智使安南，按察副使聞良輔、行人甯善使爪哇、西洋、蘇門答剌，給事中王哲、行人成務使暹羅，行人蔣賓興、王樞使占城、真臘，行人邊信、劉亢使琉球，翰林待詔王延齡、行人崔彬使朝鮮。人賜紵絲衣一襲、鈔二十五錠。使朝鮮者加衣一襲及皮裘狐帽。

卷二二　永樂元年八月丁巳

上以海外番國朝貢之使附帶物貨前來交易者須有官專主之，遂命吏部依洪武初制，於浙江、福建、廣東設市舶提舉司，隸布政司，每司置提舉一員，從五品；副提舉二員，從六品；吏目一員，從九品。

（按：福建市舶提舉司專司琉球朝貢。）

卷二八　永樂二年二月

壬辰，琉球國中山王世子〔武〕寧遣姪三吾良亹等，以其王察度卒來告訃。命禮部遣使祭之，賻以布帛，遂詔武寧襲爵。詔曰：「聖王之治，協和萬邦，繼承之道，率由常典。故琉球國中山王察度，受命皇考太祖高皇帝，作屏東藩，克修臣節。暨朕即位，率先歸誠。今既亡殁，所宜有後。爾武（爾）〔寧〕乃其世子，特封爾爲琉球國中山王，以承厥世。惟儉以循身，敬以養德，忠以事上，仁以撫下，克循兹道，作鎮海邦，永延世祚。欽哉！」

卷二九　永樂二年三月

己未，琉球國山北王攀安知遣使亞都結制等貢方物，賜錢鈔、文綺、綵幣。

卷三十　永樂二年四月

壬午，詔封汪應祖爲琉球國山南王。應祖故琉球山南王承察度從弟，承察度無子，臨終命應祖攝國事，能撫其國人，歲修職貢，至是遣使隗谷結制等來朝貢方物，且奏乞如山北王例賜冠帶衣服。上諭吏部尚書蹇義曰：「國必有統，衆必有屬。既能事大，又能撫衆，且舊王所屬意也，宜從所言，以安遠人。」遂遣使賫詔封之，并賜之冠帶等物，而偕其使俱還。

卷三十　永樂二年四月乙酉

朝鮮國王李芳遠、琉球國中山王世子武寧及諸番酋長俱遣使奉表貢方物，賜其使鈔幣有差。先有詔命武寧襲王爵，猶稱世子者，詔命未至故也。

卷三一　永樂二年五月

禮部尚書李至剛等奏："琉球國山東王遣使貢方物，就令賫白金詣處州市磁器，法當逮問。"上曰："遠方之人知求利而已，安知禁令？朝廷於遠人當懷之，此不足罪。"（按：琉球無山東王，此記誤。）

卷四一　永樂三年四月丙寅

琉球國山北王攀安知遣使赤佳結制等貢馬及方物，賜以鈔錠、襲衣、綵幣、表裏。

卷四一　永樂三年四月

辛未，賜琉球、朝鮮、麓川及韃靼使臣宴於禮部。

卷四一　永樂三年四月

丁丑，琉球國中山王武寧遣使養埠結制等賫表獻馬及方物賀萬壽聖節，賜之鈔幣。

卷四一　永樂三年四月癸未

琉球國山南王汪應祖遣使泰賴結制等奉表貢馬謝襲封，恩賜鈔及文綺。

卷四二　永樂三年五月

乙巳，琉球國山南王汪應祖遣寨官子李傑赴國子監受學，賜夏衣一襲。

卷四六　永樂三年九月

甲午，上以海外諸番朝貢之使益多，命於福建、浙江、廣東市舶提舉司各設以館之。福建曰來遠，浙江曰安遠，廣東曰懷遠，各置驛丞一員。

卷四七　永樂三年十月乙丑

賜國子監琉球、四川、雲南生李傑等并其從人六十三人衣衾。

卷四八　永樂三年十一月

丙辰，賜琉球國中山王世子完寧斯結及遼那兒河歸附女直野人頭目宴。

卷四九　永樂三年十二月

戊子，琉球國中山王武寧、山南王汪應祖、山北王攀安知、西番馬兒藏等族，四川、貴州諸土官各遣人貢方物，賀明年正旦。

卷五十　永樂四年正月甲午

朝鮮、琉球諸國及各王官遣使賀正旦者賜鈔幣有差，遣還。

卷五十　永樂四年正月

壬寅，琉球國進閹者數人，上曰：「彼人亦〔人〕子，無罪而刑之，何忍？」命禮部還之。禮部臣言還之慮阻遠人歸化之心，請但賜敕止其再進。上曰：「諭之以空言，不若示之以實事。今不遣還，彼欲媚朕，必有繼踵而來者。天地以生萬物爲德，帝王乃可絶人類乎？」竟還之。

卷五二　永樂四年三月辛卯

暹羅國王昭祿群英哆羅諦剌遣使柰必，琉球國中山王武寧、山南王汪應祖遣其姪三吾良亹等來朝貢馬及方物，各賜鈔幣。武寧遣送寨官子石達魯等六人入國子監受學，各賜鈔三十錠、羅衣一襲，并夏衣等物。

卷五二　永樂四年三月

甲寅，命浙江、福建、廣東市舶提舉司，凡外國朝貢使臣往來皆宴勞之。

卷五八　永樂四年八月

甲辰，賜國子監琉球國、雲南生石達魯等并從人紬絹、綿布冬衣二百二十事。

卷六五　永樂五年三月乙卯

琉球國山南王汪應祖遣使忝賴結制等來朝貢馬及方物，賜鈔幣有差。

卷六六　永樂五年四月乙未

琉球國中山王世子思紹遣使三吾良亹貢馬及方物，别遣使來告其父中山王武寧卒。命禮部遣使賜祭賻，并遣使齎詔封思紹嗣琉球國中山王。

卷六七　永樂五年五月

己未，賜國子監琉球國及雲南生石達魯等并其從人夏衣。

卷七七　永樂六年三月

乙亥，琉球國中山王思紹遣使阿勃吾斯等奉表貢方物，謝襲封恩。山南王汪應祖遣使蔑達姑耶等貢馬。各賜鈔幣有差。

卷八五　永樂六年十一月戊申

賜國子監琉球、雲南、四川生王達并從人冬衣、靴襪。

卷九十　永樂七年四月

癸未，朝鮮國王李芳遠、琉球國中山王思紹……遣使貢方物，賀萬壽聖節，賜鈔幣有差。

卷九二　永樂七年五月己亥

琉球國山南王汪應祖遣使阿勃吾斯古等貢馬，賜鈔及衣幣。

卷一〇二　永樂八年三月

辛未，琉球國中山王思紹遣姪三吾良亹等來朝貢馬百一十四，皇太子賜之鈔幣。

卷一〇五　永樂八年六月乙丑

是日，琉球國中山王思紹遣使阿乃佳結制、林佑等及阿端回回哈只火灘等貢馬及方物，賜鈔幣有差。林佑本中國人，爲琉球通事，啓請賜冠帶，皇太子從之。

卷一〇七　永樂八年八月

癸卯，皇太子命如例賜國子監琉球、四川、雲南生楊麟等九十二人衣服、衾褥、巾絛、靴襪。

卷一一〇　永樂八年十一月

癸未，賜國子監琉球等處生李傑等并其從人冬衣、靴襪。既而從容與群臣語及之，禮部尚書吕震曰：「昔唐太宗興學校，新羅、百濟皆遣子入學，當時僅聞給廪膳，未若今日賚與周備也。陛下聖德前古未有。」上曰：「遠方慕中國禮義，故遣子入學，必足於衣食，然後樂學。我太祖高皇帝命資給之，著于令典，所謂曲成萬物而不遺者，朕安得違之？」

卷一一一　永樂八年十二月丙辰

朝鮮國王李芳遠遣陪臣林整，琉球國中山王思紹遣姪三吴良亹貢方物，賀明年正旦。命禮部宴賚之。

卷一一三　永樂九年二月癸巳

賜光禄寺卿權永均、少卿鄭允厚、琉球國王侄三吾良亹等宴。

琉球國中山王思紹遣王相之子懷得、寨官子祖魯古入國子監受學。

卷一一五　永樂九年四月癸巳

琉球國中山王思紹遣使坤宜堪彌等貢馬及方物，并以長史程復來表言：長史王茂輔翼有年，請陞茂爲國相兼長史事。又言：復饒州人，輔其祖察度四十餘年，勤誠不懈，今年八十有一，請命致仕，還其鄉。從之。陞復爲琉球國相兼左長史致仕，還饒州。茂爲琉球國相兼右長史，仍賜坤宜堪彌等鈔幣遣還。

卷一一六　永樂九年六月乙卯

琉球國中山王思紹遣使模都莆等奉表謝恩。先是中山王所遣使有匿其方物不盡貢者，監察御史廉得其實以聞。上以非國王意，併其使宥之。至是思紹遣人來謝，仍貢方物。敕賜王鈔及綵幣。

卷一二三　永樂九年閏十二月

癸酉，琉球國中山王思紹遣使泰勃奇郭、伯姑賴耶等貢馬，賀明年正旦。

卷一二三　永樂九年閏十二月戊寅

賜琉球國、瓦剌、別夫八里等處使臣及斡難河等衛指揮宴。

卷一二三　永樂九年閏十二月辛巳

賜朝鮮、琉球使臣及女直頭目宴。

卷一二五　永樂十年二月

乙亥，琉球國山南王汪應祖遣使臣阿勃吾斯古貢方物，賜之鈔幣。

卷一二五　永樂十年二月

乙卯，賜琉球國山南王使臣阿勃吾斯古等宴。

卷一二九　永樂十年六月

癸亥，賜國子監琉球國、雲南、四川官民生懷德等一百十六人夏布襴衫、絛靴。

卷一三六　永樂十一年正月

丙申，琉球國中山王思紹遣使甚麻之里等貢馬，賜鈔、文綺有差。

卷一三六　永樂十一年正月

戊申，賜琉球國使臣甚麻之黑、亦罕河衛指揮也里麻哈、遼東自在州指揮賈你等宴。

卷一三七　永樂十一年二月辛亥

琉球國中山王思紹遣使恭勃奇貢馬及送寨官之子鄔同志久、周魯每、恰那晟其三人入國子監學受學。

卷一三九　永樂十一年四月己巳

琉球國中山王思紹遣姪三吾良亹，山南王汪應祖遣使吾是佳結制等貢馬，命禮部賜之鈔及永樂錢。

卷一四〇　永樂十一年五月

庚寅，國子監琉球生模都吉等三人奏乞歸省。上謂禮部臣曰：「遠人來學，誠美事，思親而歸亦人情，宜厚賜以榮之。」遂賜綵幣、表裏、襲衣及鈔爲道里費，仍命兵部給驛傳。

卷一四二　永樂十一年八月癸亥

琉球國山南王汪應祖遣使鄔剌誰結制等貢馬及方物，賜鈔、文綺、表裏有差。

卷一四六　永樂十一年十二月

丁巳，賜國子監琉球、雲南、四川生懷德等四十六人冬衣、靴韈。

卷一四六　永樂十一年十二月

甲戌，朝鮮國王李芳遠遣陪臣崔榮蘇，琉球國中山王思紹遣使威巴魯等貢馬及金器皿等物，賀明年正旦。

卷一五二　永樂十二年六月戊午

是日，皇太子賜國子監琉球生益智每等二人羅衣、布衣各一襲及襴衫、靴襪、衾褥、帳等物，賜其從之人有差。

卷一五六　永樂十二年閏九月

乙巳，琉球國中山王思紹遣姪三吾良亹等貢馬及方物，賜之鈔幣。

卷一五九　永樂十二年十二月己卯

賜國子監琉球生鄔同志久等三人鈔及衣服。

卷一六二　永樂十三年三月丁巳

琉球國故山南王汪應祖世子他魯每遣使鄔是佳結制等貢方物。先是，應祖爲兄達勃期所弑，各寨官合兵誅達勃期，推他魯每攝國事。至是，表請襲爵。賜鄔是佳結制等鈔有差。

卷一六三　永樂十三年四月

丙戌，琉球國中山王思紹並山北王攀安知俱遣使貢馬及方物。

卷一六四　永樂十三年五月

己酉，遣行人陳秀芳等齎詔往琉球國，封故山南王汪應祖世子他魯每爲琉球國山南王，賜誥命、冠服及鈔萬五千錠。

卷一六五　永樂十三年六月辛未

琉球國中山王思紹、山北王攀安知使臣辭〔歸〕，悉賜鈔幣。

卷一六八　永樂十三年九月

壬子，琉球國中山王思紹世子尚巴志使臣宜是結制等辭歸，賜文綺三十表裏。

卷一七七　永樂十四年六月

辛酉朔，琉球國中山王思紹使臣韓完義等，山南王他魯每使臣鄭義才等辭歸，賜鈔幣表裏有差。

卷一七七　永樂十四年六月乙丑

賜國子監琉球、雲南生百一十九人夏衣。

卷一八七　永樂十五年四月

甲申，琉球國中山王思紹、山南王他魯每遣使甚謾志里等貢方物。

卷一八九　永樂十五年五月

戊午，琉球國中山王思紹、山南王者他魯每使臣甚謾志里等辭歸，賜鈔及文綺、表裏、織金紗衣，而賜其王鈔及絨錦、織金文綺、紗羅。

卷一九二　永樂十五年八月

丙寅，琉球國中山王世子尚巴志遣使鄔梅住尼九等貢馬及方物，賜鈔幣遣還。

卷一九七　永樂十六年二月

乙未，琉球國中山王思紹遣長史懷機等貢方物，賜鈔及文綺表裏。

卷二〇〇　永樂十六年五月

甲子，賜蘇門答剌、千達里、暹羅、琉球、爪哇等國使宴。

卷二〇八　永樂十七年正月

戊辰，琉球國中山王思紹遣使鄔梅住尼等貢馬及方物，賜之鈔幣。

卷二一一　永樂十七年四月丁酉

琉球國中山王思紹遣使者農巴魯尼等貢方物，賜之鈔幣。

卷二一四　永樂十七年七月

壬子，琉球國中山王思紹遣使貢方物，賜之鈔幣。

卷二一九　永樂十七年十二月

癸巳，琉球國中山王思紹遣使甚謾志里奉表貢方物，賀明年正旦。

卷二五二　永樂二十年十月癸巳

琉球國中山王思紹遣使模都古等貢方物，賜鈔二十錠、綵幣一表裏。

卷二六五　永樂二十一年十一月丙午

朝鮮國王李裪所遣陪臣崔雲等，及琉球國中山王世子尚巴（忠）〔志〕遣使阿不察都……辭還，各賜鈔幣有差。

卷二七二　永樂二十二年六月

甲寅，琉球國山南王他魯每遣使阿勃馬結制等貢馬，皇太子令禮部賜賚如例。

仁宗實録

卷一下　永樂二十二年八月乙丑

琉球國中山王遣長史鄭義才、占城國王遣使者逋沙帕濟閣等貢馬及方物，賜衣及鈔幣有差。

卷五下　永樂二十二年壬戌

琉球國山南王遣使者阿勃馬結制等貢方物，及東寧衛指揮使金聲、建州左衛指揮使猛哥帖木兒來朝貢馬，賜綵幣、表裏有差。

卷七上　洪熙元年二月

辛丑朔，遣中官柴山齎敕往琉球國，命故中山王思紹世子尚巴志嗣中山王。敕曰：「昔我皇考太宗文〔皇〕帝躬膺天命，統御萬方，恩施均一，遠邇歸仁。爾父琉球中山王思紹，聰明賢達，茂篤忠誠，敬天事大，益乂弗懈，我皇考良用褒嘉。今朕纘承大統，念爾父没已久，爾其嫡子，宜俾承續，特遣内官柴山齎敕命爾嗣琉球國中山王。爾尚立孝□，恪守藩服，修德務善，以福國人，斯爵禄之榮，延於無窮。尚其祗承，無怠無忽。」仍賜尚巴志冠帶、襲衣、文綺。

卷七下　洪熙元年二月丙辰

故琉球國中山王思紹世子尚巴志遣通事李傑貢方物，賜鈔幣、表裏。

宣宗實録

卷五　洪熙元年閏七月戊申

賜琉球國使臣佳期巴那等鈔、綵幣、表裏、襲衣有差。

卷七　洪熙元年八月

戊辰，琉球國中山王尚巴志遣使者浮那姑是、南者結制等奉表貢馬及方物。蓋與前使者佳期巴那同行，遇風故後至。

卷八　洪熙元年八月己卯

賜琉球國使臣浮那姑是、南者結制等鈔、金織文綺、紗羅、絹有差。

卷十二　洪熙元年十一月

庚午，琉球國中山王尚巴志遣使宋比結制等奉表箋貢馬及方物。

卷十二　洪熙元年十二月己丑

賜琉球國使臣宋比結制等及必里衛土官都指揮僉事康壽等鈔、綵幣、表裏有差。

卷十五　宣德元年三月

乙卯，琉球國中山王尚巴志遣使者實達魯等上表貢方物，謝命襲爵恩。

卷十五　宣德元年三月丙辰

琉球國中山王尚巴志遣使奏：「臣祖父昔蒙朝廷大恩，封以王爵，賜皮弁冠服。洪熙元年臣奉詔襲爵，而冠服未蒙頒賜。」上命行在禮部稽定制製以賜之。

卷十六　宣德元年四月

甲戌，琉球國中山王尚巴志遣使臣鄭義才進香。

卷十六　宣德元年四月丁丑

行在禮部奏：「琉球國中山王使臣鄭義才告，初來朝時遭海風壞舟，因附内官柴山舟至。今歸，乞賜一舟以歸，且得朝貢爲便。」上命行在工部與之。

卷二十　宣德元年八月戊子

琉球國中山王尚巴志遣使者模都古等貢方物至京師。

卷二一　宣德元年九月

甲寅，琉球國中山王尚巴志遣使臣郭伯祖每等來朝貢方物。

卷二二　宣德元年十月癸亥

賜琉球國使臣模都古等鈔、綵幣、表裏、襲衣、靴韈有差。

卷二二　宣德元年十月戊寅

賜琉球國使臣郭伯祖每等鈔、綵幣、表裏有差。

卷二二　宣德元年十月辛巳
琉球國中山王尚巴志遣使者佳期巴那等進馬及硫黄。佳期巴那等初與模都古等同來，海道遇風相失，故後至。
卷二二　宣德元年十一月壬辰
賜琉球國使臣佳期巴那等鈔、綵幣、表裏、襲衣、靴韈有差。
卷二七　宣德二年四月
辛未，琉球國山南王他魯每遣使臣謂慈悖也等奉表箋貢馬及方物。
卷二七　宣德二年四月
丙子，琉球國山南王他魯每遣使者安丹結制等進香長陵。
卷二七　宣德二年四月
丁亥，賜琉球國使臣謂慈悖也等鈔幣、表裏、襲衣有差。
卷二九　宣德二年七月戊戌
琉球國中山王尚巴志遣使臣浮那姑是等奉表箋貢馬及方物。
卷二九　宣德二年七月
甲寅，賜琉球國使臣浮那姑是等鈔、綵幣、表裏有差。
卷三二　宣德二年十月

乙亥，琉球國中山王尚巴志遣使者阿蒲察都等奉表貢方物。初，阿蒲察都與浮那姑是同行異舟，遇風相失，至是始至。

卷三三　宣德二年十一月丙戌

賜琉球國使臣阿蒲察都等鈔、綵幣、表裏有差。

卷三三　宣德二年十一月

辛亥，琉球國中山王尚巴志遣使臣魏古渥制等奉表貢馬及方物。

卷三四　宣德二年十二月

壬戌，賜琉球國使臣魏古渥制等鈔、綵幣、表裏、靴襪有差。

卷四六　宣德三年八月庚子

琉球國中山王尚巴志遣使臣鄭義才、梁回等貢馬及方物，謝賜皮弁服及海舟。

卷四七　宣德三年十月辛卯

上以琉球國中山王尚巴志朝貢彌謹，遣使齎敕往勞之，并賜王紵絲、紗羅、錦段。

卷四七　宣德三年十月

癸卯，琉球國中山王尚巴志遣使臣南者結制等來朝貢馬及方物。

卷四八　宣德三年十一月

辛酉，賜琉球國使臣南者結制等鈔、綵幣、表裏有差。

卷四九　宣德三年十二月庚寅
遣内官柴山等齎敕使琉球國，賜其王金織紵絲、紗羅、織錦。
卷五十　宣德四年正月
乙丑，朝鮮國王李裪遣陪臣韓惠，琉球國中山王尚巴志遣使者謂慈漘也等貢馬及方物，賀萬壽聖節。
卷五一　宣德四年二月
丙申，賜朝鮮國使臣韓惠等九人、琉球國使臣謂慈漘也等十三人鈔、綵幣、表裹及紵絲襲衣有差。
卷五三　宣德四年四月
辛丑，琉球國中山王尚巴志遣使者郭伯兹每，山南王他魯每遣通事梁密祖等來朝貢馬及方物。
卷五四　宣德四年五月丁巳
賜琉球國中山王使臣郭伯兹每等及山南王通事梁密祖等鈔、綵幣、表裏有差。
卷五六　宣德四年七月
甲寅，琉球國中山王尚巴志遣使臣謾泰來結制等奉表貢馬及方物。
卷五六　宣德四年七月癸亥
賜朝鮮、爪哇、琉球諸國貢使李中至等宴。
卷五六　宣德四年七月

甲子，賜朝鮮國使臣李中至等、琉球國中山王使臣謾泰來結制等鈔、綵幣、表裏有差。

卷五九　宣德四年十月

琉球國山南王他魯每遣使者步馬結制等貢馬及方物。

卷五九　宣德四年十一月丁未

賜朝鮮、爪哇、琉球三國貢使宴。

卷五九　宣德四年十一月庚戌

賜琉球國使臣步馬結制等鈔、綵幣、表裏有差。命步馬結制等齎敕及鈔絹歸賜其國王。

卷六七　宣德五年六月

癸酉，琉球國中山王尚巴志遣使者阿蒲察都等來朝貢馬及方物。

卷六七　宣德五年六月

丁丑，賜琉球國等處貢使阿蒲察都等宴。

卷六七　宣德五年六月庚寅

賜琉球使臣阿蒲察都等十四人、廣西平祥縣土官族人李安福、餘衛指揮僉事咬納等鈔幣及金織襲衣有差。

卷六九　宣德五年八月癸巳

巡按福建監察御史方端奏：漳州府龍溪縣海寇登岸殺人掠財，巡海指揮楊全領軍不救。全又受縣人賄賂，縱往琉球販鬻。請治全罪。上諭右都御史顧佐等曰：「官軍巡海，本防外寇，亦防小人出境交通。此輩不能防盜，而又縱盜，令御史治之如律。」

卷七十　宣德五年九月癸丑

琉球國中山王尚巴志遣使臣佳期巴那，遼東都指揮僉事金聲、野木河衛指揮同知朵多、大嵩衛韃官指揮同知馬撒蓋、副千户脱台等來朝貢馬及方物。

卷七一　宣德五年十月

己巳，賜朝鮮、琉球二國貢使宴。

卷七一　宣德五年十月

癸酉，琉球國中山王尚巴志遣使者魏古渥制，四川石柱宣撫司把事向添林、湖廣前黔南道宣慰司故土官宣慰使覃國欽子宣等來朝貢馬及方物。

卷七一　宣德五年十月

甲戌，賜琉球國使臣佳期巴那等綵幣、表裏有差。仍遣齎敕及鈔二萬一千七百六十錠歸賜其王。

卷七二　宣德五年十一月癸卯

琉球國中山王尚巴志遣使者郭伯茲每等來朝貢馬及方物。

卷七二　宣德五年十一月

癸丑，賜琉球國使臣郭伯茲每等鈔、綵幣、表裏、綿布有差。

卷八二　宣德六年八月

辛亥，琉球國中山王尚巴志遣使者由南結制等奉表貢馬及方物。

卷八二　宣德六年八月丙辰

賜琉球、蘇門答剌二國及兀良哈等處貢使宴。

卷八三　宣德六年九月庚午

賜琉球國及亦力把里等處貢使宴。

卷八三　宣德六年九月

乙亥，琉球國中山王尚巴志遣使者謂慈勃也等貢馬及方物，謝賜冠帶并海艘恩。

卷八三　宣德六年九月辛巳

賜琉球國使臣謂慈勃也等鈔、綵幣、絹布、襲衣有差。

卷八六　宣德七年正月

丙戌，上念即位以來，四方番國皆來朝貢，惟日本未至，遂命內官柴山賫敕往琉球國，令中山王尚巴志遣人齎往日本諭之。敕曰：「昔我皇祖太宗文皇帝臨御之日，爾日本先王源道義能敬順天道，恭事朝廷，是以朝廷眷待彌厚。朕今紹承皇祖之志，廣一視同仁之德，特敕諭王，王其益順天心，恪遵爾先王之志，遣使來朝，朕之待爾一如皇祖之待爾先王，非惟一家一國受福于無窮，且使海濱之民皆得以永享太平之福。爾其欽哉！」

卷八八　宣德七年三月

己巳，琉球國中山王尚巴志遣使者漫泰來結制等奉表貢馬及方物。

卷八八　宣德七年三月甲申

賜琉球國使者漫泰來結制等綵幣、表裏、綿布有差。

卷九一　宣德七年六月甲午

琉球國中山王尚巴志遣使臣南者結制等來朝貢馬。

卷九一　宣德七年六月庚午

賜占城、琉球及亦力把里等處貢使宴。

卷九一　宣德七年六月

辛丑，琉球國中山王尚巴志遣使臣步馬結制及雲南鎮南州故把事子李雍等來朝貢馬及方物。

卷九一　宣德七年六月乙巳

賜琉球國使臣南者結制等、亦力把里使臣也力迷失土迷禿及哈密使臣倒剌火者等、四川長河西魚通寧遠等處禪師桑者朵兒尺等、福餘衛指揮僉事阿失答木兒等銀鈔、紵絲、紗羅、絹布及金織襲衣有差。

卷九一　宣德七年六月甲寅

賜琉球國使臣步馬結制等、貴州大平伐長官司頭目宋海等、雲南鎮南州故把事舍人李雍等鈔、綵幣、絹布有差。

卷九七　宣德七年十二月

庚寅，琉球國中山王尚巴志遣使者阿普尼是、陝西西寧衛灌頂真修妙應國師劄恩巴監參、葛林等衛女直指揮同知安秃等來朝貢馬及方物。

卷九七　宣德七年十二月

辛丑，賜朝鮮、琉球及扯兒禪等處貢使宴。

卷九七　宣德七年十二月癸卯

賜琉球國中山王使臣阿普尼是等、葛林等衛女直指揮同知安秃等綵幣、表裏、絹布等物有差。

卷九九　宣德八年二月

庚子，琉球國中山王尚巴志遣使者魏古渥制、阿蒲察都等進表貢馬及方物。

卷一〇〇　宣德八年三月丁巳

賜琉球國中山王使臣阿蒲察都、魏古渥制等，四川八郎安撫司土官舍人林正先結等、貴州平浪長官司土官舍人王珎等鈔、綵幣、絹布及金織紵絲襲衣、絹衣有差。

卷一〇二　宣德八年五月

乙卯，琉球國中山王尚巴志遣使者物志麻結制等奉表箋貢馬及方物。

卷一〇二　宣德八年五月

庚申，賜日本國、琉球國、迤北和寧王等處貢使宴。

卷一〇二　宣德八年五月辛酉

賜琉球國使臣物志麻結制等、泰寧衛指揮僉事板不來等綵幣、絹布有差。

卷一〇九　宣德九年三月

乙酉，琉球國中山王尚巴志遣通事鄭長、使者步馬結制等奉表箋貢馬及方物。

卷一〇九　宣德九年三月

乙未，賜琉球國使臣步馬結制、通事鄭長等及毛憐等衛來朝指揮三保奴等十三人綵幣、表裏等物有差。

卷一〇九　宣德九年三月

丙午，琉球國中山王尚巴志遣使者義魯結制等來朝貢馬及方物。蓋與步馬結制等同行，遇風故後至也。

卷一一一　宣德九年七月

癸未，琉球國中山王尚巴志蒙賜衣服、海舟，遣使者楊布勃也等奉〔表〕貢馬及方物謝恩。

卷一一一　宣德九年七月戊戌

賜琉球國中山王使臣楊布勃也等綵幣、絹布有差，仍命齎敕及綵幣、表裏歸賜國王。

英宗實録（廢帝郕戾王附）

卷一　宣德十年正月庚寅

琉球國中山王尚巴志遣通事李敬、四川石柱宣撫司土官遣把事尚添林，并嘉河等衛指揮僉事革禿等俱來朝貢馬及方物，賜宴并綵幣等物有差。

卷二　宣德十年二月

戊辰，琉球國中山王尚巴志遣使臣南米結制等奉表謝恩貢方物，賜宴并綵幣等物。

卷三　宣德十年三月丁酉

行在禮部尚書胡濙等奏：「比奉敕旨，節一切冗費，以安養軍民。今四夷使臣動以百數，沿途疲於供給，宜敕諸路總兵官并都、布、按三司，繼今審其來者，量遣正、副使從人一二十人赴京，餘悉留彼處，如例給待，庶免往復供送之費。」從之。

卷十四　正統元年二月

丁巳，琉球國中山王尚巴志遣陪臣程安等并海西女直那木塔山等衛賽罕等俱來朝貢馬及方物，賜宴并賜綵幣等物有差。

卷十五　正統元年三月丁卯

琉球國使臣漫泰來結制等言：初到福建時，止具國王進貢方物以聞，有各人附齎海螺殻九十、海巴五萬八千，一時失於自陳，有司以爲漏報之數，悉送入官，因乏齎裝，懇乞給價。上命行在禮部悉如例給之。

卷二十　正統元年七月

辛酉，琉球國中山王尚巴志遣長使梁求保等、爪哇國王楊惟西沙遣使臣亞烈高乃生等俱來朝貢馬及方物，賜宴并綵幣等物有差。

卷三十　正統二年五月

丁酉，琉球國中山王尚巴志遣陪臣義魯結制等貢馬及方物，賜宴并綵幣、表裏等物。

卷三一　正統二年六月癸亥

琉球國中山王尚巴志奏：本國各官冠服皆國初所賜，年久朽弊，乞賜新者。又奏：本國遵奉正朔，而海道險阻，受曆之使或半載一載方返。事下行在禮部覆奏，上以冠服可令本國依原降者造用，《大統曆》其命福建布政司給與之。

卷三九　正統三年二月

己卯，琉球國中山王尚巴志遣長史梁求保、暹羅國王悉里麻哈賴遣副使羅漸信等各奉表來朝貢馬及方物，賜宴并賜襲衣、綵幣等物有差。

卷四五　正統三年八月甲戌

朝鮮國王李裪遣使臣洪汝方、琉球國中山王尚巴志遣使臣義魯結制等各齎表文來朝貢馬及方物，賜宴并賜綵幣等物有差。

卷五七　正統四年七月

壬戌，朝鮮國王李裪遣陪臣閔義生、琉球國中山王尚巴志遣使者阿普禮是等齎表來朝貢馬及方物，賜宴并賜織金襲衣、綵幣等物有差。

卷五七　正統四年七月甲戌

琉球國中山王尚巴志奏：「本國自洪武迄今，恭事朝廷，數荷列聖憫念，給賜海舟載運。近使者巴魯等貢方物赴京，舟爲海風所壞。緣小邦物料工力俱少，不能成舟，乞賜一海舟付巴魯等領回，以供往來朝貢事。」下行在禮部覆奏，謂即今節省冗費，以甦民力。若復造舟，不免勞擾軍民。上命福建三司於見存海舟内擇一以賜，如無則以其所壞者修葺與之。

卷五八　正統四年八月庚寅

巡按福建監察御史成規言：「琉球國往來使臣俱於福州停住，館穀之需，所費不貲。比者通事林惠、鄭長所帶番梢人從二百餘人，除日給廩米之外，其茶鹽醯醬等物出於里甲，相沿已有常例，乃故行刁蹬，勒摺銅錢，及今未半年已用銅錢七十九萬六千九百有餘，按數取足，稍或稽緩，輒肆詈毆。雖蠻夷之人不足與較，而憑陵之風漸不可長。已行福州等府縣，止將例該供給之物，按日支與，不許私以銅錢准當。但煩瑣多端，終非久計。乞令該部定議，於人支日廩之外，量加少許，聽令自辦。其林惠等不能禁戢，坐視紛紜，請執治之，以肅夷情。」事下行在禮部，以爲於例止日給廩米，凡一切之費，宜悉罷之。其通事人員不行禁戢，請治其罪。上以遠人，姑示優容，但令移文戒諭之，如果不悛，必治不宥。

卷五九　正統四年九月

己酉，琉球國遣使臣李敬、占城國遣使臣逋沙怕濟閣，并雅魯衛女直指揮阿省哥、愛和衛女直指揮己失、兀者衛野人女直舍人阿的納、督罕河衛女直指揮滿古、亦文山衛女直指揮斡樂哥、納剌吉河衛頭目賽因加、兀賴忽〔河〕衛頭目色路合、兀魯罕河衛舍人土申加、阿真河衛舍人省失、嘔罕河衛指揮阿都赤等俱來朝貢馬及方物，賜宴并賜綵幣等物有差。

卷六五　正統五年三月

庚午，琉球國中山王尚巴志遣使步馬結制等奉表來朝貢馬及方物，賜宴并賜綵幣等物有差。

卷八六　正統六年閏十一月

己丑，巡按福建監察御史鄭顒等奏：「琉球國通事沈志良、使者阿普斯古駕船載瓷器等物往爪哇國買胡椒、蘇木等物，至東影山遭風桅摺，進港修理，妄稱進貢。今已拘收人、船，將前項物貨并護船器械發福州府大儲庫收頓聽候。」上曰：「遠人宜加撫綏，况遇險失所，尤可矜憐。其悉以原收器物給之，聽自備物料修船，完日催促起程，回還本國。」

卷八八　正統七年正月

己丑，琉球國中山王尚巴志薨，其子尚忠遣長史梁求保等來朝貢馬及方物，乞嗣位。

卷九十　正統七年三月

壬午，詔琉球國曰：「昔我祖宗恭天明命，君主天下，無間遠邇，一視同仁，海外諸國，咸建君長，以統其衆。朕承大寶，祇奉成憲，用圖永寧。故琉球國中山王尚巴志，爰自先朝，恭事朝廷，勤修職貢，始終如一。既玆云亡，宜有承繼。其世子尚忠敦厚恭慎，克類前人，上能事大，下能保民。今遣正使給事中余忭、副使行人劉遜，賫勑封尚忠爲琉球國中山王，以主國事。爾大小頭目人等，其欽承朕命，盡心輔翼，惇行善道，俾凡國人，咸樂太平，庶副朕仁覆蒼生之意。」并勑尚忠曰：「爾遣長史梁求保奏爾父王尚巴志亡歿，良深悼念。特遣使命爾爲琉球國中山王，以主國事。爾宜篤紹爾父之志，益堅事上之誠，敬守臣節，恭修職貢，善撫國人，和睦鄰境，庶幾永享太平之福。」仍賜忠并妃皮弁冠服、金織羅襲衣及金織綵段、羅布等物。

卷九一　正統七年四月丁酉

琉球國中山王世子尚忠遣使臣達福期等進表貢馬及方物，賜宴并賜綵幣等物有差。

卷九四　正統七年七月丙子

琉球國中山王世子尚忠遣使吉且坦等來朝貢馬，賜宴并賜彩段、表裏、布有差。

卷九九　正統七年十二月甲寅

琉球國遣使臣明泰等捧表慶賀貢方物，賜宴并賜綵幣等物有差。

卷一一三　正統九年二月

庚戌，琉球國中山王尚忠遣使臣梁求保奉表來朝貢馬及方物，賜宴并紵絲、襲衣、綵幣有差。

卷一一六　正統九年五月

戊午，琉球國使臣梁回進貢還，奏乞一海船以便歲時朝貢。從之。

卷一一六　正統九年五月

乙巳，琉球國王尚忠遣通事蔡讓等、占城國王摩訶貴該遣使臣笑留該等俱來朝貢馬及方物，賜宴并綵幣等物有差。

卷一一八　正統九年七月壬午

琉球國遣使臣伍是佳美等貢馬及方物，賜綵幣布有差。

卷一二五　正統十年正月

辛卯，朝鮮國王李裪遣陪臣閔仲、琉球國中山王尚忠遣使臣梁回……來朝貢馬及方物，賜宴并綵幣、金織襲衣等物有差。

卷一二六　正統十年二月庚戌

琉球國中山王尚忠遣使者亞羅佳其等賫捧表文來朝貢馬及方物，賜宴并綵幣、襲衣等物。

卷一三八　正統十一年二月庚戌

琉球國中山王尚忠遣使臣阿普斯古等來朝貢馬駝及方物，賜宴并綵幣、表裏等物有差。

卷一五〇　正統十二年二月

甲辰，琉球國中山王尚忠遣使臣程安奉表來朝貢馬及方物，賜宴并賜綵幣、襲衣等物有差。

卷一五〇　正統十二年二月丁未

琉球國中山王世子尚思達以其父忠薨，遣長史梁球奉表請襲爵，貢馬及方物，賜宴并綵幣、襲衣等物有差。

卷一五四　正統十二年五月

辛卯朔，琉球國中山王世子尚思達遣通事蔡讓等來朝貢馬及方物，賜宴并綵幣、表裏等物有差。

卷一六二　正統十三年正月

琉球國王中山王世子尚思達遣使臣者闍班那、哈密忠順王倒瓦答失里遣使臣鬼里赤、亦力把里等地面亦迷力火者王遣使臣宰奴丁、海西塔山等衛野人女直指揮永的、建州女直都指揮召歹羊加、遼東安州達官指揮苦失帖木等俱來朝貢馬、駝、銀鼠及方物，賜宴并賜綵幣、表裏、絹布、鈔錠等物有差。

卷一六二　正統十三年正月壬子

四川長河西番人及琉球國番伴相毆會同館門外，有重傷者。事聞，上命毆至死者抵死。

卷一七六　正統十四年三月

辛巳朔，琉球國中山王尚思達遣使臣梁同等奉表來朝貢馬及方物，賜宴并賜金織紵絲襲衣、綵段、表裏等物有差。

卷一七八　正統十四年五月戊申

謫刑科給事中陳傳戍大同。初傳奉命使琉球國，道過其家，遷延不行。禮科都給事中章瑾劾奏傳福建人，福建地鄰琉球，當避嫌，却匿其貫籍，朦朧給内府金織衣一襲、鈔百錠往使。上命侍使回治之。至是還，下錦衣衛獄鞫驗，法司奏比盗内府財物者律，當贖斬，黜爲民。上命謫戍大同威遠衛。

卷一八一　正統十四年八月丁丑

琉球國中山王尚思達遣使臣馬權度等貢馬及方物，賜綵段、衣服、冠帶等物，仍令馬權度齎敕并鈔、羅、紵絲歸賜其國王及妃。

卷一八二　正統十四年九月庚辰

禮部言：琉球國使臣蔡寧等朝貢至京，欲以所賜絹匹等物往蘇州府地方貿易紗羅、紵絲回還服用。從之。

卷一八三　正統十四年九月甲午

琉球國中山王尚思達所遣陪臣馬權度等陛辭，賜宴并綵幣、表裏、襲衣，仍命權度齎敕并金織綵段、表裏歸賜其王及妃。

卷一九二　景泰元年五月丁卯

禮部奏：「琉球國通事程鴻等言，朝貢回還，欲往暹羅國貨買蘇木等物，不意中途遭風壞船，不能回國，欲將賞賜綵幣等物買木料倩工匠造船回還。宜從所言，移文福建三司，聽其自造，不許侵擾軍民。」從之。

卷一九五　景泰元年八月乙未

琉球國中山王尚思達遣使臣梁回等奉表來朝貢馬及方物，賜宴并賜綵段、表裏、絹布等物有差。

卷二〇一　景泰二年二月壬辰

琉球國中山王尚思達遣使者王察都、達思蠻長官司故土官達思剌男乃兒只監粲遣番僧朵内藏，雲南八百、車里、老撾三宣慰司宣慰使刀招孟禄等來朝貢馬及方物，賜宴并紵絲、襲衣、綵段、表裏、絹、鈔有差。

卷二〇三　景泰二年四月辛未

琉球國中山王尚思達遣使臣亞間美等奉表來朝貢馬及方物，賜宴并賜綵幣、表裏、絹、鈔有差。

卷二一四　景泰三年三月

辛丑，琉球國中山王尚思達遣使臣亞間美、陝西必里衛指揮僉事康泰、烏思藏等處番僧公葛卒陸等來朝貢馬及方物等，賜宴并衣服等物有差。

卷二一六　景泰三年五月

辛亥，琉球國中山王叔尚金福〔遣〕通事李敬等貢馬及方物，賜宴并鈔、綵幣、表裏、紵絲、襲衣等物，仍命敬等賫綵幣、表裏歸賜金福。

卷二一七　景泰三年六月庚辰

命刑部出榜禁約福建沿海居民毋得收販中國貨物、置造軍器，駕海交通琉球國，招引爲寇。時有言黄蕭養之亂多由海寇嘯聚，故禁之也。

卷二二〇　景泰三年九月

癸丑，琉球國中山王叔尚金福遣通事蔡讓等來朝貢馬及方物，賜宴及綵幣、表裏有差。

卷二二七　景泰四年三月

丁卯，琉球國中山王尚金福遣使臣吴齊、四川長河西魚通寧遠軍民宣慰司宣慰使哈思叭堅千遣把事漂兒剛、烏思藏南林吒等寺剌麻番僧班丹領占來朝貢馬，賜宴并綵幣等物有差。

卷二二八　景泰四年四月

戊申，琉球國中山王尚金福遣通事馬俊等來朝貢馬及方物，賜宴及綵幣、表裏等物。

卷二三二　景泰四年八月庚子

琉球國中山王尚金福遣通事程鴻等奉表來朝貢馬及方物，賜宴并鈔幣、表裏有差。

卷二三八　景泰五年二月己亥

琉球國掌國事王弟尚泰久遣使來朝貢，因奏：長兄國王金福薨，次兄布里與侄志魯争立，焚燒府庫，兩傷俱絶，將原賜鍍金銀印鎔壞無存。今本國臣庶推臣權國事，乞賜鑄换，用鎮邦民。命所司給之，賜使臣宴并鈔、幣等物。

卷二三九　景泰五年三月戊寅

琉球國使臣陛辭，賜宴并鈔、幣，仍命齎敕及綵幣賜其王弟尚泰久。

卷二五〇　景泰六年二月庚寅

琉球國掌國事王弟尚泰久遣陪臣梁回等來朝貢馬及方物，賜宴及綵段、表裏等物。

卷二五一　景泰六年四月

乙丑，琉球國王侄尚伯禮等欲於蘇州收買紗羅段疋及買辦釘麻等物修葺海船，禮部恐其擾民不從，帝以琉球素遵王法，與他夷不同，特命從之。

卷二五二　景泰六年四月辛卯

遣給事中嚴誠爲正使，行〔人司〕行人劉儉爲副使，賫詔封琉球國中山王弟尚泰久嗣王爵。賜敕諭之曰：「爾自先世恪守籓維，傳及爾兄，益隆繼述，敬天事上，久而愈虔。屬兹薨逝，軫于朕懷。爾乃王弟，宜紹國封，特遣使賫詔封爾爲琉球國中山王，并賜爾及妃冠服、綵幣等物。爾尚砥礪臣節，允堅藩屏之誠；懷撫國人，庶遂承先之志。欽哉！」又詔其國人曰：「帝王主宰天下，恒一視而同仁；藩屏表率國中，或同氣以相嗣。朕躬膺天命，撫馭華夷，封建諸侯，無間遠近。琉球國王尚金福既薨，其弟尚泰久性資英厚，國衆歸心，肆特遣正、副使賫敕封爲琉球國中山王。凡彼國中遠近衆庶，夙夜惟寅，宜悉心于輔翼，務循理分，罔或致于乖違。長堅忠順之心，永享太平之福。故兹詔示，咸使聞知。」

卷二五三　景泰六年五月

辛酉，琉球國遣通事馬俊等、朝鮮國王李弘暐遣陪臣李鳴謙等俱來朝貢馬及方物，賜宴并綵幣、表裏、金織紵絲襲衣等物。

卷二六四　景泰七年三月

甲戌，琉球國掌國事王弟尚泰久、陝西岷州衛大崇教寺弘慈廣善國師鎖南藏卜各遣人來朝貢馬，賜宴及鈔、帛。

卷二七六　天順元年三月

辛巳，琉球國王尚泰久遣使臣程鵬等、朝鮮國王李瑈遣使臣權聰等來朝貢馬及方物，賜宴并賜綵幣表裏等物有差。

卷二八七　天順二年二月

乙未，安南國王黎濬遣陪臣黎希葛等、琉球國中山王尚泰久遣使臣吴是堪美等、朝鮮國王李瑈遣陪臣李登珪等……各來朝貢馬及方物，賜宴并賜綵幣、表裏有差。

卷三〇〇　天順三年正月

己卯，琉球國中山王尚泰久遣使臣李敬等來朝貢馬及金銀器皿等物，賜宴及綵幣、表裏、襲衣有差。

卷三〇一　天順三年二月甲申

禮部奏：琉球國中山王尚泰久奏稱，本國王府失火，延燒倉庫銅錢貨物，欲將附搭蘇木等貨照永樂、宣德間例給賜銅錢。且銅錢係中國所用，難以准給，宜將估計鈔貫照舊六分京庫摺支闊生絹匹，其四分移文福建布政司收貯紵絲、紗羅、絹布等物，依時直關給。從之。

卷三一三　天順四年三月辛巳

　　朝鮮國王李瑈、琉球國中山王尚泰久各遣使來朝貢方物，賜宴及綵幣有差。

卷三二五　天順五年二月

　　庚寅，朝鮮國王李瑈遣陪臣宋處寬等、琉球國中山王尚泰久遣陪臣王察等來朝貢馬及方物，賜宴及綵幣等物如例。

卷三三七　天順六年二月庚寅

　　琉球國王尚泰久遣使臣程鵬等來朝貢方物，并迤北等處使臣阿失等、海西兀者衛野人女直指揮禿魯出等、烏思藏刺麻僧人鎖南桑爾加等、陝西西寧衛寬覺等寺完卜刺麻干丹藏卜等、雲南八百大甸軍民宣慰司頭目板門等、四川鹽井衛馬剌長官司土官副長官敬男阿勝等各來朝貢馬、駞、海青、兔、鶻、土豹方物，賜宴并綵幣、表裏等物有差。

卷三三九　天順六年四月

　　辛卯，命吏科右給事中潘榮、行人司行人蔡哲充正、副使，往琉球國祭故王尚泰久，并封其世子尚德爲王。且詔之曰：「朕紹帝王之統，纘祖宗之緒，主宰天下，一視同仁，撫馭華夷，靡間遐邇。惟爾琉球國僻居海島，密邇閩中，慕義來庭，受封傳業，蓋有年矣。故國王尚泰久克篤勤誠，敬天事大，甫餘六載，倏爾告終，先業攸存，可無承繼？其世子尚德性資仁厚，國衆歸心。兹特遣正使吏科右給事中潘榮、副使行人司行人蔡哲，齎詔往封爲琉球國中山王，仍賜以皮弁冠服等件。凡國中官僚士庶，宜同心輔翼，作我外藩。於乎！循理謹度，永堅率俾之忠；親族睦鄰，丕冒咸寧之化。故茲詔示，悉使聞知。」

卷三四九　天順七年二月戊辰

琉球國中山王世子尚德遣使臣崇嘉山等、朝鮮國王李瑈遣陪臣柳子煥等來朝貢馬，賜宴及綵幣、表裏等物有差。

憲宗實録

卷三　天順八年三月癸酉

琉球國中山王尚德遣使臣進表貢方物，賜綵段、冠帶、襲衣有差。仍命使臣領詔書并賜國王、王妃文錦、綵段等物，回國開讀給賜。

卷十五　成化元年三月丁卯

琉球國中山王尚德遣弟尚武等奉表來朝貢馬及方物，賜宴并衣服、綵段等物。

卷二八　成化二年閏三月

乙亥，琉球國中山王尚德遣使臣程鵬等奉表來朝貢馬及方物，賜宴并衣服、綵段等物有差。

卷四〇　成化三年三月乙酉

琉球國中山王尚德遣長史蔡璟等來朝貢馬及方物，賜綵段等物有差。

卷六三　成化五年二月戊申

琉球國中山王尚德遣長史蔡璟等奉表來朝貢馬及方物，賜宴并綵段等物有差。

卷六六　成化五年四月丙辰

廣東市舶司奏：有番舶被風吹至九星洋，審知是琉球國所遣使臣來貢者，告欲貿易土貨往福建造船回國。禮部覆奏，宜移文廣東巡撫等官嚴加譯審，果無虚詐，方許貿易。仍諭各夷今後進貢務由福建故道，且禁約下人不得因而侵損，失彼向化之心。從之。

卷七三　成化五年八月

丙申，琉球國中山王尚德遣使臣查農是等來朝貢方物，賜宴并綵段、表裏等物有差。

卷七八　成化六年四月庚戌

琉球國中山王尚德遣使臣程鵬等奉表來朝貢馬及方物，賜宴并綵段等物有差。

卷八九　成化七年三月甲申

琉球國中山王世子尚圓遣使臣蔡璟等來朝貢方物，報其國王尚德薨逝及請封爵，賜璟等宴并衣服、綵段等物。

卷八九　成化七年三月

丁亥，遣都給事中丘弘爲正使，行人韓文爲副使，往琉球國封其世子尚圓爲中山王，并齎儀物行慶吊禮。

卷八九　成化七年三月戊戌

琉球國使臣蔡璟以織金蟒龍羅衣雇匠紉製，時錦衣衛校尉有緝獲市民與外國人交通者，刑部鞫之，疑其羅出於私交者，皆不服。及詢璟，固稱爲國王受賜於先朝者。事聞，上命禮部稽舊籍有無，禮部云無，遂收貯内庫，仍敕諭其國王知之。

卷一〇一　成化八年二月

戊子，琉球國中山王世子尚圓遣長史梁應奉表來朝貢馬及方物，賜宴并綵段等物有差。

卷一一五　成化九年四月

丁卯，琉球國中山王尚圓遣王舅武實等來朝貢方物謝恩，宴賜如例。武實復奏國王嘗遣人往滿剌加國收買貢物，被風壞舡，漂至廣東，有司轉送福建，俟臣等同還，乞自備工料修舡回國。許之。

卷一二七　成化十年四月

丙辰，琉球國中山王尚圓遣使臣沈滿志等來朝貢馬及方物，賜宴并綵段等物有差。仍以鈔絹酬其自貢物直，滿志等乞如舊制摺給銅錢，不許。

卷一三九　成化十一年三月

己未，琉球國中山王尚圓遣使臣程鵬等來朝貢方物謝恩，賜宴并金織衣、綵段等物有差。

卷一四〇　成化十一年四月

戊子，琉球國使臣程鵬奏，乞如常例歲一朝貢。下禮部覆奏：去年福建守臣言琉球國使臣登岸殺死懷安縣民陳二觀夫妻，焚其房屋，刼其財物，訪察不獲。今鵬等將還，宜令齎敕省諭，并定以貢期。上從之，敕其王尚圓曰：「王遣使赴京朝貢，已如例賞賜遣還。近福建鎮守巡按等官奏通事蔡璋等還次福州，殺人刼財，非法殊甚。今因使臣還，特降敕省諭。敕至，王宜責問璋等故縱其下之罪，并追究肆惡之徒，依法懲治。自後定爲例，二年一貢，止許百人，多不過更加五人。除國王正貢外，不得私附貨物，并途次騷擾，有累國王忠順之意，王其省之。」

卷一五一　成化十二年三月

戊申，琉球國中山王尚圓遣使臣梁應等奉表貢馬及方物來朝謝恩，賜宴并金織衣、綵段等物有差。

卷一五二　成化十二年四月戊子

巡按福建監察御史葉稠及都、布、按三司奏：市舶提舉司專理琉球一國貢物，事務不繁，内官施斌既卒，宜勿更差而兼屬之鎮守太監盧勝，庶民不擾。上不從，即敕内官韋查以往。

卷一六四　成化十三年三月壬申

琉球國中山王尚圓遣使臣李榮等、續遣使臣程鵬等各奉表貢馬及方物來朝謝恩，賜宴并金織衣、綵段等物有差。

卷一六五　成化十三年四月

丙寅，琉球國王尚圓復請歲一遣使朝貢，不許。先是，王奏請歲一朝貢，已降敕省諭令二年一至，至是復以爲請，命仍如前敕。

卷一七七　成化十四年四月甲辰

琉球國中山王世子尚真遣長史梁應等進表箋貢馬及方物，請襲封王爵，賜宴并金織衣、綵段等物有差。

卷一七七　成化十四年四月

丙午，命兵科給事（文）〔中〕董旻爲正使，行人司右司副張祥爲副使，齎詔往琉球國封世子尚真爲中山王，賜以皮弁、冠服、金箱犀帶，并以紵絲、羅等物賜王及其妃。

卷二〇一　成化十六年三月

辛卯，兵科給事中董旻、行人司司副張祥充正、副使封琉球國世子尚真爲中山王，王贐之金，旻等受之歸，具實以聞，請付其使臣領回或送官公用。上命旻等受之。

卷二〇二　成化十六年四月

辛酉，琉球國中山王尚真奏：「臣伏讀《祖訓》條章，許臣國不時朝貢，故自臣祖父以來，皆一年一貢。邇年巡撫福建大臣以臣國使有違法規利者，令臣二年一貢，此誠臣之罪也。然臣祖宗所以慇懃效貢者，實欲依中華眷顧之恩，杜他國窺伺之患，乞仍舊例。」上不允。及其使臣馬怡世陛辭，乃賜尚真敕曰：「曩因爾國使臣入貢，往往假以饋送爲名，汙我中國臣工，其實以爲己利。又不能箝束傔從，以致殺人縱火，强劫民財，又私造違禁衣服等物。俱有顯跡，故定爲二年一貢之例。朝廷富有萬方，豈爲爾一小國而裁省冗費哉？此例既定，難再紛更。特兹省諭，王其審之。」

卷二二〇　成化十七年十月癸卯

賜海外諸國及西域番王敕。先是外夷朝貢者於所過驛傳需索無厭，至是禮部奏請因其使回，降敕諭其國王。敕曰：「日者海外諸國并西域番王等遣使臣朝貢，沿途多索船馬，夾帶貨物，裝載私鹽，收買人口，酗酒逞兇，騷擾驛遞，非違禮法，事非一端。所經官司，累章陳奏，欲依國法治之則念其遠人，欲不治之則中國之人被其虐害。今特降敕開諭，繼今以後，王遣使臣必選曉知大體、謹守禮法者，量帶傔從，嚴加戒飭，小心安分，毋作非爲，以盡奉使之禮，以申納款之忱。俾奉使者得以保全，供應者得免煩擾，豈不彼此兩全哉？」（按：此敕亦發琉球一體遵行，見《歷代寶案》第一集卷一。）

卷二二五　成化十八年三月

辛巳，琉球國中山王尚真遣使臣梁應等來朝貢馬及方物，賜宴并綵段、絹布有差。

卷二二六　成化十八年四月甲辰

琉球國中山王尚真奏乞以其陪臣之子蔡賓等五人於南京國子監讀書。禮部按洪武、永樂、宣德間例以聞。上曰：「海南遠夷嚮慕文教，朕甚嘉之。矧在先朝已有舊制，其令蔡賓等於南監肄業，有司歲給衣服廩饌，毋令失所，務俾通知中國禮義，永遵王化，顧不美歟？」

卷二二六　成化十八年四月壬子

琉球國中山王尚真復乞不時進貢。不許。尚真屢上疏，至是復請，稱以小事大，如子事父。禮部言其意實假進貢以規市販之利，宜不聽其所請。上賜敕諭之曰：「朝廷定爾國二年一貢之例，事已具前敕，茲不再言，但臣之事君，遵君之敕可也，屢違敕奏擾可乎？子之事父，奉父之命可也，屢方命陳瀆可乎？所以固拒者，非爲惜費，蓋二年一貢，正合中制，朕所以恤小之意實在此。王其欽遵之，毋事紛更。」

卷二二六　成化十八年四月甲子

禮部奏：「琉球國進貢舊例到京少則四五十人，多則六七十人，俱給賞有差。邇因各夷進貢，率多姦弊，每國止許五七人，不過十五人到京，餘俱留邊以俟。今福建以例止容正議大夫梁應等十五人赴京，既已給賞，餘六十七人俱留之，布政司宜發官帑以次均給，庶不減削太甚，失柔遠之意。」從之。

卷二五〇　成化二十年三月

乙巳，琉球國中山王尚真遣使臣程鵬等來朝貢馬及方物，賜宴并綵段、布絹有差。

卷二五〇　成化二十年三月戊申

琉球國中山王尚真奏：永樂年間所賜船破壞已盡，今止存其三，乞自備物料於福建補造。下禮部覆奏，宜聽補造其一。從之。

卷二七六　成化二十二年三月壬申

琉球國中山王尚真咨禮部：官生蔡賓等五人在南京國子監肄業已經五年，乞放回本國省親。禮部覆請，上曰：「昔陽城在太學，諸生三年不歸省者斥之。矧在遠方外國，豈可長留不遣？其即放歸，以遂其定省之私。」

卷二七七　成化二十二年四月

辛巳，琉球國中山王尚真遣使臣蔡曦等來朝貢馬及方物，賜宴并綵段等物有差。

孝宗實録

卷八　成化二十二年十二月戊辰

琉球國中山王尚真遣陪臣馬審禮等進表箋貢方物謝恩，賜宴并賜冠帶衣服、綵段等物有差。仍命使臣領詔書并賜國王、王妃文錦、綵段等物，回國開讀給賜。

卷九　弘治元年正月甲子

命却琉球國入貢使臣之從浙江來者。舊例，琉球二年一貢，俱從福建布政司比號，今來非正路，又非年例，故有是命。

卷十三　弘治元年四月庚子

琉球國官生蔡賓隨其國使臣來朝貢，因言成化中蒙本國奏送南京國子監讀書，今吏部尚書劉宣時爲祭酒，特加撫恤，今乞容執贄於宣所致謝。許之。

卷三六　弘治三年三月

辛巳，琉球國中山王尚真聞大行皇帝賓天，遣使者馬仁等進香。

卷三七　弘治三年四月

癸卯，琉球國中山王尚真遣其舅麻勃都等來貢，賜宴并金織襲衣、綵段等物有差。

禮部覆議琉球國中山王尚所奏，一謂本國來貢人員近止許二十五人赴京，物多人少，恐致疎失，宜更增五人，以順其情。一謂本國貢船抵岸，所在有司止給口糧百五十名，其餘多未得給，亦宜增給二十名。議上，從之。

卷六二　弘治五年四月

癸卯，琉球國中山王尚真遣正議大夫梁德等來貢，賜王錦段等物，賜德等宴并衣服、綵段等物有差。

卷八七　弘治七年四月壬戌

琉球國中山王尚真遣正議大夫梁德等奉表來朝貢方物，賜宴并綵段衣服等物有差，回賜王錦段等物如例。

卷一一二　弘治九年四月

丙戌，琉球國中山王尚真遣正議大夫鄭玖等貢方物謝恩，回賜王及王妃錦段等物如例，賜玖等宴并綵段、表裏有差。

卷一六〇　弘治十三年三月壬午

琉球國中山王尚真遣正議大夫鄭玖等來貢，回賜王錦段等物如例，賜玖等宴并綵段、表裏等物有差。

卷一七六　弘治十四年七月

甲戌，詔福建守臣：「今後琉球國進貢方物，除胡椒、蘇木每一石斤准令加五十斤以備摺耗，番錫不必加增外，其餘附帶物貨，召商變賣者，不許勸借客商銀兩及夷商私出牙錢。其布政司等衙門、市舶太監等官，俱不許巧取，以困夷人，違者罪之，著爲令。」以琉球國使臣奏守臣虐削故也。

卷一八六　弘治十五年四月

庚戌，琉球國中山王尚真奏請自令本國使臣往福建地方補造海船，以便往回。禮部覆奏，上從之。

卷二〇四　弘治十六年十月庚子

先是，琉球國王遣使人吴詩等乘舟之滿剌加國，遇風舟覆，詩等一百五十二人漂至海南登岸，爲邏卒所獲，廣東守臣以聞。上命送詩等於福建守臣處，給糧養贍，候本國進貢使臣去日歸之。

武宗實録

卷二四　正德二年三月丙辰

琉球國中山王尚真奏，乞每歲一貢。禮部覆議：「琉球其初朝貢不時，至成化十一年，因使臣回至福州殺掠爲患，始敕令二年一貢。比以入貢過違期限，乃爲此奏，以飾其非。今宜如成化間敕，庶不失馭夷之正法。」上以琉球外夷也，令如舊歲一入貢。

卷二五　正德二年四月

庚辰，琉球國中山王尚真遣王舅亞嘉尼施等來朝貢方物馬匹，賜宴并綺幣、金織衣物有差。

卷二五　正德二年四月乙酉

琉球國使臣長史蔡賓奏：乞自備材木修造入貢小船二隻。禮部議行鎮巡官驗實量修，不必改造。賓復奏，上曰：「賓夷人也，宜從其請。令鎮巡官以二船如例拆卸，聽本夷自辦材木補造，第勿過式。」

卷四七　正德四年二月戊辰

琉球國中山王尚真遣正議大夫程璉、朝鮮國王李懌遣陪臣户曹參判韓亨允各來朝貢方物，賞綵段、絹布有差。

卷七四　正德六年四月庚辰

琉球國中山王尚真遣正議大夫梁能等來朝貢方物，賜宴并賞綵段、絹帛有差。

卷一〇七　正德八年十二月

己亥，琉球國中山王尚真遣長史蔡遷等貢馬及方物，賜宴并賞綵段等物有差。

卷一二三　正德十年四月

庚子，琉球國中山王尚真遣長史陳義等奉表來朝貢方物馬匹，賜宴并賞綵段等物有差。

卷一三五　正德十一年三月

庚戌，琉球國中山王尚真差陪臣正議大夫梁能等來朝貢方物馬匹，賜宴并賞綵段、布絹有差。

卷一四七　正德十二年三月己亥

琉球國中山王尚真遣正議大夫陳義等來貢，賜宴給賞如例。

卷一四九　正德十二年五月辛丑

命番國進貢并裝貨舶船榷十之二解京，及存留餉軍者俱如舊例，勿執近例阻遏。先是，兩廣姦民私通番貨，勾引外夷，與進貢者混以圖利，招誘亡命，略買子女，出没縱横，民受其害。參議陳伯獻請禁治之，其應供番夷，不依年分，亦行阻回。至是右布政使吴廷舉巧辯興利，請立一切之法。撫按官及户部皆惑而從之，不數年間，遂啓佛朗機之釁。副使汪鋐盡力勦捕，僅能勝之。於是每歲造船鑄銃爲守禦計，所費不貲，而應供番夷皆以佛朗機故一概阻絶，舶貨不通矣。利源一啓，爲患無窮，廷舉之罪也。

（按：此後琉球進貢亦循此例。）

卷一六〇　正德十三年三月戊辰

琉球國中山王尚真遣長史蔡遷等來朝貢馬匹、方物，賜宴賞綵幣等物有差。

世宗實録

卷十四　嘉靖元年五月

戊午，敕琉球國王尚真遵先朝舊例二年一次朝貢，每船不過一百五十人，仍命福建巡按御史查勘驗放。

卷三八　嘉靖三年四月壬寅

琉球國中山王尚真遣長史金良等二十人來貢馬及方物，賜宴及綵幣、布鈔有差。

刑部覆御史王以□議：「福建濱海居民，每因夷人進貢，交通誘引，貽患地方，宜嚴定律例。凡番夷貢船官未報視而先迎販私貨者，如私販蘇木、胡椒十斤以上例；交結番夷互市稱貸、紿財構釁，及教誘爲亂者，如川、廣、雲、貴、陝西例；私代番夷收買禁物者，如會同館内外軍民例；攬造違式海船，私鬻番夷者，如私將應禁軍器出境因而事泄律，各論罪。怙惡不悛者，并徙其家。第前所引例已足盡法，徙家太重，請勿連坐。仍通行浙江、廣東一體榜諭。」從之。

卷四九　嘉靖四年三月戊寅

先是，琉球國使臣鄭繩齎表文方物來貢並稱謝，業已奏進表文，而方物以舟敗未及上。至是復遣繩來，福建守臣以聞，得旨：繩等就彼中宴賚如例，諭遣還國，方物令所司轉運。

卷五二　嘉靖四年六月己亥

遣琉球夷人蔡淵等、日本夷人妙賀等各歸國。敕諭日本國王，以宋素卿等、林等兇叛就戮，妙賀等無罪，以禮遣還，其元惡宗設及佐謀倡亂數人亟捕縶縛送中國，以聽天討，餘並罔治。擄去人民仍優恤送歸，否者將閉絶貢路，徐議征討。時有琉球國貢使鄭繩歸國，即令齎敕轉諭之。

卷八七　嘉靖七年四月庚戌

琉球國中山王世子尚清遣陪臣正議大夫鄭繩等進貢請封，賜宴賚如例。

卷一一一　嘉靖九年三月甲辰

琉球國王世子尚清遣陪臣蔡瀚齎方物、馬進貢。先是，國王尚真於五年薨，六年，其世子尚清遣長史鄭繩等請封，繩等回至海中溺死。至是復遣瀚等來貢，因申其請，并請原送監讀書官生蔡廷美等四人還本國婚娶。禮臣以爲襲封重事，當命福建鎮巡官查訪申報。其欲廷美等歸國，宜聽其請。上從之，命給賞綵段、布、鈔有差。瀚來，以日本國王源義晴因託齎表文，言向爲本國多虞，干戈梗路，正德勘合不達東都，以故宋素卿捧弘治勘合而來，乞恕其罪，遣還歸國。并乞新勘合、金印，復修常貢。禮部驗其文俱無印篆，言夷情譎詐，不可遽信，乞敕琉球國王遣人傳諭日本，令其擒獻宗設，送回擄去指揮袁璡，然後參酌奏請裁奪。上從之。

卷一三七　嘉靖十一年四月壬午

初，琉球國中山王尚真卒，其世子尚清遣使入貢請封，詔下福建守臣勘報。至是，復遣其正議大夫金良等貢獻方物，并以國中臣民結狀來。上詔禮部議遣使册封，宴賚其使臣如例。

卷一三八　嘉靖十一年五月癸亥

遣吏科左給事中陳侃爲正使，行人司行人高澄爲副使，往琉球封故中山王尚真子清爲中山王。

卷一六一　嘉靖十三年三月

戊辰，琉球國中山王世子尚清遣陪臣正議大夫梁椿等貢馬及方物，宴賚如例。

卷一六九　嘉靖十三年十一月

己巳，先是四夷貢使至京師皆有防禁，五日一出館，令得遊觀貨易，居常皆閉不出，唯朝鮮、琉球使臣防之頗寬。已而亦令五日一出。至是朝鮮國王李懌以五日之禁乃朝廷所以待虜使，而己爲冠裳國，恥與虜同，由禮部以請，詔弛其禁。

卷一七七　嘉靖十四年七月

丙戌，先是左給事中陳侃奉使琉球，因訪其山川風俗，撰《使琉球録》一册進呈，請下史館，以備採擇。從之。復言往來海中時值風濤之險，多藉神庥，不致顛覆，乞賜祭以答神貺。禮部議，令福建布政司設祭一壇，不爲例。報可。

卷一八三　嘉靖十五年正月乙丑

琉球國中山王尚清差王舅毛實等上表謝恩貢方物，給賞如例。

卷二三五　嘉靖十九年三月乙未

琉球國中山王尚清差長史梁梓等來朝貢馬匹、方物，宴賞如例。因奏請補造海船四號續貢，許之。令其後次使臣到，聽自備工料，如式補造，禁不許因而違例生事。

卷二六一　嘉靖二十一年五月

庚子，初，漳州人陳貴等私駕大舡下海通番，至琉球爲其國長史、通事蔡廷美等招引入港，適遇潮陽海船争利，互相殺傷。廷美安置貴等於舊王城，盡没其貲，貴等夜奔，爲所掩捕，多見殺。國王尚清知之，下令國中，乃止。至是械繫貴等七人，誣其爲賊，遣廷美等賫表文送至福建，欲赴京陳奏。巡按御史徐宗魯會同三司官重加譯審，列狀以聞，留廷美等待命。上下部議。部臣覆奏：貴等違法通番，自有律例。但琉球國王尚清縱容夷人屢次交易，又奪取貨物，覊留人衆，横肆屠戮，復誣以爲賊，其欺謾恣肆，宜加切責，仍聽本部移咨戒諭，不得輕與中國商民交通貿易。得旨：「貴等（爲）〔違〕法通番，着遵國典，從重處治。琉球國既屢與交通，今乃敢攘奪貨利，擅自拘殺我民，且誘誣以爲賊，詭逆不恭，莫此爲甚。夷使蔡廷美本宜拘留重處，念素係朝貢之國，姑從寬放回，後若不悛，即絶其朝貢。令福建守臣備行彼國知之。」

卷二八〇　嘉靖二十二年十一月丙辰

琉球國中山王尚清差正議大夫陳賦等來朝貢馬及方物，賜宴及綵段、紗羅等物，報賜其王禮幣。

卷二八〇　嘉靖二十二年十一月

己巳，先是，琉球國官生梁炫等四人遣學南京國子監，至是逾七年，國王尚清因奏使移文禮部，言諸生荷蒙作養，頗曉文理，年已長成，兼本國乏人應用，乞遣歸婚娶。詔給咨糧驛騎，遣人護歸。

卷三〇二　嘉靖二十四年八月

丁未，琉球國中山王尚清差長史梁顯等奉表貢方物，兼送還朝鮮國漂流人口，宴賞如例。

卷三五六　嘉靖二十九年正月

乙酉，琉球國中山王尚清遣陪臣梁顯等入貢，宴賞如例。

卷三五七　嘉靖二十九年二月丁巳

琉球國王尚清遣陪臣子伍人詣京師請入監讀書，詔許之。

卷四二七　嘉靖三十四年十月

庚午，琉球國中山王尚清遣其正議大夫梁顯等朝貢方物，宴賚其使，回賜王如例。尚清復移文禮部，言貢舟至港，其勢必壞，請令入貢使臣買海上民舡駕還。詔福建守臣覈狀聽買，不得過大。

卷四二八　嘉靖三十四年十一月

辛亥，先是，琉球國中山王尚清遣官生蔡朝用等五名就學南京國子監，至是在監五年，請歸國省親聽用。許之，遣使送歸。

卷四三三　嘉靖三十五年三月

辛巳，禮部奉旨覆查祖宗時宣諭日本故事。宣德七年曾遣内臣柴山齎敕至琉球，令傳諭日本來朝。嘉靖二年爲宗設等犯順，而琉球貢使適至，復令諭之。此皆以夷馭夷事之已效者也。今朝鮮慕義在琉球之上，又嘗有遮殺宗設功，爲諸夷所憚，請俟其使至，給敕宣諭如兵部言。詔可。既而會浙直奏凱，事寢不行。

卷四五五　嘉靖三十七年正月

乙亥，先是三十五年倭寇自浙直敗還入海，至琉球國境上，中山王世子尚元遣兵邀擊，盡殲之，得中國被虜人金坤等六名。至是，遣陪臣蔡廷會等入貢獻還。坤等因言，遠夷窮島入貢之使，須乘夏令遇南風（迅）〔汛〕始得歸國，乞如三十四年例，聽于福建海口每歲自行修買歸舟，不候題請。上嘉其忠順，許之。仍賜敕獎諭，賞銀五十兩、綵幣四襲，獲功人馬必度及廷會等俱厚賜遣之。

卷四五七　嘉靖三十七年三月丙子

刑科給事中吴時來、刑部主事張翀、董傳策交章論劾大學士嚴嵩納賄誤國，杖時來。疏曰：「近者，皇上赫然震怒，逮治誤事邊臣，遠邇聞之，無不忻躍。臣謂邊臣尅剥軍餉，以餽執政，罪也；若執政受其餽而與之合黨欺君，獨得無罪乎？嵩輔已二十年，文武進退，悉出其手，又私令其子世蕃入直，爲之票擬章奏，納賂招權，九邊臣苴槖入，入世蕃後達嵩所。遠則趙文華、王汝孝、張經、蔡克廉，近則楊順、吴嘉會，皆剥民膏以市私交，虛官帑以實奸竇。明主在上，已洞見一二，而言官如給事中袁洪愈、張燈，御史萬民、英一屢及之矣。顧多旁指微諷，無直攻嵩父子者。臣竊以爲，今邊事之不振，由於軍困，軍困由于官邪，官邪由于謀國之無人，所謂去惡務本，塞水從源，何暇治穿窬之盜、攻標末之疾乎？」翀疏曰：「臣竊觀國家有三大政，皆嚴嵩父子壞之。督撫將帥□進不擇其才，行賞不論其功，修邊築堡不覈其實，但金多而終厚者或指敗爲功，或以入爲遁，而國家備邊之政壞矣。户部錢糧以十分計之，四分輸邊，六分餽嵩父子及其家奴永年，即永年之富，已至數十萬，此皆各省水陸之所供，貧軍衣糈之所賴，日攫月攘，安得不窮？而國家理財之政壞矣。嵩既以虎狼之威，得世蕃爲爪距，取朝廷名器爲己騙局，故一時無恥之徒，如蠅集腐，如蛆嘬穢。有以三千五千調美官者，有以七百八百得與選者，公行白日，乞哀昏夜，遂至靡然成風，如喪心病狂，而祖宗二百年來所培養忠臣節士之氣，又至嵩父子壞盡矣。欺天欺君，神怨人怨，天下之士雖復有懷忠憤激，深圖社稷之憂者，而外則窘于才辯之不及，内則怵于機械之中傷，自非九重英斷，早除此二蠹，則雖有韓、白杖鉞，桑、孔持籌，亦不能爲也。」傳策疏曰：「臣竊庸陛下發帑金以濟邊，而邊餉日虚；設科目以養士，而士氣日靡。夫天地生物，止有此數，〔不〕在官則在民。今上不在官，下不在民，臣不知安所在乎？陛下試檢之，嚴嵩家當有富于内藏者。吏、兵二部選官至持簿入嵩之門，任其堪發，故俗呼文選郎中萬宷爲文管家，職方郎中方祥爲武管家，言其爲之掌則服役不異奴隸也。採木侍郎劉伯躍、提督尚書趙文華，所侵盗官銀以鉅萬萬，皆航浮卒輓，歲時侵潤。天下藩臬諸司，相與則而效之，驛地爲之騷動，公私爲之耗竭。以致主憂于上，民怨于下，而嵩方洋洋坐政府，自謂得計。回視要地，皆彼心腹，莫敢出一語，即有能自振拔者，亦不得不隨風而靡，有君無臣，誠可惋惜。陛下何愛一嵩父子，不快天下之憤，增三軍之氣乎？」時大學士徐階雅不與嵩同道，嵩意忌之，來與翀皆階門生也，傳策松江人，與階同鄉，而時來又先任松江推官。疏上，嵩乃大疑階，密奏三臣同日構陷，必有人使之。且時來已遣使琉球，疑其海行欲藉口自脱。得旨：「邊臣不忠，欺君禍國，已處治之。時來原非真忠爲主，本懷譏怨朕躬事玄怠政，故先言一二遠臣，次及輔首，此必有主使同計者。又日久奉使不行，輒以亡命自待，假此沽名，錦衣衛其逮送鎮撫司嚴刑訊鞫，同翀與傳策各追究主確之人以聞。」已而三臣逮對詔獄，百方掠訊，備極楚毒，竟不言主使者，曰此：「高廟神靈教臣爲此言爾。」鎮撫司乃以翀、傳策相爲主使，并時來俱以誣罔成獄讞上，詔俱發烟瘴衛所充軍。嵩尋亦乞罪，上優詔不允。

卷四五八　嘉靖三十七年四月戊寅

遣刑科右給事中郭汝霖、行人李際春持節册封琉球國中山王尚清世子尚元爲中山王。

卷五一〇　嘉靖四十一年六月

癸丑朔，琉球國中山王尚元遣其舅源德等入貢謝恩，宴賚如例。

穆宗實録

卷六　隆慶元年三月丙子

鑄造日本等國、雲南四夷、車里宣慰使司等處信符金牌。（按：新君登基例頒新符，以作朝貢通行憑證。）

卷十四　隆慶元年十一月丁丑

琉球國中山王尚元遣使貢馬匹方物，宴賞如例。

卷四十　隆慶三年十二月

辛酉，琉球國中山王尚元遣其臣守備由必都等歸我日本虜去人口。守臣以聞，上嘉尚元屢效忠誠，賞銀五十兩，綵段四表裏，仍賜敕獎勵由必都等，各給銀幣有差。

卷六三　隆慶五年十一月辛巳

琉球國中山王尚元差正議大夫鄭憲等上表謝恩貢馬及方物，宴賞如例。

卷六三　隆慶五年十一月乙酉

琉球國中山王尚元遣使送回被虜人口。上以其屢效忠誠，賜敕獎諭，仍賜銀五十兩、綵段四表裏，其獲功人等賚金帛有差。

神宗實録

具奏。

卷十九　萬曆元年十一月

乙巳，琉球國中山王世子尚永差陪臣齎表箋朝貢，請襲封王爵。下禮部行福建鎮巡等官查勘

卷二十　萬曆元年十二月甲子

賞琉球國差官表裏、綿布并給蘇木價值生絹。

卷二十　萬曆元年十二月癸酉

禮部覆奏琉球世子呈送被虜人民，請照例賞賚。上以尚永世敦忠誠，賞銀五十兩、綵段四表裏，降勅獎勵，仍賞其使臣銀幣有差。

卷四五　萬曆三年十二月戊寅

琉球送回倭擄漂至男子鄭良㺷、鄭良班等，賞銀五十兩，寫勅獎勵。

卷四六　萬曆四年正月乙卯

琉球國中山王世子尚永差正議大夫蔡朝器等賫表文方物入貢，賞綵段、絹布等物，仍于常例外每五日另給雞、鵞、米、麵、酒、果以示優異。朝鮮、暹羅使臣亦如之。

卷五二　萬曆四年七月丁酉

封琉球國世子尚永爲中山王。以户科左給事中蕭崇業爲册封使，行人謝杰爲副使，賫皮弁、冠服、玉珪往。仍賜崇業等各大紅織金胷背麒麟、白澤羅圓領各一件，緑羅褡䕶青羅貼裏各一件，例也。

卷五三　萬曆四年八月甲申

户科左給事中蕭崇業等以册封琉球頒去詔敕，彼國每欲請留，亦遠人欽崇之意，不宜靳。使臣奉將王命，遠涉海濤，所賴百靈爲之呵護，宜令翰林院撰祭文，布政司備祭，以隆祈報。所造過海舡隻，督以府佐，仍委廉幹指揮一員副之，務期堅好。即以指揮、監軍與工匠一併隨行。凡一切飲食、器械，及觀星占風、聽水察土、醫卜技藝之人俱備。悉如議。

卷六九　萬曆五年十二月癸未

琉球國中山王世子尚永遣正議大夫梁灼等赴京進貢，宴賞如例。

卷一一七　萬曆九年十月戊申

琉球國中山王尚永差正議大夫梁燦等赴京進貢，宴賞如例。

卷一四二　萬曆十一年九月庚申

琉球國中山王尚永差官梁灼齎貢表文、方物、馬匹，宴賞如例。

卷一八五　萬曆十五年四月壬子

琉球國中山王尚永差都通事齎表文進貢方物，賜綵段、鈔錠及宴待如例。

卷一九一　萬曆十五年十月壬午

琉球國中山王尚永差正議大夫鄭禮等貢方物謝恩，賜宴賞如例。

卷一九二　萬曆十五年十一月甲寅

差通事官伴送南京國子監讀書琉球國官生鄭周等三名回國任用。

卷二四二　萬曆十九年十一月

辛卯，琉球中山王世子尚寧差官鄭禮等，照例賞賜，着尚書李長春宴待。仍移咨該國世子，速請襲封，鎮壓彼國，毋以地方多事爲辭。

卷二七九　萬曆二十二年十一月

己亥，宴琉球國進貢使臣鄭禮等如例。

卷二八〇　萬曆二十二年十二月乙卯

前崇明擒獲夷船，再加譯審，令琉球國陪臣認識，實非倭人。兵部覆請就令琉球陪臣帶回本國，以彰不殺屬夷之仁，仍賞捕船員役，以示激勸。上曰：「今後沿海地方獲有夷人船，還要詳譯真僞，毋得希圖功賞，枉害遠人。」

卷二八五　萬曆二十三年五月丙申

琉球國使者于灞等爲世子尚寧請封。琉球故世奉正朔，自關白擾害，欲臣之，世子不爲屈，故于灞等來乞封，閩撫臣許孚遠代爲請。禮科薛三才以故事，琉球請封必俟世子表請，若祇憑夷使而遽與之，似爲太褻。禮臣范謙請遣官班封于福建省城，俟世子具表前來，然後許封，聽使臣面領。從之。

卷二九七　萬曆二十四年五月庚午

兵部尚書石星奏：「文武體統不同，夷狄情形亦異。查得琉球出使，皆用文臣，虜王頒封，皆用武弁。今日本之封正與虜王相類，又事係創始，禮節難周。在武臣或可權宜，在文臣豈容假借？倘威儀不備，順之不可，責之不能，將安從乎？況李宗城既出，倭必馳報關白，向雖恭順無譁，今則情形難料。科臣到彼，不入則無以報命；輕進則恐蹈不測，是不可不熟慮也。且關白欲封果真，必已遣將來迎，方亨來便前去，事機甚便。若科臣奉命，計其請敕等項，旬日始得出京，即兼程前去，亦必兩月始到，稽遲既久，變故易生，一番舉動，又成畫餅。頃者册封諸王，皇上念六科乏人，不准差用，而外夷之封，較之諸王猶輕，是又可以無遺矣。」星復稱病。上言：「昨元輔等亦説科臣往封不便，恐破壞彼中事情，招釁失信。依擬，令楊方亨充正使，沈惟敬充副使，待日本來迎，渡海行禮。其會議戰守，准左右侍郎代。」

卷二九七　萬曆二十四年五月

壬申，直隸巡按曹學程題倭情已變，封事宜停。本兵謂遼東撫按之報，見謂流言，今册使李宗城之揭，將不足憑乎？倭情已變，猶云未便，封事已壞，猶云可成，賊臣誤國，一至于此，吾誰欺，欺天乎？今據李宗城揭稱，關白執沈惟敬，要求七事，原不爲封。雖不顯言，大都有據。倭情變詐異常，貪饕無厭。得封不已，必求入貢；入貢不已，必求互市；互市不已，必求和婚；和婚不已，必求朝鮮納賦；納賦不已，必求割地；割地不已，必席捲朝鮮，渡鴨綠江而薊遼危矣。倭情吐露，不待今日。宋應昌經略之始，李如松入援之時，沈惟敬使倭之日，已與歃盟，即不盡許七事，業已輕諾二三。顧養謙封貢一疏，李如松與沈惟敬一札，情形敗露，不在于沈惟敬就擒之日，已覺發于諸龍光未死之先矣。不然，朝鮮、日本，一葦可航，悠悠年餘，何不一決？此其故不難于一封，而難于七事，不辯可知也。石星狠狠自用，志皋碌碌倚阿，元輔樞臣，不得辭其責矣。上報曰：「今差科臣，乃是上意，且累朝往封朝鮮、琉球，或內臣，或文臣充正使、副使。今李宗城紈袴乳子，偷生辱命，欲着一風力科臣前去，一以完封，二以看彼中情形何如。君命方下，輒紛紛阻撓推諉。常時每以微細之故喋喋煩瀆，欲伏斧鑕不辭，及至委用，又推遲不遵，其附和取榮，背君棄義又明矣。」奉旨：「原推科臣，未推御史，輒來徇私抗瀆，內必有賄囑關節，下學程錦衣衛問。」

卷三一五　萬曆二十五年十月

庚申，宴琉球進貢使金仕歷等十三員，侍郎劉楚先待。

卷三四四　萬曆二十八年二月丁丑

禮部言：「琉球世奉外藩，忠順不失，累朝遣使渡海授封，俱伐木造船，動經數載，使者蹈波濤之險，屬國苦供億之煩。議于省城頒詔，陪臣領封歸國。今中山王世子尚寧奏請襲封，宜如原任巡撫許孚遠題，據先臣鄭曉領封之議。但查往例，襲封必取有該國結狀，合行福建撫按，照例取其該國王舅、法司等官印結，與世子奏本齊到，以便具題，差官頒封，聽陪臣面領，其諭祭前王及敕封新王，皮弁、冠服、綵幣等件，一照成憲，以寓寵渥。不必遣官越海，徒滋煩擾。」奉旨：「琉球世子尚寧請封，具見恭順，但該有通國印結及世子特具表文，方見敬重天朝，行與他知。其差官一節，陪臣既來敦請，着慣海廉勇武臣一員，同請封使臣前往行禮，不必採木造船，以滋煩費，亦不許多帶人役，騷擾彼國，有失朝廷柔遠至意。」

卷三六一　萬曆二十九年七月丙辰

宴琉球國進貢使臣蔡奎等十四員，侍郎朱國禎待。

卷三六五　萬曆二十九年十一月己酉

命兵部給事中洪瞻〔祖〕、行人王士楨册封琉球國王。先是，琉球國王尚永薨，世子尚寧奏請襲爵，仍援據《會典》，請以文臣册封，既許之矣。浙江巡撫劉元霖報獲夷船，稱係琉球差探封王聲信者，其中雜真倭數人，衣笠刀仗皆係倭物，會同館譯問長史蔡奎，奎不能辨也。禮部言海上聲息未知有無，册使之遣關國體甚重，行止遲速，一惟聖裁。上以盤獲夷船聲息未定，待該國質審回奏，海上寧息，方命渡海行禮。

卷三七六　萬曆三十年九月

壬午，應天蘇、松地方南匯獲夷男婦尼夫由弗多等五十七名，浙江獲夷婦烏多十郎、烏石賣多三口，同時以聞。兵部覆海外情形，茫乎莫測，苟涉疑似，不厭致詳，蓋多命所關，外夷觀望，誠當慎重也。南匯所獲各夷，譯審三變其說，雖情僞不可盡知，而貌服動履，實類琉球，且身無寸刃，駢首就擒。浙省所獲夷婦夷船，同在一時，供吐相類，應俱填給勘合，應付口糧、脚力，差官押送福建巡撫衙門，責令慣熟琉球音語通事，詳加譯審，果係該國人民，別無他故，遇有便船，轉令順帶回國交割。如其中有隱情，或係奸細，應否作何區處，不妨詳譯，據實奏請定奪。報可。

卷三八〇　萬曆三十一年正月

乙酉，兵科右給事中夏子陽、行人司行人王士楨奉命册封琉球國王，條陳奉使事宜以請。一、責成有司，如採木造船、取用工匠舟師之類，精選府佐一員董其事，而以廉幹指揮二員副之。一、議處人從遠涉異國，閱歷半載，凡飲食物用、弓矢器械之類，與夫駕船執柁、觀星占風、聽水察土，以及醫卜技藝，例得備帶，乃最要莫如夥長、舵工、阿班等役，須擇慣熟精練之人，毋令通海豪猾得以藏匿。至醫卜各帶二名，則取之所便。天文生一名，即就閩中擇取。疏下禮部覆請，從之。

卷三九二　萬曆三十二年正月

己未，琉球國中山王世子尚寧差王舅毛繼祖等齎表文方物進賀册立東宮，并謝賜還本國漂流人口，各賜衣服、帽帶、靴襪。

卷四一一　萬曆三十三年七月

戊寅，命册封琉球兵科給事中夏子陽、行人王士楨作速渡海竣事，以彰大信。仍傳諭彼國，以後領封海上，著爲定規。先是，萬曆二十三年，琉球使臣于灞等爲其世子尚寧請封，撫臣許孚遠以倭氛未息，議遣使臣一員，齎敕至福建省城，聽其差官面領，或遣慣海武臣，同彼國使臣前去。部覆，奉旨待世子表請，禮部具題，遣官于福建省城領封。至二十八年，尚寧具表請封，其使臣長史鄭道等奏，乞照舊遣官。得旨：着選差廉勇武官一員，同請封使臣前往行禮。二十九年，尚寧遣使入貢，復請乞差文臣。部覆，奉旨：遣給事中洪瞻祖、行人王士楨，待海寇寧息，渡海行禮。繼而瞻祖以憂去，乃改命子陽同士楨于三十一年三月齎册入閩矣。今年三月，按臣方元彦以濱海多事，警報頻仍，偕撫臣徐學聚請仍遣武臣，暫駕成舟而往。子陽、士楨亦以屬國信不可爽，使臣義當有終，乞堅成命，以慰遠夷。俱未報。而禮部侍郎李廷機言，宜斷行領封初旨，并武臣之遣而罷之。于是御史錢桓、給事中蕭近高各具疏，歷言其不可，且云此議當在欽命未定之先，不當在册使既遣之後，宜行該撫按，作速成造海艘，勿誤今年渡海之期。俟竣事復命，然後定爲畫一之規，乞之以文告，令其領封海上，永永遵守。上從之。

卷四二一　萬曆三十四年辛未

　　册封琉球使臣兵科右給事中夏子陽等疏請戒嚴海防，報聞。

卷四二六　萬曆三十四年十月

　　壬子，賜琉球國夷人宴，命禮部侍郎李廷機陪待。

卷四三八　萬曆三十五年九月癸巳

　　琉球國中山王尚寧奏獻前使所卻金，上嘉其款誠，並以禮金還其來使。初，兵科右給事中夏子陽、行人司行人王士楨册封琉球事竣，將行，國王餽宴金及諸代儀者，人各黄金六斤，二臣固卻不受也。至是王遣其舅毛鳳儀及正議大夫阮國等再齎原金，疏言二臣銜命遠使，親督造舟三年，勞瘁於閩中，萬里間關於海外，勤勞辛苦，倍踰昔日。小國荒凉，宴款之際，所代黄金各九十六兩，世緣爲例，而二臣屢辭，堅持大義。二臣清白自勵，實聖朝臣節之光，外國使臣之表，而勞苦數年，風濤萬里，臣與通國實不自安。謹將原金二封鈐記，乞敕二使臣分受。舊禮無缺，微誠獲伸。上命禮部諭來使齎回原金，亦嘉子陽等廉正，得使臣之體焉。

卷四三八　萬曆三十五年九月己亥

琉球國中山王尚寧以洪、永間例初賜閩人三十六姓，知書者授大夫、長史，以爲貢謝之司；習海者授通事、總管，爲指南之備。今世久人湮，文字音語、海内更針常至違錯，乞依往例，更選舊銜。事下禮部，寢之。

卷四五三　萬曆三十六年十二月

丙辰，宴琉球國進貢使臣鄭子孝等一十三員。

卷四九七　萬曆四十年七月己亥

福建巡撫丁繼嗣奏：「琉球國夷使柏壽、陳華等執本國咨文，言王已歸國，特遣修貢。臣等竊見琉球列在藩屬，固已有年。但邇來奄奄不振，被繫日本，即令縱歸，其不足爲國明矣。况在人股掌之上，寧保無陰陽其間？且今來船隻，方抵海壇，突然登陸。又聞已入泉境，忽爾揚帆出海。去來倏忽，迹大可疑。今又非入貢年分，據云以歸國報聞。海外遼絶，歸與不歸，誰則知之？使此情果真，而貢之入境有常體，何以不服盤驗，不先報知，而突入會城？貢之尚方有常物，何以突增日本等物，于硫磺、馬、布之外貢之？齎進有常額，何以人伴多至百有餘名？此其情態已非平日恭順之意，况又有倭夷爲之驅哉！但彼所執有詞，不應驟〔辭〕，但以啓疑貳之心。宜除留正使及夷伴數名候題請處分，餘衆量給廩餼，遣還本國，非常貢物，一併給付帶回，始足以壯天朝之體。」因言閩中姦民視倭爲金穴，走死地如騖，絶興販以杜亂萌，又今日所宜亟圖。章下禮部，覆如撫臣言。

卷四九七　萬曆四十年七月己酉

兵科等科給事中李瑾等言：「北虜自順義款貢，數十年來，邊患少寧，然深慮之士，已計及於犬羊之性，變態不常，豈能帖然，永爲我不侵不叛之臣，倘中國玩而疎於防虜，賊驕而逞其暴，一旦竊發，爲禍更甚。方今虜酋挾封要賞，虜婦忠順夫人又以變告矣。我中國雖非倚力於一酋婦，然忠順牝晨於虜，素爲衆酋所宗，向主和者，此婦也。今既斃矣，自兹以還，封疆之事更宜熟籌其便，嚴飭我之將士，偵伺彼中情形，固不可厭其欲以示弱，亦不當激其怒以生心，操縱繇我，使彼計摺而來廷，斯上策也。而簡卒伍，鋭器用，足餉饋，習戰陣，可守則守，可戰則戰，不必踵款貢之陋習，爲制禦之遠謀，正宜自今始矣。至於琉球歸國之故，來貢之繇，尤不可不熟慮者。倭之稱雄南海，狡焉啓疆，已非一日。彼中山王者，豈其當虔劉之餘，囚縲甫釋，遽忘倭奴之威遠，慕中國之義，不待貢期，增其方物以來王哉？其爲倭所指授明矣。以琉球之弱，不足患也，而爲倭所指授，則足患。以倭之狡，亦不足深患也，而爲中國所交引，而深足患。即如該撫所稱，姦民販夫，大艇以往，小舸以歸，彼以金錢爲餌，此遂梱載而還。火藥銃鐵，豈宜日去，長筏巨艇，豈可盡留？久之，乘我之舟，操我之器，用我之人，窺我之地，此而不禁，恐近倭之疆爲琉球續也。夫九邊除夷埸互市外，即捕獵採木，猶然刻期而往，刻期而來，出必稟，入必告，何海防獨不然耶？若令其公然交通而無禁，則撫、鎮、監司下及防海衛所、巡簡諸司，所職何事？不一遏阻之乎？此杜絶釁隙之本，不可不亟講者也。至若柏壽、陳華等直當責以入貢之愆期，方物、人役之違式，嚴諭歸國，重懲通倭之人，申嚴防海之規，使我無可乘之隙，彼何能肆其狡乎？若忘臆無外之化，謬爲姑息之説，一售其欺，即滋之侮，未必不以中國爲易與，而益深其謀也。」

卷四九八　萬曆四十年八月丁卯

兵部言：倭自釜山遁去，十餘年來，海波不沸，然其心未嘗一日忘中國也。三十七年三月，倭入琉球，虜其中山王以歸。四月，入我寧區牛欄，再入温州麥園頭。五月，入對馬島。倭酋雲蘇等來致其國王源秀忠之命，欲借朝鮮之道，通貢中國。三十八年閏三月，薄我寧區壇頭，又兩遣僞使覘我虛實。今四十年，琉球入貢者夾雜倭奴，不服盤驗，見於福建所報。平義智稱其國王家康欲遣近臣入朝鮮，見於遼東所報。封豕長蛇，其釁已見。數十年來，倭所垂涎者貢耳，故既收琉球，復縱中山王歸國，以爲通貢之路。彼意我必不入倭之貢，而必不逆琉球之貢，或仍如三十八年約毛鳳儀、蔡堅之事。總之，倭不可不備，備非徒設，在務得其情以制禦之。蓋洪武中，廖永忠曰：「倭夷鼠伏海島，未如奔狼，去若驚鳥。欲請添造櫓船，沿海巡徼，倭來則大船薄之，快船逐之。」今戰船非不具也，比聞倭奴之船更大於中國，彼時止以彼中倭船入寇，故我得以長技制倭於海洋，今反用大船薄我，快船逐我，豈非即我之姦民所以市倭者耶？將領非不具也，白馬島之役，我衆誠寡，未聞有出而戮賊者。麥園頭之敗，我將方被酒卧帳中，諸軍亦離次失伍，去其汛地，賊遂薄我，殺掠之慘，即罪一二將鎮，何救于事？所在沿海撫道鎮將，湔此宿弊，查虚冒，習水戰，嚴軍律，而又委任得人，移駐海上，躬自簡閲而勸懲行焉，庶其少有濟乎？倭之桀驁似虜，而狡詐過之。閩中貢夷必有倭之梟雄渠魁，潛匿其間者，因形知情，因情知事，不測之緘，固已在此，勿問異日矣。福建軍門應遣熟知夷情者入海，詷探中山王歸國否。如中山王仍有其國，則二百年之封貢，猶知戴我。如制其國中者倭也，則閩乃與浙東、寧區、定海、舟山、昌國等耳，我之備倭，當又有處矣。若平義智之書，其情似不盡具於書，然固朝鮮之一大利害也。竊意倭使來，必以其衆至朝鮮，邊臣必不能止其衆於外而獨以一二使者入，入則朝鮮之禍可立至矣。若復據事凌逼，有如咨中所言，即朝鮮之釁以亂朝鮮，因以勝其君臣而震以必從之勢，且以朝鮮離携於我，可一摺而入於倭，倭又豈必在舟楫之間角干戈之勝哉！則固東事之隱憂也。今應明諭朝鮮君臣，控守南鄙，一以自强爲主。即有倭使，第令邊臣嚴兵待於境上，勿延入境，仍聽遼鎮撫臣選差曉機宜者往彼國密探情形，果否已在王京，果否人事修舉，所據事凌逼何狀。故曰務得其情，以制禦之也。今通倭之民，所以屢禁而不可止，何也？蓋禁通倭必漁者、賈者及市糴者一切禁絶而後可。然民之生命在斯，其勢不能禁絶，則通倭之船已出矣。雖然，使撫道有司精力辦此不難也。蓋通倭之船可以欺公府，不可以欺鄉曲。設私道之禁，行連坐之法，則固以禁矣。然海上姦民，飄大洋而出者不止一處，莫便於越，至以通番爲固然，習者不怪，禁者無所，弛尤莫甚於閩。不惟通倭，兼通吕宋諸國。獨吕宋人狡不如倭，故猶無大患耳。不然，令生於内地者不能守其故土，已觸禁而不返者，既堅其戴倭之心；未觸禁而思逸者，又不能止其入倭之勢，必有不可收拾者。俱依擬行。仍命地方官用心料理，不得怠玩，並行與朝鮮一體備禦。大約倭奴之襲朝鮮、琉球者，乃關白時事，而尋常入寧區牛欄、温麥園頭等處，皆中國之姦民，購倭中之亡賴者，剽掠海澨，未嘗稟仰其國王而敢狡焉大舉也。通貢之説有之，乃稅使未撤時，閩人實誘之，欲交通稅使，於閩開市，自撤後，其謀寢矣。所稱海上倭船，與我國唬船等，視大東船小甚然，亦無巡船也，自以裁減取名，盡失前人規制，而兵與船皆虛弱敗壞無濟緩急，寧待將帥玩愒，士卒離次而後可憂耶？至通倭則南直隸繇太倉等處以貨相貿易，取道浙路而去，而通倭之人皆閩人也。合福、興、泉、漳共數萬計，無論不能禁，法能禁之，則數萬人皆倭，而禍立中於閩，此其故難言之矣。若呂宋諸國，即成祖時三寶下西洋處也。倭在東，絶不相蒙，其島眇小，無逆形，閩歲給文往者船凡四十艘，輸軍餉四萬兩，而地方收其利，不必與倭並論也。

卷五〇二　萬曆四十年閏十一月乙亥

兵科給事中丘懋煒言倭警可虞，設防宜早，謹條例八議以備採用。一、將領。昔壬子、癸丑之役，蹂躪十餘年而後得文如譚綸、阮鶚，武如俞大猷、戚繼光者，出其所造，就偏裨卒旅，亦留爲數十年之用。今豈無其人？但在加意鼓舞，嚴核實之令，開功名之門耳。一、器械。一、練習。一、城堡。一、船隻。海戰之法，大船勝小船，堅厚船勝薄脆船而已。宜查修舊船，加以補造，務須堅厚，令船與水稱，兵卒銃器皆與船稱。一、間諜。一、屬國。琉球以二百餘年朝貢之夷，横被殘破，今雖似爲倭用，想非得已，且其名甚正。至謂宜厚給來使，仍好爲諭遣，示以海外倉卒不及救援之故，而整飭武備，內爲自强之策，外示可救之形，亦固圉之道所宜爾也。一、財計。今動患乏財，以臣論之，田連阡陌，必無貧家，地方百里，必無貧國，其所患貧者，自有致貧之道，又不講於致富之術也。誠赫然振作，嚴敕大小臣工，清耗蠹，開利源，時時講求，事事核實，足兵足食之計，指顧可得矣。

卷五三〇　萬曆四十三年三月

乙卯，福建巡撫袁一驥奏：「琉球違四十年題准十年一貢之限，既以四十一年修貢，復於去冬十一月遣貢使蔡堅等來，其所進硫磺、馬匹已經多官驗詳無弊。且云航海波濤，情甚可憫。但臣敬遵成命，勒令歸國，又行司道，重爲周恤，以仰體朝廷柔遠之仁。」

卷五四六　萬曆四十四年六月

乙卯，琉球國中山王尚寧遣通事蔡廛來言：邇聞倭寇各島造戰船五百餘隻，欲協取鷄籠山，恐其流突中國，爲害閩海，故特移咨奏報。巡撫福建右副都御史黄承玄以聞，謂：雞籠逍我東鄙，距汛地僅更數水程，倭若得此，益旁收東番諸山以固其巢穴，然後蹈瑕伺間，惟所欲爲，指臺礵以犯福寧，則閩之上游危，越東湧以趨五虎，則閩之門户危，薄彭湖以瞰漳、泉，則閩之内地危。非惟八閩患之，恐兩浙未得安枕也。若夫琉球之告，有謂借以相恐喝者，有謂假以温貢道者，又有謂中山不能自專，直狡倭遣以探我虚實者，臣不能逆覩，但乞早爲之備耳。疏下兵部。

熹宗實録

卷三二　天啓三年三月丁巳

琉球國中山王世子尚豐遣陪臣蔡堅等貢硫黄、馬匹。先是，琉球二年一貢，萬曆間被倭殘破，擄其王，詔停貢，今十年，世子請封請貢，禮部議本國休養未久，暫擬五年一貢，待册封國王後另議。從之。蔡堅等宴賞如例。

卷三七　天啓三年八月

丁丑，禮部尚書林堯俞言：帶管會同館主客司主事畢自肅呈稱：頒賞三衛夷人近五百人，户、工兩部銀數千兩，衣段堆積亦各數千，其賞有正有補，有正補加添，總計萬有餘金，宜其歡欣領受，感恩不暇。乃躊躇進退，必再三開諭始至賞所，銀稍低昂輒欲閧退，段疋顔色稍暗即行挑揀，衣服入手盡皆拋棄，若不知爲朝廷之賜者。臣取而視之，多朽蠹破壞，隨風披裂，手不可觸，始嘆夷人驕悍固其天性，抑誰實藉之口也。織造自有額價，顧脆惡若此。又琉球等國，梯山航海而來，朝廷嘉勞，特賜其正使紅袍、金帶，從人靴襪等物，侈爲異數，乃更不堪一寓目，豈所以宣皇恩而懷遠夷也哉！朶顔諸衛，歲歲入貢，皆積猾熟夷，名爲納貢，實則要挾，聞此項錢糧每歲給發，常累鉅萬，展轉侵盜，莫可窮詰。又有奸商知此等段絹除賞夷之外無人衣著，即于開市之後，減價收買，寄頓燕市，迨其納期，徑取交收，如此則姦弊何時可清，夷釁何時可弭也。乞敕工部嚴加稽覈，務求精好，一切陋規，盡行革除，庶四夷戴德，朝廷益尊。得旨：「這賞段濫惡，皆該管官縱容奸弊所致，著嚴行申飭。及成造衣服，都要堅完，違的查明究治。各夷陞賞，亦不得濫加。」

卷七五　天啓六年八月壬戌

琉球中山王世子尚豐遣官進表文方物。

卷七七　天啓六年十月甲寅

宴琉球國陪臣，遣保定侯梁世勳待。

卷八二　天啓七年三月乙未

賞賜琉球差官蔡延等段疋、銀兩如例。

附録

崇禎實録

卷二　崇禎二年六月己卯

琉球國中山王世子尚豐入貢。

崇禎長編

卷二一　崇禎二年閏四月丙辰

禮部尚書何如寵等疏言：「琉球國已故中山王尚寧世子尚豐承襲父爵，已奉册封，但琉球介在海島，唐、宋以來不通中國，惟我高皇帝威靈遐鬯，始來朝闕下。自後凡新王嗣立，皆請命敕封，遣給事中一員爲正使，行人一員副之，從福建造海船，二三年乃成，諸所需材料、匠作，糜費物力不貲，供億裝設，一有不備，不可以行，閩甚苦之。在萬曆中年，廷臣即已建議謂區區絶島，不宜輕易遣使臣泛海萬里之外，請自以後頒詔於海上，令彼使臣北向稽首拜詔而還。雖未奉旨，而彼時翕然稱便。此在物力完足之時猶然，而況今之八閩議兵議餉，公私交困，乃重以騷動之，似多不便。且今之海上又非太平無事之比，萬一不戒於鯨鯢，則傷體辱命，關係實大。乞皇上俯恤民艱，酌行大典，遣官頒詔海上，諭令該國領封，永著爲令，萬世之便，端在於是。」得旨：「封建海邦，用示無貳外，這襲封琉球國王還遵照累朝典制，遣官册封，一應禮儀事宜，參酌舊例行。」

卷二三　崇禎二年六月甲寅

遣户科給事中杜三策、行人司副楊掄册封琉球。

卷二三　崇禎二年六月己卯

户科給事中杜三策疏言：「臣向遭瑺禍，里居四年，鼎鑊餘生，重見日月。今册封琉球，萬里之行，將有日矣。在朝諸臣有憐臣摧摺已久者，有憐臣子尚幼者，臣義不受人憐也。然有一二應除事宜，不得不爲皇上陳之。欲航海必先造船，此船規製長十七丈，闊三丈有奇，曰艙、曰舵、曰桅，採自閩中，非數百年之木不用，非數萬人之力不能運。聞往時船完或二年或三年，木植工價與臣等種種供應費皆不貲。臣等以爲欲集事必須重事權，臣雖遠在海澨，猶是皇上耳目臣也，如不應命許臣不時參奏，庶事權專而工課速，使命不至久稽矣。欲船堅緻，莫如用人。此一船者臣等之命係焉，應委同知一員、指揮二員，專董此事，船完例同過海。彼知身與利害，則所造之船自然堅緻如法。事完之後，一體優擢。至於流寇充斥，所在見告，海上紅彝出没無常，倘海寇突發，該省撫按發兵護衛，勿以事不相關，視如秦越。」得旨：「所奏即與覆行所司知之。」

卷二六　崇禎二年九月乙巳

户科給事中杜三策疏言：「臣衡茅下士，海岱腐儒。偶因使命之乏人，叨蒙海邦之遠役。行將凌吴跨越，遥集夫閩中；擊楫揚帆，馳封乎海外。但聖主難逢，孤臣易老。生平不下泪，因戀主而泣下沾衣；每飯不忘君，矧遠行而敢忘補衮。謬陳一得，敬達四聰。伏願我皇上法天行健，與日俱新。思民安物阜之恒難，早朝晚罷；念啓後承前之爲重，寡慾清心。無聰明獨任而過勞聖慮，宜酌之以虛公；勿精神太費而釀爲倦勤，宜持之以悠久。履霜知堅冰之至，微漸宜防；乘權在預政之時，轡銜須謹。無稽之言勿聽，弗詢之謀勿庸。聖賢之心法著於經，在因文而悟道；古今之治亂備於史，宜鑑往以知來。處居燕閒，儼如天地祖宗質臨於上；對宦官宫妾，常若賢士大夫森列其前。體上帝好生之心，無煩詔獄；遵累朝祥刑之意，宜付廷平。去就者臣子之大閑，知止不辱，知足不殆；用舍者人君之大柄，任賢勿貳，去邪勿疑。寄腹心於腹心之佐，下濟上行；付耳目於耳目之官，懸軺上輦。苦言者藥，甘言者疾，無吐苦而偏茹其甘；小人易親，君子難合，無棄難而反收其易。尊賢禮下，無爲一人而厭薄人人；委任推誠，無由一事而猜疑事事。念海内鳳麟不少，能汲引之即爲王之佐國之楨；嘆朝廷羅網何踈，忍擯棄之使作山之輝川之媚。空善類者先以黨，蚤慎陽消陰長之防；害百姓者無如貪，常勤大法小廉之戒。安民既先於察吏，内治尤資乎外嚴。欲借箸以談兵，迨未陰而修備。念邊庭厪宵旰之慮，有懷遠圖；今樞部藴韓范之奇，宜隆久任。勿以疑爲狃，必士飽馬騰，實實有敢戰之勇而後款之權在我不在敵；勿謂彼不來，必蒐乘簡卒，時時存往之心而後彼之來能戰亦能守。至虛冒當核，不得有餉而無兵；乃行伍宜充，豈可縮兵以就餉。從今臣跡已踈，從此君顔漸遠，受聽不及於天涯，呼吸難通乎帝座。」疏入，報聞。

皇明寶訓

太祖寶訓卷六馭夷狄

洪武四年九月辛未，太祖御奉天門，諭省府臺臣曰：「海外蠻夷之國，有爲患於中國者，不可不討，不爲中國患者，不可輒自興兵。古人有言，地廣非久安之計，民勞乃易亂之源。如隋煬帝妄興師旅，征討琉球，殺害夷人，焚其宫室，俘虜男女數千人，得其地不足以供給，得其民不足以使令，徒慕虚名，自弊中土，載諸史册，爲後世譏。朕以海外諸蠻夷小國，阻山越海，僻在一隅，彼不爲中國患者，朕決不伐之。惟西北胡戎，世爲中國患，不可不謹備之耳。卿等當記所言，知朕此意。」

仁宗寶訓卷二懷遠人

洪熙元年二月辛丑朔，遣中官柴山齎敕往琉球國，命故中山王思紹世子尚巴志嗣中山王。敕曰：「昔我皇考太宗文皇帝，躬膺天命，統御萬方，恩施均一，遠邇歸仁。爾父聰明賢達，茂篤忠誠，敬天事大，益久弗懈，我皇考良用褒嘉。今朕纘承大統，念爾父没已久，爾其嫡子，宜俾承續。特命爾嗣琉球國中山王。爾尚立孝立忠，恪守藩服，修德務善，以福國人，斯爵禄之榮延於無窮，尚其祗承，無怠無忽。」仍賜尚巴志冠帶、襲衣、文綺。

宣宗寶訓卷五懷遠人

〔宣德元年〕六月癸亥朔，遣使賜琉球國中山王尚巴志皮弁、冠服。上謂禮部尚書胡濙曰：「遠夷歸誠，固是美事，特賜冠服，亦表異恩。古人言招攜以禮，懷遠以德，朕與卿等尤當念之。」

憲宗寶訓卷三馭夷狄

〔成化十七年〕十月癸卯，禮部奏：海外諸國及西域番王朝貢者，於所過驛傳需索無厭。上乃敕各國王曰：「日者海外諸國及西域番王等遣使臣朝貢，沿途多索船馬，夾帶貨物，裝載私鹽，收買人口，酗酒逞兇，騷擾驛遞，非禮違法，事非一端。所過官司累經陳奏，欲依國法治之，則念其遠人；欲不治之，則中國之人被其虐害。今特降敕開諭，繼今以後，王遣使臣，必選曉知大體，謹守禮法者，量帶傔從，嚴加戒飭，小心安分，毋作非爲，以盡奉使之禮，以伸納款之忱。俾奉使者得以保全，供應者得免煩擾，豈不彼此兩全哉？」

成化十八年四月癸丑，琉球國中山王尚真復乞不〔時〕進貢，謂小之事大，當如子之事父。禮部言其意實欲假進貢之名，以規市販之利，宜不聽其所請。上乃賜敕諭之曰：「朝廷定爾國二年一貢之例，事已具前敕，兹不再言。但臣之事君，遵君之敕可也，屢違敕奏擾可乎？子之事父，奉父之命可也，屢方命陳濆可乎？所以固拒者，非爲惜費，蓋二年一貢，正合中制，朕所以恤小之意，實在此。王其欽遵之，毋事紛更。」

孝宗寶訓卷三恤遠人

弘治十六年十月辛丑，先是，琉球國王遣使人吴詩等乘舟之滿剌加國，遇風舟覆，詩等一百五十二人漂至海南登岸，爲邏卒所獲，廣東守臣以聞。上命送詩等於福建守臣處，給糧養贍，候本國進貢使臣去日歸之。

穆宗寶訓卷二懷遠人

隆慶三年十二月辛酉，琉球國中山王尚元遣其臣守備由必都等歸我被虜人口，守臣以聞。上嘉尚元屢效忠誠，賞銀五十兩、綵段四表裏，仍賜敕奬勵由必都等，各給銀幣有差。

熹宗寶訓卷四（題缺）

天啓三年八月丁丑，禮部尚書林堯俞言：帶管會同館主客司主事畢自肅呈稱，頒賞三衛夷人近五百人，户、工兩部銀數千兩，衣段堆積亦各數千，其賞有正有補，有正補加添，總計其獲萬有餘金，宜歡欣領受，感恩不暇，乃躊躇進退，必再三開諭始至賞所，銀稍低昂，輒欲閧退，段疋顔色稍暗，即行挑揀，衣服入手，盡皆抛棄，若不知爲朝廷之賜者。職取而視之，多朽蠹破壞，隨風披裂，手不可觸，始嘆夷人驕悍，固其天性，抑誰實藉之口也？織造自有額價，顧脆惡如此。又琉球等國，梯山航海而來，朝廷嘉勞，特賜其正使紅袍、金帶，從人靴襖等物，侈爲異數，乃更不堪一寓目，豈所以宣皇恩而懷遠夷也哉！朵顔諸衛，歲歲入貢，皆積猾熟夷，名爲納貢，實則要挾。聞此項錢糧，每歲給發，嘗纍巨萬，轉展侵盜，莫可窮詰。又有姦商，知此等段絹除賞夷之外無人衣著，即於開市之後，減價收買，寄頓燕市，迨其納期，徑取交收。如此則姦弊何時可清，夷釁何時可弭也。乞敕工部，嚴加稽覈，務求精好，一切陋規，盡行革（下缺）